관용

Korean translation copyright © 2010 Galmuri Publishing Co.
Korean translation rights arranged with Princeton University Press, through EYA (Eric Yang Agency).

이 책의 한국어판 저작권은 EYA (Eric Yang Agency)를 통한 Princeton University Press사와의 독점계약으로 한국어판권을 '도서출판 갈무리'가 소유합니다.
저작권법에 의하여 한국 내에서 보호를 받는 저작물이므로 무단전재와 복제를 금합니다.

 카이로스총서16

관용 : 다문화제국의 새로운 통치전략
Regulating Aversion

지은이 웬디 브라운
옮긴이 이승철

펴낸이 조정환
책임운영 신은주
편집부 김정연 홍보 김하은 프리뷰 오정민

펴낸곳 도서출판 갈무리 등록일 1994. 3. 3. 등록번호 제17-0161호
초판 1쇄 2010년 2월 22일
초판 2쇄 2010년 6월 26일
초판 3쇄 2013년 1월 15일
종이 화인페이퍼 출력 경운출력 인쇄 중앙피엔엘·예원프린팅 라미네이팅 금성산업
제본 일진제책

주소 서울 마포구 동교로 18길 9-13 [서교동 464-56]
전화 02-325-1485 팩스 02-325-1407
website http://galmuri.co.kr e-mail galmuri94@gmail.com

ISBN 978-89-6195-023-7 04300 / 978-89-86114-63-8 (세트)
도서분류 1. 사회과학 2. 정치학 3. 사회학 4. 윤리학 5. 역사학 6. 철학 7. 인류학 8. 문화학

값 19,000원

이 도서의 국립중앙도서관 출판시도서목록(CIP)은 e-CIP홈페이지(http://www.nl.go.kr/ecip)에서 이용하실 수 있습니다 (CIP제어번호 : CIP2010000342).

관용

REGULATING AVERSION
Tolerance in the Age of Identity and Empire

다문화제국의 새로운 통치전략

웬디 브라운 지음
Wendy Brown

이승철 옮김

뜰레랑스는
어떻게
제국의 '통치성'으로 기능하는가?

| 옮긴이 일러두기 |

1. 이 책은 Wendy Brown, *Regulating Aversion : Tolerance in the Age of Identity and Empire*, Princeton University Press, 2006을 완역한 것이다.
2. 저자의 주가 아닌 역주의 경우, [옮긴이]로 별도 표시하였다. 본문에 들어있는 [ ]안의 내용은 별도의 표시가 없는 경우 옮긴이가 읽는 이의 이해를 돕기 위해 덧붙인 것이다.
3. 외국인명과 지명은 원어발음에 가깝게 표기하는 것을 원칙으로 하였으나, 특정의 표기가 관행으로 굳어진 경우는 관행에 따랐다.
4. 단행본, 전집, 정기간행물에는 겹낫표(『 』)를, 논문, 논설, 기고문, 단편 등에는 홑낫표(「 」)를, 단체명, 행사명, 영상, 전시, 공연물, 법률에는 가랑이표(〈 〉)를 사용하였다.

차례

한국어판 서문

　『관용 : 다문화제국의 새로운 통치전략』이 한국 독자들에게 소개되다
니 무척 기쁘다. 이 책은 주로 유럽과 북미에서의 관용 담론의 부흥에 대
해 다루고 있지만, 아마 한국 독자들의 관심도 끌 수 있으리라 믿는다. 이
책의 목적은 관용의 실천을 옹호하거나 반대하는 데 있지 않다. 대신에 이
책은 관용 담론이, 좀 더 실질적인 권력의 산물로 이해되어야 하는 각종
불평등과 갈등을 어떻게 그럴싸하게 포장하고 관리하는지, 또한 이슬람
주민에 대한 유럽 국가들의 적대 행위와 중동에 대한 미국의 제국주의적
착취를 어떻게 정당화하는지를 보여주고자 한다. 비록 이 책의 내용이 유
럽-북미 지역에 한정되어 있지만, 관용이 헤게모니 언어의 일부를 이루고
있는 곳이라면 어디든, 이 책의 분석이 도움이 될 것이다.

　이 책의 대부분은, 관용을 악랄한 방식으로 활용한 조지 W. 부시의 재
임기에 쓰여졌다. 하지만 이 책의 일반적인 주장은, 지난 세기 후반에 일
어난 관용 담론의 부흥이라는, 좀 더 장기적이고 광범위하며 정치적으로
다양한 의미를 지닌 사건을 배경으로 한다. 이러한 배경 하에 이 책이 특

별히 관심을 두고 있는 부분은, 좌파와 자유주의자들이 관용을 다양한 갈등과 차별에 적용할 수 있는 정의의 담론으로 차용한 방식과, 그 결과 관용이라는 진정제가 어떻게 권력과 지배에 대한 실질적인 도전을 방해하고, 전치displace시켰는지에 관한 것이다. 오늘날 보편성의 기치 아래 불평등을 비판했던 맑스주의와 자유주의의 목소리는 점차 잦아들고, 이제 통약 불가능한 사회적 차이 — 인종적, 종족적, 성적 차이들 — 를 긍정하는 목소리들이 그 자리를 차지하고 있다. 최근 부활한 관용 담론의 일차적인 기능은, 이러한 새로운 정치학이 가진 지적·정치적 잠재력을 제약하고 왜곡하는 데 있다. 사회적 차이의 가변적이고 역사적인 성격을 강조하는 각종 이론에도 불구하고, 오늘날 실제 정치적 삶에서 차이는 거의 존재론적 차이의 수준까지 물화reify되고 있다. 오늘날 관용이 차이의 윤리적 중개인이자 해결책으로 격상된 것은, 이러한 차이의 물화를 배경으로 한다. (알다시피, 관용 담론은 특정한 차이를 "문제"로 만드는 규범적이고 물질적인 힘의 작동에 대해선 아무런 설명이 없다.) 따라서 관용에 기반한 다문화주의 담론의 아이러니는, 이 담론이 본질화된 정체성에 문제 제기하기보다는 정체성을 한층 더 자연화하며, 나아가 차이 자체를 적대 행위와 혐오감을 일으키는 원인으로 본다는 데 있다. 이러한 차이의 자연화와 존재론화에서, 편견을 존중하는 동시에 그것을 극복하는 기술을 뜻하는 정치적 용어까지의 거리는 그리 멀지 않다. 오늘날 관용은 차이를 그저 묵인하면서 이를 향한 적대 행위를 줄이고, 모든 차이를 절대적으로 동등하게 존중하는 동시에, 기존의 지배와 우월성을 안전하게 보존하려는 시도라 할 수 있다.

　최근 미국에서는 이러한 관용의 성격을 잘 보여주는 두 가지 사건이 있었다. 지난 대선에서 버락 오바마의 당선은 (미국이 추구하는) "관용의 승리"라는 이름하에 찬양되었고, 이어서 오바마가 자신의 취임식 기도를 동성애에 반대해 온 복음주의 목사와 동성애자 가톨릭 신부에게 동시에 맡긴 것 역시, "관용의 표현"이란 이름으로 옹호되었다. 첫 번째 사례에서 사람들이 관용의 이름으로 흑인의 종속이 끝났다고 선언하는 순간, 역설적으로 흑인들은 이 승리를 관용한 백인들의 미국에 다시 종속된다. 두 번째 사례는 편견의 관용과 동성애자를 향한 관용을 동등하게 취급하면서, 시민권에 관한 복잡한 정치적 논쟁을 야기하고 있다. 한 가지 분명한 것은, 두 사례 모두에서 관용은 불평등, 배제, 갈등을 **탈정치화**하고 있다는 것이다. 또한 새 정권과 함께 시작된 이 두 가지 예는, 부시 정권이 물러난 이후에도, 관용 담론이 인종과 이민, 이슬람, 섹슈얼리티, 문화 등과 관련된 각종 논의 속에서 계속해서 활발히 등장할 것임을 보여준다.

지금까지 나의 주된 관심사는 자유주의 정치 담론의 공허한 약속과 정체성의 정치가 직면한 함정들, 그리고 민주주의를 표방하는 사회 속에 존재하는 탈脫민주적 힘들에 관한 것이었다.[1] 관용 담론의 부흥에 대한 관

---

1. 내 첫 저서인 『서구 정치사상에서의 남성성과 정치』(*Manhood and Politics in Western Political Thought*, 1988)는, 아리스토텔레스와 마키아벨리, 막스 베버의 사상을 통해, 서구 정치사상에서 남성 주체가 정치적 삶과 행동을 어떤 방식으로 규정해 왔는가를 살펴본 책이었다. 이후 나는 『상처의 상태 : 후기 근대의 권력과 자유』(*States of Injury : Power and Freedom in Late Modernity*, 1995)에서, 맑스, 푸코, 니체의 사상에 기반해, 오늘날 정의 기획(justice project)에 만연해 있으며, 자유민주주의 국가에의 호소를 그 특징으로 하는 상처 입은 정체성(wounded identity) 담론을 비판적으로 분석했고, 『탈역사적 정치』(*Politics Out of History*, 2001)에서는 『상처의 상태』에서 전개한 자유주의 비판을 확장하는 한편, 맑스, 니체, 프로이트, 벤야민에 기반해 도덕주의와 원한의 정치가 가진 문제점을 분석하였다. 법학 교수인 자넷 할리(Janet Halley)와 공동 편집한 『좌파 법치주의, 좌파적 비판』(*Left Legalism, Left Critique*, 2002)에서는, 20세기 후반 좌파 사회 운동들 사이에서 두드러진, 법과 법정에 호소하려는 경향과 이 경향이 가진 탈정치적이고 반동적인 효과를 분석하였다. 이어 출판한 『경계에서』(*Edgework*, 2005)는 지식과 정치에 내재하는 권력에 대한 논문 모음집이다. 최근에 나는 신자유주의 정치 합리성에 대한 책인 『정치의 새로운

심은, 이러한 작업의 일부분으로 이해될 수 있을 것이다. 정치사상과 비판이론의 역사를 공부하는 사람으로서, 나는 역사가 우리 시대의 권력을 비판적으로 이해하고, 민주적 미래와 대안을 만들어나가는 데 새로운 빛을 비춰준다고 믿는다. 또한 나는 **자유**민주주의와 그것의 원리 — 대의제와 권리, 형식적 평등과 개인의 자유 — 가 민주주의의 전부라는 주장에 동의하지 않음을 분명히 해야겠다. 나에게 민주주의는 말 그대로 데모스demos의 지배를 말하며, 우리 자신을 통치하는 권력을 공평히 나눠 가진다는, 현실화될 수 없지만 동시에 필수불가결한 이상을 의미한다. 이러한 민주주의의 이상은 우리가 우리 자신을 제어하는 권력을 완전히 투명하게 이해할 수도, 통제할 수도 없기에 실현 불가능하지만, 동시에 우리가 자본을 비롯한 소외된 권력의 지배로부터 벗어나기 위해서는 필수불가결한 이상이기도 하다.

정치 이론의 역사라는 렌즈를 통해 현대의 정치 활동을 조명하면서, 나는 이론과 정치 간에 뚜렷한 선을 그을 필요가 있다고 생각한다. 정치 이론이 곧바로 정치적 행위로 번역될 수 있다고 여겨서는 안 되며, 또한 정치 행위가 섬세한 이론적 비판과 정확히 일치하도록 요구해서도 안 된다. 기껏해야 이론은, 현실 정치가 처한 곤궁을 파헤치고 새로운 가능성을 자극할 수 있을 뿐이다. 예컨대 이 책의 관용 담론 비판은, 현대 자유주의와 서구 제국주의가 가진 몇 가지 특징들을 조망하도록 도와줄 것이다. 하지만 이러한 비판이 꼭 관용에 대한 정책이나 행동 강령으로 연결되는 것은 아니다. 동일한 이유로, 현실 정치와 정책이 비판이론의 과제와 나아갈

옷 : 신자유주의와 신보수주의』(*Les Habits Neufs de la Politique : Neoliberalisme et Neoconservatisme*, 2007)를 프랑스어로 출판하였다. 최근 나의 관심사는 크게 두 가지로 나눌 수 있다. 하나는 맑스의 종교 비판에 관한 것이고, 다른 하나는 민족국가 주권의 쇠퇴와 민족국가 간 장벽의 강화에 관한 것이다.

방향을 일러주는 것이 사실일지라도, 현실 정치가 이론적 기획과 직접적으로 뒤섞여서는 안 된다. 정치는 필연적으로 권력과 헤게모니를 향한 투쟁이다. 반면에 이론은 기껏해야 이러한 투쟁을 비판적으로 설명해 낼 수 있을 뿐이다. 정치 이론이 우리에게 "무엇을 할 것인가"에 대한 직접적인 답을 줄 것이라 기대하는 것은, 한편으로는 개방적이고 비판적인 이론을 강령적인 것으로 후퇴시킴으로써, 다른 한편으로는 정치를 권력과 실천을 위한 긴급한 요구에서 떼어 놓음으로써, 이론과 정치가 주는 자극과 그것의 범위를 모두 제한하는 것으로 귀결된다. 역설적으로 들릴지 모르지만, 우리가 이론과 정치의 효과가 기입되는 장소가 상이하다는 것을 인정한다면, 우리는 이론과 정치가 가진 각각의 힘이 이러한 탈구disarticulation에 기반한다는 사실을 깨닫게 될 테고, 결과적으로 이 둘의 관계는 더욱 풍요로워질 것이다.

2010년 1월
웬디 브라운

감사의 말

6년이 넘는 기간 동안 틈틈이 책을 쓰면서, 많은 이들에게서 도움을 받았다. 레이너 포스트Rainer Forst는 내게, 마르쿠제의 「억압적 관용」 "Repressive Tolerance"을 재조명하는 논문 모음집에 실을 원고를 청탁했는데, 이것이 이 책의 시발점이 되었다. 발 하투니Val Hartouni는 나와 함께 〈시몬 비젠탈 관용박물관〉Simon Wiesenthal Museum of Tolerance을 방문했고, 그녀의 명석한 지성은 관용이라는 낯선 영역을 탐험하는 데 큰 도움이 되었다. 니브 고든Neve Gordon은 히브리어 용어를 설명해 주는 한편, 이스라엘에서의 관용 담론(의 부재)에 대해 알려주었다. 라일라 아부-루고드Lila Abu-Lughod는 읽을거리들을 추천해 주고, 나의 몇 가지 오류와 유럽-대서양 중심적 사고방식을 날카롭지만 친절하게 지적해 주었다. 조앤 스콧 Joan W. Scott과 엘리자베스 위드Elizabeth Weed, 배리 힌데스Barry Hindess, 미셸 페허Michel Feher, 캐롤린 엠케Caroline Emcke와 윌리엄 코놀리William Connolly는, 이 책의 일부를 읽고 논평해 주었다. 주디스 버틀러Judith Butler 와 멜리사 윌리엄스Melissa Williams, 한 명의 익명의 토론자는 초고 전체를 읽고 소중한 비판을 해 주었다. 이들의 비판은 몇몇 부분을 수정하는 데 큰 도움이 되었다.

스튜어트 홀Stuart Hall은 특유의 날카롭지만 부드러운 방식으로, 내가 마지막 장들에서 전개하려던 자유주의 분석을 약간 수정할 것을 제안했다. 식민주의 담론이 자유주의로 완전히 설명될 수 없다는 그의 말에, 나는 오류를 수정할 수 있었다. 마무드 맘다니Mahmood Mamdani 역시, 원주민과 이주민의 만남으로 촉발된 담론적 실천은, 내적 타자를 관리하기 위한 자유민주주의의 실천과는 다르다고 지적하였다. 이러한 유사한 충고들을 통해, 관용 담론이 새로운 역사적 국면에서 새로운 대상을 가지고 계속해서 재창조되고 재정립된다는 이 책의 주장을 정교화할 수 있었다.

책의 수정이 거의 끝나갈 때쯤, 개일 허셔터Gail Hershatter는 놀라운 요리 솜씨로 날 기쁘게 해 주었다. 그리고 함께 조깅하던 어느 날 아침, 내게 책을 완전히 다시 쓰지는 말라고 설득하기도 했다. 주디스 버틀러의 작업과 내 책에 대한 그녀의 비평 그리고 우리 둘 간의 지속적인 입장차는, 지난 15년 간 내 사유를 풍부하게 만들어 준 가장 큰 원동력이었다. 그녀의 사랑으로 내가 좀 더 발전할 수 있었던 것은, 내게는 더할 나위 없는 행운이다.

이 책의 일부분을 토론회에서 발표했을 때, 많은 청중들이 유용한 조언을 해 주었다. 특히 캐나다와 영국에서의 강연에서 이루어졌던 풍부한 논의들에 감사를 표하고 싶다. 이 두 곳은 내게 제 2의 지적 고향이기도 하다. 또한 나를 도와준 유능한 조교들에게도 감사를 표한다. 캐서린 뉴먼Catherine Newman은 〈관용박물관〉에 관한 자료를 찾아 주었고, 로빈 마라스코Robyn Marasco는 내가 라디오 뉴스를 통해 들은 문구들이 어디서 나온 것인지를 추적하는 등 여러 잡다한 사실과 문헌을 뒤져서 이 책의 인용문들을 완성해 주었다. 콜린 펄Colleen Pearl은 손 댈 엄두도 나지 않던 초고를 깔끔히 정리하고, 색인까지 달아주었다. 이반 아서Ivan Asher의 프랑스어 실력은, 푸코의 미번역된 강의들을 연구하는 데 큰 도움이 되었다.

가장 뛰어난 편집자 중 하나인 프린스턴 대학 출판부의 이안 말콤Ian Malcolm은, 그다운 솜씨로 이 책을 손 봐 주었다. 또한 이 책의 담당 편집자 앨리스 포크Alice Falk에게 진 빚은, 평생이 지나도 다 갚지 못할 것이다.

이 책은 처음에는 캘리포니아 대학교 산타크루즈캠퍼스의 인문학부와 학술재단으로부터 지원을 받았으며, 이후에는 캘리포니아 대학교 버클리캠퍼스의 인문학 연구 지원금과 〈미국 학술 단체 협의회〉American Council of Learned Societies의 지원을 받았다. 또한 이 책을 쓰는 중간에 나는 〈프린스턴 대학교 고등 연구소〉Institute for Advanced Study in Princeton의 소속 연구원으로 일할 수 있었다. 이 연구소는 사유하고 글을 쓰는 데 더할 나위 없이 좋은 환경을 갖추고 있다. 이러한 기회를 제공해 준 마이클 왈쩌 Michael Waltzer와 조앤 스콧에게 감사를 표한다.

이 책의 몇몇 장들은 이미 다른 곳에 발표된 적이 있다. 1장과 2장의 일부는 래이너 포스트가 편집한 『관용 : 논쟁적 덕목의 사회적 실천과 철학적 원리』*Toleranz : Philosophische Grundlagen und gesellschäftliche Praxis einer umstrittenen Tugend*(Frankfurt/Main : Campus Verlag, 2000)에 실린 「정체성 시대의 관용에 관한 고찰」"Reflexionen über Toleranz im Zeitalter der Identität"을 개작한 것이며, 아리에 보트위닉Aryeh Botwinic과 윌리암 코놀리가 편집한 『민주주의와 비전 : 셸던 윌린과 정치적인 것의 흥망성쇠』*Democracy and Vision : Sheldon Wolin and the Vicissitudes of the Political*(Princeton University Press, 2001)에 같은 제목"Reflections on Tolerance in the Age of Identity"으로 실리기도 하였다. 3장의 초고는 『차이들 : 여성주의 문화연구 저널』*Differences : A Journal of*

Feminist Cultural Studies 15.2(Summer, 2004)에 실렸고, 조앤 스콧과 데브라 킷츠 Debra Keates가 편집한『공적 공간으로 : 여성주의와 사적 영역의 경계 변화』*Going Public : Feminism and the Shifting Boundaries of the Private Sphere* (University of Illinois Press, 2004)에 재수록 되었다. 그리고 7장은『핀란드 정치학회 연보』 *Finnish Yearbook of Political Science* (2004)에 실린「문명 담론 내의/으로서의 관용」"Tolerance As/In Civilizational Discourse"를 고쳐 쓴 것이다.

1

관용 : 탈정치화 담론

모두 사이좋게 지낼 순 없는 건가요?
—로드니 킹
[Rodney King, 1992년 LA 인종 갈등 사태를 촉발시킨 백인 경찰의 흑인 구타사건 피해자]

당신이 한 번도 이야기를 들어보지 못한 자, 그가 바로 적이다.
—「중동에 관한 거실 대화」("Living Room Dialogues on the Middle East")의 제사(題辭)

관용은 정치의 산물이 아니며, 종교나 문화의 산물도 아니다. 자유주의자와 보수주의자, 독실한 신사와 무신론자, 백인, 라틴계, 아시아인, 흑인—모두 동등하게 관용적일 수 있고, 반대로 배타적일 수도 있다.…… 관용은 구체적인 의견보다는 우리가 무엇을 느끼고 어떻게 생활하느냐와 더 관련이 깊다.
—사라 불라드(Sarah Bullard), 『관용 교육』(*Teaching Tolerance*)

오늘날 관용은 어떻게 시민 간의 평화와 다문화적 정의를 상징하는 용어로 자리 잡았을까? 멀리 갈 것 없이 불과 한 세대 전만해도, 미국 내에서 관용은 교묘한 인종주의를 연상시키는 단어에 불과하지 않았던가? 민권 운동 초창기, 북부의 백인은 자신들의 관용과 남부 백인의 편협함을 대비시키면서 자신들의 우월성을 자랑하곤 했다. 하지만 이들이 말하는 관용이 공공연한 배제나 폭력을 사용하지만 않을 뿐, 실제로는 백인의 지배를 재생산하는 교묘한 인종차별에 불과하다는 인식은 당시 사람들 사이에 널리 퍼져 있었다. 1970년대까지 인종적 관용은 좌파나 자유주의자에게는 조롱거리에 불과했으며, 종교적 관용은 자유주의 질서의 기본으로 여겨져서 논의나 도전의 대상조차 되지 않았다. 이 당시 배제된 피억압자들은, 관용보다는 자유와 평등을 자신들의 정의 기획 justice projects의 슬로건으로 내걸었다.

하지만 1980년대 중반 이후, 상황은 변화한 것 같다. 즉, 관용 담론의 세계적 르네상스라고 할 만한 흐름이 등장한 것이다. 이 시기는 다문화주의가 자유민주주의 시민권의 핵심 문제로 등장한 시기였으며, 제3세계로 부터의 이민이 유럽·북미·호주가 유지해 오던 백인 중심의 정체성을 위협하는 동시에, 기존에 배제되었던 원주민들이 보상금과 시민권, 명예회복을 집단적으로 요구한 시기였다. 또한 인종 갈등이 국제 분쟁의 핵심 쟁점으로 등장하고, 이슬람 정체성이 강화되어 이들이 초국적인 정치 세력으로 등장한 시기이기도 하다. 더 나아가 관용 담론의 르네상스 배경에는, 통합integration이나 동화assimilation보다 정체성과 차이의 문제를 부각시키려던 좌파들의 시도와, 다양한 소수자들의 권리 요구를 보편적인 것이라기보다는 "특수한" 것으로 매도하려는 우파들의 노력도 자리 잡고 있었다.

그 결과, 오늘날 관용 담론은 때와 장소를 가리지 않고 다양한 영역에서 별다른 비판 없이 사용되고 있다. 유엔 회의장이나 국제 인권 운동 속에서, 관용은 양심의 자유, 표현의 자유와 함께 인간의 존엄성을 위한 근본적인 요소로 언급된다. 유럽에서, 관용은 제3세계 이민자들과 집시 그리고 (여전히 존재하는) 유대인과의 갈등에 대한 적절한 처방전이자, 발칸 반도 분쟁의 해결책으로 각광받고 있다. 미국에서, 관용은 다양한 인종의 이웃들을 한데 묶어주고 평화적으로 공존할 수 있게 해 주는 방책이자, 군대 같은 조직의 동성애 혐오에 대한 적절한 처방전, 그리고 늘어만 가는 증오 범죄에 대한 해독제의 자리를 차지하게 되었다. 관용은 2000년 미 대선에서 민주당 부통령 후보이자 독실한 유대교인이었던 리버만Joseph Lieberman 지지자들이 내건 슬로건이었으며, 조지 W. 부시가 개인의 성적 지향에 관계없이 행정부 각료를 선출하겠다고 선언하면서 사용한 단어이기도 하다.

오늘날 학교는 관용을 가르치고, 국가는 관용을 설교하며, 종교단체와 시민단체는 관용을 전도한다. 최근 미국이 벌인 "테러와의 전쟁" 역시 어떤 면에서는 관용의 이름하에 행해지고 있다. 일부 보수주의자들은 관용을 동성애자의 구호 정도로 치부하지만, 사실 관용은 정치적 입장을 초월해 옹호되고 있다. 자유주의자와 좌파는 종교적 근본주의자나 인종차별주의자, 동성애 혐오자들이 관용의 정신을 갖추지 못했다고 비난하지만, 기독교 근본주의자들은 세속적 자유주의자들이야말로 관용을 거부한다고 반박한다. 또한 미국의 대외정책을 담당하는 이데올로그들은, 미국은 관용을 사랑하지만 이슬람 근본주의자들은 관용을 증오한다고 주장한다.1 이렇게 당황스러울 정도로 다양한 관용의 용법과 더불어, 관용의 대상 역시 너무나 폭넓다. 오늘날 우리가 관용해야 할 대상의 범위는, 문화, 인종, 종족, 섹슈얼리티, 이데올로기는 물론, 라이프스타일, 패션 취향, 정치적 입장, 종교 그리고 심지어 특정한 정치 체제까지 매우 다양하다.

더군다나 관용은 국가와 문화를 초월한 어떤 단일한 의미도 갖고 있지 않다. 관용의 의미는 두터운 역사적 지층을 가지고 있으며, 다양한 갈등 속에서 옹호되거나 비판받으며 굴절되어 왔다. 오늘날 정치적·경제적으로 점차 통합되어가고 있는 유럽-대서양 지역에서조차, 관용은 개별 국가의 맥락에 따라 다양한 의미와 대상을 가진다. 예컨대, 최근 벌어진 히

---

1. 관용에 대한 비판 역시, 정치적 입장을 초월해 제기되고 있다. 문화적 우파가 관용을 동성애 지지의 표현이라고 비판할 때, 문화적 좌파는 관용이 동성애자에 대한 '동등한 권리 보장'을 대체하는 빈곤한 개념이라고 비판한다. (예컨대 최근 복음주의 계열의 보수 인사 제임스 돕슨(James Dobson)이 스펀지밥 [SpongeBob SquarePants, 미국에서 종종 동성애 남성의 아이콘으로 간주되는 만화 캐릭터] 이 출연한 뮤직비디오 〈우리는 가족〉(We Are Family)이 동성애를 옹호하고 있다며 야기한 일련의 논쟁을 보라. "US Right Attacks SpongeBob Video," BBC 뉴스, 2005년 6월 20일, http://news.bbc.co.uk/1/hi/world/americas/4190699.stm) 이와 유사하게 기독교 우파가 "관용의 과잉"이 불러온 도덕성의 붕괴를 비판할 때, 몇몇 진보주의자들은 관용적 다문화주의가 여성의 음핵 절제나 무슬림 소녀들의 히잡(hijab) 착용 같은 억압적인 문화적 실천에 유보적 태도를 보인다며, 관용을 비판한다.

잡 논쟁에서 보듯이, 프랑스에서 관용은 라이시테^{laïcité}와 관련이 깊긴 하지만, 동의어는 아니다.[2] 또한 호주, 캐나다, 영국, 독일, 네덜란드 등 각국은, 관용의 실천과 관련해 나름의 지적·정치적 전통을 가지고 있을 뿐 아니라, 그 핵심 대상에 있어서도 원주민, 이민자, 성적 소수자 등으로 차이가 있다. 즉, 원주민들의 포스트식민적^{postcolonial} 요구에 대한 대응으로 등장한 호주의 관용 담론과, 과거 식민지로부터의 이주민과 관련한 유럽의 관용 담론, 그리고 일탈적 성행위에 대한 가부장적 종교의 반발을 억제하는 데 초점을 맞춘 네덜란드의 관용 담론은, 그 기능에 있어 서로 다른 양태를 가질 수밖에 없다. 마찬가지로, 이슬람 국가들 역시, 자신들의 민족국가를 항상-이미 관용적인 것으로 상상하는 서구 사회와는 구분되는 상이한 형태의 관용 개념을 발전시키고자 노력하고 있다.

이같이 다양하게 분화된 관용의 주체, 대상, 정치적 용법을 고려한다면, 하나의 정치 담론이나 도덕 담론으로서 관용을 분석하려는 생각은 애초에 관두는 것이 나을지도 모르겠다. 하지만 이 책에서는 조금 다른 접근법을 택하고 싶다. 신중히 연구되고 비판적으로 이론화되기만 한다면, 오늘날 다양한 이데올로기와 결합되어 일관성 없이 사용되는 관용 담론에 대한 분석은, 우리에게 현대 정치의 중요한 특징과 조건을 파악할 수 있는 가능성을 열어준다. 이 책의 핵심 질문은, "관용이란 무엇인가?", "관용의

---

2. [옮긴이] 프랑스식 세속주의 원칙이라 할 수 있는 라이시테는, 국가를 비롯한 공공 영역의 종교적 중립을 의미한다. 2004년 프랑스 공립학교에서 히잡을 착용하는 무슬림 소녀를 퇴학시키는 법이 통과되었을 때, 이 법은 라이시테의 이름으로 정당화되었다. 프랑스에서 몇 번에 걸쳐 반복된 히잡 논쟁은, 관용의 적용 범위와 종교적 중립성의 의미, 공/사 영역 구분의 의미 등과 관련하여 수많은 논란을 파생시켰다. 이 논란들을 분석한 조앤 스콧은 중립성과 보편성을 내세우는 라이시테에 대한 옹호 이면에, 프랑스식 공화주의의 우월성에 대한 신화와 이슬람에 대한 인종주의적 환상, 그리고 무슬림 여성의 행위성을 부인하고자 하는 시민주의적 욕망이 내재되어 있음을 지적한다. Joan W. Scott, *The Politics of the Veil* (Princeton University Press, 2007) 참고.

핵심은 무엇인가?" 따위의 것이 아니다. 이 책이 붙잡고 씨름하고자 하는 질문은, 다음과 같은 것들이다. 현대 미국에서 통용되는 관용 담론은 어떤 종류의 정치적 담론이며, 어떠한 사회적·정치적 효과를 낳고 있는가? 관용 담론에 대한 분석적 연구는, 오늘날 서구 민주주의와 자유주의·식민주의·제국주의의 긴밀한 결합 관계를 이해하는 데, 어떤 도움을 주는가? 이어지는 장들에서, 나는 관용 담론의 사회적·정치적 작동 방식을 추적해, 관용이 어떻게 자유주의적 주체·문화·체제 대^對 비자유주의 주체·문화·체제라는 분할선을 만들어 내는지 살펴볼 것이다. 또한 관용 담론이 오늘날의 다양한 갈등과 차별을 어떻게 형상화하고, 어떠한 방식으로 규범적 효과를 생산하며, 동시에 어떻게 이러한 자신의 규범적 성격 normativity을 은폐하는지에 대해서도 살펴볼 것이다.

이러한 작업을 위해서는, 우선 관용이 유동적 의미를 가지고 있을 뿐 아니라 그 속성 자체가 담론적임을 이해할 필요가 있다. 즉, 관용은 흔히 생각하듯이 초월적이고 보편적인 개념·원리·원칙·미덕이라기보다는, 목적과 내용, 행위주체와 대상에 따라 다양한 역사적·지리적 변형태를 가지는 정치적 담론이자 **통치성**governmentality의 실천으로 이해되어야 한다. 미셸 푸코는 통치성을, 공식적인 정치 영역에 한정되지 않는 다양한 장소에서, 다양한 합리성을 통해 "행위의 지도"the conduct of conduct를 조직하는 것이라고 설명한 바 있다. 관용은 법과 국가에 부가附加적인 근대 자유주의적 실천이라는 점에서, 즉 자유주의 국가나 법체계와 밀접히 결합되어 있지만 법으로 성문화되지는 않은 여러 실천들의 결합이라는 점에서, 푸코가 이야기한 통치성의 전형적인 예라 할 수 있다. 관용은 법률에 기반한 명령이나 금지 조항을 통해 강요되지 않는다. 하지만 그럼에도 관용은 주체를 생산하고 주체-위치를 배분하며, 정체성과 관련된 의미와 실천을 조율하고, 신체를 표지하며mark, 정치적 주체성을 조건 짓는다. 오늘날 관용의 이러한 작업은 권력의 집중이나 지배를 통해서가 아니라, 국가기구 바깥, 즉 학교·교회·지역 단체와 같은 시민사회의 영역들, 각종 사회집단들, 그리고 국제기구나 학술단체들을 가로지르는 관용 담론의 분산을 통해 이루어지고 있다.3

1990년대 후반, 관용에 대한 연구를 처음 시작했을 때, 나의 주된 관심은 미국 내의 관용 담론에 국한되어 있었다. 애초에 관용에 대한 나의 관심이, 현대 미국 사회의 공적 영역, 특히 교육 부분에서 관용 담론이 가지는 독특한 성격에 대한 흥미에서 출발한 것이었기 때문이다. 당시 내가 주목했던 것은, 현대 사회에서 관용이 갈등의 조절과 사회 통합을 위한 다문화주의 기획과 결합하면서, 전통적인 관용의 목적과 대상이 변하고 있다는 점이었다. 과거 종교 개혁 시기에 관용이 소수의 믿음과 양심의 자유

---

3. 4장에서 좀 더 자세히 살펴보겠지만, 오늘날 관용 담론의 확산은 통치성의 형태를 띠고 있다. 즉, 관용 담론은 국가에서 사회적인 영역과 지역적인 차원으로 확장되며, 다양한 장소에 간헐적으로 배치된다. 예컨대 다양한 인종·종교·섹슈얼리티에 대한 법적 평등의 보장이, 실제적인 '기독교인 - 백인 - 이성애자'의 헤게모니를 위협할 때, 관용은 사회적인 차원에서 이러한 헤게모니적 규범에 대한 도전을 견제하고 봉쇄하는 역할을 수행한다. 소수 종교, 소수 종족, 소수 섹슈얼리티에 정체화한 이들은 국가로부터 형식적 평등을 보장받음과 동시에 사회적 관용의 대상으로 구성되는데, 이때 이들은 형식적 평등을 통해 정치적으로 포섭되는 와중에도, 관용을 통해 지속적으로 주변적 지위에 재각인된다. 이런 식으로 관용은 국가가 내건 법적 평등주의로 인해 위태로워질 수 있는 헤게모니적 규범을 사회적 영역에서 재구축하는 역할을 수행한다. 관용은 종종 국가와 분리된 실천처럼 보이지만, 이와 같이 관용의 확산에 있어서 국가는 (비록 공식적이지는 않더라도) 매우 중요한 역할을 수행한다. 국가와 시민사회, 공적 공간과 준공적 공간, 사적 공간과 주체를 가로지르며 확산되는 관용의 통치성을 보여주는 예는 이외에도 무수히 많다. 한편 이러한 관용 담론의 사회영역으로의 확산은, 그 자체로 통치성의 특성일 뿐 아니라 포스트주권적(postsovereign) 정치 상황에서 관용이 가진 힘의 원천이기도 하다. 오늘날 주체 생산과 질서 구축에서 관용이 가진 강력한 힘은, 그것이 어떤 법이나 공식적 제도에 기속되지 않으며, 대신 다양한 문화적·정치적·사회적 규제와 결합하여 작동하는 관용의 유연하고 분산적인 특징에서 비롯된다.

를 보호하는 것을 의미했다면, 1990년대 말 새롭게 등장한 관용 담론은 보호보다는 다문화적 시민권에, 믿음의 문제보다는 정체성의 문제에 좀 더 초점을 맞추고 있었다. 또한 각종 출판물과 슬로건 그리고 시민단체의 선전 문구를 통해 퍼져나간 관용에의 간절한 호소는, 과거 종교 갈등을 중재하는 도구에 불과했던 관용이, 이제는 편견에 대한 반대를 의미하는 일반화된 용어이자 사회의 이상理想을 담은 문구가 되었음을 보여주는 것이었다. 관용에 대한 찬사가, 신보수주의자인 미국 대통령에서부터 유엔 사무총장과 좌파 활동가에 이르기까지, 정치적 입장차를 뛰어넘어 모두에게서 울려 퍼졌다. 세기의 전환기에 이르러, 관용은 확실히 과거와는 다른 위상을 가지게 되었다.

　이같은 관용의 목적 및 대상의 변화와, 이데올로기를 넘어선 관용에 대한 무비판적인 수용, 그리고 그저 폭력적 박해에 대한 하나의 대안에 불과했던 관용이 적극적으로 추구되어야 할 이상적 가치로 변하는 것을 지켜보면서, 나는 다음과 같은 의문이 들었다. 관용 담론이 현대 자유민주주의 민족국가에서 수행하는 통치적·조절적 역할은 무엇인가? 관용이 그리는 이상적인 사회 질서는 어떤 것인가? 관용 담론이 생산하는 사회적 주체는 어떤 존재인가? 관용 담론이 제시하는 바람직한 시민의 모습은 무엇이며, 이러한 시민은 정치와 국가 그리고 동료 시민에게 어떠한 태도를 가져야 하는가? 관용 담론이 제공하는 국가 정당성은 어떤 종류의 것이며, 관용은 어떤 부분에서 국가의 정당성 결핍을 보충해 주고 있는가? 관용 담론이 약속하는 정의란 어떤 종류의 것이며, 반대로 관용 담론은 어떤 종류의 정의에 눈감고 있는가? 관용이 선善이라는 도덕-정치적 전망을 내세우는 와중에, 뒷걸음질 치게 된 좀 더 강력한 정의의 기획들에는 어떤 것들이 있나? 관용 담론이 조장하는, 화해 불가능한 차이에 대한 운명론적 접근이란 과연 무엇인가?

그러니까 이 책의 원래 목표는, 후기 근대의 다문화적 자유민주주의 체제 하에서 관용 담론이 정의와 시민권 문제의 구성에 가지는 효과를, 미국의 경우를 중심으로 살펴보는 것이었다. 하지만 9/11 이후 활발히 등장한 문화와 문명, 근본주의와 민족주의 그리고 이슬람 세력에 대한 정치적 수사rhetoric의 결과, 국제 사회에서의 관용 담론뿐 아니라 미국 내 관용 담론 역시 크게 변화하였다. 이제 이슬람 근본주의 국가나 테러 조직이 공공연한 관용의 적으로 부상한 것이다. 이러한 담론들 중 몇 가지는 기존의 자유주의 관용 담론에 내재해 있던 요소를 전면화한 것에 불과했지만, 몇몇 담론들은 관용을 완전히 새로운 목적을 위해 활용하였다. 이 새로운 담론 속에서 관용은, "세계시민주의적인 서구 사회와 근본주의적인 타자들" 이라는 대립쌍을 정당화하고, 제국주의를 옹호하는 역할을 담당하였다. 이제 관용 담론은 문명 담론과 적극적으로 결합하여, 관용을 서구의 가치로 한정지으면서, 비자유주의 사회를 불관용적인 동시에 관용 불가한 야만으로 규정하는 데 앞장서게 된 것이다. 19세기 중반부터 한 세기 동안 서구 사회는 야만에 맞서는 문명사회를 자임해 왔으며, 이후 냉전 시대에는 폭정에 맞서는 자유의 수호자로 스스로를 정당화해 왔다. 오늘날에는 이 두 계열이 결합하여, 자유롭고 관용적이며 문명화된 서구 사회 대 근본주의적이고 불관용적이며 야만적인 사회라는 새로운 대립 구도가 등장하게 되었다.

이에 따라 이 연구의 계획도 크게 수정될 수밖에 없었다. 즉, 주체를 생산하고 관리하는 관용의 기능에 대한 기존의 질문에 더해, 서양과 동양, 자유주의 체제와 비자유주의 체제, 자유민과 비자유민을 분할하는 문명 담론으로서의 관용에 대한 질문을 추가해야만 했다. 자유주의적 관용은 어떠한 방식으로 자유주의와 근본주의를 대립시키며, 더 나아가 서구의 패권을 공고히 하고, 서구의 문화적·정치적 제국주의를 정당화하는가? 어떻게 관용 담론은 실제로는 서구의 지배와 침략 행위를 부추기면서, 한편으로는 이러한 활동을 관용이라는 고상한 보호막으로 은폐하고 있는가? 사무엘 헌팅턴Samuel Huntington이 문명 간의 충돌을 막을 수 있는 대안적 가치로 추켜세운 관용이, 실제로는 서구의 지배를 공인하고 정당화하는 데 기여하고 있는 것은 아닌가? 오늘날의 **제국주의적** 자유주의 통치성에서 관용 담론이 맡고 있는 역할은 무엇인가? 어떤 주체만이 관용을 실천할 능력이 있다고 간주되는가? 관용이 요구하는 합리성과 사회적 형태는 무엇인가? 반대로 관용은 어떤 합리성과 사회적 형태를 억제하는가? 다시 말해, 자유주의 관용 담론이 전제하는 인간학적 조건들은 무엇인가?

관용을 인종·종족·성 정체성 관리를 위한 담론으로 접근하려는 애초의 시도와, 관용을 서구의 패권과 제국주의를 정당화하는 담론으로 이해하려는 새로운 시도는, 따로따로 진행될 수 없었다. 5장에서 살펴볼 〈시몬 비젠탈 관용박물관〉의 담론 전략처럼, 오늘날 미국 내의 관용 담론과 국제적 차원의 관용 담론은 얼핏 보기에는 서로 분리되어 작동하는 것처럼 보이지만, 실제로는 관용에의 넘쳐나는 호소 속에서 점차 결합해 가고 있기 때문이다. 예컨대, 오늘날 다문화적 자유민주주의 체제에서 관용의 부흥을 뒷받침하고 있는 세속주의secularism 원칙은, 국제적 차원에서 비자유주의 국가에 대한 서구 사회의 불관용과 적대 행위를 정당화하는 것 이상의 효과를 가진다. 이 세속주의 원리는 국내에서도 특정한 종교나 문화를 관용의 울타리 바깥으로 배제하는 동시에, 헤게모니적인 종교나 문화에는 "종교"나 "문화"가 **아닌** "주류적인" 혹은 "미국적인"이란 이름을 하사한다. 이같이 국내외 모두에서 관용 담론은 스스로를 보편적인 가치이자 공명정대한 실천으로 내세우면서, 특정한 믿음과 행동은 문명화된 것으로, 다른 가치와 실천은 야만적인 것으로 규정하고 있다. 하지만 관용이 내세우는 중립성의 신화가, 실제로는 부르주아 프로테스탄트 규범에 깊숙이 매몰되어 있음은 물론이다. 세속주의 이외에 미국 내외의 관용 담론을 연결시켜주는 또 다른 중요한 요소는, 자유주의 관용 담론의 중핵에 위치한 "개인의 도덕적 자율성"이라는 관념이다. 도덕적 자율성의 관념은 미국의 안팎 모두에서 관용할 수 있는 주체와 관용 불가한 주체를 나누는 기준이 되며, 자유주의와 문명 담론을 은밀히 결합시킨다. 문명 담론과 결합한 자유주의는 모든 문화와 종교를 존중해야 한다고 주장하지만, 여기에는 항상 이 문화와 종교들이 "자유주의화에 의해 약화될 경우에 한에서만"이라는 전제가 붙는다. (물론 이는 문명 담론 내의 관용이 전적으로 자유주의의 문제로 설명될 수 있다는 뜻은 아니다. 문명 담론으로서의 관용은, 오늘날의 백인과 이미 식민화된 이들의 관계라는 포스트식민적 조건뿐 아니라 과거 식민지 정착민과 원주민 간의 관계에서도 많은 영향을 받기 때문이다. 하지만 관용의 문명 담론적 요소가 자유주의적 논리나 문법으로 완전히 환원되지는 않는다 하더라도, 이러한 논리와 문법에 매개되어 왔으며, 지난 3세기 동안 자유주의의 구성적 외부constitutive outside를 구성해 온 것 역시 사실이다.)[4] 즉, 이같은 요소들을 매개로 해, 관용은 국내에서의 비천한abject 주체들의 구성과 국제사회에서의 야만적 주체들의

---

4. 이 점을 지적해 준 스튜어트 홀과 마무드 맘다니 그리고 익명의 독자에게 감사한다. 이 주제에 관한 유용한 연구로는 Paul Gilroy, *The Black Atlantic : Modernity and Double Consciousness* (Cambridge, MA : Harvard University Press, 1993)와 Uday Mehta, *Liberalism and Empire : A Study in Nineteenth-Century British Liberal Thought* (Chicago : University of Chicago Press, 1999) 그리고 San Muthu, *Enlightenment against Empire* (Princeton : Princeton University Press, 2003)을 참고할 수 있다.

구성을 결합시키고, 자유주의와 제국주의적·식민주의적 시도의 정당화를 매개해 주는 핵심적인 경첩hinge으로서 기능하고 있다.

요컨대 후기 근대적 통치성의 한 양식으로서 관용은, 자유주의적 원리들의 보편적 지위에 도전하는 **사회 내부의** 집단과 **초국가적인** 비자유주의 세력을 연결·결합시키고, 이 둘을 동시에 길들이려는 시도라 할 수 있다. 오늘날 국내와 국외를 가로지르며 작동하는 관용 담론은 자유민주주의 민족-국가 내·외부에 존재하는 타자 간에 연결고리를 만들어냄으로써 이 둘을 관리하고, 또 이들에 대한 국가의 가장 반자유주의적인 행위를 세련된 자유주의 수사들로 정당화하곤 한다.

관용 : 권력의 담론, 통치성의 실천

이 책이 고민하는 질문들은, 관용을 대체로 긍정적인 실천으로 바라보는 현대의 철학·정치철학·역사학·법학 연구들과 완전히 무관하지는 않다. 일반적으로 철학과 윤리학에서는 관용을, 법이 아닌 도덕적 자율성이라는 가치에 기반해 불쾌한 믿음이나 행동에 대처하려는 개인의 덕목으로 이해한다.5 정치철학에서는 관용의 적용 범위가 중요한 문제로 다루

---

5. 관용에 관한 철학적 논의는 굉장히 풍부하다. 그 중 몇 가지 예로, David Heyd, ed., *Toleration : An Elusive Virtue* (Princeton : Princeton University Press, 1996); Preston King, *Toleration* (London : Allen and Unwin, 1976); Susan Mendus, ed., *Justifying Toleration : Conceptual and Historical Perspectives* (Cambridge : Cambridge University Press, 1988); John Horton "Three (Apparent) Paradoxes of Toleration," *Synthesis Philosophica* 9 (1994) : 7-20; John Horton and Susan Mendus, eds., *Aspects of Toleration : Philosophical Studies* (London : Methuen, 1985); Susan Mendus and David Edwards, eds., *On Toleration* (Oxford : Oxford

어지고 있으며, 관용적인 개인·문화·사회와 그렇지 않은 이들 간의 갈등
이 연구되어 왔다.6 서양사학계에서는, 전근대 사회에서 종종 발견되는
관용의 실천에도 불구하고, 기본적으로 관용을 근대의 산물로, 더 정확히

University Press, 1987); Bernard Williams, *Ethics and the Limits of Philosophy* (London : Fontana, 1985); Glen Newey, *Virtue, Reason and Toleration* (Edinburgh : Edinburgh University Press, 1999); Mehdi Amin Razavi and David Ambuel, eds., *Philosophy, Religion, and the Question of Intoleration* (Albany : State University of New York Press, 1997)을 참고할 수 있다.

6. 정치철학 분야에서의 관용에 대한 연구도 방대하다. 아마도 다음과 같은 저작들이 유용할 것이다. John Rawls, *A Theory of Justice* (Cambridge, MA : Harvard University Press, 1971) [황경식 옮김, 『정의론』, 이학사, 2003]과 *Political Liberalism* (New York : Columbia University Press, 1995) [장동진 옮김, 『정치적 자유주의』, 동명사, 1999]; John Horton, ed., *Liberalism, Multiculturalism and Toleration* (London : Macmillan, 1993); Thomas Nagel, *Equality and Partiality* (Oxford : Oxford University Press, 1991); Joseph Raz, *The Morality of Freedom* (Oxford : Oxford University Press, 1986), Will Kymlicka, *Liberalism, Community and Culture* (Oxford : Oxford University Press, 1989)와 *Multicultural Citizenship : A Liberal Theory of Minority Rights* (Oxford : Oxford University Press, 1996); Michael Walzer, *On Toleration* (New Haven : Yale University Press, 1999) [송재우 옮김, 『관용에 대하여』, 미토, 2004]; Susan Okin, *Is Multiculturalism Bad for Women?* (Princeton : Princeton University Press, 1999); Susan Mendus, ed., *The Politics of Toleration in Modern Life* (Durham : Duke University Press, 1999); Mendus and Edwards, eds., *On Toleration*; Susan Mendus, *Toleration and the Limits of Liberalism* (London : Macmillan, 1989); J. Budziszewski, *True Tolerance : Liberalism and the Necessity of Judgement* (New Brunswick, NJ : Transaction, 1992); Andrew R. Murphy, *Conscience and Community : Revisiting Toleration and Religious Dissent in Early Modern England and America* (University Park : Pennsylvania State University Press, 2003); William Connolly, *The Ethos of Pluralization* (Minneapolis : University of Minnesota Press, 1995); Bhikhu Parekh, *Rethinking Multiculturalism : Cultural Diversity and Political Theory* (Basingstoke : Macmillan, 2000); Chandran Kukathas, *The Liberal Archipelago : A Theory of Diversity and Freedom* (Oxford : Oxford University Press, 2003) 이 외에도 존 로크, 존 스튜어트 밀, 볼테르, 삐에르 벨(Pierre Bayle)과 같은 근대 사상가들의 고전이 이 목록에 포함될 수 있으며, 초기 근대 사상가들 중에서는 마르시글리오 (Marsiglio of Padua), 존(John of Salisbury), 니콜라우스(Nicolas of Cusa), 고트프 리트 라이프니쯔, 사무엘 푸펜도르프(Samuel Pufendorf), 장 르클레르(Jean LeClerc), 토마스 모어, 에라스무스, 다니엘 드포 등의 저작도 목록에 포함될 것이다.

는 근대 초기 종교 갈등의 산물로 간주한다. 종교 갈등의 결과, 종교와 정치가 분리되고 관용이 자리 잡을 수 있는 개인의 자율적 공간이 등장했다는 것이다.7 비교문화학과 비교정치학에서는, 프로테스탄트적 관용과 밀레트 체제millet system로 알려진 오토만 제국식 관용을 비교하는 작업을 전개하고 있다. 이에 따르면, 서구의 프로테스탄트적 관용은 개인의 양심에 초점을 맞추고 있지만, 오토만 제국에서 시행된 (그리고 고대 그리스나 로마, 중세 영국과 중국, 근대 인도에서도 부분적으로 실시되었던) 밀레트 체제는 사회를 다양한 종교 공동체들로 분할하는 방식에 기반해 있었다.8 미국 법학계에서 관용은 〈헌법 수정조항 제1조〉와 관련해 논의되거

---

7. 이와 관련된 저서들로 다음을 참고하라. Ingrid Creppell, *Toleration and Identity : Foundations in Early Modern Thought* (New York : Routledge, 2003); Perez Zagorin, *How the Idea of Religious Toleration Came to the West* (Princeton : Princeton University Press, 2003); John Boswell, *Christianity, Social Tolerance, and Homosexuality* (Chicago : University of Chicago Press, 1980); John Christian Laurse, ed., *Religious Toleration : "The Variety of Rites" from Cyrus to Defoe* (New York : St. Martin's Press, 1999); Herbert Butterfield, "Toleration in Early Modern Times," *Journal of the History of Ideas* 38.4 (October 1977) : 573-84; Ole Peter Grell et al., eds., *From Persecution to Toleration : The Glorious Revolution and Religion in England* (Oxford : Clarendon Press, 1991); Ole Peter Grell and Bob Scribner, eds., *Tolerance and Intolerance in the European Reformation* (Cambridge : Cambridge University Press, 1996); John Christian Laursen and Cary J. Nederman, eds., *Beyond the Persecuting Society : Religious Toleration before the Enlightenment* (Philadelphia : University of Pennsylvania Press, 1988); Cary J. Nederman, *Worlds of Difference : European Discourses of Toleration*, c. 1100-c. 1550 (University Park : Pennsylvania State University Press, 2000); Gary Remer, *Humanism and the Rhetoric of Toleration* (University Park : Pennsylvania State University Press, 1996).

8. [옮긴이] 밀레트는 오토만 제국 하에서 자치권을 가지고 있었던 종교 공동체를 의미한다. 오토만 제국 하에서는 지배 종교였던 이슬람교 외에 소수 종교들 ─ 기독교, 그리스 정교, 아르메니아 정교, 유대교 등 ─ 의 밀레트가 존재했다. 이들 밀레트는 법집행이나 행정 기구의 운영 등에서 상당한 양의 자치를 누렸다. 기본적으로 오토만 제국의 관용은 개인이 아닌 이들 종교 집단에 대한 관용으로서, 이는 집단이 아닌 개인의 관용에 기반한 프로테스탄트적 관용과 상반되는 모델로 간주되곤 한다.

나, 아니면 집단의 권리와 주권 문제라는 비교적 새로운 법적 영역에서 논의되고 있다.9 마지막으로 국제법학계에서는, 관용을 인권이라는 보편적 원리에 포함된 약속하는 공동선의 한 요소로 간주한다.

이 책은 이러한 기존 연구들로부터 도움을 받기는 했지만, 동시에 이들과 일정한 거리를 두고 있다. 이 책에서는 관용을 독립적이고 일관된 원칙이나 실천으로 이해하기보다는, 강력한 수사적 효과를 가진, 역사적·문화적으로 특수한 권력 담론으로 이해하고자 한다.10 무엇보다도, 이 책은 관용이 권력과 맺고 있는 복잡한 관계에 주목할 것이다. 통치성의 실천으로서 관용은, 갈등을 줄이고 소수자와 약자를 보호한다는 공식적 목표를 넘어서는 정치·문화·사회적 효과를 가지고 있으며, 이러한 효과를 통해, 정치적 주체의 형성에 관여하고, 정치적인 것, 사회적인 것, 시민권, 정의, 국가 그리고 문명의 분절articulation에 기여하고 있다. 더 나아가, 관용은 자유주의의 형식적 자유와 평등의 대리보충supplement으로 기능함으

---

9. David A. J. Richards, *Toleration and the Constitution* (New York : Oxford University Press, 1986); James Tully, *Strange Multiplicity : Constitutionalism in and Age of Diversity* (Cambridge : Cambridge University Press, 1995), Lee Bollinger, *The Tolerant Society* (Oxford : Oxford University Press, 1988)을 보라.
10. 물론 이러한 시도의 전례가 없는 것은 아니다. 앞서 언급한 저작들에서도, 내가 간단히 요약한 것보다는 훨씬 더 많은 예외적 입장이 존재한다. 이러한 시도 중 가장 유명한 것은 허버트 마르쿠제의 「억압적 관용」("Repressive Tolerance")으로, 이 에세이는 『순수 관용 비판』(*A Critique of Pure Tolerance*, [Boston : Beacon, 1965])에 배링턴 무어(Barrington Moore)와 로버트 폴 울프(Robert Paul Wolff)의 에세이와 함께 실려 있다. 이 외에 다음과 저작을 참고할 수 있을 것이다. Katherine Holland, "Giving Reasons : Rethinking Toleration for a Plural World," *Theory and Event* 4.4(2000); Anne Phillips, "The Politics of Difference : Does This Make for a More Intolerant Society?" in *Toleration, Identity, and Difference*, ed. John Horton and Susan Mendus (New York : St. Martin's Press, 1999); Jeremy Stolow, "Transnational Religious Social Movements and the Limits of Liberal Tolerance," 미발행 원고, Departments of Sociology and Communication Studies, McMaster University, Ontario, 1998.

로써, 실질적인 평등과 자유의 추구를 노골적으로 방해하기도 한다.[11] 때에 따라 관용은 위기에 빠진 권력의 질서를 뒷받침하고, 흔들리는 국가 정당성을 보충하며, 곤경에 빠진 보편성을 땜질처방하고, 제국주의를 위한 방패막이를 제공하기도 한다. 또한 심지어 인종주의나 동성애 혐오를 유통시키고, 인종주의적인 국가 폭력을 정당화하기 위해 관용이 동원되기도 한다. 물론 모든 관용 담론이 항상 이러한 효과를 낳는 것은 아니지만, 이러한 효과가 단순히 관용 담론의 본의도와는 상관없는 일종의 "외부 효과"로 치부되어서도 안 된다. 이 책의 주된 관심은, 관용 담론이 어떠한 순간에 어떠한 방식으로 이 효과들을 활용하는지를 살펴보는 데 있다.

혹시 관용에 대한 이러한 무자비한 비판 때문에, 이 책이 "관용에 반대하는" 책으로 이해될지도 모르겠다. 하지만 관용을 권력과 연결된 하나의 생산적 힘으로 이해하는 것, 즉 특정한 행위를 정당화하는 동시에 다양한 주체·시민·국가의 위치를 지정하고 관리하는 관용의 효과를 인식하는 것이, 관용을 전적으로 부정하는 것은 아니다. 물론 이러한 접근은 관용을 지금까지 그것이 차지해 온 축복받은 위치에서 끌어내리고, 관용을 둘러싼 절대선의 아우라를 파괴하기는 할 것이다. 하지만 관용을 고상한 지위에서 끌어내리는 작업이, 폭력을 줄이고 시민 간의 공존을 가져오는 데 있어서 관용이 기여해 온 모든 가치를 부정하는 것은 아니다. 관용 담론이 항상 헤게모니를 가진 사회적·정치적 권력의 관점에서 정체성과 차이, 중심과 주변, 문명과 야만을 분절한다는 사실을 인식하는 것이, 곧바로 특정한 폭력을 줄이는 데 있어 관용이 가지는 가치를 부정하는 것으로 귀결되지는 않는다.

---

11. [옮긴이] 대리보충의 개념에 대해서는, 2장의 각주 6번을 참고하라.

근대 초기에 피비린내 나는 종교 전쟁을 종결시키기 위한 노력에서부터 오늘날 인종주의적 법률의 입법화를 저지하는 운동에 이르기까지, 관용 담론이 때로는 역사적으로 중요한 역할을 해 왔다는 점에는 의심의 여지가 없다. 하지만 역으로, 관용에 대한 호소가 반드시 폭력과 종속을 제한하려는 목적을 가졌던 것도 아니다. 예컨대, 오늘날 동성애자에 대한 법적 평등의 완전한 실현 대신에 이들에 대한 관용을 호소하는 것은, 동성애자를 탄압하는 것에 대항하여 이들에 대한 관용을 주장하는 것과는 전혀 다르다. 후자가 관용을 잔인함과 폭력, 공적인 배제와 대립시키는 데 반해, 전자는 관용과 평등을 대립시키면서, 관용을 통해 동성애자의 종속적인 지위를 계속 유지하려는 목적을 가지고 있다.

다시 말하지만 관용이 권력과 무관하다고 믿는 우리 눈의 콩깍지를 제거하자는 것이, 관용이 쓸모없다거나 해롭다는 것을 의미하지는 않는다. 관용과 권력이 맺고 있는 관계에 대한 분석은, 관용의 지위를 초월적 덕목에서 끌어내려, 자유주의적 통치를 구성하는 역사적인 요소로 재조정할 뿐이다. 이를 통해 우리는 관용을 주체를 생산하고 구성하는 동력이자 국가의 행위와 담론을 규정하는 하나의 프레임frame으로, 더 나아가 자유주의를 정당화하는 한 요소로 재조명해 볼 수 있다. 어떻게 보면 이 책의 주장을 처음 접했을 때 우리가 느끼는 당혹스러움이야말로, 오늘날 자유민주주의 하에서 관용이 가지는 독특한 성격 — 즉, 정치적 실천보다는 도덕적 가치로 여겨지는 관용의 특성 — 을 보여주는 것이다. 오늘날 종종 관용과 묶어져 이야기되는 "시민예절"civility과 마찬가지로 관용은 하나의 정치적인 미덕이자 권력에 의해 부과되는 실천이지만, 그렇다고 법에 공식적으로 명문화된 사항은 아니다.[12] 종교와 표현, 집회와 결사의 자유를 보장한 미국의 〈헌법 수정조항 제1조〉가 관용의 원리를 입헌적으로 성

문화했다고 볼 수도 있다. 하지만 의미심장하게도 이 수정조항 어디에도 '관용'이란 단어는 등장하지 않으며, 오늘날 관용이 밀접한 관련을 맺고 있는 인종, 종족, 섹슈얼리티, 문화, 라이프스타일 중 어느 것도 이 수정조 항에 명시된 자유의 대상에는 포함되지 않는다. 종교·집회·결사의 자유 가 관용적 사회를 뒷받침한다고 말할 수는 있지만, 자유민주주의는 "관용 에 대한 권리"를 전면에 내세우지는 않는다. 따라서 비록 불관용이 다른 사회를 위험한 근본주의 사회나 교조주의 사회로 낙인찍는 데 활용되거 나 종종 "증오 범죄"와 연결되어 논의됨에도 불구하고,13 "불관용 범죄" 자 체는 존재하지 않는 것이다.

이와 같이 세속적 자유민주주의 국가에서, 관용은 사람들이 어떻게 공존할 수 있는지를 가르쳐 주는 정치·사회적 기능을 수행하지만, 별도 의 법적인 기능은 수행하지 않는다고 볼 수 있다. 관용은 국가와 시민사회 의 기본 원리로 옹호될 수도 있고, 헌법이나 정책 문서의 서문에 등장할 수도 있으며, 종교·표현·결사의 자유와 관련된 문제들을 판단하는 기본 적인 원리로 인정될 수도 있지만, 그렇다고 해서 법으로 성문화되어 있지 는 않으며, 또 성문화될 수도 없다.14 왜냐하면 관용의 의미와 실천은 매

---

12. 이러한 점에서 오늘날의 관용은, 17세기와 18세기의 관용과 차이를 가진다. 당시에 관용은, 프랑스와 영국의 신교도들이나 유럽의 유대인 같은 종교적 소수 분파들을 보호 하고 규제하고 편입시키기 위해, 공식적 '선언'이나 '칙령'의 형태로 공표되었다. 이에 대해서는 Zagorin, *How the Idea of Religious Toleration Came to the West*; Joseph Kecler, *Toleration and the Reformation*, trans. by T.L. Westow (New York : Association Press, 1960); Henry Kamen, *The Rise of Toleration* (New York : McGraw-Hill, 1967)을 보라.

13. [옮긴이] 증오 범죄(hate crime)란, 특정한 종교적·인종적·성적 정체성을 가진 이 들을 대상으로, 이들 정체성 집단에 대한 증오 때문에 저지르는 범죄 행위를 말한다. 특정한 정체성 집단에 대한 차별적 발언을 의미하는 증오 발화(hate speech) 역시, 크 게 보아 증오 범죄의 일부분이라 할 수 있는데, 이를 범죄로 보아 처벌해야 하는지의 여부는 지속적인 논란이 되고 있다.

우 유동적일 수밖에 없으며(관용은 대체 언제, 어디서, 어느 범위까지 허용될 수 있을까?), 관용이 선善으로서 정당화되는 것 자체가, 그것이 법적 강제가 아닌 자발적으로 시행되는 미덕이라는 인식에 기반해 있기 때문이다. 이러한 입장에 따르면, 미덕은 내면에서 우러나온 것이어야지 권리나 법으로 강제되어서는 안 된다.

전통적으로 관용은 도덕적·사회적·이데올로기적으로 문제가 있되, 법을 직접 위반하는 것은 아닌 믿음과 행동을 대상으로 해 왔다. 따라서 법은 관용의 적용 범위를 결정하는 하나의 한계limit로서, 관용은 이러한 합법 영역 내에 존재하는 사적인 문제들에 한정된다고 말할 수 있다. 물론, 흑백 인종 간 〈결혼금지법〉이나 〈동성애금지법〉의 폐지에서 보듯이, 더 많은 관용이라는 명분하에 법이 바뀌기도 하고, 〈동성결혼금지법〉이나 낙태 규제처럼 관용을 줄이는 방향의 법이 제정되기도 한다. 하지만 이 예들은, 법의 적용을 받지 않는 사적인 문제로 간주되는 것(따라서 관용

---

14. 예컨대, 유럽헌법 제I-2조는 "연합의 가치"라는 표제 하에, 관용의 문제를 다루고 있다. "연합은 인간의 존엄성의 존중, 자유, 민주주의, 평등, 법의 지배 및 소수에 속한 자의 권리를 포함한 인권 존중의 가치 위에 설립된다. 이 가치들은 다원주의, 차별 철폐, 관용, 정의, 연대 및 남녀평등을 특징으로 하는 모든 회원국에서 공통된 것이다."(http://europa.eu.int/constitution/en/ptoc2_en.htm, 2005년 11월 28일 접속) [이 번역은 채형복 옮김, 『유럽헌법조약』, 높이깊이, 2006의 번역을 따르되 일부 수정하였다.]

심지어 유엔의 「종교나 양심에 따른 일체의 불관용 및 차별 철폐를 위한 선언」(유엔총회 결의안, 36/55, 1981년 11월 25일)은, 마치 관용과 불관용을 성문화하려는 시도처럼 들리지만, 실제로는 차별에 대한 불관용을 언급하면서, 차별을 수용할 수 없음을 성문화했을 뿐이다. 이 선언의 2절을 보라. "1. 누구도 종교나 믿음의 문제로, 국가, 제도, 집단 및 다른 사람으로부터 차별받지 않아야 한다. 2. 이 선언에서 '종교나 양심에 따른 일체의 불관용 및 차별'은, 평등한 기반 위에서 기본적 자유와 인권을 행사하고 향유하려는 실천을 가로막는, 종교나 양심에 기반한 모든 배제와 규제를 가리킨다." 이 선언의 나머지 부분에서는 관용과 불관용은 사라지고, 차별이라는 용어가 전면에 등장하고 있다.(http://www.unhchr.ch/html/menu3/b/d.intole.htm, 2005년 10월 4일 접속)

가능한 것)과 공공의 이해관계와 관련된 문제로 여겨지는 것(따라서 관용의 문제가 아닌 것)의 경계를 조정한 결과라 할 수 있을 것이다.[15] 다시 말해, 오늘날 관용은 법에 의해 인가된 시민의 혹은 사회의 실천이지만, 그 실천은 성문화되거나 법의 규제를 받지 않는다. 우리는 법 때문에 관용을 베푸는 것이 아니라 법에 추가하여 관용을 베푼다. 따라서 오늘날 선거권에 관한 법이나 자유에 관한 법 그리고 평등에 관한 법은 있지만, 관용에 관한 법은 없다. 과거에 국가가 관용을 강제했던 몇몇 관용 칙령edict들을 살펴보면, 이러한 칙령들이 현대의 평등주의 원칙과는 양립하기 힘들다는 것을 알 수 있다. 왜냐하면 이 칙령들은 관용의 대상이 되는 집단을 단순히 보호하는 데 그치는 것이 아니라, 그들을 공공연히 규제하고 낙인찍는 효과를 가지기 때문이다. 이는 형식적 평등의 범위가 점점 더 확장될수록, 관용의 법령화는 점점 더 어려워진다는 것을 의미한다. 하지만 이러한 변화로 인해, 법으로서의 관용이 아닌 통치성으로서의 관용이 사라지거나 쇠퇴하지는 않는다. 앞서 보았듯이 오늘날 관용은 법과 국가에 부가되어 작동하는 중요한 덕목으로서 다시 자리매김하고 있다.

그렇다면 시민의 실천으로서 관용이 적용되는 문화-정치적 영역이, 합법적이라고 규정된 영역 **내부에** 존재한다는 사실이 의미하는 바는 무엇일까? 우선 관용의 이러한 위치는, 그것이 자유주의적 법치와 평등의 대리보충으로서 작동한다는 사실을 인식하기 어렵게 만든다. (대리보충으로서의 관용의 기능에 대해서는 이 책의 3장과 4장에서 좀 더 자세히 살펴볼 것이다.) 둘째로, 관용을 법에 의해 강요된 행위가 아니라 자발적인

---

15. 때때로 관용은 특정한 종류의 "피해자 없는 범죄"나, 일반적인 사회적 통념에 어긋난 법을 위반하는 행위를 묵인하기 위해 사용되기도 한다. 하지만 이때는 특정한 사건이나 주체를 위협으로 간주하기보다는 이에 대한 무관심이나 방관을 뜻하는 묵인(lenience)이라는 말이 더 적절하고, 또 더 많이 사용되는 것처럼 보인다.

미덕과 동일시하는 것은, 관용을 권력과 규제의 실천 — 즉, 통치성의 실천 — 으로 파악하기 어렵게 만든다. 마지막으로, 자유민주주의 하에서 일반적으로 법적인 것과 정치적인 것은 뭉뚱그려지기 때문에, 법과 직접 관련이 없는 관용은 이제 정치와도 별다른 관계가 없는 것으로 간주된다. 바로 이러한 점들이 관용의 탈정치화depoliticization 기능에 일조하고 있으며, 관용 자체의 탈정치화를 부추기고 있다. 이제 이 문제에 대해 좀 더 자세히 살펴보도록 하자.

관용과 탈정치화 혹은 탈정치화로서의 관용

몇몇 학자들은 태도나 덕목으로서의 **관용**tolerance과, 실천으로서의 **관용**toleration을 구분하기도 한다.16 이 책에서는 이와는 달리, 개인의 윤리로서의 관용과 정치적 담론이자 통치성으로서의 관용을 구분하고자 한다. 전자는 개별적인 대상에 대한 개인적인 실천인 반면, 후자는 사회적인 것을 조직하고 탈정치화하는 특수한 양식과 관계된다. 이러한 구분은 비록 하나의 임시방편이고 엄밀하지도 않은 것이지만, 관용이 권력과 관계를 맺고 있다는 주장을 관용 자체에 대한 거부와 등치시키는 경향을 막아줄 것이다.

확실히 타인의 거슬리는 취향을 기꺼이 용인하는 개인적 윤리로서의 관용은, 많은 경우 선善이라 말할 수 있다. 우리가 친구의 불쾌한 웃음소리나 학생들의 거슬리는 복장, 동료의 종교적 열정이나 낯선 이의 불쾌한

---

16. 예컨대, Walzer, *On Toleration*, xi.

냄새, 옆 집 정원의 너저분함 같은 것들을 좀 더 관용할 수 있다면, 확실히 세상은 좀 더 우아하고 아름다운 곳이 될 것이다. 인류 전체 그리고 아마도 감각을 가진 동물들은 모두, 일상적으로 이러한 수준의 관용을 실천하며 살아간다. 하지만 다양성, 정체성, 정의 그리고 시민적 공존의 특정한 양태와 관련된 정치적 담론으로서의 관용은, 이러한 개인적 윤리와는 다른 차원의 것이다. 정치적 담론으로서의 관용은, 불쾌함을 유발하는 것들에 대한 행동이나 발언을 참는 것 이상을 의미한다. 그것은 사회적·정치적·종교적·문화적 규범들을 부과하는 행위이며, 관용의 대상이 되는 이들을 관용을 베푸는 이들에 비해 열등하고 주변적이며 비정상적인 이들로 표지하는 일인 동시에, 상대가 관용의 한계를 넘어섰다고 판단될 경우 부과할 수 있는 폭력 행위를 사전에 정당화하는 기제이다. 더 나아가 정치적 담론으로서 관용은 단순히 이미 존재하는 정체성을 다루는 것이 아니라 정체성의 생산 그 자체에 관여하며, 문화를 종족 혹은 인종과 뒤섞고, 믿음과 신념의 문제를 유전적 형질과 결합시키는 데 일조한다. 그리고 궁극적으로는 정치적 담론으로서의 관용은 이러한 일련의 과정을 탈정치화함으로써, 자연스럽게 정체성 그 자체를 관용의 대상으로 구성한다.

물론 개인적 윤리로서의 관용과 정치적 담론으로서의 관용을 구분하는 것이, 이 둘이 서로 관련이 없다거나, 혹은 전자는 항상 선이며 권력으로부터 자유롭지만 후자는 항상 악이며 억압적이라고 주장하는 것은 아니다. 공적 가치로서의 관용 역시 고려해야 할 뿐 아니라, 정치적 담론으로서의 관용이 개인의 윤리적 실천에 영향을 주고, 반대로 개인적인 실천이 정치적 담론으로서의 관용에 영향을 끼치기도 한다. 더 나아가, 때로는 비정치적 영역에서 이루어지는 개인적인 관용 행위가, 주체를 암묵적인 규범에 종속시키는 권력의 매개 역할을 하기도 한다. 관용의 대상은 대부분의 경우, 관용 행위 그 자체를 통해 비정상적이거나 주변적인 것 혹은 바람직하지 않은 것으로 표지되기에, 무언가를 관용한다는 것은 필연적으로 관용받는 상대방보다 우월한 위치를 차지하게 된다는 것을 의미하기 때문이다. 비록 상호적 관용에 있어서는, 이러한 우월한 위치를 식별해 내는 문제가 좀 더 복잡하고 미묘해지지만 말이다.

이같이 관용이 권력이나 규범성과 연결되어 있다면, 관용을 권력과 무관한 도덕이나 덕목으로 개념화하는 것은 어리석은 짓일 것이다. 하지만 관용과 권력의 관계를 강조하는 것이, 그 자체로 정치적 담론으로서 관용이 가진 문제들을 설명해 주는 것은 아니다. 즉, 관용의 정치적 문제는 단순히 그것이 권력과 관계를 맺고 있다는 사실에서 기인하는 것이 아니다. 관용의 문제를 식별해 내기 위해서는, 관용의 특수한 배치에 영향을 미친 역사적·사회적·문화적 특수성을 고려해야 할 뿐 아니라, 더 나아가 관용이 평등·자유·문화·시민권·서구문명과 같은 다양한 담론들과 교차하는 방식을 구체적으로 살펴봐야만 한다. 즉 관용 자체를 문제 삼기보다는, 넘쳐나는 관용에의 호소 속에서 공식적으로는 부인되는disavow 관용에 의한 정체성의 생산과 조절, 계층화와 주변화 과정을 읽어 낼 필요가 있다. 즉, 관용을 둘러싼 담론들은 숨겨진 정치의 질서를 보여주는 징후라 할 수 있다.

따라서 이 책의 또 다른 목적은 오늘날 부활한 관용 담론이 행하고 있는 탈정치화 기능에 대해 살펴보는 것이다. 여기서 탈정치화란, 불평등·종속·주변화·사회갈등 같이 정치적인 분석과 해결책을 필요로 하는 문제들을, 한편으로는 개인적인 문제로, 다른 한편으로는 자연적·종교적·문화적인 문제로 이해하려는 시도를 말한다. 관용은 이와 같은 탈정치화의 두 가지 방식 모두에 일조하고 있으며, 때때로 두 방식을 결합시키기도 한다. 오늘날 일상적으로 이야기되는 관용 담론은, 불평등이나 사회적 억압과 같은 문제를 개인이나 집단의 편견에서 비롯되는 문제로 치부하는 경향이 있다. 또한 관용 담론은, 집단 간의 갈등을 종교적·종족적·문화적 차이에 대한 각 집단의 태생적인 적개심에서 기인하는 것으로 여긴다. 다시 말해, 관용 담론은 사회적 갈등을 상이한 정체성 간의 마찰로 환원시키고, 종교적·종족적·문화적 차이가 그 자체로 갈등을 내재하고 있다고 주장하는 것이다 ― 역으로 그렇기 때문에, 이러한 갈등은 관용의 실천을 요구하며, 관용에 의해서만 완화될 수 있다. 물론 관용이 자유민주주의 하에서 정치적 갈등을 자연화naturalization하고, 정치적으로 생산된 정체성들을 존재론화ontologization하는 유일한 요소라고 말하기는 힘들다. 하지만 확실히 관용 담론의 확산은 차이와 정체성의 자연화와 존재론화에 의해 뒷받침되고 있으며, 역으로 이러한 자연화·본질화 과정을 촉진시키고 있다.

비록 탈정치화가 때로는 사회적 갈등을 개인화시키는 방향으로, 때로는 갈등을 문화화 시키는 방향으로, 또 때로는 이를 자연화시키는 방향으로 작동하지만, 이러한 다양한 전술들은 대체로 공통된 방식에 기반해 있으며, 따라서 우리는 탈정치화를 하나의 일관된 현상으로 파악할 수 있다.17 이 탈정치화의 공통된 방식 중 하나는, 정치 현상을 이해하는 데 있

---

17. 여기서 완전히 다룰 수는 없지만, 이러한 주장에는 두 가지 이론적 난점이 있다. (1) 첫 번째는 의도의 문제이다. 탈정치화는 특정한 계획에 의해 이루어지는 과정인가? 우리는 탈정치화로 보호되는 지배 집단의 이해관계를 식별해 낼 수 있을까? 지배집단은 노골적으로 탈정치화를 목표로 내세우지는 않지만, 아무튼 탈정치화가 현 상태를 보존하고, 현존 질서를 조직하는 권력을 은폐하는 것은 사실이다. 오늘날의 자유주의와 신자유주의 합리성 그리고 미국의 정치 문화에 내재하는 탈정치화는, 현존 질서를 지배 집단의 특권을 보장하는 권력의 질서가 아니라 불가피하거나 자연적인 질서로 인식하게 만들어, 지배계급에 봉사하고 있다. 하지만 이것이 탈정치화 전략이 의도적으로 혹은 의식적으로 부과되고 배치된다는 것을 의미하지는 않는다. 반대로 탈정치화는 권력

어, 그 현상이 등장하게 된 **역사적 배경**과 그 현상을 조건 짓는 **권력의 문제**를 배제하는 것이다. 구체적인 형태를 떠나서, 모든 탈정치화 시도는 특정한 문제를 재현할 때 그 문제와 관련된 역사와 권력의 문제를 회피한다. 그런데 사회적 관계와 정치적 갈등을 구성하는 이 두 가지 결정적 요소—즉, 역사와 권력의 문제—를 회피하는 순간, 우리는 거의 필연적으로 그 문제를 자연화하거나 본질화해 설명할 수밖에 없다. 만약 관용 대상의 구성 속에서 작동하는 역사와 권력의 문제를 배제한다면, 우리는 관용의 대상을 관용하는 주체와 태생적이고 본질적인 차이를 가진 존재로 이해할 수밖에 없고, 갈등과 마찰은 이러한 차이로 인해 자연적으로 발생하는 것으로 제시될 것이다. 게다가 이렇듯 자연적 차이가 문제를 낳는다면 우리에게는 이러한 차이를 참는 것tolerate 외에는 대안이 없기에, 탈정치화는 관용의 대상과 주체뿐 아니라 관용의 장면 자체도 자연화·존재론화 한다. 예컨대, 우리가 중고등학생들에게 각자의 인종·종족·문화·종교·성적 지향의 차이를 관용해야 한다고 가르칠 때, 여기서 문제가 되는 차이와 정체성이 실은 사회적·역사적으로 형성된 것이며, 그 자체로 권력과 헤게모니적 규범, 그리고 특정 담론들의 산물이라는 사실은 암시조차 되지

과 지배의 비가시화로부터 발생하는 것이라고 말하는 게 더 정확할 것이다. 특히 이러한 특성은, 관용 담론 혹은 자유주의 담론들 속에서 확인할 수 있다. 이와 같이 어떤 완벽한 설계도가 존재하지 않지만 지배의 관점에 호응하는 심오한 권력의 효과에 대한 분석을, 우리는 맑스가 『독일 이데올로기』에서 행한 정치적 이데올로기의 출현에 대한 분석에서, 그리고 푸코가 『말과 사물』, 『감시와 처벌』, 『성의 역사1』에서 행한 특정한 권력 담론의 출현에 대한 분석에서 찾아볼 수 있다.

(2) 또한 탈정치화라는 개념은, 특정한 관계·현상·사건이 가진 선험적인(a priori) 정치적 성격이, 탈정치화 내러티브에 의해 은폐되고 신비화된다고 본다. 이와 같은 주장에서 까다로운 인식론적·존재론적 문제가 발생하는데, 일단 우리가 특정한 사물을 선험적으로 정치적인 것으로 볼 수 있느냐 없느냐의 문제는 차치하고서라도, 이러한 주장이 정치적 현상을 설명하는 단일한 내러티브를 가정한 것은 아닌지의 여부가 먼저 해명되어야 한다.

않는다.[18] 여기서 차이는 그저 관용해야 하는 대상으로만 제시되는 것이다.

이와 같이 정치적 갈등 속에서 역사와 권력의 문제를 제거해 버리는 방식 — 즉, 정치적 문제의 **원인**을 탈정치화하는 방식 — 과 함께, 두 번째 탈정치화 방식도 존재한다. 이는 정치적 문제의 **해결책**을 제시하면서, 정치적 언어를 감상적이고 개인적인 언어들로 대체해버리는 방식이다. 정의와 평등의 문제가 관용의 문제로 대체될 때, 타자에 대한 정의의 문제가 타자에 대한 감수성과 존중의 문제로 대체될 때, 역사적 배경을 가진 고통들이 단순히 차이와 공격성의 문제로 환원되고 그 고통이 개인의 감정의 문제로 여겨질 때, 정치적 투쟁과 변혁의 문제는 특정한 행동과 태도, 감정의 문제가 되어 버린다. 물론 이러한 접근도 나름의 의미를 가지긴 하겠지만, 불평등과 배제 같은 정치적 문제의 해결책으로 관용을 제시하는 것은, 정치적으로 생산된 차이를 물화reify하는 것일 뿐더러, 정의의 추구를 단순한 감수성 훈련 혹은 로티가 "태도의 개선"이라 이름붙인 해결책으로 환원해 버리는 것이다.[19] 그 결과 정의의 추구는, 이제 태도와 행실을 치료하고 개선하는 문제가 되어 버린다.

어떤 담론이 자신의 이름하에 상호 대립적인 정치적 기획들을 손쉽게 포용한다는 것만큼, 그 담론의 탈정치적 성격을 확실히 보여주는 증거는 없다. 앞서 살펴봤듯이, 관용은 이제 다양성·민주주의·가족처럼, 자유주의 사회의 구성원이라면 누구나 정치적 입장을 초월하여 옹호해야 하는

---

18. 예컨대, Sarah Bullard, *Teaching Tolerance : Raising Open-minded, Empathetic Children* (New York : Doubleday, 1996)을 보라.

19. Richard Rorty, *Achieving Our Country : Leftist Thought in Twentieth-Century America* (Cambridge, MA : Harvard University Press, 1998) [임옥희 옮김, 『미국 만들기 : 20세기 미국에서의 좌파 사상』, 동문선, 2003].

단어가 되었다. 특히 관용이 서구 일부에 귀속된 가치가 아니라 서구 전체의 가치로 확대되고, 불관용이 백인 사회의 편협함을 가리키는 말이 아니라 야만적·반反서구적·폭력적인 근본주의를 지칭하는 용어로 변화하면서, 이러한 현상은 점점 더 심화되고 있다. 이제 특정한 종류의 관용에 반대하는 서구인들 — 예컨대, 성적 방종이나 무신론에 대한 관용을 반대하는 보수적 기독교인이나 정치적 반대 행위를 억제하려는 자아도취적 애국주의자들 혹은 여성학대나 아동학대에 해당하는 종교적·문화적 행위들을 관용할 수 없다는 진보주의자들 — 조차도, 관용 그 자체에 반대하는 것이 아니라 단지 관용의 가치가 외설적이고 야만적인 이들에게까지 확장되는 것에 반대하는 것으로 간주된다. 관용이 점차 서구·자유민주주의·계몽·근대성 같은 개념들과 동의어가 되면서, 관용은 이제 "우리"와 "그들"을 구별해주는 역할을 떠맡게 되었다. 예컨대 찬드란 쿠카터스 같은 학자는, 관용이 보호하는 양심과 결사의 자유를, 평등·자유·정의와 같은 원칙들보다 우선하는, 자유주의 정치체제의 **제1의** 미덕으로 꼽는다.[20]

물론 관용이 오늘날 자유민주주의 사회의 유일한 탈정치화 담론은 아니다. 사실 오늘날 (특히 미국에서) 관용은 다양한 탈정치화 경향들과의 결합을 통해 더욱 폭넓게 수용되고 있다. 이렇게 관용과 결합하는 탈정치화 경향으로는, 자유주의와 개인주의에 내재한 몇 가지 경향들과 신자유주의의 득세로 정치·사회 영역에 확산되고 있는 시장 합리성, 그리고 마무드 맘다니가 "정치의 문화화"culturalization of politics라고 명명한 비교적 최근의 현상을 꼽을 수 있다.[21] 이제 이들 각각에 대해 하나씩 살펴보도록

---

20. Kukathas, *The Liberal Archipelago*, 119.
21. Mahmood Mamdani, *Good Muslim, Bad Muslim : America, the Cold War, and the Roots of Terror* (New York : Pantheon, 2004)를 보라.

하자.

자유주의. 공식적인 정치적 문제 이외의 문화적이고 사적인 문제들을 자연적이거나 개인적인 것 — 즉, 권력 혹은 정치와 상관없는 것 — 으로 간주하는 자유주의의 법적·정치적 형식주의는, 그 자체로 탈정치화의 소산이다. 또한 자유주의는 개인 주체에게 행위의 책임을 과도하게 떠넘김으로써, 정치적인 갈등과 불평등의 문제를 개인화시키고, 그 결과 자유민주주의에서 주체를 구성하는 다양한 규범과 사회적 관계들 — 즉, 계급·인종·젠더·섹슈얼리티 등등의 문제 — 은 비가시화된다. 더 나아가, 자유주의는 자유의 문제를 권리의 문제로, 평등의 문제를 법 앞의 평등의 문제로 환원시키는데, 그 결과 자유민주주의 체제를 구성하고 그 체제 내 주체들을 구속하고 있는 종속과 불평등의 다양한 근원들 역시 무시된다. 이와 같이 자유주의 이데올로기는, 사회와 주체의 문제에 접근하는 데 있어 이미-항상 권력과 역사의 문제를 회피한다고 말할 수 있다.

개인주의. 개인의 믿음과 행동 그리고 개인의 성공과 실패를 강조하는 미국 문화 역시, 각종 정치적 문제를 심각하게 탈정치화한다. 미국 대중문화에 만연한 개인의 전기傳記적 일화들은, 개인적 의지와 믿음·태도·도덕성 등이 세상을 바꿀 수 있다고 주장함으로써, 권력에 대한 정치적 분석을 가로막고 있다.[22] 호레이셔 앨저나 악마처럼 묘사되는 싱글맘 혹은 제

---

22. 한편 이러한 '절대적 책임을 가진 개인'이라는 형상에 대한 대안으로 제시되는 질병 모델이나 문화주의적 모델 역시, 탈정치적이기는 마찬가지다. 질병 모델은 알코올중독에서 연쇄 강간에 이르는 행위들을 개인적 질병의 문제로 치부하고, 문화주의적 모델은, 보니 호니히(Bonnie Honig)가 적절히 비판했듯이 "나의 문화가 이런 짓을 하게 만들었다"는 식으로 주체성과 행위에 접근한다. 질병 모델과 문화주의적 모델 모두 결정론과 행위주의에 기반해 있으며, 이는 개인주의적 접근의 뒤집어진 이면에 불과하다. 이 두 접근은 모두 근본적으로 초역사적이고 초맥락적이며, 주체를 생산하고 그들의 사유와 행위를 조건 짓는 다양한 사회, 경제, 정치적 권력의 문제를 간과하고 있다. 이에 대해서는 Honig, "My Culture Made Me Do It" in Okin, *Is Multiculturalism*

시카 린치 이병이나 린디 잉글랜드 이병의 예처럼[23] 각종 신화화된 개인사는 올바른 태도가 정의를 만들어 내며 의지와 인내가 성공을 가져온다고 강변한다. 이러한 신화 속에서 개인의 태도와 의지 외의 것들은, 기껏해야 단순한 배경으로 치부될 뿐이다.[24] 이러한 관념적이고 개인화된 사고는, 역사와 정치에 대한 유치한 접근에 불과하다.

시장 합리성. 탈정치화의 세 번째 층은, 오늘날 모든 사회·정치적 삶에 침투하고 있는 기업가 담론과 소비자 담론이다. 물론 이러한 침투는 자본주의의 초기부터 이루어졌지만, 최근의 신자유주의 정치 합리성neoliberal political rationality은 이러한 침투의 새로운 국면을 열어 젖혔다. 기업가 담론과 소비자 담론은 인간의 모든 욕구와 인간관계를 합리적인 기업가나

Bad for Women? 을 보라.

23. [옮긴이] 호레이셔 앨저(Horatio Alger)는 19세기 후반 미국에서 활동한 작가로, 어려운 환경의 소년이 자수성가하는 내용의 청소년 소설을 주로 썼다. 그의 소설은 "개인의 노력을 통한 성공"이라는 자조(自助)와 아메리칸 드림의 원형으로 간주된다. 싱글맘에 대한 악마적 묘사는, 미국의 신우파들이 복지 자금 축소를 위해, (흑인) 싱글맘들을 복지제도의 무임승차자이자 자소노력 없는 의존적 존재로 공격해 온 것을 말한다.
   제시카 린치(Jessica Lynch) 이병은 지난 2003년 이라크에 포로로 잡혔다가 구출되었다. 미국 국방부는 린치 이병의 사례를 영웅화하여 선전하였으나 이후에 상당 부분 조작된 것임이 밝혀졌다. 반면 린디 잉글랜드(Lynddie England) 이병은 지난 2005년 아부 그라이브 감옥에서의 이라크 전쟁 포로 학대 사건으로 기소되어 3년형을 선고 받았다. 미국 국방부는 고문을 가한 잉글랜드 이병의 개인 정신건강에 문제가 있다는 의혹을 제기한 바 있다.

24. 〈관용박물관〉에서 열린 〈우리 자신과 가족을 찾아서〉(Finding Our Families, Finding Ourselves) 전시는 이러한 탈정치화의 극단적인 예를 보여준다. 이 전시는 조 토레(Joe Torres), 카를로스 산타나(Carlos Santana), 빌리 크리스탈(Billy Crystal), 마야 안젤루(Maya Angelou) 같은 유명인들의 개인사에 관한 것이었다. 전시장 입구에 붙어 있는 안내문에 따르면, 이들 각각은 "넘어야 할 장애물과 자신을 이끌어줄 롤모델"을 발견했다. 여기에 전시된 유명인들의 개인사는 갖가지 장애에도 불구하고 성공과 명성을 쟁취한 이주민 혹은 소수 인종의 성공담이다. 하지만 여기에 전시된 장애물들은 인종주의나 반反유대주의, 가난 같은 것들이 아니라, 아버지에게 학대받거나 어머니에게 비난받는 등 개인적인 차원의 것들이다. 〈관용박물관〉에 대해서는 이 책의 5장에서 자세히 살펴볼 것이다.

소비자의 선택으로 설명함으로써, 이러한 욕구와 관계를 구성하는 권력의 문제를 비가시화한다. 신자유주의 정치 합리성이 점차 확산되면서, 이것이 가진 탈정치적 효과는, 모든 문제를 개인의 의지와 행운으로 돌리는 미국적 내러티브 그리고 고전적 자유주의 합리성과 상호 결합하여 작동하고 있다.[25]

탈정치화 담론으로서 관용은, 한편으로는 이같은 여타의 탈정치화 담론들과 결합해 정당성을 확보하고, 다른 한편으로는 주체와 갈등을 구성하는 정치적이고 주체화된 심급을 삭제하는 이들의 탈정치화 테크닉을 적극 활용하면서, 광범위하게 확산되고 있다. 게다가 자유주의와 개인주의, 신자유주의 합리성과 마찬가지로, 관용 역시 자신이 통치성의 기술이자 권력의 담론임을 은폐한다. 일반적으로 관용은 인간적 차이 혹은 "다른 의견이나 행동"에 대한 존중으로 정의되는데,[26] 이러한 정의 어디에서도 규범과 주체의 구성, 그리고 관용 담론에서 문제가 되는 문명적 정체성의 문제는 드러나지 않는다. 또한 이 정의는, 관용이 특정한 행동과 집단을 관용의 울타리 너머에 있는 것으로 낙인찍는 방식이나, 관용 가능한 대상과 관용 불가한 대상 혹은 관용의 주체와 불관용의 주체를 가르는 분할의 정치학에 대해서는 철저히 외면한다.

정치의 문화화. 우리는 이미 관용의 의미와 범위의 모호함에 대해 살펴보았다. 관용은 대상에 대한 존중인가? 용인인가? 아니면 억압된 폭력

---

25. 이에 대해서는 Wendy Brown, "Neo-liberalism and the End of Liberal Democracy," *Theory and Event* 7.1(2003)을 보라. 이 논문은 Wendy Brown, *Edgework : Essays on Knowledge and Politics* (Princeton : Princeton University Press, 2005)에 재수록 되었다.

26. 〈관용박물관〉 홈페이지의 관용에 대한 정의를 보라.(http://teachers.museumoftolerance.com/mainjs.htm?s=4&p=1, 2005년 10월 4일 접속)

인가? 관용은 하나의 태도인가? 정책인가? 도덕적 원칙인가? 윤리인가? 아니면 정치인가? 관용은 무엇을 장려하는가? 도덕적 자율성? 평등? 차이에 대한 보호? 아니면 자유? 관용의 문제는 단지 그것이 모호하다는 사실에 그치지 않는다. 오늘날 관용은 종교·문화·종족·인종·성적 규범과 같은 통약 불가능한 주제와 실천들을 뒤섞어 버리며, 이들을 상호교환 가능한 것으로 만든다. 예컨대, 수잔 오킨이 여성 억압적 "문화"에 대한 관용에 반대하면서 자유주의 법질서를 통해 여성 억압적 문화를 규제해야 한다고 주장할 때, 그녀는 (가부장적) 문화와 (가부장적) 종교를 한데 뒤섞어 버린다.[27] 5장에서 살펴볼 〈관용박물관〉에서 상영하는 영화는 "이슬람 근본주의자"의 위협에 대해 논하면서, "특정 인종·종족 표적 수사"racial and ethnic profiling의 정당성 문제를 제기하는데, 여기서 또 한 번 종교·인종·종족의 문제는 마구 뒤섞여 버린다. 비근한 예로, 미국에서 "아랍계 미국인"과 "무슬림"은 마치 동의어처럼 사용되고, 중동 문제를 논할 때 팔레스타인인의 상당수가 기독교인이고, 몇몇 이스라엘인들은 아랍인이라는 사실 역시 자주 망각된다. 마찬가지로 오늘날 "자유세계"의 적을 지칭할 때 사용되는 근본주의라는 명칭 역시, 문화·종교·국가·지역·체제를 뭉뚱그려 자의적으로 사용되고 있다.

이러한 혼합과 혼동을 역사와 정치에 대한 무지의 소산이나, 모든 표지된 정체성을 등가等價적인 것으로 보는 다문화주의 담론의 부작용쯤으로 가볍게 치부해서는 안 된다. 오히려 이러한 혼합은 정치의 문화화, 즉 "모든 문화는 어떤 실체적 본질을 가지고 있으며, 정치는 그러한 본질이 표현된 결과"라는 입장의 확산을 보여주는 하나의 증상symptom이다.[28] 정

---

27 Okin, *Is Multiculturalism Bad for Women?*, 13-14. [이에 대한 자세한 논의는 7장을 참고하라.]

치의 문화화는 정치적 문제를 문화적 본질의 문제로 환원해 버리는데(여기서 사용되는 **문화**란 개념이, 엄밀한 것이라기보다는 단지 종족적으로 표지된 이들의 각종 실천과 믿음을 뭉뚱그려 뒤섞어 버린 것을 의미할 뿐임 역시 염두에 두자), 오늘날 이러한 설명 방식은 팔레스타인의 자살 폭탄 테러에서 오사마 빈 라덴의 세계 전략, 르완다와 수단에서의 대량 학살과 사담 후세인 이후 이라크 민주주의의 실패에 이르기까지, 거의 모든 현상들을 설명하는 데 활용되고 있다. 대표적인 예로, 중동 지역에서의 각종 사건들이 "적의 **본성**nature을 보여 준다"는 조지 W. 부시의 연설에서, 우리는 이러한 사고의 전형을 엿볼 수 있다.[29] 이러한 정치의 문화화는, 특정한 문제를 둘러싼 역사와 정치경제적·국제적 관계에 대한 분석을 일소해 버린다. 정치적 갈등에 대한 이러한 접근 방식은, 식민주의, 자본, 계급 분화, 정치적 지배로부터 눈을 돌린다. 이제 문화는 자살 폭탄 테러나 참수 같은 구체적인 투쟁 방식뿐 아니라, (칼의 문화, 폭력의 문화, 종교적 근본주의 같은 용어들에서 드러나듯이) 특정한 갈등이 발생한 원인까지 설명해 주는 요소로 격상된다. 냉전 시대의 "철의 장막"이 오늘날 "문화 간 벨벳 장막"으로 대체되었다는 사무엘 헌팅턴의 주장은, 이러한 정치의 문화

---

28. Mamdani, *Good Muslim, Bad Muslim*, 17.
29. 다음과 같은 예를 보라. "이라크의 테러리스트들이 우리의 시민, 니콜라스 버그(Nicholas Berg) 씨를 참수했습니다. 그리고 우리는 다시 한 번 적들의 본성을 확인했습니다."(2004년 5월 14일, 조지 W. 부시가 〈미국·이스라엘 공공문제 위원회〉(American Israel Public Affairs Committee)에서 행한 연설, http://www.whitehouse.gov/news/releases/2004.05.20040518=1.html, 2005년 10월 3일 접속) "우리는 붐비는 바그다드 거리 한복판에서 폭탄을 터뜨린 테러리스트에게서 적들의 본성을 보았습니다. 우리는 모술(Mosul)의 병원을 공격한 자살 폭탄 테러리스트에게서 적들의 본성을 보았습니다. 우리는 시민 포로를 참수하고 이를 전 세계에 생중계한 테러리스트에게서 적들의 본성을 보았습니다."(2005년 6월 28일 조지 W. 부시가 군부대(Fort Bragg NC)를 방문해 행한 연설, http://www.globalsecurity.org/wmd/library/news/iraq/2005/iraq=050628=whitehouse01.htm, 2005년 10월 3일 접속)

화를 보여주는 대표적인 예라고 할 수 있다.[30] 과거 냉전 시대에 서구 사회의 모든 정치적 갈등이 이데올로기의 문제로 환원되었다면, 오늘날 탈脫냉전 시대에 모든 정치적 갈등은 문화의 문제로 환원되고 있다.

하지만 정치의 문화로의 환원이, 심각한 비대칭성을 내포하고 있다는 점 역시 잊어선 안 된다. 오늘날 정치의 문화화가 모두에게 똑같이 적용되는 것은 아니다. 즉, 문화는 그들로 하여금 우리의 문화를 공격하게 만들지만, 우리는 문화에 휘둘리지 않으며 단지 문화를 보호하고 가꿀 뿐이다. 맘다니가 주장하듯이, "근대인은 문화의 생산자이자 그 주인이다. 반대로 전 근대인들은 문화에 매몰된 자들로 간주된다."[31] 문화를 즐기는 이들과 문화에 지배당하는 이들 간에 그어지는 이러한 분할선을 통해, 문화는 이제 다양한 체제와 사람들을 구별해 주는 기준이자 정치적 행위의 원인을 넘어, 해독제로서 자유주의를 필요로 하는 하나의 "문제"로 구성된다. 어떻게 이런 식의 접근이 가능한 걸까?

문화에 대한 정의는 다양하지만, 문화가 정치적이라는 주장에는 그리 새로울 것도 없다. 하지만 반대로 누군가 정치이념인 자유주의가 문화적이라고 주장한다면, 즉각 말도 안 되는 소리로 치부될 것이다. 이러한 비대칭성에는 몇 가지 이유가 있다. 우선 자유주의는, 자신의 기본 원리들 ─ 즉, 세속주의, 법치, 평등한 권리, 도덕적 자율성, 개인의 자유 같은 가치들 ─ 을 보편적인 것으로 내세운다. 그리고 이러한 원리들이 보편적인 것이라면, 오늘날 특수하고 국지적이며 지역적인 것과 동일시되는 문화와 자유주의는 별다른 관계가 없을 것이다.[32] 둘째, 자유주의는 개인을 기본

---

30. Samuel Huntington, *The Clash of Civilization* [이희재 옮김, 『문명의 충돌』, 김영사, 1997]; Mamdani, *Good Muslim, Bad Muslim*, 21에서 재인용.
31. Mamdani, *Good Muslim, Bad Muslim*, 18.
32. 하지만 문화와 보편성을 대립시키는 것은, 최근의 현상이다. 18~19세기만 해도, 문화

단위로 삼고 개인의 자유의 극대화를 자신의 중심 기획으로 내세우는데, 이는 집단의 결속과 연속성을 강조하는 문화와는 정반대되는 것으로 여겨진다. 이러한 대립 구도는 자유주의와 문화를 상호 적대적인 것으로 보이게 하는데, 이는 자유주의가 스스로를 비문화적이라 주장하는 마지막 이유와도 연결된다. 마지막으로, 자유주의는 종교를 개인화하고 사사私事화하듯이, 문화를 개인화하고 사사화함으로써 문화를 지배할 수 있다고 주장한다. 자유주의적 보편성과 세속주의는, 종교나 문화가 공공 영역을 지배하는 것을 용인하지 않는다. 자유주의 하에서 종교와 문화는 그것이 사적으로 향유되는 한에서만 관용될 수 있는 대상인 것이다.

이같은 논리에 따라, 현대 자유주의는 문화를 자신의 타자로 위치 짓는다. 문화는 그것이 개인화되지 않는다면, 즉 말 그대로 "자유주의화"되지 않는다면, 자유주의에 적대적인 지위를 점하게 된다. 이러한 입장에 따르면, 문화의 자유주의화는 기존에 자연스레 전승되어 온 의미와 실천, 행

는 문명과 함께 유럽이 이끄는 (보편적인) 인류 공통의 역사적 기획으로 여겨졌다. 또한 최근에도 레비-스트로스는 문화의 지배를 보편적인 것으로 제시한 바 있다. (그의 *The Elementary Stuructures of Kinship*, trans. James Harle Ball, John Richard von Sturmer, and Rodeney Needham, editor, rev. ed.[Boston : Beacon, 1969]를 보라.) 오늘날 문화라는 개념에 내재한 모순들과 복잡한 배경에 대해서는 Amelie Rorty, "The Hidden Politics of Cultural Identification," *Political Theory* 22.1(February, 1994) : 152-166; Tully, *Strange Multiplicity*; Seyla Benhabib, *The Claims of Culture : Equality and Diversity in the Global Era* (Princeton : Princeton University Press, 2002)의 1장; Joshua Paren, "Multiculturalism and the Problem of Particularism," *American Political Science Review* 88.1(March 1994): 169-81 등이 유용할 것이다. 다문화주의의 가능성이라는 맥락에서, 문화의 개념과 씨름하고 있는 다른 저작들로는, Joseph H. Carens, *Culture, Citizenship and Community : A Contextual Exploration of Justice as Evenhandedness* (Oxford : Oxford University Press, 2000); Kymlicka, *Liberalism, Community and Culture* 그리고 *Multicultural Citizenship*; Amy Gutmann, *Identity in Democracy* (Princeton : Princeton University Press, 2003)을 보라.

위, 믿음을 개인적 애착의 문제로 전환시킨다. 즉, 자유주의는 문화가 지닌 집합적인 구속력과 구성원 간의 공유된 가치를, 개인적이고 사적인 선택의 문제로 전환시킨다는 것이다. 이는 역으로 말하면, 문화가 자유주의적 원리들에 종속되지 않는다면, 문화와 정치의 혼합은 불가피하다는 것을 의미한다. 따라서 자유주의자들에게, 자유주의 없는 문화는 억압적이고 위험한 것이다. 왜냐하면 문화는 개인의 권리와 자유 그리고 법치의 원리를 존중하지 않고, 비보편적인 원리들에 기반하며, 결과적으로 법적·정치적 명확성을 결여하고 있기 때문이다. 이러한 입장에 따르면, 문화는 자유주의에 의해 억제되어야 하고, 비정치적 영역에 한정되어야 하며, 개인에게 하나의 선택항으로서 제시되어야 한다. 문화는 사고방식과 가치관, 삶의 양식을 아우르는 우주가 아니라 개인이 들락날락할 수 있는 하나의 집과 같은 것으로 축소되어야만 하는 것이다. 그리고 자유주의는, 이렇듯 문화를 우주에서 집으로 변형시킬 수 있는 유일한 통치 양식이다.

국가가 시민사회로부터 자율성을 가진다는 19세기적 인식은, 오늘날 자유민주주의 하에서 정치적인 것, 경제적인 것, 문화적인 것이 서로 상대적 자율성을 가진다는 인식 — 하버마스에서부터 헌팅턴에 이르는 폭넓은 스펙트럼의 자유주의자들이 공유하고 있는 인식 — 으로 변화하였다. 이는 다시 말해, 자유민주주의의 통치가 자본과 문화로부터 독립성을 가지고 작동한다는 것을 의미한다. 자유주의 정치 원리와 제도가 가진 자율성에 대한 환상을 보여주는 전형적인 예를, 우리는 지미 카터에서부터 마이클 이그나티에프, 조지 W. 부시까지 한 목소리로 주장하는 인권의 보편성과 그것이 가진 힘에 대한 확신 속에서 발견할 수 있다. 이들 자유주의적 입장은 인권의 문제를 문화적 제국주의와 무관한 것으로 만들 뿐 아니라, 더 나아가 문화를 보호하기 위해 인권이 필요하다고 적반하장 격으로 주장

한다.33

하지만 자유주의는 **문화적이다**. 이는 단순히 자유주의가 특정한 문화, 예컨대 개인주의 문화나 기업가 문화를 조장한다는 뜻이 아니다(물론 자유주의가 이같은 문화를 뒷받침하는 것은 사실이지만). 혹은 이는 자유주의가 항상 '민족 문화'와 결합하여 작동한다는 사실을 지적하는 것도 아니다 (물론 현대 자유주의 이론이 이러한 부분에 대해서 지나치게 무관심한 것은 사실이다. 오늘날 정치사상사 분야에서 다양한 국가들의 자유주의를 비교하는 것이 일상적인 작업이 되었음에도 불구하고 말이다). 또한 이는 순수한 자유주의란 없으며, 그것의 다양한 변형태, 예컨대 공화주의나 자유지상주의libertarianism, 공동체주의나 사회민주주의 같은 그 변종들만 존재한다는 것을 의미하는 것도 아니다. 마지막으로 이는 모든 자유주의 질서는 원칙적으로 비자유주의적인 가치와 실천들을 내부에 포함한다는 점을 지적하는 것도 아니다 (물론 이 역시 명백한 사실이지만). 자유주의가 문화적이라는 주장은, 우리가 소위 '문화의 권력'이라고 부르는 구성적인 동시에 억압적인 권력 — 즉, 주체의 선택이나 동의 없이 주체의 사회적 관계와 실천, 믿음, 합리성 등을 생산하는 권력 — 이, 자유주의에 의해 일소될 수 없으며 자유주의 자체에 이미 이러한 권력이 내재함을 의미한다. 자유주의는 그 자체로 하나의 문화적 형식일 뿐 아니라, 그것이 구체화된 공간의 비자유주의적 문화에 의해 홈 파여져 있다. 자유주의를 극도로 추상화시켜 분석한 문헌들 속에서조차, 자유주의는 그 자체로 설명되지 않고 또 설명될 수도 없는 여타의 실천과 전제, 가치 등과 잡종화되고

---

33 이러한 입장에서, 인권에 대한 마이클 이그나티에프의 도덕적 주장을 비판한 글로는, 나의 논문 "'The Most We Can Hope For……' : Human Rights and the Politics of Fatalism," *South Atlantic Quarterly* 103.2/3(Spring/Summer 2004) : 451-63을 보라.

융합된 불순不純한 형태로 등장한다. 자유주의는 자신의 내부에 사람 간의 관계맺음에 대한, 가치판단에 관한, 윤리적 판단에 대한 불확정적이고 가변적인 믿음과 행동을 포함하고 있다. 동시에 자유주의는 항상 여타의 다른 문화적 규범들, 예컨대 종족적 규범이나 성적 규범, 노동 규범이나 정치 규범 등과의 결합 속에서만 구성되며, 제도화된다. 이는 가변적인 문화적 형태인 자유주의가, 가변적인 정치적 실천, 즉 권력과 통치를 분점하고자 하는 민주주의의 실천과 분석적으로 동일시될 수 없는 이유이기도 하다.

자유주의는 이중적 책략 — 한편으로는 자신의 원칙을 보편적인 것으로 제시하고, 다른 한편으로는 문화를 사사화하는 방식 — 을 통해 스스로를 문화와는 무관한 것으로, 따라서 문화적 제국주의와는 무관한 것으로 치장한다. 문화에 지배받지 않으면서 모든 문화와 종교에 안착할 수 있는 유일한 정치적 원리라는 자유주의의 이같은 자기-재현은, 스스로에게 문화들 위에서 문화를 관용할 수 있는 독특한 지위를 부여한다. 그러나 자유주의는 여타의 정치적 형식들과 마찬가지로, 문화의 '밖'이나 '위'에 위치하지 않으며, 문화 역시 자유주의 외부에 존재하는 것이 아니다. 자유주의가 내세우는 자율성과 보편성은 일종의 신화로서, 이러한 신화는 자유주의의 제국주의적 야망과 실천의 문제를, 타인을 강제로 해방시키는 것이 자유주의 원칙과 일치하는지 그렇지 않은지의 문제를 둘러싼 논의로 환원해 버리는 결과를 낳고 있다.

정리하자면, 오늘날 "정치의 문화화"는, 비자유주의적인 정치적 삶 전체를 소위 문화의 문제로 환원시키며, 이와 동시에 자유민주주의 제도를 문화와 무관한 것으로 제시하고 있다. 이러한 논리 속에서, 관용은 자유민주주의 원리의 **일부로서** 문화적 영역 — 즉, 섹슈얼리티에서부터 종족성에 이르기까지 모든 본질화된 정체성들을 포괄하는 영역이자 현대 자유주의 체제 내에서 차이의 문제를 담당하는 영역 ― 에 **적용된다**. 즉, 관용은 ("차이"와 관련되기에 비자유주의적이며, "본질적이기에" 비정치적이라고 여겨지는) 문화적 정체성과 이러한 정체성 간의 충돌을 규제하기 위한 자유민주주의의 도구로 기능한다. 이 과정에서 관용은 이러한 정체성 주장 및 정체성 간의 충돌을 탈정치화하는 동시에, 스스로를 단지 양심의 자유나 정체성의 자유를 보장하는 도구로, 즉 어떤 규범으로부터도 자유로운 자유주의적 통치의 도구로 내세우는 것이다.

이 책은 바로 이러한 정치적 풍경을 폭로하는 것을 목적으로 한다. 이 책은 관용 담론을 뒷받침하는 동시에 관용에 의해 확산되고 있는 정치의 문화화에 이의를 제기하고, 자유주의가 초^超문화적이라는 주장을 반박할 것이다. 보다 더 민주적인 세계는, 자유주의의 문화적 단면과 그것에 새겨진 특정한 문화의 흔적을 부인하기보다는 그것을 인정할 때 비로소 가능하다. 이러한 인정을 통해서, 우리는 자유주의가 관용을 주장하면서 내세우는 보편적 지위와 문화적 중립에 의문을 제기할 수 있을 것이다. 또한 우리는 자신을 유일하게 관용적인 체제로 내세우는 자유주의의 지위에 도전함으로써, 자유주의 체제 역시 다른 체제들과 마찬가지로 자기-긍정적이고 타자-배제적이라는 사실을 인지할 수 있을 것이다. 이러한 작업 이후에야 비로소, 우리는 자유주의와 근본주의의 유사성과 함께 둘 간의 대립지점까지 올바르게 사유할 수 있다.

자유주의의 문화적 속성을 인식하는 것은, 단순히 자유주의의 거품을 빼다거나 그것의 오만한 지위를 더럽히는 문제가 아니다. 이러한 인식은 모든 자유주의 체제에 내재하기 마련인 혼종성hybridity을 보여줌으로써, "온전히 자유주의적인" 자유주의는 불가능하며, 자유주의의 내용과 형식은 언제나 역사적이고, 국지적이라는 사실을 보여주는 데 의의가 있다. 이러한 인식 하에서야 비로소, 우리는 자유주의가 이미-항상 그것의 근본주의적 타자와 잡종 교배되어 있는 동시에 이러한 타자를 내부에 포함하며, 따라서 외부의 타자와 접속하고 이를 인정할 잠재력 역시 함께 가지고 있음을 발견할 수 있다. 자유주의의 구원과 혁신의 전망, 이것이 거창하다면 최소한 좀 더 온건하고 평화로운 자유주의적 실천의 전망은, 바로 이러한 잠재력 속에서만 찾을 수 있을 것이다.

2

관용 : 권력의 담론

관용이 내건 평화주의에도 불구하고, 관용이란 단어에는 선, 관대함, 협력이라는 가치와 함께, 불쾌함, 일방적 판단, 혐오라는 상반된 의미가 포함되어 있다. 관용은 실은 존재하지 않았으면 하고 바라는 것, 즉 바람직하지 않은 것, 천박한 것, 부적절한 것, 더 나아가 불쾌하고 메스꺼운 것들의 존재를 규제하려는 시도를 의미한다. 이를 통해, 관용은 문제를 해결하거나 극복하기보다는, 단지 문제에 대처하는 전략을 제시해 줄 뿐이다. 따라서 관용에 지양Aufhebung은 없다. 물론 정화淨化나 구원도 존재하지 않는다. 대신에 관용은 자신의 취향과 맞지 않는 것들을 견디는 고상한 방식을 가르쳐 주며, 자신의 원칙과 다른 것을 참아내는 이에게 미덕을 갖췄다는 칭송을 보낸다. 관용은 겸손한 우월함의 위치를 제공해 주는 것이다.

『옥스퍼드 영어사전』*Oxford English Dictionary*은 관용의 어원을, '도덕적으로 비난받을 만한 행위를 참고 견디는 것'을 뜻하는 라틴어 tolerare에서 찾는다. 이 사전은 관용의 윤리적, 정치적 의미를 다음과 같이 세 가지로 정의한다. "(1) 고통이나 곤경을 **견디는** 행위 (2) 무언가를 **허락하는** 행

위 : 특히 권위 있는 자의 인정이나 승낙 (3) 타인의 의견이나 행동을 **관대하게 수용하는 태도** : 편견에서 벗어나 타인의 행동을 평가하는 것, 용인, 포용 등."[1] '견디다, 허락하다, 수용하다' 등의 정의에서도 볼 수 있듯이, 관용은 비록 원치 않는 것으로부터 고통 받고 있지만, 이 고통을 참아야 할지 말아야 할지 혹은 어떻게 어느 정도 참아야 할지를 결정할 수 있는 어떤 사회적 위치를 함축하고 있다. 따라서 권력과 권위는 관용의 기본 전제가 되며,[2] '타인의 의견이나 행동을 관대하게 수용하는 태도'라는 관용의 세 번째 정의는, 이같은 사회적 지위와 권력 하에서만 가능한 것이다. 관대함의 가치가 관용의 실천 속에 존재하는 권력과 권위, 규범성을 약화시키거나 은폐하는 경향이 있지만, 결국 관용은 "포용"이라는 부드러운 가면을 쓴 권력의 행위이다. 아량이나 도량은 언제나 권력의 사치품이었다. 관용의 경우에도, 이는 권력의 가면으로 기능한다.[3]

　『옥스퍼드 영어사전』의 정의는, 관용이 그 대상에 대한 존중이나 중

---

1. *Oxford English Dictionary*, compact ed.(1971) 표제어 "tolerance." 강조는 나의 것이다. 참고로 이 사전의 "용인"(toleration) 항목에는 다음과 같은 두 가지 정의가 추가되어 있다. 첫째, "실제로는 승인되지 않은 것을 허락하거나 수용하는 행위", 둘째, "공식적 인정이 아닌 다른 형태로, 지배 권력이 다른 종교를 허락하는 것."

2. 하지만 지속적인 억압을 견디는 행위, 예컨대 노예제나 식민 지배, 남성 지배 등을 묵묵히 "관용하는" 행위도 존재하지 않는가? 혹시 이러한 종류의 관용은, 관용이 항상 헤게모니 집단에서 약자 쪽으로, 우월한 사람에서 주변인 쪽으로 확장된다는 설명을 반박하는 것이 아닐까? 1장에서 이야기했지만, 피지배자들이 행하는 관용은 관용의 체제와는 다르며, 관용을 다문화사회 혹은 세속 사회의 긍정적 가치로 평가하는 것과도 다르다. 사실 피지배자들이 억압을 묵묵히 견디는 행위는, 민주주의 사회에서 대개는 긍정적 가치로 평가되지 않는다. 물론 피지배자들이 관용을 저항이나 반란으로 발전시킬 경우, 그들이 가졌던 관용의 미덕은 은밀히 긍정적으로 재평가될 것이다.

3. 『옥스퍼드 영어사전』의 관용에 대한 정의는 *American Heritage Dictionary* 의 정의보다 이 용어가 가진 권력적 측면을 좀 더 부각시키고 있다. *American Heritage Dictionary* 는 관용을 다음과 같이 정의한다. "타인의 행위와 믿음을 존중하고 인정하는 행위 혹은 그러한 능력." 이 정의는 〈남부 빈곤법 센터〉(Southern Poverty Law Center)에서 펴낸 『관용 교육』(*Teaching Tolerance*)의 제사로도 등장한다.

립적 태도와는 거리가 멀다는 것을 보여준다. 관용은 불쾌함이나 경멸, 혐오의 감정과 태도를 특정한 방식으로 극복하는 것으로, 이는 위험을 무시할 정도의 강함이나 타자를 내부로 편입시킬 수 있는 포용력을 갖추었을 때에만 가능하다. 이와 같이 관용 속에는 이타성alterity에 대한 적대와 규범화가 동시에 존재한다. 근대의 시민적 에토스에서 출발하여 최근에는 모든 문화적 정체성에 적용되고 있는 관용은, 이러한 점에서 푸코가 생권력生權力, biopower라 이름 붙인 근대적 권력 형태— 즉 죽음의 위협보다는 삶의 조절을 통해 종속적 신체를 생산하고 인구를 관리하는 권력— 의 구성요소처럼 보인다.[4]

관용의 이러한 생권력적 성격은, 이 단어의 다양한 전문적 용법 속에서 더 분명히 드러난다. 식물 생리학에서 내한성drought tolerance이나 내음성shade tolerance은, 식물이 어느 정도의 물 부족 혹은 햇빛 부족을 감당할 수 있는가를 보여주는 지표이다. 유사하게 약학 분야에서 내성耐性, tolerance은, 약이나 장기이식과 관련해 신체가 이질적인 요소나 독소를 얼마나 견뎌낼 수 있는지를 가리키는 용어로 사용된다. 또한 인체 생리학에서 사용되는 내알콜성alcohol tolerance이나 포도당내당능력glucose tolerance 같은 용어 역시, 위협적인 요소들을 흡수하고 처리하는 신체의 능력을 의미한다.[5] 미국과 캐나다에서는, 마약이나 가정 폭력같이 공동체에 심각한 위협이 되는 범죄들에 대한 예방책을, "무관용zero tolerance 정책"이라 부

---

4. Michel Foucault, *History of Sexuality, Vol. 1, An Introduction*, trans. Robert Hurley(New York : Random House, 1978), 139-141 [이규현 옮김, 『성의 역사 - 제1권 앎의 의지』, 나남, 2004].
5. 여기에서 우리는 신체 내부의 타자와 외부의 타자 간의 불분명한 경계를 재확인한다. 이미 1장에서 우리는 내부 통치성의 실천으로서의 관용과 국제 관계에 적용되는 문명 담론으로서의 관용 간의 밀접한 관계를 살펴본 바 있다.

르기도 한다. 또한 통계학에서 허용한계tolerance개념은, 그 통계적 결과를 기각하지 않는 범위 내에서 허용되는 오차 범위를 의미하며, 마지막으로 기계공학에서 공차公差, tolerance는, 기계의 구조적 결함을 낳지 않는 범위 내에서 허용되는 불량이나 결함의 정도를 가리키는 용어이다.

이 모든 용법들 속에서, 관용은 낯설고 위험한 요소가 자신의 주인/숙주host를 — 여기서 문제가 되는 주인/숙주의 성질은 유기체의 생명에서부터, 공동체, 건강, 진리, 기계적 안정성까지 다양하지만 — 파괴하지 않는 선에서, 공존 가능한 한계limit를 나타내기 위해 사용되고 있다. 여기서 관용을 필요로 하는 것은 가까이 존재하는 위험하고 낯선 대상이며, 관용의 한계는 이러한 요소가 주인/숙주의 신체와 가치 등을 파괴하지 않은 채 주인과 화합할 수 있는 정도에 따라 결정된다. 이와 같이 관용은 위협적인 내부의 타자를 편입시키고 규제하는 하나의 방식으로 이해될 수 있으며, 데리다가 이야기한 대리보충supplement의 지위를 점한다. — 데리다에 따르면, 대리보충은 동일성과 차이, 내부와 외부라는 이분법을 개념적으로 잠식하는 동시에, 지배적 용어의 연속성과 통합성, 자기-완결성에 중요한 역할을 행하는 요소이다.6

---

6. "'……That Dangerous Supplement……'," in Jacques Derrida, *Of Grammatology*, trans. Gayatri Spivak, corrected ed. (Baltimore : Johns Hopkins University Press, 1997) [김웅권 옮김, 「이 위험한 대리보충……」, 『그라마톨로지에 대하여』, 동문선, 2004]을 보라. 데리다에 따르면, 스스로를 전체적이고 연속적이며 자족적인 것으로 내세우는 것은 실은 어떤 "대리보충"을 요구하는데, 이러한 요구는 애초에 선언되었던 그 자신의 전체성과 연속성이 허구임을 보여주는 것이다. "대리보충은 그 자신을 덧붙인다. 하나의 과잉이자, 다른 충만함을 살찌우게 하는 또 하나의 충만함으로서 …… 하지만 대리보충은 덧붙임으로써 대체한다. …… 그것은 어떤 것의 자리에/대신하여 (in-the-place-of) 개입하고 미끄러져 들어간다. 만약에 그것이 무언가를 채운다면, 그것은 하나의 공백을 채우는 것과 같다. …… 구조 안에서 그것의 자리는 빈 곳의 표식에 의해 할당된다."(145) 또한 데리다에게 있어서, 대리보충이 등장은 일관성이나 내러티브적 연속성에 위기가 있음을 보여주는 것이기도 하다. 자유주의적 평등에 대한 대리

관용이 타자의 거부와 동화라는 두 극단 사이의 중용이라면, 이는 덕virtue을 위해서라기보다는 절박한 필요성에 의해 제기된 것일 게다. 니체식으로 말하자면, 관용은 소급적으로만 덕으로 구성될 수 있다. 전체에 위협적인 차이를 관리하면서 그것을 전체 속에 편입시키려는 관용의 실천은, **위협받는** 전체를 지속시키기 위한 하나의 독특한 방편이다. 이러한 접근은 일반적인 관용에 대한 이해와는 어긋나는 것이다. 물론 사회적 약자나 소수자의 보호가 관용이 가지는 효과 중 하나인 것은 부정할 수 없다.7 하지만 관용은 잠재적으로 해로울 수 있는 차이를 포용하는 덕이라기보다는, 그러한 차이로 재현된 위협을 관리하는 방식이다.

관용은 그 대상이 되는 요소를 주인 안으로 편입시키는 동시에, 그 대상의 타자성otherness을 계속 유지시킨다는 점에서, 매우 독특한 타자성 관리 방식이다. 바로 이 점이 관용을 한편으로는 동화·흡수와, 다른 한편으

보충으로서의 관용에 대해서는 3장에서, 서구의 세속주의에 대한 대리보충으로서의 관용에 대해서는 7장에서 좀 더 자세히 살펴볼 것이다. [데리다는 「이 위험한 대리보충……」이라는 장에서, 『언어 기원에 관한 시론』에서 루소가 이야기한 음성 언어와 문자의 관계를 통해 대리보충 개념을 설명한다. 루소에 따르면, 인간은 언어를 통한 의사소통이 점차 발달하면서 그 근본적 불완전성을 보충하기 위해 문자 기록을 사용하게 되었는데, 이 문자 기록은 처음에는 음성 언어의 부족한 부분을 보조하고 보충하기 위해 등장하였으나, 점차 음성 언어의 충만함과 현전을 자처하면서 그것을 대리하게 된다. 이와 같이 대리보충은 기원 및 중심의 불완전성을 보충하여 완전하게 만드는 동시에, 애초에 가정된 기원 및 중심의 충만함이 실은 불완전하다는 사실을 폭로하는 양가적 개념이다. 웬디 브라운은 오늘날 자유주의의 형식적 평등과 관용 간의 관계를 이러한 기원과 대리보충의 관계로 파악하고 있다. 즉, 관용은 형식적 평등의 위기와 불완전성을 보충하는 동시에, 기존에 약속된 형식적 평등이 사실은 불완전하다는 것을 드러낸다.]

7. 권력 관계를 제로섬 게임으로 바라보는 입장에서는, 다양한 부분들이 서로 다른 측면에서 상호적인 이익을 얻을 수 있는 가능성을 간과한다. 심지어 푸코의 권력론을 받아들이는 학자들 역시, 종종 "조절적(규제적, regulatory) 권력"을 억압과 동일시하는 경향이 있다. 하지만 푸코의 입장에서 조절은 종속된 이들을 보호하는 동시에, 권력주체화(empowering)하는 작업을 포함한다.

로는 배제·부정과 구분시켜준다. 관용의 대상은, 전체 내부로 편입된 후에도 여전히 표지된marked 채 남아 있다. 관용의 대상은 주인과 완전히 하나가 되거나 주인 속으로 용해되지 않기 때문에, 이것이 가진 위협적이고 이질적인 특성은, 주인의 신체 내부에서 계속 유지된다. 만약 이러한 이질성이 완전히 사라진다면, 관용의 필요성 역시 사라질 것이다.8 겉으로는 정의를 표방하는 관용은 이런 식으로 특정한 대상을 편입을 통해 관리하는 동시에, 계속해서 이들에게 외부인의 자리를, 더 나아가 정치체나 사회체에 대한 잠재적인 위협의 자리를 할당하는 행위이다. 따라서 오늘날 다문화주의의 관용에 대한 호소에는, 단순한 "행복한 차이의 공동체"에 대한 추구 이상의 것이 존재하며, 우리는 이러한 다문화주의의 구상 내부에 존재하는 규범과 적대를 좀 더 면밀히 살펴볼 필요가 있다. 이러한 작업을 통해서야 비로소 우리는, 사회 내에서 어떠한 것이 가치 있다고 평가되고

---

8. 예컨대 이식된 피부는 더 이상 신체의 "내성"(tolerance)의 대상이 아니다. 또한 우리는 더 이상 공동체에 아무런 문제가 되지 않는 대상에 대해 관용을 이야기하지는 않는다. 이러한 경우, 관용은 수용(acceptance)으로 대체되었다고 말할 수 있을 것이다. 하지만 우리는 정치적 관용이 정치적 수용의 원인이라고 보아서는 안 된다. 매우 광범위하게 퍼져 있는 이러한 입장에 따르면, 관용은 타자에 대한 적대적 배제에서 이들의 세계시민주의적 수용으로 나아가는 중간 단계에 불과하다. 아마도 이러한 입장은 이 책의 관용 비판에 대해 다음과 같이 반박할 것이다. "예전에는, 동질적인 사람들(예컨대, 앵글로 색슨족) 혹은 폭넓게 공유되는 규범(예컨대, 이성애)이 존재했다. 그런데 어느 순간부터 다른 종류의 사람들이 시민권을 요구하거나 다른 종류의 실천이 지배적 규범을 문제 삼기 시작했다. 처음에 민족-국가는 이들을 적대적으로 배제했지만, 그 이후에는 관용으로 대하게 되었고, 마지막에는 이들에게 평등과 완전한 시민권을 부여하게 되었다. 따라서 관용의 정치에 대해 너무 걱정할 필요는 없다. 관용은 그 자체로는 비록 불완전하지만, 평등을 향해 나아가는 필수적인 단계이기 때문이다." 이러한 입장의 첫 번째 문제는 역사가 보편적 평등이라는 목적을 향해 나아간다는 진보적 역사관에 기반해 있다는 것이고, 두 번째 문제는 관용과 평등이 동시에 작동하는 현실에 대해 아무런 설명도 내놓지 못한다는 것이다. 즉, 이러한 관점은 자유민주주의 하에서 완전한 정치적 시민권을 가진 사람들이, 여전히 관용이 필요한 주체로 남아있다는 사실을 전혀 설명하지 못한다. (예컨대, 유대인, 무슬림, 동성애자 혹은 특정한 인종·종족 집단을 보라.)

어떠한 것이 이러한 가치에 대한 위협으로 간주되는지, 오늘날 항구적인 이질성과 증오가 어떤 식으로 상상되고 있는지, 그리고 이 이질성과 증오가 어떻게 다루어지고 있는지에 대해 질문해 볼 수 있을 것이다.

관용이 차이에 대한 적대를 해결하는 것이 아니라 단지 그것을 관리할 뿐인 한, 관용은 각종 심리적 문제의 원인이 된다. 관용이 무엇에든 적용되는 이데올로기이자 통치의 요소가 된 오늘날, 이 심리적 문제는 그 어느 때보다도 명백한 사회적 효과를 가진다. 오늘날 관용의 대상이라 여겨지는 이들은 주변적 대상으로 표지됨과 함께, 시민과 비非시민 혹은 인간과 비非인간을 구분하는 경계에 자리 잡게 된다. 이와는 반대로, 관용을 실천하도록 종용받는 이들은, 시민윤리와 평화, 진보의 이름하에, 적개심과 분노를 억눌러야만 한다. 심리학적으로, 전자는 배제를 통해 발생하는 원한resentment과 자기-비하를 낳으며, 후자는 강자의 위치를 부인함으로써 발생하는 원한과 억압된 공격성을 낳는다. 우리는 이러한 원한들의 온상인 관용을, 자유주의적 다문화주의의 불안정한 심리구조에 대한 단순한 대응물이 아니라, 오히려 이를 생산해 내는 원인으로 보아야 한다. 하지만 관용의 이러한 어두운 면은, 관용을 둘러싼 정식화 ― 즉 개인과 사회의 윤리적 미덕이자 평화를 위한 시민의 실천이라는 정식화 ― 에 의해 감춰지곤 한다.

관용은 주체를 생산하고 표지할 뿐 아니라, 관용 이외 다른 대안들의 범위와 활용 가능성까지 결정한다. 예컨대, 우리는 어떻게 해 볼 도리가 없거나 아무런 상관이 없는 존재에 대해서는, 관용을 말하지는 않는다. 또한 대체로 관용은 배제나 격리, 억압과 금지와 같은 타자성을 다루는 여러 상이한 행위들 속에서 **선택된** 대안이다. 따라서 관용은 어떤 조건 때문에 배제와 억압 등의 방법을 사용할 수 없어서 할 수 없이 무언가를 참아야 하는 상황이나, 혹은 싫어하는 사람이나 행동을 억지로 참는 것 외에는 어떤 선택의 여지도 없는 상황에는 어울리지 않는다. (이럴 경우, '종속'이나 '억압'이 더 적절할 표현일 것이다.) 관용은 사실 주인의 안락을 어느 정도 양보하는 하나의 타협안이지만, 이같이 그 속에는 기본적으로 선택과 역량의 의미가 담겨져 있으며, 강제와 수동성은 관용과 상충된다.

따라서 관용에는 두 종류의 경계선 긋기와 하나의 자격 부여 행위가 포함되어 있다. 관용은 먼저 어떤 문제가 관용이 필요한 문제인가라는 유관성의 범위와 이 범위 내에서 어떠한 부분까지 수용이 가능한가라는 도덕적 범위를 구획한다. 자격 부여 행위는 이 경계선 내부에서 어떠한 행위가 관용되기 위한 조건들을 구체화하는 것이다. 예컨대, 몇몇 사람들은 낙태가 도덕적으로 잘못된 행위라고 생각하지만, 이러한 도덕적 문제가 개인 차원의 문제라고 믿기 때문에 낙태의 조건부 합법화를 관용한다. 하지만 이들 역시 "임신 후반기에 행하는 낙태"는 관용의 범위를 벗어났다고 생각할지 모른다. 또 어떤 이들은 낙태는 살인이며 이러한 살인을 막는 것이 윤리적 행위라고 믿어서, 어떠한 경우의 낙태도 관용하지 않은 채, 낙태가 시술되는 곳을 찾아가 항의 시위를 벌일지도 모른다. 이러한 입장들 속에서, 우리는 개인의 문제와 사회의 문제 간의 경계를 확정 짓는 경계선 긋기 행위와, 어떤 종류의 낙태가 관용할 만한 것으로 인정되는가를 결정하는 자격 부여의 행위를 동시에 발견할 수 있다.[9]

---

9. 2003년 봄, 조지 W. 부시가 이라크와는 날리 북한의 내랑살상무기 개빌은 일징 정도 용인한 것에서도, 일방저인 경게선 구획과 관용 가능한 것과 그렇지 않은 것을 결정짓는 재량을 발견할 수 있다.

계보학

지금까지 관용의 사전적 의미와 일반적 용법이 가진 함의에 대해 살펴보았다. 하지만 우리는 관용이 언제나 특정한 관계 속에 놓인 담론적 실천이었음을 유념할 필요가 있으며, 따라서 관용의 의미에 대한 고찰은 관용의 통치성의 계보학에 의해 보충되어야만 한다. 물론 관용의 사전적 의미나 관용에 대한 계보학적 고찰이, 오늘날 관용 담론의 배치와 정치적 효과를 직접적으로 설명해 주지는 못한다. 하지만 이러한 연구는 관용과 권력의 다양한 결합 형태를 이해하고, 오늘날 관용이 행하는 정당화 작업의 정도와 범위를 파악하는 데 도움이 될 것이다.

서구 사회에서 통치의 원리로서의 관용이 최초로 등장한 것은, 15~16세기 이단자의 처우와 관련해서였다. 초기 인문주의자들은 비록 이단자들의 주장이 교단의 특정한 준칙들에 어긋나더라도, 그들을 교단에 포함시켜야 한다고 주장하였다. 이들에 따르면, 이단적 입장이 몇몇 부수적인 측면에서 교단과 대립할지라도, 본질적인 교리들을 받아들이는 한 그들이 교단 내에 남는 것은 용인되어야만 했다. 17세기 말 영국에서는, 이러한 종류의 관용을 "포괄"comprehension이라고 불렀는데, 이는 이러한 입장의 지지자들이, 영국 국교회Anglicanism의 부분적인 교리에 반대하는 이들도 국교도로 "포괄해야" 한다고 주장하였기 때문이다. 사실 포괄은 관용toleration과는 좀 다른 것인데, 포괄이 교단 내부의 불평분자들에게 적용되는 것이라면, 관용은 다른 교단에 속한 이들에게 적용되는 것이기 때문이다. 하지만 당시는 기독교의 영구적인 분열이 인정되기 전이었기 때문에, 초기 인문주의자들은 포괄과 관용의 차이를 인식하지는 못했다.[10]

물론 자유주의적 관용의 기원이라고 할 만한 여러 원칙들이 등장한 시기는, 르네상스 시기보다는 종교개혁 시기라고 할 수 있다. 이 시기 관용에 대한 관심의 정도는, 그 국가의 주된 종교가 무엇인지, 절대 왕정의 힘이 어떠했는지, 문제가 되었던 종파는 무엇이었는지에 따라, 국가별로 그리고 시기별로 차이가 있다. 예컨대 프랑스에서 프로테스탄트가 야기한 문제는, 영국 스튜어트 왕가 하의 청교도나 가톨릭교도의 문제와는 달랐다. 또한 1640년대 분파들의 반란에 직면해서 영국의 장로회가 취한 불관용의 태도는, 1685년 〈낭트 칙령〉의 폐지 이후 벌어진 프랑스에서의 종교 탄압과는 또 다른 형태를 띠었다.

이 시기 관용에 대한 저작을 남긴 이들은 상당수에 이르는데, 스피노자Baruch Spinoza, 존 밀턴John Milton, 고트홀드 에프라임 레싱Gotthold Ephraim Lessing, 삐에르 발Pierre Bayle, 로저 윌리암스Roger Williams 그리고 존 굿윈John Goodwin 등을 대표적인 사상가로 꼽을 수 있다.[11] 그러나 종교개혁 이후 가장 대중적으로 관용의 원리를 정식화한 사람은, 다름 아닌 존 로크였다. 로크는 1689년 영국의 왕위 계승자를 둘러싸고 종교 간의 논쟁이 한창 벌어지던 당시, 『관용에 관한 편지』를 익명으로 출판하였

---

10. Gary Remer, *Humanism and the Rhetoric of Toleration* (University Park : Pennsylvania State University Press, 1996), 5-7.
11. 근대 초기 관용의 역사에 대해서는 몇몇 훌륭한 저작들이 존재한다. 그 중 Zagorin, *How the Idea of Religious Toleration Came to the West* (Princeton : Princeton University Press, 2003)과 W. K. Jordan, *The Development of Religious Toleration in England*, 4 vol. (Cambridge, MA : Harvard University Press, 1932-40)을 참고하라. Carey J. Nederman, *Worlds of Difference : European Discourses of Toleration*, c.1100-c.1550 (University Park : Pennsylvania State University Press, 2000)은 근대 이전 유럽의 관용 사상가들에 대해 훌륭한 설명을 제공해 주고 있다. *Religious Toleration : "The Variety of Rites" from Cyrus to Defoe*, ed. John Christian Laursen (New York : St. Martin's Press, 1999)는 근대 초기 관용 사상가들에 대한 유용한 참고문헌들을 주석과 함께 제공한다.

다.12 (이 편지가 로크의 네덜란드 망명 생활 중에 쓰여졌다는 사실 역시 눈여겨보아야 한다. 당시 네덜란드는 스페인의 지배 이후 거의 한 세기 동안 종교 갈등을 겪은 경험을 가지고 있었으며, 프랑스 내에서 탄압받던 프로테스탄트들의 망명지이기도 하였다.) 이 『편지』에서 로크는 단지 관용을 호소하는 데 그치지 않고, 정치사회와 종교적 삶을 구분할 것을 주장하였다. 로크에 따르면, "이 두 사회를 섞으려고 하는 자는 하늘과 땅처럼 가장 멀리 떨어져 있는 것 두 가지를 뒤섞으려고 하는 것이다."(403) 로크는 이 두 사회 간의 차이를 강조하는데, 그에 따르면, 종교는 사후 세계를 위한 것이자 영혼의 구원과 관련된 것인 반면에, 정치 사회는 현세의 삶을 위한 것이고 세속적 재산, 즉 "생명, 자유, 신체적 건강, 무병 그리고 토지, 돈, 가구 등과 같은 외적인 것들의 소유"(393)와 관련되어 있다.

이와 같이 종교와 정치를 분리함으로써, 로크는 종교적 믿음을 개인화하고, 그것을 공통의 문제가 아닌 개인의 문제로 만드는 데 성공한다. 로크는 다음과 같이 선언한다. "그러므로 자기 영혼을 돌보는 일은 각자에게 달려 있으며, 각자에게 맡겨져야 한다."(405) 이러한 선언은, 장차 근대성의 상징이 될 개인적이고 사적인 신앙인의 출현을 알리는 것이다.13

---

12. John Locke, "A Letter Concerning Toleration" in *Political Writings*, ed. David Wootton (London : Mentor, Penguin, 1993) [공진성 옮김, 『관용에 관한 편지』, 책세상, 2008; 본문에 삽입된 인용문들은 모두 이 판본에서 취한 것이다. 인용문의 번역은 되도록 공진성의 역을 따르되, 문맥에 맞게 약간 수정하였다.] 또한 Ingrid Creppell, *Toleration and Identity : Foundations in Early Modern Thought* (New York : Routledge, 2003)은, 근대 초기 관용론의 정립 과정에서, 로크만큼이나 보댕과 몽테뉴도 중요한 역할을 했다고 주장한다.

13. 셸던 월린(Sheldon S. Wolin)은, 이러한 로크의 믿음의 주관론(subjectivism)이, 다음 세기에 이르러 자유주의적 개인의 전형적인 특징의 자리를 차지하게 될 이해관계 (interest) 개념으로 연결된다고 말하고 있다. "로크 주장의 기저에는, 양심(conscience) 이 앎의 방식이라기보다는 확신의 형태라는 인식이 깔려 있다. 로크에게 양심은 개인이 가진 주관적인 믿음을 의미한다. 양심의 이러한 특징은, 나중에 등장하는 이해관계

확실히 이러한 종교의 개인화는, 종교적 진리의 영향력을 감소시키고, 믿음에 주관적인 성격을 부여하여 종교적 관용의 기본틀을 구축하였다.[14] 동시에 로크의 정식화는 근대적 관용 원리에 존재하는 역설의 등장을 의미하는 것이기도 하다. 이 역설은 믿음이나 신념처럼 개인에게 있어서는 무엇보다 소중한 것들이, 이제 공공의 삶으로부터 분리될 뿐 아니라 더 이상 공유된 진리의 위치도 차지하지 못한다는 것이다. 공동체 내의 다양한 믿음들은, 이제 그 믿음이 어떤 공적 중요성도 없음이 인정되는 경우에 한해서만, 관용의 대상이 될 수 있다. 즉, 개인의 사적인 믿음이 현재의 정치·사회·경제적 삶의 구조와 별다른 관련이 없는 한에서만, 그리고 기존의 인식론적인 권위에 대해 도전하지 않는 경우에 한해서만, 믿음은 관용의 대상이 될 수 있는 것이다.

종교적 믿음과 도덕적 가치의 이러한 개인화는, 다음과 같은 두 가지

개념에도 부과될 것이다. …… 이해관계와 양심 간의 유착관계는, 18세기 인간에 대한 관념에서도 사라지지 않았다. 자신의 이해관계를 추구할 자유는 예배의 자유와 별반 다르지 않은 것이었다."(*Politics and Vision : Continuity and Innovation in Western Political Thought* [Boston : Little, Brown, 1960], 339-40 [강정인 외 옮김, 『정치와 비전 : 서구정치사상사에서의 지속과 혁신』, 후마니타스, 2007]).

14. 당시 다른 사상가들과 마찬가지로, 로크가 주장하는 종교의 자유는 지적 자유 (intellectual freedom)를 포함한 것이 아니었다. 그의 종교에 대한 관용은 개인의 양심과 믿음에만 기반해 있었다. 즉, 볼테르가 한 세기 후에 "영국인은 자기 마음에 드는 길을 택하여 천국에 간다"고 유머러스하게 표현했듯이(*Letters on England*, trans. Leonard Tancock [Harmondsworth : Penguin, 1980], letter 5 [박영혜 옮김, 『볼테르 철학 서한』, 삼성문화재단, 1978]), 종교적 선택의 관용에 대한 로크 주장의 요점은, 자신의 영혼을 돌보는 문제는 개인의 문제라는 것이었다. 사실 종교의 자유와 지적 자유의 결합은 18세기가 되어서야 이루어졌는데, 당시에도 관용보다는 자유가 이러한 주장의 지배적인 수사로 부각되었다. 이러한 수사상의 변화는 결국 개인의 자유에 대한 가치평가가 높아진 결과라고 볼 수 있지만, 한편으로는 관용의 흥미로운 특징을 보여주는 것이기도 하다. 즉, 관용은 이성이나 진리의 담지자가 아니라, 믿음이나 양심의 담지자 혹은 문화나 욕망의 담지자에게 적용되는 가치이다. 시민적 실천으로서 관용은 결코 대문자 진리에 관해 언급하지 않는다. 관용은 항상 진리의 이성의 영역을 초과하거나 벗어난 이들을 대상으로 한 실천인 것이다.

변화를 가져왔다. 정치권력은 이제 종교적이고 도덕적인 기반과 분리되어, 기술적이고 실용적인 성격을 띠게 되었고, 이와 동시에 종교나 신념의 문제는 정치적인 삶과 분리되어 사적이고 개인적인 의미를 가지게 되었다. (그 결과 "정치 도덕" 혹은 "도덕 정치" 같은 개념은 이제 일종의 형용모순이 되었다.) 또한 이러한 개인화의 결과, 정치적 삶에서 공동체의 위상은 급속히 축소되었다. 공동체가 가진 영향력의 기반이었던 믿음 구조가 권력의 승인 없이는 사적인 영역에서만 유지 가능하게 됨으로써, 공동체는 더 이상 정치적 삶에 대한 기존의 영향력을 발휘할 수 없었다. 이제 종교적이고 윤리적인 삶은, 공공의 문제에 대한 발언을 최소화하면서 제한된 영역에 머물러야만 했다. 로크에 따르면, "개별 교회들은 사인私人들의 관계와 같은 방식으로 서로에게 존재한다. …… 어느 한 교회가 다른 교회에 대한 그 어떤 권리를 갖지 못한다."(400) 이러한 주장은 믿음의 개인화에서 더 나아가, 집단적 종교를 공공의 문제라기보다는 사적인 문제로 취급하고 이들의 권력을 적절하고 엄격하게 제한해야 함을 의미하는 것이었다.

종교적·윤리적 진리와 믿음을 제약하자는 로크의 급진적 주장은, 당대의 어떤 종파의 입장과도 부합하지 않는 것이었다. 당시 널리 퍼져 있던 종교적 확신과 교조주의의 분위기로 볼 때, 로크의 주장은 당시에는 누구도 완전히 만족시키지 못하는 평화안이었다. 따라서 관용은 처음에는 어떤 도덕적 확신의 결과가 아니라, 해결 불가능해 보이는 사태를 타개하기 위한 실용적 해결책으로 받아들여졌다. 그런데 우리는 근대 관용의 계보학에서 또 하나의 중요한 계기가 되었던 미국의 건립에 대해 논하면서, 이러한 역사적 사실을 간과하곤 한다. 사실 오늘날 미국의 설립과 관용을 병치시키는 것은 흔한 일이다. 예컨대, 사람들은 청교도들이 불관용적인 구

세계에서 탈출해, 아메리카에서 관용에 기반한 새로운 질서를 세웠다고 이야기한다. 하지만 사실 뉴잉글랜드에 세워진 새로운 정착촌은, 매우 교조적인 종교 공동체였다. 그들은 개인의 양심을 중요한 원칙으로 삼긴 했지만, 오늘날의 어떤 종교보다도 더 열심히 종교적·도덕적 진리를 추구하는 데 열중하였다.[15] 이러한 기원은, 처음에는 종교에 대한 관용에서 출발하여, 나중에는 상이한 생각과 발언에 대한 관용으로 발전해 나간 미국적 관용 전통의 핵심에, 하나의 역설이 존재함을 보여준다. ─ 즉, 관용은 절대적 원리들의 충돌에 대처할 필요성 때문에 등장한 원리이며, 그런 의미에서 일종의 반反원리라는antiprinciple라는 역설이다. 이 당시 다른 종파의 광적인 믿음을 관용하는 것은, 일차적으로 자신의 광적인 믿음을 관용받기 위해 필요한 행위였으며, 따라서 이러한 관용에는 수많은 제약이 존재했다.[16] 『주홍글씨』의 주인공 헤스터 프린에게 가해진 공동체의 폭력에서 보듯이, 초창기 관용은 공동체 내부에 적용되는 가치였다기보다는 공동체 간에 적용되는 가치였다고 보는 게 맞을 것이다.

관용적인 신세계라는 외형 속에 감추어진 이러한 절대주의와 권위주의의 층위는, 미국의 관용 전통에 내재한 또 하나의 긴장 ─ 윌 킴리카가 개인의 자유에 기반한 자유주의적 관용 모델과 집단의 권리에 기반한 초공동체주의적hypercommunitarian 관용 모델을 구분하면서 제기한 바로 그 긴장 ─ 을 암시하는 것이다.[17] 킴리카는 유대교와 기독교 공동체의 종교적 자유

---

15. 영국에서 청교도들은 불관용적인 것으로 유명했다. 그들은 가톨릭과 대립하고, 정교 분리에 반대했다. 이에 대해서는, Zagorin, *How the Idea of Religious Toleration Came to the West*, 190을 보라.

16. Robert Paul Wolfe는 "Beyond Tolerance," in *A Critique of Pure Tolerance* (Boston : Beacon, 1965), 12에서 이에 대해 지적한 바 있다.

17. Will Kymlicka, "Two Models of Pluralism and Tolerance," in *Toleration : An Elusive Virtue*, ed. David Heyd (Princeton : Princeton University Press, 1996), 96.

와 정치적 자치를 허용했던 오토만 제국의 밀레트 체제를 초공동체주의적 관용 모델의 전형으로 내세우지만, 사실 이 모델은 과거 서구 사회에도 존재했었다. 예컨대 16세기 말부터 19세기 사이에 유럽 국가들에서 공표된 관용 칙령들을 살펴보면, 유대교나 프로테스탄트 같은 소수 종교 공동체들의 통치와 관련해 유사한 모델들을 발견할 수 있다. 이러한 칙령들은 다양한 방식으로 소수 종교 공동체의 종속적 위치를 표지하고 여러 형태의 제한을 가하기는 했지만, 이들 공동체의 존재 자체는 허락하고 있다. 이러한 종류의 관용책은 개인이 가진 종교와 양심의 자유에 기반해 도출된 것이 아니라, 피로 얼룩진 종교 갈등의 한복판에서 근대 국가를 건설하기 위한 일종의 임시방편이었다고 볼 수 있다.

헤게모니 집단이 하위 공동체를 승인하는 방식의 관용은 엄연히 서구 사회 관용의 역사의 한 축을 이루고 있지만, 이러한 관용 모델은 종교를 근본적으로 개인화함으로써 프로테스탄트 정신과의 친화력을 확보한 로크식의 관용 모델에 점차 밀려나게 되었다. 미국 역사 초기에 실험되었던 교조적 종교 공동체들 간의 공존 모델이, 개인의 양심과 도덕적 자율성이라는 관념에 기반한 관용 모델에 자리를 내주게 된 것도 마찬가지 맥락이라고 할 수 있다. 특히 이러한 경향은 20세기 동안 더욱 심화되어, 종교 공동체 간의 공존 모델은 메노파교도Mennonites나 아미쉬파Amish 혹은 아메리카 원주민 같은 주변 집단들과 관련된 정책과 법령 속에서만 간간히 표면화되곤 하였다.

하지만 최근 들어 다문화주의 관용 담론이 부흥하면서, 개인보다는 집단에 기반한 관용 개념 — 좀 더 정확히 표현하자면, 특정한 집단에 귀속된 개인에 대한 관용 개념 — 이 다시 전면에 등장하기 시작한 것 같다. 이러한 경향은 한편으로 자유주의에 내재한 잠재적인 비일관성과 그에 따른 불안을 보여주는 것으로 해석할 수 있다. 도덕적 자율성에 기반한 자유주의적 관용은, 자율성의 담지자로서 개인을 가정한다. 그런데 관용이 인종적·종족적·성적 속성에 의한 실천과 믿음에 적용되기 시작하면, 이제 집단의 문화나 속성이 개인의 선택을 압도하게 되고, 따라서 기존의 자유주의 관용 담론이 기반해 온 개인의 자율성이라는 가치는 위기에 처하게 된다. 바로 이 때문에 자유주의자들은, 어떤 문화를 법적·정치적으로 인정하는 문제에 대해 논할 때, 항상 개인이 그 문화에 대해 (탈출 가능성이라 말할 수 있는) 자율성을 가져야 한다고 전전긍긍하며 주장하는 것이다.

하지만 이러한 불안과 비일관성 속에는, 개인과 집단 간의 혹은 도덕적 자율성과 본질화된 문화적·종족적 귀속 간의 개념적 절충 이상의 것이 존재한다. 즉, 오늘날 자유주의 관용 개념이 처한 어려움은, 부분적으로 근대 초기와 비교해 관용이 적용되는 장소와 대상이 심각하게 변화한데서 기인한다. 근대 초기, 종교적 이견이나 양심의 자유에 적용되었던 관용은, 이제는 종족·인종·민족·섹슈얼리티의 문제 등에 폭넓게 적용되고 있다. 오늘날 미국의 공립학교 학생에게 관용에 대해 묻는다면, 아마도 종교보다는 인종주의나 동성애 혐오와 관련된 대답을 얻게 될 것이다. 혹시 그 학생은, 관용이 역사적으로 교단의 위기와 대립에서 비롯되었다는 사실에 놀랄지도 모른다.

이러한 변화는, 단순히 관용 대상의 다변화 이상을 의미하는 것이다. 종교적 믿음에 적용되는 관용과 정체성에 적용되는 관용은, 서로 상이한 메커니즘과 효과를 가지고 있다. 예컨대, 종교적 믿음이 개인의 도덕적 분별력의 표현이자 개인의 선택에 따른 것이라고 여겨지는 반면에, 정체성은 이미 주어진 것이자 변형 불가능한 것 혹은 주체가 침윤되어 있는 것saturated으로 간주된다. 다시 말해, 성적 차이나 종족적 차이에 대한 관용은, 이단적 믿음에 대한 관용과는 전혀 다른 지형에서 작동한다. 믿음의 문제와 정체성의 문제는, 개인의 자유라는 기준에서 보던지 통치성의 관점에서 보던지 간에, 동일한 문제라 할 수 없다. 게다가 근대 초기 관용이 국가 및 종교의 통치 위기에 대한 대응이었다면, 오늘날 확장된 관용의 범위는, 그것이 이제 국가와 종교의 문제를 넘어 국가와 종족, 국가와 문화, 국가와 섹슈얼리티 등의 문제와도 연관되어 있음을 보여준다. 물론 관용 체제의 집행자로서 자유주의 국가는, 이러한 권력 및 계층적 분류와 관련해, 형식적인 (하지만 그래서 더욱 음흉한) 세속주의 혹은 중립적 위치를 표방하고 있지만 말이다.[18]

관용 대상의 변화는, 관용과 자유주의적 평등 간의 관계를 바꾸어놓았다. 관용이 종교적 믿음이나 타인의 신념에 적용되었던 시기, 즉 관용이 믿음을 사사私事화함으로써 국가 권력을 강화하는 것을 목표로 했을 때의 관용은, 종교 및 양심의 자유에 대한 평등한 권리라는 평등 개념과 긴밀히 연결되어 있었다. 그래서인지 근대 유럽 역사에서, 관용은 종교의 자유와 치환 가능한 용어로 사용되었으며, 초기 자유주의자들이 정치적 평등의 조건으로 정식화한 도덕적 자율성과도 별 문제없이 수렴해 왔다. (물론 그렇다고 해도, 관용은 평등과 동의어는 아니었으며, 종교 간의 실질적인 평등을 목표로 삼지도 않았다.) 그런데 관용의 대상이 특정한 속성을 갖춘 개인들이나 사회적으로 주변화된 정체성들로 변하게 되면, 이 관계 역시 달라진다. 이 경우, 관용은 자유주의적 평등의 복잡한 대리보충으로 나타난다. 관용은 평등에 대한 자유주의적 실천의 한계를 은폐하고 그것을 보충하면서, (스스로를 완벽한 것으로 내세우지만 실제로는 그렇지 않은)

---

18. 관용 대상의 변화가 수반하는 통치의 목적 및 주체 생산의 변화와 일련의 정치적 결과에 대해서는, 3장과 4장에서 자세히 살펴보도록 하겠다.

자유주의적 평등을 보완하는 역할을 수행하게 되는 것이다.[19]

어떤 면에서, 이러한 대리보충적 관계는 비교적 명확히 드러난다. 자유주의적 평등은 동질성sameness의 원리에 기반해 있으며, 모든 시민을 같은 존재로 보겠다는, 즉 국가와 법 앞에서 동일하고 동등하게 대우하겠다는 것을 의미한다. 이와 반대로, 관용은 차이에 기반한 것이며, 자유주의적 평등이 제거하거나 축소할 수 없는 차이들을 관리하는 데 적용된다. 즉, 관용은 자유주의적 평등의 형식주의로 해결되지 않는, 특히 자신이 사회·문화·종교적 삶과 관계를 맺고 있다는 사실을 극구 부인하는 자유주의적 법치로는 도저히 해결할 수 없는 사회·문화·종교적 문제를 관리하기 위해 전면에 등장하게 된다. 하지만 한편으로, 이러한 보충적 관계는 좀 더 복잡하고 간접적이다. 앞으로 3장과 5장에서 보게 되겠지만, 형식적 평등이 이미 존재하는 곳에서 특정 집단을 대상으로 한 관용은, 그 집단을 주변화해 온 규범의 헤게모니를 손상시키지 않은 채 주변 집단을 내부화하고 그들의 요구를 관리하기 위한 도구로 활용된다. 이것은 자유주의 담론 하에서, 오직 관용만이 행할 수 있는 중요한 임무이다. 또한 관용은 형식적 평등주의가 일정정도 제한되거나, (9/11 이후 아랍계 미국인들에 대한 검거에서 보듯이) 특정한 집단의 자유가 억압될 때, 혹은 (동성결혼 금지처럼) 특정한 집단이 완전한 평등을 얻기에는 부적절하다고 표지될 때, 이에 대한 해결책으로 호출되기도 한다. 여기서 관용은 평등과 시민권에 대한 자유주의적 정식의 **역동적인** 대리보충으로 기능한다. 관용은 새로운 주체 구성subject formation을 만들어 내고, 자유주의가 처한 정당

---

19. 앞에서도 설명했지만, 나는 이 대리보충의 개념을 데리다에게서 빌려왔다. 그에 따르면, 대리보충은 사기-충족적인 혹은 일관된 전체를 완성시킴과 동시에, 그러한 역할을 수행한다는 사실이 부인되는 어떤 것이다.

성 위기 — 자유주의적 평등의 피상성과 자유주의적 보편성의 편파성이 드러날 수 있는 위기 — 를 제어하는 능동적인 정치적 역할을 수행하는 것이다.

지난 3세기 동안 관용의 대상이 변화하면서, 관용의 근거와 행위자 역시 변화하였다. 예전에는 교단과 국가의 정책이나 칙령에 한정되어 사용되던 관용이, 이제는 학교와 시민단체 혹은 각종 지역단체 같은 시민사회의 다양한 장소들에서 순환되고 있다. 자유민주주의 국가는 법령에 근거한 강제가 아닌 다양한 방식으로 관용을 선전하고 있으며, 국제적 차원에서 관용은 인권의 일부분으로서 자신이 속한 체제와는 상관없이 인류라면 누구나 누려야 하는 것으로 인정되고 있다. 이러한 변화 — 즉, 관용이 국가를 넘나들며 다양한 시민사회를 가로지르는 일반적 원칙으로 작동하고 있다는 사실 — 는, 관용의 대상이 그 동안 믿음의 문제에서 정체성의 문제로 변화했다는 사실, 그리고 관용이 주권 권력의 한 요소였다가 통치성의 요소로 변화했다는 사실과 긴밀하게 연결되어 있다.

르네상스와 종교개혁기 관용과 오늘날의 관용을 구분시켜주는 특징이 또 하나 있다. 오늘날에도 관용은 종종 세계시민주의와 관련해 이야기되고 있지만, 실제 현실은 조금 다르다. 오히려 초기 관용이 그랬던 것처럼 점점 정치적 임시방편으로 활용되는 관용은, 세계시민주의를 요구하지 않으며, 오히려 서구 문명의 독자적 상징 — 특히, 근대성 및 자유민주주의를 서구의 전유물로 만드는 상징 — 으로 활용되고 있다. 이 과정에서, 과거 서구의 야만적인 불관용의 역사 — 십자군 전쟁, 이단 심판, 마녀 사냥, 반$^\boxtimes$유대주의, 노예제, 집단 학살, 제국주의, 폭력적인 식민 지배, 나치즘 그리고 탈식민화 운동에 대한 무자비한 탄압 등 — 는 어느새 기억 너머로 사라진다. 게다가 관용은 단순한 상징을 넘어, 오늘날 국제적인 차원에서 서구의 정당성을 뒷받침하는 핵심적인 담론으로 기능한다. 5장과 6장에서 좀 더 자세히 살펴보겠지만, 관용을 자유민주주의와 동일시하고 비자유주의 체제를 근본주의와 동일시하는 담론은, 결과적으로 서구의 도덕적 우위와 비非서구에 대한 서구의 폭력을 정당화하고 있다. 즉, 관용을 서구 문명의 전유물로 만드는 행위는, 결국 서구를 문명의 편에서 "불관용"을 규제할 수 있는 전도사로 만들고, 이는 현재 해방liberation이라는 미명 하에 자행되는 제국주의적 침략을 정당화하는 것으로 귀결된다. 이런 식으로 관용은 어느새 21세기 서구 제국을 정당화하는 핵심적인 용어가 되었다.

오늘날 관용 담론의 대상·주체·동학·효과 등이, 17세기 영국이나 19세기 오스트리아, 심지어는 1950년대 미국에서의 관용과 상이함에도 불구하고, 이러한 차이는 충분히 인식되지 않고 있다. 근대 초기에 형성되어 지금까지 변화되어 온 여타의 정치적 용어들이 그러하듯이, 관용 역시 현재 자신의 담론적 힘과 정당성을 유지하기 위해 과거의 유산에 의지하는 경향이 있기 때문이다. 즉, 관용이 현재는 다른 목적을 위해 사용되고 있을지라도, 여전히 관용에는 개인을 교단과 국가의 박해로부터 해방시켰던 과거의 영광과, 종교의 자유를 **자유 자체**와 동일시하는 효과가 포함되어 있는 것이다.[20] 따라서 오늘날 관용이란 용어가 사회·정치적 장에서 어떻게 작동하고 있는지를 알아보기 위해서는, 용어의 어원과 계보를 살펴보는 것만으로는 충분치 않으며, 관용의 과거 용법들이 현재의 관용 담

---

20. 조금 다른 맥락이긴 하지만, 마르쿠제 역시 종교의 자유와 자유 자체를 연결시키는 관용의 기능에 대해서 지적한 바 있다. "Repressive Tolerance" in *A Critique of Pure Tolerance*를 보라.

론 속에 어떻게 남아 있는지 역시 함께 살펴보아야 한다.

현재의 관용에도 계속 남아 있는 과거의 용법은, 오늘날 관용 담론이 수행하는 규제적 역할을 은폐하며, 관용이 다정한 이웃 간의 가치라는 외양 하에 실제로는 현대 생권력의 효과적인 도구로 작동하는 데 일조하고 있다. 국가를 제한하고 자유를 극대화하며 "살고, 살게 내버려 두라"live and let live는 관용의 유산은, 현대 사회에서 통치성으로서의 관용의 힘을 구성하는 중요한 요소이다. 상이한 이론적 전통의 용어를 빌려 표현하자면, 이러한 유산은 오늘날 관용이라는 이데올로기의 한 부분이라 할 수 있을 것이다. 이 장의 나머지 부분에서는, 바로 이러한 유산의 기능에 대해 좀 더 자세히 살펴볼 것이다. 이를 위해서는 다시 한 번 믿음을 관용하는 것과 정체성을 관용하는 것 간의 차이의 문제로 돌아갈 필요가 있다. 이를 통해 우리는 믿음의 보호와 관련해 관용론이 가졌던 해방적·진보적 아우라가, 오늘날 관용이 수행하는 정체성의 생산과 표지의 기능을 어떠한 방식으로 은폐하고 있는지 살펴볼 것이다.

관용의 대상들 : 믿음, 진리, 정체성

앞서 살펴봤듯이 종교적 관용에 대한 로크식의 주장은, 도덕과 신앙을 개인적이고 비정치적인 차원에 한정시키는 동시에 집단적 믿음을 추상적인 입헌 원칙에서 배제시켜, 국가를 형식적 장으로 만드는 기획에 기반해 있다. 그런데 도덕적·종교적 진리가 형식적인 정치의 장에서 배제됨에 따라, 국지적인 진리의 장소들은 오히려 강화되고 증식하는 경향이 있다. 그리고 이제 진리의 국지적 담지자가 된 하위민족적subnational 공동체들은, 서로 간에 근본적으로 적대적인 관계를 맺게 되어, 이제 이들 간의 충돌은 진리의 재정치화를 공식적·비공식적으로 금지하려는 시도와 결합된 관용의 원칙을 통해서만 조정 가능한 것이 된다. 즉, 국가가 세속화되고 관료화되어 갈수록, 도덕적·종교적 진리를 소유한 국지적 장소의 힘 역시 점점 강화되는 것이다. 오늘날 이러한 경향은, 표지된 주체들의 공동체 건설 시도나 세속화된 국가가 낙태·동성애·사형제도와 같은 문제들을 다룰 때 겪는 어려움 속에서 쉽게 확인할 수 있다. 이러한 국지적인 진리 장소의 증식과 함께, 시민사회는 점차 종족, 종교, 섹슈얼리티, 문화 등에 기반한 국지적 정체성들로 조직된 장이자, 이러한 정체성에 기반한 믿음과 가치체계가 표현되는 장으로 변화하고 있다.

또한 관용 담론은 강력한 국지적 진리를 생산하고 집단적이고 공적인 진리를 빈껍데기로 만드는 데 일조함으로써, 도덕적 진리에 대한 상대주의를 부추기게 된다.[21] 역설적이게도, 관용 담론은 도덕적 진리를 인간 존재의 가장 중요하고 심오한 요소로 제시하는 동시에, 그러한 진리가 단지 개인적인 차원에 한정되어 영유되어야 한다고 주장한다. 우리의 영혼을 구원하는 일은 너무나 중요하기 때문에 이는 공적인 성격을 가질 수 없는 사적이고 개인적인 일이라는 것, 이러한 역설이 로크식 관용론의 핵심이다. 이와 유사한 입장에서 『종교와 믿음의 자유』란 제목을 단 1997년도 〈세계 보고서〉World Report 역시, "믿음의 능력은……인간의 결정적인 특

---

21. 고든 그라함(Gordon Graham)과 제이 뉴먼(Jay Newman)은 관용이 상대주의로 귀결된다는 주장을 반박한 바 있다. 비록 내가 보기엔 그다지 설득력 있지는 않지만, 다음의 저작들을 참고하라. Graham, "Tolerance, Pluralism, and Relativism" in Heyd, ed., *Toleration*과 Newman, *Foundations of Religious Tolerance* (Toronto : University of Toronto Press, 1982).

징"이라며, "종교나 믿음은 인간 생애의 가장 근본적인 요소 중 하나다"라고 선언하고 있다.[22] 하지만 관용은 이렇게 근본적인 믿음의 문제가 도덕적 절대성을 가져서도, 도덕적 우월성을 판단하는 장소가 되어서도 안 된다고 주장하며, 더 나아가 우리 자신의 믿음과 대립하는 믿음과 가치들, 심지어는 비도덕적이라고 생각되는 가치들마저 공적으로는 수용할 것을 요구한다. 이러한 매우 독특한 근대적 논리전개 속에서 믿음은, 어떠한 공적인 효과도 가지지 않는, 개인적으로 실천되고 유지되어야 할 것이 된다. 시민적 관용의 이상적 모델에서, 도덕적 절대주의는 개인의 사적 영역에서만 용인되며, 공적 공간에서 도덕적 진리는 사적이고 권위가 없는 것으로 간주되어야 한다. 그 결과, 도덕적으로 열정적인 시민은 기묘하게도 가장 관용할 수 없는 대상이 되어 버린다.

시민적 관용을 통해 공적 공간에서 도덕의 문제가 배제되고, 그 자리에 온건한 인식론적·도덕적 상대주의가 들어서게 될 때, 이것이 가져오는 정치적 효과는 매우 크다. 이제 정치는 마키아벨리조차 상상하지 못했을 정도로 초도덕적amoral이고 반反도덕적인 행위가 되며, 필연적으로 진리에 대해 상대주의적 태도를 취하게 된다. (지난 수십 년간 미국 사회에서 도덕적 가치와 종교적 믿음의 중요성에 대한 담론이 범람해 왔으며 이들 담론 중 어느 것도 관용의 정신을 위반하지 않고서는 구체적인 정치적 담론이 될 수 없었다는 사실은, 바로 이러한 조건이 가져온 증상으로 볼 수 있을 것이다.) 하지만 정치에서 배제된 국지적 진리의 장소들에서는 도덕적 절대주의의 열망이 끓어오르게 되는데, 이에 따라 관용은 종교적

---

22. 두 인용구 모두 Kevin Boyle and Juliet Sheen, eds., *Freedom of Religion and Belief : A World Report* (New York : Routledge, 1997)에서 따온 것이다. 첫 번째 인용구는 유엔이 1981년 11월 25일에 선언한 「종교나 양심에 따른 일체의 불관용 및 차별 철폐를 위한 선언」에 등장하는 표현을 저자들이 재인용한 것이다.

믿음과 확신 간의 긴장을 완화시켜주는 전략적 역할을 수행한다. 그러나 관용의 역할이 이러한 단순 조정에 그치는 것은 아니다. 관용은 종교적 믿음과 윤리적 확신을 전략적인 정치적 주장들로 대체할 것을 강요함으로써, 가치-함축적value-laden 정책에 관한 정치적 논쟁들을 부적절한 것으로 만들고, (베버가 다른 맥락에서 언급한) 정치의 합리화를 강화시키는 적극적 역할 또한 함께 수행한다.

물론 정치에서의 종교적·도덕적 성격의 제거와 공적 공간에서 종교의 배제에 관한 논의는, 자유주의가 지난 몇 세기 동안 반복해서 외쳐온 이야기이다. 그 동안 많은 신학자, 법학자, 정치 이론가, 활동가들이, 다양한 방식으로 이를 옹호하거나 비판해 왔다. 하지만 오늘날 정체성과 차이를 둘러싼 논의들은, 믿음과 공적 생활 혹은 국지적 적대와 보편적 관용 사이의 오랜 긴장 관계에 새로운 자극을 주고 있다. 이제부터 바로 이러한 새로운 자극에 대해 살펴볼 것이다.

미셸 푸코는 특정한 믿음과 행동을 그 주체의 본질적 진리와 등치시키는 근대적 주체 구성subject formation을 분석함으로써, 현대 정치의 이해에 중대한 기여를 하였다. 그에 따르면, 대중 사회에서 개인을 규율하고 분류하는 방식은, 믿음과 행동을 주체의 내밀한(숨겨진) 진리로 환원시키려는 시도와, 동시에 이러한 믿음과 행동에 대한 과학을 통해 내밀한 진리를 규제하려는 시도 간의 상호 교차에 기반해 있다. 이때 개인성 individuality은 규제의 도구인 지식의 기반이 된다.

푸코가 이러한 주체 형성의 대표적인 예로 들고 있는 사례는, 다양한 과학·행정·종교 담론의 수렴을 통해 탄생한 근대적 형태의 동성애이다. 푸코에 따르면, 18세기 이전에는 우발적 행위로 여겨지던 동성애는, 19세기의 의학·정신의학·성의학·종교·교육 담론을 통해 점차 정체성의 구성 요소로 간주되게 되었다. 이제 동성애 **행위**는 동성애 **주체**의 표현이자, 그 주체의 핵심적 진리를 드러내 주는 것으로 여겨지게 되었으며, 더 나아가 주체는 그것이 가진 욕망으로 환원되고, 이러한 주체의 성적 욕망이 그 주체의 진리로서 선언되었다. 이제 더 이상 주체는 그가 속한 공동체나 가족, 그가 쓰는 언어나 직업에 의해서 규정되기보다는, 그의 욕망과 실천에 기반을 둔 특정한 성적 정체성에 의해 규정된다. 자주 인용되는 다음 구절에서, 푸코는 이러한 역사적 전환에 대해 설명하고 있다.

> 고대의 민사법이나 교회법의 규정에 따르면, 남색sodomy은 금지된 행위들의 한 유형이었으며, 이를 범한 자는 법률적 제재의 대상일 뿐이었다. 그런데 19세기에 와서 동성애자는 하나의 인물형 ― 과거, 병력病歷과 유년기, 기질, 삶의 형태, 그리고 노골적인 해부학과 신비한 생리학을 동반한 인물이 되었다. 동성애자로 규정된 이와 관계된 모든 것은, 그의 섹슈얼리티와 무관하지 않았다. 그의 내부 도처에 그의 섹슈얼리티가 현존했으며, 그의 모든 행동들 안에는, 이를 지배하는 은밀하고 능동적인 원리로서 섹슈얼리티가 자리 잡고 있었다. …… 동성애가 단순한 남색의 실천practice에서 내적인 양성성과 정신의 반음양을 보여주는 지표로 변형되었을 때, 동성애는 섹슈얼리티의 한 형태로 등장하게 되었다. 예전의 남색가는 일시적인 탈선자였으나, 오늘날 동성애자는 하나의 종species이다.[23]

푸코는 『감시와 처벌』에서도 유사한 주장을 한 바 있다. 그에 따르면, 과거에는 하나의 우발적 사건으로 간주되던 범죄 행위가, 이제는 범죄자의 정신과 영혼에 대해 알려주는 지표가 되었다.[24] 19세기에 걸쳐 죄수는

---

23. Foucault, *History of Sexuality*, 43 [이규현 옮김, 『성의 역사 - 제 1권 앎의 의지』; 앞으로 등장하는 이 책의 인용구는 이규현의 번역을 참조하되, 일부 수정하였다.]

범죄학, 심리학, 사회학, 의학 분야의 연구 주제이자 대상으로 구성되었고, 범죄자는 하나의 인성personality을 보여주는 유형이자 사례가 되었다.

근대적 주체 생산에 대한 푸코의 설명과 생권력이 점차 사법권력의 자리를 대신하게 된다는 그의 주장이 옳다면, 관용과 관련하여 또 다른 복잡한 문제가 제기된다. 오늘날, "흑인", "레즈비언", "유대인" 같은 표지된 정체성들은, 특정한 믿음·행동·경험을 만들어 내는 어떤 핵심적 진리의 산물로 간주된다. 이들의 행동이나 속성은 정체성에서 우러나는 것이자 이들의 특수한 경험을 구성하는 것으로 여겨지며, 이러한 정체성과 경험의 조합을 통해 표지된 주체들의 고유한 관점과 믿음이 형성된다고 이야기된다. (이러한 관점 하에서만, 특정한 여성이 "자신이 여성인지 자각하지 못하고 있다"거나, 어떤 흑인은 "진정한 흑인이 아니다"라는 표현이 가능하다. 이같은 주장은 그 동안 급진적인 흑인 운동이나 여성 운동 진영에서 제기되었지만, 실제로는 지배적 관점과 은밀한 공모관계를 맺고 있다.) 이에 따라 관용은 이러한 일련의 믿음과 경험, 실천을 대변하는 정체성들 간의 공존을 보장하는 동시에, 이들 정체성 간의 관계를 내재적으로 적대적인 관계로 구성한다. 정체성이 타인의 진리와는 근본적으로 구별되는 진리의 장소로 여겨지는 한, 각각의 정체성은 다른 이들이 가진 진리와 그것의 절대성을 위협하는 존재가 되는 것이다. 또한 이렇게 본질화된 정체성이 문제가 될 때, 상호 간의 대립이 인격체person의 차원에서 발생하게 된다는 것이 중요하다. 즉, 정체성이란 이름하에 인간과 믿음이 융합되고 이들 정체성의 특정한 실천과 속성이 일별되면서, 상호 간의 대립은 믿음

---

24. Michel Foucault, *Discipline and Punish : The Birth of the Prison*, trans. Alan Sheridan (New York : Vintage, 1997) [오생근 옮김, 『감시와 처벌』, 나남, 2004; 앞으로 등장하는 이 책의 인용구는 오생근의 번역을 참고하되, 일부 수정하였다.]

과 경험의 차원을 넘어 인격체의 차원으로 확대되는 것이다. 믿음 간의 갈등에 적용되던 도덕적 상대주의는, 이제 신체와 정신에 기반한 정체성 간의 문제로 옮겨 간다.

이런 관점에서 보자면, 과거 종교 및 표현의 자유와 관계했던 관용 담론이, "우연히" 종족·젠더·인종의 영역으로 미끄러져 들어가 오늘날 관용과 문화적 다원주의의 결합이 탄생했다고, 손쉽게 주장해선 안 된다. 오히려 이러한 현상은 주체를 특정한 속성이나 행위와 동일시·환원하고, 이들을 특정한 믿음과 의식을 낳는 요인으로 간주하는 하나의 역사적 구성historical formation을 반영하는 것이다. 이제 주체의 믿음과 신념은 주체 내부의 진리와 본질로부터, 혹은 최소한 주체가 속한 문화·종족·섹슈얼리티로부터 발현하는 것으로 간주된다. 주체와 그의 믿음·행위를 그 자신의 신념이나 교육에서 비롯되는 것이 아니라 개인이 기반한 물질성에서 비롯되는 것으로 바라보는 이러한 독특한 근대적 담론 속에서, 주체의 인종적·종족적·젠더적 속성들은 주체를 설명하는 결정적인 지표로 자리잡는다. 이제 "흑인 의식"이나 "여성의 도덕성" 혹은 "동성애자의 예민함" 같은 표현이 가능하게 된 것이다. 우리는 이같은 용어들에서, 개인의 인종·섹슈얼리티·문화·젠더가 그 주체의 의식·믿음·행동 — 즉, 관용되어야 할 차이 — 들을 생산하는 원천으로 격상되었음을 알 수 있다. 그런데 이러한 관점은, 믿음이 우리의 근본적인 인간성에서 발현되는 개인적인 사색의 결과라고 본 로크의 관점과 상반되는 것이다. 로크가 사유하고 선택하는 자유로운 개인을 인간성의 지표로 삼았다면, 새로운 주체 형성의 논리에서는, 문화적·종족적·성적 존재가 이러한 인간성의 자리를 차지하고 있다.

그런데 여기에서 또 하나의 추가적인 역설이 발생한다. 푸코는『감시와 처벌』에서 규율 권력의 등장은 "개인화individuation의 정치적 축이 전환되는 순간"을 나타낸다고 말한다.[25] 푸코에 따르면, 중세와 여타의 비규율적 사회들에서 "개인화는 권력의 상층부에서 이루어지며, 주권 권력의 가장 핵심적인 부분에서 발생"하는 반면에, 규율 사회에서 개인화는 "하강하게 된다. 권력이 점점 더 익명화되고 기능화되는 반면, 그것이 행사되는 대상은 점점 더 개인화되는 경향이 있다." 이러한 규율 권력 하에서 규범으로부터 이탈한 주체는 정상적 주체보다 더욱 강력하게 개인화 메커니즘에 종속되기 마련이다. 푸코는 다음과 같이 말한다.

> 규율의 체제 안에서는 어린아이가 어른보다 더 개인화되고, 환자가 건강한 사람보다 먼저 개인화되며, 광인과 비행자가 정상적인 비非 비행자보다 더 개인화된다. 여하간 우리의 문명 안에서는 개인화의 모든 메커니즘이 어린아이, 광인, 환자, 비행자 등을 중심으로 가동되고 있다. 따라서 건강하고 정상적이며 법을 준수하는 어른을 개인화하고자 할 때는, 이런 질문을 던지게 된다. 당신은 얼마나 어린아이 같은 점을 가지고 있는가? 남들이 모르는 광기를 가지고 있지는 않은가? 어떤 극악한 범죄를 꿈꾸지는 않는가?[26]

비정상인과 비체the abject, 타자에 작동하는 이러한 규제적 개인화에 대한 푸코의 설명은, 현대의 관용 담론이 수행하는 규범화normalizing 작업을 좀 더 자세히 분석할 수 있게 해 준다. 관용의 대상이 되는 개인들은, 규범에 일치하는 이들이 아니라 규범에서 이탈한 이들이다. 하지만 역으로 이들은 관용 담론 그 자체를 통해, 일탈적 개인들로 한층 더 분절된다.

---

25. 위의 책, 192.
26. 위의 책, 193.

관용 담론은 사회 질서를, '관용하는 이들'과 '관용되어야 하는 이들'로 은밀히 이분화하는데, 이때 관용되어야 하는 이들은 규범에서의 일탈을 통해 개인화되며, 이 개인화 과정에서 자신의 진리를 고백해야 한다. 이것이 오늘날 관용 담론이, 자유주의적 개인주의의 규율적 전략으로 기능하는 방식이다. 물론 관용의 이분법 하에서는, 사회적으로 표지된 집단의 구성원만 '관용되어야 하는 이들'인 것은 아니다. 무신론자나 반항아, 거리의 시인들처럼 지금까지 미국식 개인주의의 맥락에서 관용의 필요성을 정당화해 온 개인들도, 관용의 대상이 될 것이다. 하지만 미국의 신화 속에서 특이한 형상을 대표하는 이러한 개인들은, 푸코가 분석한 개인화 과정의 낭만적 별종일 뿐이다. 푸코의 주장처럼 주체와 인구의 구성은, 개인의 열정이나 괴짜 같은 믿음에서가 아니라, 근대의 규율 지식과 권력을 통해 이루어진다.

이제 이러한 주체 형성이, 킴리카가 오토만 제국의 밀레트 체제에서 발굴한 집단적 관용 모델과 어떻게 수렴하는지를 검토해 보자. 우선 앞서 밝혔듯이, 이러한 방식의 관용 — 즉, 하나의 정치적 혹은 종교적 체제 아래 주변화된 여러 공동체들이 공존하는 방식의 관용 — 이, 비록 억압되어 오기는 했지만 구미의 관용 모델의 한 축이었음을 염두에 둘 필요가 있다. 왜냐하면 섹슈얼리티·인종·종족·종교가 개인의 주체성과 정체성을 거의 완전히 결정한다고 보면서 이들에 대한 "관용을 가르치는" 오늘날의 실천은, 일정 정도 집단적 관용 모델의 전통에 은밀히 기대고 있기 때문이다. 하지만 엄밀히 말해, 오늘날 관용의 대상은 집단이 아니라 집단의 정체성을 각인하고 있는 개인 주체들인 것 역시 사실이다. 아이들이 학교에서 관용하라고 "배우는" 대상은, 집단도, 정확한 의미에서의 개인도 아니며, 말하자면 사회학자들이 귀속적 정체성ascriptive identity이라고 부르는 것을 담지한 주체들이다. (물론 이때 관용의 대상이 되는 귀속적 정체성은, 관용을 필요로 하는 적대 행위를 유발할 만큼 충분히 현저한 믿음이나 행동 혹은 욕망을 담고 있어야 한다.)

이같이 우리와는 "다른" 사람들을 관용해야 한다는 주장은, 푸코가 묘사한 주체 형성의 전체화totalizing 효과를 강화한다. "관용하라"는 가르침에는, 개인의 주체성을 (〈관용박물관〉의 안내원의 표현을 빌자면, "우리와는 다르게 행동하고 다른 믿음"을 가진) 집단 정체성의 산물로 환원시킴으로써, 관용의 대상이 되는 이들의 "타자성"을 과장하고 물화하는 과정이 포함된다.[27] 다시 말해 관용의 대상이 되는 이들은, 그들의 행위와 믿음이 다르기 때문에 혐오의 대상이 되며, 이 행위와 믿음의 요체에는 인종·종족·섹슈얼리티가 놓여 있는 것으로 본질화된다. 푸코의 설명이 보여주듯이, 근대의 주체 형성에 있어 "성적 선호"나 인종 같은 범주는 "다른" 믿음과 행동을 낳는 본질로 간주되며, 이는 관용이 해결책으로 제시될 수밖에 없는 내재적이고 영구적인 조건을 낳는다. 이제 인종과 성적 선호라는 개념 자체가 차이를 본질화한 산물이며, 관용 담론이 이러한 차이를 재기입한다는 사실은 은폐된다. 즉, 관용 자체가 인종화와 성적 정체성을 재생산하는 데 일조한다는 사실은 망각되는 것이다. 더 나아가 오늘날 관용은 이러한 주변화된 집단들의 "행위와 믿음"에 기존 관용 담론에서 종교가 차지했던 지위를 부여함으로써, 관용하는 주체를 — 그것이 국가이건 비표지된 헤게모니 정체성이건 간에 — 중립적이고 세속적인 주체로 재구성한다. 결과적으로 관용 담론은 관용 대상이 가진 차이를 규범적이고 세속적이며 중립적인 것과 대립시키고 물화함으로써, 이미 주변적인 이

---

27. 1999년 1월 28일 〈시몬 비젠탈 관용박물관〉 안내원의 발언에서 인용하였다.

들을 한층 더 주변화시킬 뿐더러 모든 타자성을 관용의 대상이 되는 이들의 몫으로 떠넘긴다.

이러한 방식으로, 현대적 관용은 불평등과 계층화를 줄이기는커녕 강화시키는 규범적 담론으로 작동하며, 이는 근대 초기 관용에 담겨 있던 종교적 색채를 후기 근대적 주체의 정체성 형성에 덧씌움으로써 더욱 강화된다. 종교와 연결됐던 관용 담론이 오늘날 귀속적 정체성에 적용됨으로써, 다음과 같은 효과가 발생한다. 첫째, 이는 푸코가 이야기한 본질화된 정체성의 규제적 효과를 강화시킨다. 둘째, 이는 "차이"를 종속이나 불평등과 무관한 것으로 구성하는 이데올로기적 효과를 가진다. 셋째, 이는 지배적인 비표지된unmarked 정체성의 헤게모니를 강화한다. 더 나아가, 앞으로 3장과 5장에서 자세히 살펴보겠지만, 관용은 그 대상이 되는 이들에게 공적 영역에서 그들의 "차이"를 드러내지 말 것을 요구한다. 관용의 대상이 되는 이들은, 사적이고 탈정치화된 방식으로 자신들의 "차이"를 드러내는 한에서만, 즉 이를 정치적 주장으로 연결시키지 않는 한에서만, 관용 가능한 대상이 된다. 관용 대상에 대한 이러한 요구는, 정치화된 정체성이면 추구하기 마련인 인식론적·정치적 입장과 충돌할 뿐 아니라, "차이"를 구성하는 사회적 권력에 대해서는 침묵하고, 비표지된 문화·종족·인종·섹슈얼리티의 헤게모니를 강화하는 효과를 낳는다. 이러한 일련의 과정을 통해, 계층화되고 불평등한 사회 질서 속에서 추상적이고 보편적인 정치적 권리와 원칙이 작동하는 전형적인 방식이 되풀이 되는 것이다.

게다가 앞서 대리보충으로서의 관용에 대해 논의하면서 잠깐 살펴봤듯이, 관용의 이러한 변화 배경에는, 보편주의의 중요한 균열, 푸코가 설명한 근대적 주체 형성에 의해 야기되는 균열이 존재한다. 즉, **의견**이나 **믿음**에 대한 관용에서 **인격체**person에 대한 관용으로의 변화는, 보편적 주체에서 (섹슈얼리티, 종족성 등을 담지한) 특수한particular 주체로의 역사적 이행과 상응하는 것처럼 보인다. 과거 보편적 주체가 내밀한 사색 등을 통해 특수한 믿음이나 가치관에 도달했다면, 오늘날 특수한 주체는 자신의 정체성에 따라 상이한 믿음과 가치관을 가지며, **심지어 이러한 특수한 믿음과 가치관이 주체 그 자체에 의해 포기될 때에도, 차이는 여전히 주체 안에 기입된다.** 이러한 변화 속에서, 공적 질서를 유지하는 선에서 사적인 믿음을 승인하려던 관용의 애초의 목적은 완전히 전도되어, 이제 관용은 공통적인 것 내부에 본질화된 타자성을 각인시키는 하나의 방법이 되었다.

이로써 우리는 현대의 관용 담론이 가진 교활한 측면을 발견하게 된다. 관용은, 예컨대 "제도화된 인종주의" 같은 불평등의 문제를 "상이한 행위와 믿음"의 문제로 전환시킴으로써, 관용해야 할 차이 자체를 생산해 내는 불평등과 지배 문화의 작동을 은폐한다. 관용은 차이를 본질화하고 섹슈얼리티·인종·종족의 문제를 물신화함으로써, 섹슈얼리티·종족·인종이라고 **불리는** 차이들을 **생산**해 온 역사와 권력에 대해서는 침묵한다. 또한 관용은 문화적으로 생산된 차이를 태생적이고 본성적인 것으로 간주함으로써, 이 차이를 불평등과 지배의 장소로 파악할 수 없도록 만든다.

이는 오늘날 관용의 전도사들이 사용하는 "차이"에 대한 수사들을 검토하면 좀 더 명확히 이해할 수 있다. 이러한 수사들 속에서 계급의 문제는 거의 항상 부재하며, 젠더는 기묘하게 뒤틀린 형태로 가끔 언급될 뿐이다. 아마도 이는, 계급이 자유주의 담론 속에서 내재적 본성이나 신체적 특성에 의해 결정된다고 보기 힘든 대표적인 사회적 정체성이기 때문일 것이다. (비록 부르주아 담론에는 어느 정도 계급을 자연화하려는 요소가 존재하지만 말이다.) 자유주의 담론 속에서, 계급은 태생적인 것이 아니라 생산된 차이로 간주되어 왔으며, 이러한 입장은 지난 세기 동안 계급 이동이라는 이데올로기에 의해 더욱 강화되어 왔다. 계급이 내재적 본질이나 속성이 아니라면, 이는 개인을 정의하는 결정적 요소도 아니고 일단의 행동을 생산하는 요소도 아니기 때문에, 당연히 관용의 대상이 되지도 않는다. (정확히 이와는 반대의 이유로 인종·종족·민족성·섹슈얼리티는, 관용에 의해 조정되어야 할 차이로 여겨진다.)

하지만 젠더 문제는 이와는 또 다른 접근이 필요하다. 젠더는 종종 본질화되어 관용되어야 할 차이의 목록에 오르내리곤 하지만, 젠더 그 자체만 문제가 될 경우에는 좀처럼 관용의 대상으로 간주되지 않는다. 예컨대, 우리는 하나의 집단으로서의 남성이 하나의 집단으로서의 여성을 관용해야 한다고 이야기하지 않으며, 젠더 불평등 혹은 젠더 폭력의 문제가 관용을 통해 해결될 수 있다고 말하지도 않는다. 그렇다면 차이에 대한 다문화주의적 정식 속에서, 젠더 차이가 가지는 이러한 예외성은 무엇 때문일까? 현대의 관용 담론에 젠더의 문제가 어색하게 끼어들어가 있다는 사실은, 관용 담론의 어떤 특성을 보여주는 것일까? 우리는 다음 장에서 이 문제를 다루게 될 것이다.

3

관용 : 대리보충
― "유대인 문제"와 "여성 문제"

관용은 불관용에 다름 아니다. 그것은 동화(assimilation)를 요구한다.
―헤르만 블로흐(Herman Bloch), 오스트리아 빈의 유대박물관에서 인용

여성의 존재 혹은 법적 지위는 결혼생활 동안 유예되거나 남편의 지위에 흡수·통합된다.
―윌리엄 블랙스턴 경(Sir William Blackstone)

여성 문제 혹은 남녀 간의 관계가, 관용 담론을 통해 조명되지 않는 이유는 무엇일까? 18~19세기 동안 여성 문제는 왜 관용의 문제로 여겨지지 않았을까? 물론 여성 문제가 관용 담론과 결합한 사례가 전혀 없는 것은 아니다. 예컨대, 군사학교나 스포츠 팀 혹은 남성 사교 클럽 같은 동성사회homosocial에 여성이 참여하고자 할 때, 이는 관용의 이름으로 정당화되기도 한다. 하지만 전통적으로 남녀 간 불평등에 대한 문제 제기는 "관용"보다는 "평등"의 구호 아래 논의되어 왔다. 직장 같은 곳에서 여성의 (성적·재생산적·감정적) "차이"가 문제가 되는 경우에도, 사람들은 "여성을 관용해야 한다"고 이야기하지는 않는다. 이 경우, 여성의 **차이**는 단지 임신과 육아의 문제를 고려한 역할 분담과 분업 속에서 조정되어야 할 실용적 문제로 간주된다. 왜일까? 오늘날 성적 소수자나 소수 종교, 소수 인종과 관련된 문제들이 모두 관용의 이름하에 논의되는 와중에, 왜 유독 여성과 관련된 문제는 그렇지 않은 걸까? 혹시 "소수자"라는 말에 답이 있을까? 즉, 관용은 항상 주변인과 소수자에 대한 다수자들의 대응이었기 때문에, 여성 문제와 같이 다수를 대상으로 한 경우에는 관용이 적용될 수 없는 것일까? 하지만 그렇다면 식민통치자 - 원주민 간의 관계나 여타 포스트식민적 문제들이 관용의 틀로 논의되는 것은 어떻게 설명할 것인가? 관용의 문제에서 핵심은, 숫자의 많고 적음이 아니라 문화적·정치적 헤게모니가 아니었던가?

이 장에서는 "유대인 문제"와 "여성 문제"의 비교를 통해 이러한 질문에 답해 보고자 한다. 18~19세기 유럽에서 유대인 문제는 관용의 문제로 여겨진 반면, 여성 문제는 처음부터 종속과 평등이라는 용어를 통해 논의되어 왔다. 이러한 차이는 오늘날에도 발견된다. 예컨대, 1988년 제럴딘 페라로Geraldine Ferraro가 미국 주요 정당의 첫 여성 부통령 후보로 선출된 일은 "평등을 향한 여성의 투쟁"이 이룬 성과로 이야기된 반면에, 12년 후 독실한 유대교인인 조셉 리버만이 민주당 부통령 후보로 선출된 일은, 관용의 승리로 소개되었다. 역사적으로 유대인은 배제되어 왔지만, 여성은 개별 남성과 법에 직접적으로 종속되어 왔기 때문이라는 설명은 충분치 않다. 또한 유대인은 종교적 이유로 배척당한 집단이고, 여성은 그들의 신체적 차이 때문에 배제되어 왔기 때문이라는 설명 역시 만족스럽지 않다.[1] 이러한 답변들은 의문을 풀어주기는커녕, 새로운 질문을 제기하기 때문이다.

시민권 박탈의 구체적 메커니즘은 다르더라도, 유대인과 여성의 배제는 공통적으로, 그들이 유럽 정치 질서가 가정하는 보편적 인간/남성의 형상과 상상적 차이를 가진다는 이유로 정당화되어 왔다. 또한 이러한 배

---

1. 한 저명한 정치 이론가는 이 장의 발표를 듣고, "사람들은 누구나 어머니를 가지고 있기 때문에" 여성은 관용의 대상이 될 수 없다고 주장했는데, 이 역시 충분한 답이 아닌 것 같다. 정신분석과 관용에 관한 책을 보면, 어머니는 오히려 일차적인 관용의 대상일 수 있으며, 또한 내가 보기에 모든 이들은 자신들만의 유대인 역시 가지고 있다.

제 속에서 이들은 공히 시민권과 참정권, 그리고 공공기관 및 교육, 직업에 대한 접근권 등을, — 19세기에 가장 빈번히 사용되는 단어 중 하나였던 — 해방emancipation의 이름하에 요구해 왔다. 그렇다면 어째서 이 두 흐름 중 하나는 관용이란 이름하에 제한적인 포섭을 수용하는 것으로 나아간 반면, 다른 하나는 정치적 평등의 슬로건을 내걸 수 있었을까? 왜 그리고 어떻게 이러한 분기分岐가 발생했으며, 이러한 분기가 자유주의에서 관용과 평등의 관계 변화에 가지는 함의는 무엇인가? 다시 말해, 이 두 흐름이 택한 상이한 정체성의 정치화 방식은, 19세기 자유주의 내에서 발생한 평등과 관용 간의 관계 변화와 관련해, 우리에게 무엇을 알려주는가? 자유주의 담론에서, 평등은 동질성sameness을 전제하는 반면에, 관용은 차이를 관리하기 위해 필요하다. 그렇다면 왜 "성적 차이"는 동질성이라는 용어를 통해 논의되고 정치화될 수 있었던 반면에, 유대인의 차이는 다른 방향으로 나아갔던 것일까?

이러한 질문에 답하기 위해서는, 19세기에 존재했던 몇 가지 상이한 담론들의 중첩과 결합을 검토해야만 한다. 즉, 한편으로는 젠더나 유대인성이 어떠한 방식으로 구성되었는지를 살펴봐야 하고, 다른 한편으로 자유주의적 관용이나 평등, 해방 같은 용어가 어떤 식으로 형성되었는지 역시 검토해 보아야 한다. 유대인 문제의 정치화 과정에서 유대인성이 어떻게 담론적으로 구성되었는가를 살펴봄으로써, 우리는 관용의 초점이 어떻게 믿음과 신념의 문제에서 (표면상으로는 계속해서 종교적 차이의 문제를 다루는 듯 보이지만 실질적으로는) 인종적 정체성과 정신의 문제로 이동하게 되었는지를 이해할 수 있을 것이다. 또한 강력한 성적 차이의 개념을 수용하면서도 동시에 여성의 평등을 주장했던 젠더의 담론적 구성에 대해 살펴봄으로써, 우리는 해방과 평등에 관한 19세기 자유주의 담론의 주요한 특징들을 식별해 낼 수 있을 것이다.

유대인

19세기 유대인의 담론적 구성과 관련해 "유대인 문제"의 등장을 살펴 보고, 이 둘의 결합이 어떻게 유대인을 관용의 대상으로 구성했는지를 알 아보기 위해, 여기서는 우선 혁명 직후 프랑스의 상황을 집중적으로 살펴 볼 것이다. 사실 이러한 접근은, 얼핏 미심쩍어 보일 것이다. 대체로 프랑 스는 해방 이후 유대인에게 시민권을 즉각적으로 부과하여, 19세기 말 드 레퓌스 사건 전까지 프랑스에서는 다른 유럽 국가들과는 달리 유대인 문 제가 전면화되지 않았다고 이야기되기 때문이다. 하지만 이 시기를 자세 히 연구해 보면, 문제가 좀 더 복잡하다는 사실을 알 수 있다. 사실 19세기 유럽에서 유대인의 정치적 포섭과 관련해 "해방"의 모델이 하나의 기준으 로 받아들여졌다는 점과, 보편적 평등과 자유라는 슬로건을 그토록 사랑 했던 프랑스 혁명가들이 유대인 (그리고 여성) 문제에 보였던 미적지근한 태도를 볼 때, 오히려 프랑스의 사례는 유대인의 해방·동화·관용에 대한 근대적 접근의 전형이라 할 만 하다.[2]

---

2. 제이콥 카츠에 따르면, 유럽에서의 유대인의 해방은 "넓게 보면 거의 동시에 이루어졌 다. 이러한 해방은 완전히 동일한 경로를 따르진 않았지만 대체로 비슷한 경로를 취했 다."(3) Jacob Katz, *Out of Ghetto : The Social Background of Jewish Emancipation, 1770~1870* (Cambridge, MA : Harvard University Press, 1973). 카츠는 더 나아가 다음과 같이 주장한다. "서유럽 국가들에서의 유대인의 해방은, 국가별로 따로 이야기 될 수 없다. 이들 국가는 서로 간에 무시할 수 없는 영향을 주고 받았다. 에컨대, 유대인의 독일 사회로의 동화에 이바지한 모제스 멘델스존(Moses Mendelssohn)의 사상은 프랑스 유대인들에게 영향을 끼쳤으며, 역으로 프랑스 유대인들이 혁명을 통해 쟁취한 정치적

혁명 직후인 1789년 12월, 프랑스 국민의회는 유대인 해방과 관련해 격렬한 논쟁을 벌였다. 논쟁의 주제는 유대인들이 프랑스인인가라는 질문에 대한 것이었고, 만약 그들이 프랑스인이 아니라면, 이들이 새롭게 탄생한 프랑스 공화국의 새로운 시민이 될 수 있는가의 여부가 쟁점이 되었다.3 종교의 공적 영향력을 제거하고 국가를 세속화하자는 데에는 이미 합의가 된 상황에서, 참석자 중 누구도 드러내 놓고 유대인을 관용해야 한다고 주장하지는 않았다. 그러한 주장은 [유대교를 관용하는] 어떤 공적이고 헤게모니적인 종교의 존재를 가정한다는 인상을 줘, 당시의 강력한 반종교적 분위기와 대립할 우려가 있었기 때문이다. 하지만 유대인이 독립적인 민족 공동체nation를 가질 수 있는지 여부, 그리고 이러한 공동체가 건설된다면 유대인이 공화국의 구성원이 될 수 없는지 여부에 대해서는 열띤 토론이 오갔다. 그 중 애브 모리Abbé Maury같은 이는, **유대인**이라는 말은 그 자체로 하나의 민족을 의미하며, 누구나 동시에 두 민족에 속할 수는 없기 때문에, 유대인들에게는 시민권을 주기보다는 그저 보호 정책으로 충분하다고 주장하였다.4 하지만 프랑스 민족(국민)nation의 새로운 구성도 혁명의 과제 중 하나라고 생각했던 이들은, 기존의 유대인 민족 공동체를 존중하기보다는 그것을 해체하는 것이 올바른 해결책이라는 입장을 가지고 있었다.

이 자리에서 유대인의 해방을 지지했던 크레르몽 토네르 백작은 다음과 같이 말했다. "민족으로서 유대인은 전적으로 거부되어야 하지만, 개인으로서 유대인은 모든 권리를 보장받아야 한다. 그들 고유의 율법은 더 이

진보는 독일 유대인 사회에 영향을 미쳤다."(3-4)

3. David Vital, *A People Apart : A Political History of the Jews in Europe, 1789~1939* (Oxford : Oxford University Press, 1999), 42.
4. 위의 책, 44.

상 인정되어선 안 되며, 유대인은 국가의 법에 따라 재판받아야 한다. 지금까지 유대인 공동체를 가능케 했던 독자적 법질서에 대한 보장은 폐지되어야 한다. 그들은 국가 안에 독자적인 질서나 정치체를 설립할 수 없다. 유대인은 개인으로서 시민이 되어야만 한다."[5] 홉스와 푸코가 뒤섞여 있는 듯한 이 연설문에서, 클레르몽 토네르는 낡은 공동체를 해체하고, 새로운 시민-주체, 즉 단일한 법적·사회적 규범과 국가 권력에 귀속된 개인을 만들어 낼 필요가 있음을 역설하고 있다.

이 토론에서 아무도 공식적으로 관용을 입에 올리지는 않았지만, 사실 클레르몽 토네르의 논리는 해방과 관용이 맺고 있는 은밀한 계약 관계를 보여준다. 즉, 관용의 대상은 정치적 권리와 해방을 부여받는 바로 그 순간에, 국가에 복종하여야 했다. 클레르몽 토네르의 주장은, 새로운 보편국가에의 귀속이 하위민족 공동체 및 믿음의 개인화와 사사화私事化라는 이중의 과정 ─ 유대인의 프로테스탄트화라고 부를 수도 있는 과정 ─ 을 수반한다는 것을 보여준다. 프랑스에 소속되기 위해, 유대인은 탈집단화·탈민족화되어 개인화되어야 한다. 프랑스 민족으로 살아가기 위해서, 유대인성은 이제 독자적 율법과 의례를 통해 여러 세대에 걸쳐 이어져 온 공동체의 형태로 유지되어서는 안 되고, 오직 사적인 믿음의 형태로만 구성되어야 했다.

사실 1789년 벌어진 유대인의 권리에 관한 논의는, 뚜렷한 결론 없이 마무리되었다. 하지만 2년 뒤 동부 지방의 유대인과 관련해 이 문제가 다시 불거졌을 때, 국민의회는 유대인과 관련된 모든 특권과 금지, 법령 등을 무효화하기로 결정하였다.[6] 유대인은 프랑스인인가, 유대인은 독자적

---

5. Clermont-Tonnerre, 위의 책에서 재인용, 44.
6. Vital, *A People Apart*, 48.

인 민족 공동체를 가져야 하는가와 같은 골치 아픈 문제들은 그대로 남겨 둔 채, 갑자기 유대인은 공식적인 프랑스 시민으로 인정받게 된 것이다. 어떻게 이런 일이 가능했을까? 사실 유대인 문제는 풀기 힘든 난제였지만, 국가는 이러한 어려움에도 주변적 주민들을 내부로 통합해야 할 긴급한 필요성을 가지고 있었다. 역사학자인 살로 바론에 따르면, "유대인의 해방은 유대인뿐 아니라 근대 국가에게도 꼭 필요한 것이었다."[7] 사실 유대인은 당시 "국가의 느슨한 감독 하에서 나름의 자율성을 누렸던 각종 신분, 계급, 직능 조합, 단체 중 하나였을 뿐"이고,[8] 국가 권력의 강화를 위해서 국가는 이러한 하위민족적 자치 단체들을 약화시켜야만 했다. 따라서 유대인의 해방을 논할 때 유대인의 복지 문제나 정치적 원칙 등이 중요하게 언급되기는 했지만, 사실 유대인 문제의 정식화와 해답은 상당 부분 국가 이성raison d'état에 의해 도출된 것처럼 보인다.[9] 이렇게 보면, 혁명 직후 유대인 문제를 둘러싼 애매한 입장은, 프랑스 공화국 시민의 경계를 정해야 하는 긴급한 필요성과 국가 주권의 강화라는 장기적인 과정 간의 교착 때문에 발생한 것으로 이해할 수 있다.

이와 같이 프랑스의 유대인 정책은 얼핏 보편적 평등과 자유라는 혁명 원칙의 논리적 귀결로 보이지만, 한편으로는 18세기 후반부터 전 유럽

---

7. Salo Baron, "Newer Approaches to Jewish Emancipation," *Diogenes*, no.29 (Spring 1960) : 57.
8. Vital, *A People Apart*, 50.
9. 유대인에 대한 이러한 정치적 입장 변화는, 오스트리아가 각각 1764년과 1782년 발표한 유대인 칙령 간의 차이에서도 잘 드러난다. 채 20년의 간격도 두지 않고 발표된 이 두 칙령에서, 마리아 테레자 여제가 발표한 전자는 유대인에 적대적이었던 반면, 요제프 2세가 발표한 후자는 합리적이고, 관대했으며, 행정적 색채를 띠었다. 둘 모두 유대인을 시민으로 인정하지는 않았으며, 단지 유대인 집단을 관용할 수 있을 정도로만 개조하려고 하였다. 하지만 전자가 이러한 과제를 적대적 인식에 기반해 행했다면, 후자는 이를 행정적 차원에서 접근하였다.

국가에서 진행되기 시작한 국가 권력의 중앙 집중화와 합리화의 결과이
기도 했다. 중세와 근대 초기에 유대인이 차지했던 예외적 위치 — 국가에
속한 것도 속하지 않은 것도 아닌 양가적 위치 — 로 인해, 유럽 국가들은
어떻게든 이 문제를 해결할 필요가 있었고, 그 노력의 결과로 유대인은 국
가의 범위 안에 포섭될 수 있었다. 그리고 이 포섭 과정은 다름 아닌 추상
적이고 보편적인 시민권에 기반해 규정되는 민족으로의 통합을 의미하는
것이었다.

이러한 민족으로의 포섭 과정에서, 유대인은 새로운 형태로 변형되고
정상화되었지만, 그럼에도 지속적으로 유대인으로 표지되었다. 인정
recognition - 개조remaking - 표지marking라는 이 삼중의 과정은, 19세기 유럽
전역에서 진행된 유대인과 국가 간의 관계를 보여주는 전형적 도식이라
할 수 있다. 해방 - 동화 - 종속 혹은 유대인 공동체의 해체 - 국민 국가로
의 통합 - 차이의 식별로도 바꿔 쓸 수 있는 이 과정은, 유대인의 해방 속
에서 작동하는 은밀한 관용의 지배를 보여주는 것이기도 하다.

프랑스 유대인들에게 프랑스 시민이 된다는 것은 무엇을 의미했을
까? 프랑스 공화국의 시민권이란 것이 개인에게 부여되는 단순한 형식적
범주가 아니라, 공화국에의 소속과 국가와의 동일시 그리고 프랑스 민족
문화에의 참여를 포함하는 한, 유대인을 시민으로 만든다는 것은 그들을
프랑스인으로 만든다는 것 — 즉, 유대인 공동체와 관습에 대한 기존의 소
속감과 애정을 변화시키는 것 — 을 의미했다. 이는 동시에 프랑스 유대인
과 유럽 전역에 걸쳐있는 유대인 공동체 간의 단절을 의미하는 것이었으
며, 이 단절은 계몽주의 사상에 의해 이데올로기적으로 뒷받침되었다. 이
러한 정당화에 따르면, 동화assimilation는 유대인을 좀 더 자유롭고 근대적
이며 유럽화된 이들로 만들어 줄 것이다. 즉, 낡은 실천과 믿음에서 벗어

나 새롭게 프랑스인이 된 유대인은, 이제 프랑스 민족이 대표하는 더 많은 자유와 근대성, 유럽화의 상징이 될 것이다. 이러한 입장의 전형은, 1789년 혁명을 제2의 출애굽으로 묘사하면서, 동화를 찬성했던 유대인 역사학자들에게서 찾을 수 있다.[10] 이들의 역사 서술에 따르면, 혁명은 프랑스 내 유대인을 해방시켰고, 이로써 프랑스는 유대인이 애정과 충성을 바칠 가치가 있는 약속의 땅이 되었다.[11]

그렇다면 이러한 동화 정책이 19세기 내내 지속되었음에도 불구하고, 유대인이라는 범주 자체가 사라지지 않은 원인은 무엇일까? 이 질문은 기독교로 개종한 유대인이나 종교 개혁 이후 보장된 관용 하에서 사적으로만 종교적 믿음을 유지해 온 유대인, 모두에게 해당되는 질문이다.[12] 유대인의 독자적인 법과 의례, 그리고 유대 민족에 대한 애착은 약화되거나 사라졌음에도, 어째서 "유대인 자체"는 사라지지 않았을까? "유대주의는 …… 종교가 아니라 인종"이라는 뛰라스가 1895년에 한 발언에 그 답이

---

10. Michael R. Marrus, *The Politics of Assimilation : The French Jewish Community at the Time of the Dreyfus Affair* (Oxford : Clarendon Press, 1971), 91-92.

11. 프랑스 역사학자 레이나흐(Théodore Reinach)는 유대인 해방의 역사적-존재론적 효과에 대해 다음과 같이 묘사했다. "이러한 해방 조치를 통해 유대인은 기존의 멸시받는 입장에서 벗어났기 때문에, 이들은 진심으로 새로운 국가와 자신을 동일시했다. 또한 이들은 동료 시민과 구별되는 전통 의상이나 실천, 언어 등을 피하고, 유대인이 구별된 민족이 아니라 단지 종교적 명칭으로만 받아들여지기를 바랐다." *Histoire des Israélites : depuis la ruine de leur indépendance nationale jusqu'à nos jours*, 5th ed.(Paris : Hachette, 1914); Marrus, *Politics of Assimilation*, 94에서 재인용.

12. 종교를 개인의 믿음의 문제로 간주하는 프로테스탄트적인 종교관용이, 혈연공동체(Volk)나 민족(nation)의 일원으로서의 유대인이라는 개념과 충돌한다는 것은 충분히 예상 가능한 일이다. 패천 마켈은 프러시아가 1812년에 내린 유대인 해방령에서 이러한 충돌을 읽어낸다. 그에 따르면, 이 칙령은 유대인을 "유대교를 믿는 사람"으로 규정한다. 이는 유대인 개개인을 유대 공동체로부터 떼어내어, 이들을 마치 "루터 파나 칼뱅 파와 마찬가지로 특정한 종교적 교리를 개인적으로 지지하는 이들"인 양 묘사하려는 담론 전략이다. Patchen Markell, *Bound by Recognition* (Princeton : Princeton University Press, 2003), 135-36.

있다.[13] 반세기 남짓한 변화의 결과, 공통의 언어와 믿음, 행동, 민족성에 기반해 정의되던 기존의 유대인이란 범주는, 이제 생리학적 **인종**의 범주로 대체되었다. 19세기 인종 담론에 따르면, 인종적 특성은 개개인의 신체·정신·섹슈얼리티·기질·능력 등 모든 요소에 각인되어 있어서, 민족적 특성 ─ 태생적으로 타고난 것이 아니라 의례와 같이 의도적으로 수행되는 요소들로 이루어진 특성들 ─ 이 사라진다 해도 계속해서 유지될 수 있었다.[14] 이러한 인종이란 개념을 통해, 유대인은 그 동화 정도나 세속화 정도와는 상관없이 계속해서 유대인으로 남아 있게 되었다. 인종담론은 유대인의 속성으로 피부색이나 코와 발, 생식기의 특수한 모양 같은 신체적인 특징들을 선별해 내고, 이러한 유대인의 인종적 특성이 유대인의 존재 면면에 침투해 있다고 주장함으로써, (민족성이나 종교적 믿음에 기반한 유대인 정의와는 달리) 동화와 상관없이 유대인성이라는 관념을 계속 유지할 수 있었던 것이다.

이러한 인종화는 기독교 문화 내부에 새로운 관용의 대상이 등장했음을 의미한다. 믿음이나 공동체적 결합으로 정의되는 유대인이 아닌, 상당히 개인화된 동시에 신체·정신·감정에 유대인성을 각인한 인종으로서의 유대인이 바로 그 주인공으로, 이 새로운 관용의 대상은 다음과 같은 이유 때문에 중요하다. 첫째, 이 새로운 대상은 관용의 새로운 기호학semiotics을 반영한다. 이제 관용 담론에서, 타자성은 인종화된 신체 안에/위에 존재한다. 둘째, 이 새로운 대상의 경우, 믿음이나 공동체적 결합보다는 인종화된 신체가 중요해졌으며, 이 신체는 영구적인 존재론적 차이를 보여주는 장소 ─ 즉, 인종화된 형태학적 코드를 각인하고 있는 장소 ─ 로 간주

13. Marrus, *Politics of Assimilation*, 15에서 Tourasse의 글을 재인용
14. Sander Gilman, *The Jew's Body*(New York : Routledge, 1991), 175-80.

되었다. 셋째, 이 새로운 대상은 관용이 작동하는 새롭고 모호한 장소의 등장과도 연결된다. 이제 관용은 국가나 교단을 통해 집중화된 형태로 작동하기보다는, 시민사회에 분산되어 작동하는 실천이 되었다.[15]

19세기 동안 유대인의 인종화는, 인류학과 생물학에서부터 언어학과 문학에 이르는 다양한 담론들을 통해 진행되었다. 이러한 담론들은 19세기 당시 학계와 대중 모두를 사로잡았던 유형화와 분류, 수치화에 대한 열망을 반영하는 것으로, 이제 뇌의 크기에서부터 언어의 기원까지 거의 모든 것들이 인종의 근거로 제시되었다. 이러한 인종 이론의 발달은 일관되지도 체계적이지도 않았으며, 문화 이론이나 역사적 분석과 뒤죽박죽 섞여 있었다. 예컨대, 유대인이 어떻게 억압과 박해를 견뎌냈는가를 설명하기 위해, 사람들은 종종 생물학 이론과 역사적 분석을 뒤섞곤 했다. 이는 유대인의 신체적 특성이 억압의 결과라는 사실을 증명하고자 할 때나, 유럽 각국의 유대인의 외양이 왜 서로 다른지 혹은 특정한 지역의 유대인은 왜 다른 유대인에 비해 좀 더 유럽인다운 외모를 가지고 있는지 등을 설명할 때에도 마찬가지였다.[16]

---

15. 앞서 2장에서 인용한 단락에서, 푸코는 19세기의 섹슈얼리티 담론이 어떻게 도착적, 동성애적 욕망에 사로잡힌 주체를 생산해 냈는가를 보여준 바 있다. Michel Foucault, *History of Sexuality, vol.1, An Introduction*, trans. Robert Hurley (New York : Random House, 1978), 43. 인종화 담론의 등장과 성별화(sexualization) 담론의 등장이 맺고 있는 관계는, 이 연구의 범위를 벗어난다. 하지만 이 둘 사이에 중요한 상호 교차와 상호 구성이 존재함은 물론이다. 유대인의 인종화는 상당 부분 성적 요소를 가지고 있었다.

16. 샌더 길먼에 따르면, 19세기 독일과 오스트리아 인종 이론의 상당수가 유대인을 "흑인"으로 묘사했다. 이 이론들은 유대인은 출애굽 이전에 아프리카인들과 피가 섞였을 것이고, 따라서 유대인은 순수한 인종이라기보다는 잡종이며, 이것이 바로 유대인의 열등함의 원인이라고 주장하였다. 이들 이론에 따르면, 유대인은 이같이 처음부터 오염되었지만, 이후 강력한 동족혼의 전통을 이어 왔다. 따라서 (건전한 혼혈과는 구분되는) 유대인의 이러한 잡종성이, 인종으로서의 유대인이라는 범주를 부정하는 것은 아니었다. Sander Gilman, *The Jew's Body*, 174.

하지만 19세기에는 유대인, 기독교인, 좌파, 자유주의자, 반反유대주의자들까지 너나할 것 없이 모두, 이러한 비체계적이고 비과학적인 이론들에 기반해, 의례나 믿음으로 환원되지 않는 유대인성이 실제로 존재한다고 주장하였다. 가톨릭이 강세였던 프랑스에서는 말할 것도 없고, 프로테스탄트가 우세했던 여타의 국가들에서도, 유대인의 인종화는 이들을 종교 공동체로 이해할 때 발생할 수 있는 어려움을 피해갈 수 있게 도와주었다. 유대인을 인종으로 정의하게 되면, 유대인 자체는 계속 존속시키면서 유대 민족과 그들의 믿음은 소멸시킬 수 있었기 때문이다. 인종 담론이 자리 잡으면서, 신도, 율법도, 유대인 공동체도, 의례적 실천도 유대인성과 관계없는 것이 되었다. 이제 인종적으로 정의된 유대인성만이, 시공간을 초월해 개인에 각인되어 있는 속성으로 간주되었다.

다시 말하지만, 이는 관용 담론의 대상의 정의와 범주가 바뀌었음을 의미한다. 유대인은 여전히 하나의 집단으로 여겨졌지만, 이 집단을 형성하는 기준은 이제 민족이 아니라 인종이었다. 이러한 인종적 특성은 주관적인 소속감이 아닌 객관적인 지표이자, 동시에 개개인의 차원에서 드러나는 특성으로 여겨졌기 때문에, 인종화는 유대인을 민족-국가와 구별되는 종교 집단이 아닌, 민족-국가에 통합 가능한 개인들로 구성할 수 있었다. 하지만 이와 동시에 유대인의 차이는 이제 극복 불가능한 영구적인 차이가 되었다. 즉, 인종화와 함께 유대인은 공동체의 해체와 시민권 획득 이후에도, 동질적 민족-국가라는 상상물 속에 존재하는 영구적 차이로 자리 잡게 된 것이다.

유대인의 인종화는 반反유대주의 입장에 활용될 가능성이 있었고 실제로 그러하기도 했지만, 19세기 유럽의 유대인들은 대체로 인종화 담론을 순순히 받아들였고, 심지어 환영하기까지 했다.[17] 비록 부정적 의미를 담고 있다 하더라도, 인종화 담론은 유대인이 자신들의 정체성을 유지할 수 있게 도와주었기 때문이다. 인종화 담론은 동화에도 불구하고 유대인 성 그 자체는 사라지지 않을 것임을 보여주었으며, 최소한의 세대 간 연속성과 공동체의 유지를 가능하게 해 주었다.[18] 게다가 유대인에 대한 인종 담론이 꼭 부정적인 방향으로만 전개된 것도 아니어서, 사람들은 인종화 담론 속에서 유대인의 열등함이 아닌 우수성도 읽어내곤 했다. 예컨대 프랑스에서는 인종 담론이 유대인과 프랑스인의 잠재적 유사성을 확인하는 데 활용되었다. 이들에 따르면, 유대인과 프랑스인은 각각 우수한 도덕적 특성을 가지고 있어서, 유대인이 동화되고 둘 간의 결합이 활성화될수록 각각의 긍정적 특성은 더욱 강화될 것이다. 더 나아가 프랑스인과 유대인은 함께 조화를 이룰 수 있는 선민 집단으로, 이들은 가족과 일, 돈과 미래에 대한 건강한 부르주아적 태도를 공유하고 있으며, 고대 이스라엘의 수난과 프랑스 혁명은 이 두 집단이 공유하고 있는 자유·평등·박애에 대한 열망을 보여주는 증거였다. 이러한 담론은 유대인뿐만이 아니라 프랑스 부르주아들에게도 수용되어, 동화 정책을 강화하는 방향으로 활용되었다. 유대인의 동화는 이미 세계사의 가장 앞단에 서 있는 프랑스 민족의 전체적인 자질을 다시 한 번 향상시켜 줄 것이며, 유대인과 프랑스 부르주아 모두에게 유용한 결과를 가져올 것이다. 한 역사가에 따르면, 유대인의 메시아사상과 근대 프랑스의 임무를 결합시킨 이러한 담론은, 드레퓌스 사건 전까지는 감히 누구도 도전할 수 없었던 프랑스 유대인들의 공식적 독

---

17. Marrus, *Politics of Assimilation*, 111-12.
18. 인종화 담론이 동화로 인한 죄책감을 완화시켜 주었을 것이라는 점 역시 충분히 짐작 가능하다.

트린이었다.[19]

물론 이러한 동화는 다양한 대가를 수반하는 것이었고, 이 대가들을 통해 우리는 관용의 통치성이 지닌 중요한 특징들을 확인할 수 있다. 먼저 프랑스의 유대인 부르주아들이 점점 더 자신을 프랑스인과 동일시하면서, 이들과 다른 유럽 국가 유대인 간의 유대감과 연결고리는 약화될 수밖에 없었다. 또한 이들은 자신의 유대인성을 과도하게 드러내지 않기 위해서 프랑스 내 반反유대주의에 대한 격렬한 비판을 삼갔으며, 주류 사회로 진입하기 위해 점차 정치적·사회적으로 보수화될 수밖에 없었다. 특히 이미 동화된 프랑스 유대인들은, 동유럽과 러시아에서의 학살을 피해 프랑스로 새로이 유입된 유대인 동포에게 냉담한 태도를 취했다. 이러한 유민들은 골칫거리였는데, 이들은 너무 가난하고, 교양이 없었으며, 무엇보다도 너무 유대인스러웠기 때문이다.[20] 인종적인 타자의 낙인을 가진 채 프랑스인이 되는 대가로, 유대인은 자신의 믿음과 행동을 부인해야 했을 뿐 아니라 핍박받는 동족과 정치적으로 급진적인 동료들을 외면해야 했다. 나아가 이들은 프랑스의 이익과 합치하지 않는 정치적 증오심(예컨대, 동족을 핍박하는 러시아에 대한 증오심)도 버려야 했다. 이렇듯 관용의 대가는 막대한 것이었다. 관용받기 위해서는, 종교적·정치적 믿음을 양보해야 했고, 동료 유대인을 외면해야 했으며, 국가를 향한 대가 없는 충성을 약속해야 했다.

이쯤에서 19세기 유대인의 해방을 논할 때, **관용**이 약간 상이한 두 가지 의미의 결을 가지고 사용된다는 점을 짚고 넘어가야 할 것 같다. 우선 유대인의 동화에 대한 보상으로 제공된 관용이 있다. 이러한 의미의 관용

---

19. Marrus, *Politics of Assimilation*, 114, 120.
20. 위의 책, 158-62.

은 국가와 유대인의 상호 인정 하에 공식적으로 제도화되었다. 사실 프랑스에서는 이를 관용이라 부르지 않았는데, 왜냐하면 이러한 교환 관계가 국가나 교회가 지배 종교의 입장에서 소수 종교를 승인하는 고전적 의미의 관용이 아니라, 민족 간의 갈등을 종결지어 단일 국가를 건설하고 동질적이며 통치 가능한 시민을 구성하는 과정의 일환으로 이해되었기 때문이다. 하지만 관용이란 용어를 직접 사용하지 않았을 뿐, 프랑스에서 이루어진 일련의 작업은 관용의 전형이라 할 수 있다. 앞서 인용한 클레르몽 토네르의 연설은, 관용이 요구하는 까다로운 조건 ─ 즉, 유대인 민족 공동체를 해체하여 프랑스 국가에 귀속시키고, 유대인을 프랑스 공화국 시민으로 구성하여 다른 지역 유대인과의 연결고리를 끊을 것 ─ 을 보여준다. 이 과정에서 기존의 유대인 민족 공동체를 가능케 했던 요소들은, 한편으로는 인종화 담론에 의해, 다른 한편으로는 프랑스다움이라는 담론에 의해 대체되었고, 동화된 유대인에 대한 관용은 바로 이 두 상호 구성적 담론들의 규범적 권력에 기반해 제공되었다. 이 담론들이 발휘한 힘은 결코 작지 않았다. 동화된 프랑스 유대인들은 정치적으로는 보수화되었고, 종교적으로는 고립되었으며, 급진적인 입장이나 유대적 대의와 얽히는 것을 꺼리게 되었다. 하지만 동시에 이들은 여전히 인종적 차이를 지닌 존재로 ─ 종종 열등한 인종으로 ─ 간주되었기 때문에, (드레퓌스 사건을 통해 전면화되었듯이) 계속되는 반反유대주의의 공포 속에서 살아가야 했다. 사실 이러한 공포는, 그 자체로 관용의 규제적 성격 ─ 관용이 국가나 교회가 아닌 시민사회의 수준에서 작동한다 하더라도 여전히 가지고 있는 규제적 힘 ─ 을 보여준다고 할 수 있다.

한편 이러한 반反유대주의 풍조는, 프랑스 외에 다른 국가들의 유대인의 역사와 좀 더 긴밀한 관계를 가지는, 관용의 두 번째 결을 보여준다. 이 경우에는 공식적 해방이나 자유주의적 공화주의의 영향보다는, (프랑스의 경우에서도 나타났던) 규제적 동화와 인종화의 요소가 더 결정적이었다. 유대인을 고립시키든 아니면 교육의 기회를 제공하든, 이들을 강력하게 규제하든 아니면 기독교식 성씨(姓)만 채택하도록 강요하든, 군복무의 의무를 부과하든 독일에서 그랬듯이 사업을 강요하든 간에, 다양한 유대인 정책들은 공통적으로 유대인을, 구별되지만 궁극적으로 중앙집권화된 민족-국가에 통합되어야 할 대상으로 간주하였다. 따라서 유대인은 단순히 관용되는 것이 아니라, 어떻게든 개조되어야 했다. 이러한 의미의 관용은 유대인을 민족으로 내부화하기 위한 국가적·시민사회적인 실천을 포함하고 있었지만, 그럼에도 유대인이 가진 인종적 차이는 그들의 보편적 남성/인간의 구성에의 참여를 끊임없이 제약했다. 유대인성이 인종화되고, 이러한 인종화는 인종이 신체와 정신, 섹슈얼리티나 성격 등 존재의 모든 면을 결정한다고 보았기 때문에, 이제 관용의 대상은 믿음에서 **존재**로 변화하게 되었다. 이로써 믿음은 인종과 분리 가능한 동시에, 인종적 특성에서 파생되는 것으로 간주되게 되었는데, 이러한 인식은 오늘날 관용 담론에서도 여전히 중요한 전제가 되고 있다.

여성

국가 통합의 필요성과 인종화 담론이 19세기 유대인 해방을 조건 지었듯이, 여성 해방과 관련해서도 유사한 힘들이 작동하고 있었다. 물론 여성의 경우, 시민-주체가 되기 위해 해체되어야 할 하위민족적 혹은 초민족적 여성 공동체가 존재하지 않았고, 따라서 유대인 공동체가 야기했던 종류의 행정적 문제는 발생하지 않았다. 하지만 이 시기 여성들은 과거의 친족 구조에서 벗어나 개인으로서의 권리를 주장하기 시작했고, 과학·의학·교육학·성의학과 같은 새로운 담론들을 통해 주체로서 개인화되었다. 이같이 젠더에 대한 새로운 담론들이 발전하면서, 동시에 유대인의 인종화와 유사하게 여성을 성별화된 존재로 환원시키는 담론들이 등장했다. 여성 해방을 둘러싼 논쟁들 속에서, 성적 차이는 이전 세기에 비해 좀 더 근본적이고 좀 더 신체 깊숙이 각인된 것이 되어 갔으며, 이러한 담론은 유대인의 인종화가 그랬던 것처럼 여성 해방의 한계를 구획했던 것이다.

토마스 라커에 따르면, 앙시앵 레짐 하에서 여성은 주체의 역할이나 행동과 관련된 일종의 지위status같은 것이었다. 하지만 새로운 생리학·인류학·문학·의학·심리학 담론들이 등장하면서, 여성은 성적으로 분화된 인간의 본성과 관련하여 정의되기 시작했다.[21] 이 성별화된 본성은, 인종과 마찬가지로 그 존재의 모든 면을 포괄한다고 여겨졌는데,[22] 예컨대, 인류학자 자끄 루이 모로는 1803년 출판한 저작에서, 단순히 두 성을 구분하는 것에서 더 나아가, "남성과 여성은 정신적인 면과 신체적인 면 모두

---

21. Thomas Laqueur, *Making Sex : Body and Gender from the Greeks to Freud* (Cambridge, MA : Harvard University Press, 1990) [이현정 옮김, 『섹스의 역사』, 황금가지, 2000].
22. 이러한 새로운 젠더 담론과 인종화 담론은 서로 긴밀히 연결되어 있지만, 기존의 연구들은 이 둘을 분리해서 다루는 경향이 있다. 예컨대, 라커는 젠더의 성별화에 대한 자신의 논의에서 인종 문제를 거의 참조하지 않으며, 길먼은 유대인의 성별화된 인종화에 대해 다룰 때조차, 젠더에 대한 담론을 빠뜨리고 있다. 아마도 이 상호 관계를 포착하지 못한 것은 분과 학문의 폐해라고 할 수 있을 텐데, 19세기 유대인과 아프리카인, 동양인의 인종화가 명백히 성적인 것이었고, 이 담론들이 해당 "인종"의 남성 주체가 가진 성적인 면을 (유대인의 경우) 여성화, (아프리카인의 경우) 동물화함으로써 지배 효과를 확보했음은, 대중들의 상상 수준에서도 아주 손쉽게 알 수 있기 때문이다.

에서 서로 상이하다"고 주장한 바 있다.[23] 또 19세기 중반 활동한 생리학자 브라쉐는, 『히스테리론』*Traité de l'hystérie* 에서 다음과 같이 주장하기도 했다. "여성 신체의 모든 부위는 남성과의 차이를 보여준다. 눈썹에서부터 눈, 코, 입, 귀, 턱, 뺨에 이르기까지 여성 신체의 모든 부분은 자신이 여성임을 증명하는 것 같다. 우리가 메스를 이용해 신체 내부를 살펴본다면, 거기 놓여 있는 장기들, 근육들, 조직들 역시 …… 모두 남성과의 차이를 보여줄 것이다."[24]

하지만 이러한 성적 차이에 대한 담론이, 이 시기 젠더와 여성의 의미를 재구성한 유일한 요인은 아니었다. 봉건 경제의 몰락과 산업자본주의의 등장은, 가족 안팎의 성적 분업과 생산 수단의 소유, 직업구조 등에 있어 엄청난 변화를 가져왔다. 기존의 농업 경제에서 유지되던 성적 분업에 기초한 협력 관계는, 여성의 노동과 남성의 노동이 (비록 완전히는 아니더라도) 치환 가능해진 새로운 조건에 자리를 내주었고, 이 와중에 여성은 그때까지 누려왔던 낙농이나 양조 같은 분야에서의 지위를 잃고 말았다. 따라서 "18세기와 19세기를 거치면서 엄청나게 확대된 공적 영역에서의 권력과 지위를 둘러싼 투쟁"이 새로운 성적 이분법의 등장 배경이라는 라커의 주장이 사실일지라도,[25] 이러한 이분화의 또 다른 중요한 배경은, 경제 구조가 농업 경제에서 산업 경제로의 이행하고 기존의 가내 경제의 생산력이 감소하면서, 많은 영역에서 그때까지 당연시되어 오던 성적 분업의 관행이 파괴된 데에서 찾아야 할 것이다. 이러한 역사적 변화 속에

---

23. Laqueur, *Making Sex*, 5; Jacques-Louis Moreau, *Histoire naturelle de la femme, vol. 1* (Paris, 1803)을 보라.
24. J. L. Brachet, *Traité de l'hystérie* (Paris, 1847) Laquer, *Making Sex*, 5에서 재인용(생략은 라커의 것).
25. Laqueur, *Making Sex*, 152.

서, 점차 지위와 역할보다 성적 차이를 가진 신체가 여성을 정의하는 결정적인 요소로 떠올랐던 것이다. 가내 생산의 쇠퇴로 하층 여성의 프롤레타리아화가 진행되고, 부르주아 여성이 생산 영역에서 배제되면서 여성 해방에의 요구는 점차 거세게 불타올랐지만, 그 바로 옆에서는 이러한 해방의 요구를 제한하는 성적 차이라는 새로운 담론이 부상하고 있었다.

요컨대 맑스가 만리장성도 무너뜨린다던 자본의 힘은,26 농업 경제에서 성적 분업을 통해 재생산되던 젠더화된 사회 공간과 구조를 붕괴시켰다. 그리고 이 붕괴된 지점에 이제는 성적 차이를 각인한 신체가 들어서게 되었다. 이 신체는 차이에 기반한 종속의 새로운 토대를 마련했는데, 이에 따라 정치적·사회적 평등을 누릴 수 있는 여성의 능력과 신체적 차이 간의 관계는, 끊임없는 논쟁거리가 되었다. 앞서 살펴본 유대인의 경우와 마찬가지로, 여성을 성별화하는 이 새로운 담론을 적극적으로 수용한 1세대 여성주의자들first-wave feminists이 있었던가 하면, 이러한 흐름을 제한하고 억제하려는 이들도 있었다. 하지만 누구도 이 새로운 담론을 완전히 거부할 수는 없었다.

평등과 관용

다시 우리의 첫 질문으로 돌아가 보자. 왜 여성 문제와 유대인 문제는 공통적으로 해방의 담론에서 출발했음에도 불구하고, 그 해결책에 있어

---

26. Karl Marx and Friedrich Engels, "Manifesto of the Communist Party" in *The Marx-Engels Reader*, ed. Robert C. Tucker (New York : Norton, 1978), 477 [강유원 옮김, 『공산당 선언』, 이론과 실천, 2008].

서 평등과 관용으로 분기하게 되었는가? 19세기 유럽 국가는, 평등을 전면에 내세운 자유주의 정치 이데올로기와 보편적 휴머니즘의 수사 속에 유대인과 (기독교인) 여성이라는 두 종속 집단을 통합해야 하는 과제를 안고 있었다. 이 시기에 유대인성과 여성성을 둘러싼 종속과 배제의 담론은 급격히 변화하고 있었고, 이 새롭게 등장한 담론들은 유대인과 여성의 정치 참여 논란의 구성 요소인 동시에 그것의 효과였다. 다시 말해, 유대인의 인종화와 여성의 성별화는, 이들의 해방에 대한 논의를 틀 지운 동시에 역으로 이러한 논쟁을 통해 구성되었던 것이다.

유대인 문제와 여성 문제가 등장하기 이전, 그러니까 평등이라는 정치적 담론이나 인종화나 젠더 같은 사회적 담론이 등장하기 이전에, 유대인과 여성은 기독교인 남성과 단순히 차이를 가진 것을 넘어, 상이한 사회적 위상과 위치를 점한 존재로 이해되었다. 즉, 유대인은 민족 외부의 민족이었고, 여성은 민족에 속하기는 하되 가정 경제에 종속된 존재였다. 하지만 추상적 시민권이라는 개념이 형성되고, 인종과 젠더에 대한 새로운 사회적 담론들이 등장하면서, 이제 유대인과 여성이 가진 차이의 장소는 사회적 지위와 위상에서 존재 자체로 변화하였다. 유대인과 여성을 둘러싼 새로운 담론들에는 뚜렷한 공통점이 존재했다. 다름 아니라 인종적 혹은 성적 차이를, 주체의 신체와 정신 전반에 각인된 속성이자, 개인의 정체성과 주체성, 공적 공간에서의 페르소나를 결정하는 핵심 요인으로 보았다는 점이다. 하지만 이러한 공통점에도 불구하고, 유대인의 차이와 여성의 차이에 대한 담론이 완전히 일치했던 것은 아니다. 유대인성에 좀 더 집착했던 유대인 해방 운동과는 달리, 유럽의 여성 운동은 성적 차이가 여성이라는 존재를 완전히 포괄하지는 않는다고 주장할 수 있었다. 얼핏 의아해 보이는 이 주장을 좀 더 자세히 살펴보도록 하자.

18세기 후반 메리 울스턴크래프트와 19세기 후반 존 스튜어트 밀은, 남녀평등의 근거를 데카르트주의에서 찾았다. "영혼에는 성별이 없다"고 주장한 울스턴크래프트는, 여성은 성별화된 존재이기 이전에 인류의 일부분임을 강조했다. 울스턴크래프트에 따르면, "미덕은 성을 가리지 않고" 최고의 미덕은 정신의 이성적 사용이므로, 1673년 폴랭 드 라 배르Poullain de la barre가 데카르트를 따라 선언한 것처럼 "정신은 성별이 없다."[27] 울스턴크래프트는 여성과 남성은 동일한 도덕적 본성을 공유했기에, 이들의 도덕적 지위와 권리 역시 동등해야 한다고 주장하였다. 그녀에 따르면, 상당수 여성이 "이성적 존재가 아닌 감정의 동물처럼 행동하는 것"은, 여성을 도덕적으로 올바른 존재로 만들기보다는 "보호받는 새"처럼 가르쳐 온 그릇된 교육의 결과였다.[28]

여성과 남성은 정념을 제어하기 위해 필요한, 신에 대한 지식과 세속적인 지식을 "교육받고 이해할 수 있는" 능력을 공통적으로 가지고 있다. 울스턴크래프트는 두 성 간에 신체적 능력 차로 인해 이러한 이해의 범위는 차이가 날지도 모른다고 잠깐 언급하지만, 결국 두 성이 소유한 능력은

---

27. Mary Wollstonecraft, *A Vindication of the Rights of Woman*, ed. Carol H. Poston, 2nd ed.(New York : Norton, 1988), 42, 51 [손영미 옮김, 『여권의 옹호』, 한길사, 2008]; 폴랭 드 라 배르의 말은 Londa Schiebinger, *The Mind Has No Sex : Women in the Origins of Modern Science*(Cambridge, MA : Harvard University Press, 1989), 1 [조성숙 옮김, 『두뇌는 평등하다』, 서해문집, 2007]에서 재인용.
28. Wollstonecraft, *Vindication*, 33, 34, 39. 현존하는 성질서에서 여성의 이성적 능력을 파괴하는 것이 교육이라면, 남성의 이성을 파괴하는 것은 무엇인가? 여기서 울스턴크래프트는 타고난 지위는 인간을 부패시킨다는 계몽주의의 논리를 끌어들인다. 이러한 입장에 따르면, 남성이 사후적으로 획득한 것이 아니라 선천적으로 타고난 높은 지위는, 제거되어야 할 앙시앵 레짐의 독소일 뿐이다. 따라서 기존의 남성-지배 체제에서 태어난 남성이 선천적으로 가지는 특권은, 평등주의적 이상을 위해서 뿐 아니라 진정성과 근면함 같은 사회적 미덕을 장려하기 위해서라도 폐지되어야 한다. 울스턴크래프트가 보기에, 가정은 어린아이들에게 덕성을 함양하는 곳이기에, 이러한 특권이 폐지되어야 할 특히 중요한 장소였다(44-45, 156-150을 보라).

같은 종류의 것임을 강조한다. 즉, 영혼과 정신은 성별을 가지지 않기에, 이를 올바르게 사용하는 미덕 역시 양성적androgyny이어야 했다.[29] 따라서 자율적인 이성의 계발과 덕의 수행에 필수적인 자유와 교육은, 남녀 모두에게 공평하게 제공되어야만 하며, 여성이 정신적 사유에 전념하고 덕스러운 실천을 행할 때, 그 여성은 여성이 아니라 이성적 존재로 이해되어야만 한다. 하지만 이러한 주장을 위해 울스턴크래프트가 추상시켜야만 했던 성적 차이는 무엇일까? 더 나아가 이러한 성적 차이가 드러나는 장소는 어디이며, 이 장소가 여성의 사회적·정치적 평등에 가지는 함의는 무엇일까?

존 스튜어트 밀이 자신의 저서 『여성의 종속』에서, 여성의 몸에 대해서는 거의 언급하지 않는다는 점은 눈여겨 볼 필요가 있다. 그는 여성이 자신이 좋아하지도 존경하지도 않는 남성(남편)과 성관계를 가질 때 느끼는 끔찍함에 대해 말할 때만, 예외적으로 여성의 몸에 대해 언급한다.[30] 밀은 과거 여성의 종속이 신체적 열등함에서 비롯됐다고 주장하면서도, 여성의 자유에 대한 논의를 지적 잠재력의 차원에 한정 짓는다. 이러한 주장의 기저에는 데카르트주의 형이상학과 함께, 이제 육체적 능력이 중요시되는 시대는 끝났다는 진보적 역사관이 놓여 있다. 관습과 전통에 대한 맹목적 추종이 종식되고 전제 군주제가 붕괴한 것처럼, 신체적 능력에 따

---

29. 위의 책, 39, 51.
30. John Stuart Mill, *The Subjection of Women*, in *On Liberty : with The Subjection of Women and Chapters on Socialism*, ed. Stefan Collini (Cambridge : Cambridge University Press, 1989), 148 [서병훈 옮김, 『여성의 종속』, 책세상, 2006]. "불행하게도 아내가 아무리 야수 같은 폭군에 매여 있더라도 — 비록 그가 자신을 극도로 미워하며, 매일매일 자신을 학대하는 데 재미를 느끼고 있어 그를 증오하지 않을 수 없다고 느끼더라도 — 남편은 아내에게 인간으로서는 가장 참기 어려운 일, 즉 본인이 기분과 상반되더라도 남성의 동물적 욕구를 해소해 줄 것을 당당하게 요구할 수 있고 또 강요할 수 있는 것이다."

른 여성의 종속도, 태생적 환경이나 신체적 차이에 따른 차별에 반대하는 사회·정치적 실천들 — 노예제 폐지에서부터 평등한 권리 부여에 이르는 다양한 실천들 — 이 광범위하게 등장하면서 종식을 고하게 될 것이다.[31] 밀은 근대 사회에서 정당화될 수 있는 차별은, 오직 열린 경쟁의 장에서 발휘되는 정신 능력과 재능, 야망에 따른 차등 대우라고 주장하였다. 과거와 달리 근대 사회에서는, 개인과 인류 전체에게 있어, 자신들의 통치자와 자신의 삶의 경로를 선택하는 것이 가장 중요한 가치가 된다.[32]

이처럼, 밀과 울스턴크래프트에게 여성 주체는 양성적 존재인 동시에 남성과 다른 존재였다. 오직 정신만이 문제가 되는 이성적·시민적·공적 영역에서 여성은 양성적 존재였다. 하지만 신체와 감정, 본능이 주가 되는 사적 영역에서, 여성은 성적 차이에 완전히 매몰된 존재였다. 따라서 이들은 당시 만연했던 젠더의 본질화에 반대했다기보다는, 다만 영역 구분의 필요성을 제기했을 뿐이다. 성적 차이를 존재의 전 영역으로 확장시키려는 시도에 맞서, 밀과 울스턴크래프트는 정신과 육체의 분리를 강조한 데카르트적·부르주아적 주체 관념과 계몽주의적 합리성에 기반해, 공적 영역에서의 여성의 양성적 속성을 강조한 것이다.

사실 밀과 울스턴크래프트는 사적 공간에서 여성은 모성적 정체성을 가지며 이러한 모성은 — 여성의 존재 전체를 결정하지는 않더라도 — 자연적인 것이라고 주장함으로써, 해방된 여성의 등장에 경악한 이들을 안심시키고자 하였다. 이같은 사실은, 밀과 울스턴크래프트 모두 결혼 여부를

---

31. 위의 책, 134, 136-7.
32. 울스턴크래프트보다 훨씬 더 강력히, 밀은 집단으로서의 여성이 특정한 영역에서 남성에 비해 열등하다고 생각했다. 심지어 그는 여성과 남성이 정신적인 차이를 가지고 있을 가능성도 염두에 두었던 것 같다. 하지만 그는 이러한 차이를 여성 신체의 성적이고 재생산적인 차원과 연결시키지는 않았다(*Subjection of Women*, 175-88을 보라).

선택할 수 있는 여성의 권리를 옹호했음에도, 결혼하지 않은 여성의 삶에 대해서는 말을 아꼈다는 점에서도 드러난다. 결국 둘은 아내와 어머니로서의 여성이라는 기본 전제를 포기하지 않았고, 오히려 교육과 자유가 여성을 어떻게 현모양처로 만드는지 설명하는 데 많은 지면을 할애했다. 교육과 자유를 통해 여성은 변덕스럽고 비도덕적인 인물이 아닌 믿을 수 있고 계몽된 주체, 즉 아이들에게 좀 더 나은 어머니상이 될 수 있을 것이다. 이러한 주장의 핵심은, 여성이 해방되더라도, 그들이 부인이나 어머니의 역할에서 벗어나는 일은 발생하지 않는다는 것이다. 이같이 정신과 육체, 미덕과 일상적 존재의 구분을 통해서, 여성은 사적인 공간에서는 여성이고, 공적인 공간에서는 인간이 될 수 있었다.

물론 밀과 울스턴크래프트의 입장과는 달리, 여성의 신체가 가진 성적·재생산적 기능이 여성의 본성을 **완전히 결정한다**는 주장 역시 널리 퍼져있었다. 이러한 입장은, 말하자면 새로이 등장한 성적 차이의 담론에 좀 더 충실한 것이었다. 대표적인 예로, 루소는 여성의 모든 특성 — 여성의 진정성 부족과 자기애적 속성에서부터, 남성을 유혹하기 위해 자신의 성적 매력을 활용하는 본능적 전략과 같은 특성들 — 이 그녀의 섹슈얼리티에 의해 결정된다고 주장하였다.33 루소와 유사하게, 헤겔 역시 여성의 재생산 능력을 근거로 여성을 순수한 내재적 존재로 환원시켰다. (그는 여성은 가

---

33. 『에밀』의 5장을 보라. 루소의 입장은 한 세기 후 영국의 도덕 심리학에서 그대로 반복된다. 도덕 심리학자 허버트 코웰(Herbert Cowell)은 여성을 남성과 같은 방식으로 교육하는 것에 반대하면서, 다음과 같이 주장했다. "생리학자들은 …… 신체뿐 아니라 정신에도 성이 있다는 것을 인정하고 있다. 성에 따른 정신적 차이는 남녀 간의 신체적 차이와 상관관계가 있다."("Sex in Mind and Education : A Commentary" in *Gender and Science : Late Nineteenth-Century Debates on the Female Mind and Body*, ed. Katharina Rowold [Bristol : Thoemmes Press, 1996], 82; 원래 발언은 *Blackswood's Edinburgh Magazine* 115 [1874]에 실렸다.)

정 내에서 인륜적으로 완성된다고 보았는데, 이는 사랑에 있어서 여성의 본능적인 수동성, 즉 남성 주체를 통해서 개별성을 획득하거나 상실하는 여성의 독특한 능력 때문이었다.)[34] 루소와 헤겔은 모두, 여성이 그 역할이나 기능에서뿐 아니라 정신과 덕에 있어서도 남성과 근본적으로 다르다고 보았던 것이다. 사실 18세기 후반부터 19세기 사이에 존재했던 다양한 반여성주의 입장들은, 여성의 본성과 행동은 성적 차이에 의해 결정되며, 여성은 이러한 성적 차이에 완전히 함몰되어 있다는 인식을 공유하고 있었다.[35] 정확히 말해, 계몽주의 여성주의자들이 반대한 것은, 성적 차이 자체가 아니라 성적 차이가 여성의 모든 측면을 포괄한다는 이러한 지배적 인식이었다. 조앤 스콧이 19세기 프랑스 여성주의자들에 대한 연구에서 밝혔듯이, "그녀들은 개인의 성과 정치 참여 능력 간에는 아무런 논리적·경험적 연결고리도 없으며, 성적 차이는 사회적·지적·정치적 능력의 지표가 될 수 없다고 주장하였다."[36]

이같이 19세기 유럽에서 여성 문제를 둘러싼 논의들은, ─ 비록 정신과 신체의 분리 가능성을 옹호하는 데카르트주의와 이러한 분리 가능성이 여성에게는 적용될 수 없다는 입장 간의 차이처럼, 성적 차이가 적용되는 범위나 그 중요성에 관해서는 이견이 존재했지만 ─ 성적 차이의 존재 자체는 기

---

34. G. W. F. Hegel, *Elements of the Philosophy of Right*, ed. Allen W. Wood, trans. H.B. Nisbet (Cambridge : Cambridge University Press, 1991) [임석진 옮김, 『법철학』, 한길사, 2008] 166번 항목과 설명을 보라. 또한 206-7쪽을 참조하라.
35. 여성의 성적·재생산적 신체를 직접적으로 언급하지 않으면서, 공적 영역에서의 여성 배제를 정당화하는 또 다른 전략은, 서로 다른 두 성 간의 기능 차이라는 논리에 기초해 있었다. 이는 라커가 젠더화된 신체의 성별화라고 부른 과정이 일어나기 전 ─ 즉, 18세기 후반 이전 ─ 에 지위의 논리로 젠더 간 불평등을 설명했던 방식을 연상시킨다.
36. Joan W. Scott, *Only Paradoxes to Offer : French Feminists and the Rights of Man* (Cambridge, MA : Harvard University Press, 1996), x [공임순 외 옮김, 『페미니즘 위대한 역설』, 앨피, 2006].

정사실로 받아들였다는 점에서, 사실상 젠더에 대한 새로운 존재론을 공유하고 있었다. 그런데 여기서 오해하지 말아야 할 것은, 성별화된 존재로부터 양성적 정신의 분리를 인정한 것이 데카르트주의의 영향 때문만은 아니었고, 시민권을 향한 여성주의 운동을 곤궁에 빠뜨린 것이 자유주의 인간상의 추상성 때문만도 아니었다는 점이다. 오히려 여성의 신체와 정신을 분리하고 평등을 위해 신체를 삭제하는 자유주의적 여성주의를 가능케 한 것은, 성적 차이가 어떤 식으로든 신체에 각인되어 있다는 강고해 보이던 사실 자체였다. 이와 같은 신체와 정신의 분리는 여성 존재를 말 그대로 분리시켜, 사회적 영역에 따라 상이한 의무를 부과하였다. 결국 밀과 울스턴크래프트 식의 여성주의는, 공적 삶에 참여할 수 있는 여성의 능력을 옹호하고 시민권의 소유자에 걸맞게 여성을 변화시킬 수 있다고 주장하기 위해, 여성을 신체화된 존재로부터 추상화하는 **동시에** 성별화된 여성의 신체를 사사화하여 이를 개별 남성의 소유로 계속 남겨 놓았던 것이다.

물론 이같이 주체를 신체적 특성으로부터 분리하고 추상화하려는 움직임은, 당시에는 전형적인 것이었으며, 딱히 젠더의 경우에 국한된 것도 아니었다. 신체와 정신이 분리된 주체라는 관념은 근대성과 함께 탄생하여, 특수/보편, 주체/대상, 사적 영역/공적 영역, 시민사회/정치, 종교/세속, 부르주아/시민의 분리에 기반한 자유주의 이데올로기와 자본주의 정치경제학이 발전함에 따라 점차 강화되어 왔다. 그리고 바로 이 분리된 주체야 말로, 현실 속에서는 차별과 억압, 개인주의로 점철된 시민사회와 경제 질서 속에서 살아가면서도, 동시에 "평등, 자유, 박애" 같은 보편적인 정치 구호 아래 한데 모일 수 있는 시민적 주체였다. 국가와 법 남론은 이 주체들의 계층화되고 파편화된 구체적 실존을 추상화해, 이들을 자유롭고 평등한 연대의 주체로 재현하였다. 요컨대, 울스턴크래프트와 밀이 여성의 권리를 주장하기 위해 참조했던 인간상, 즉 행위와 의식이 분리되고 그의 일상적 실존으로부터 추상화된 남성/인간상은, 당시로서는 지배적인 남성/인간상이었던 것이다. 시민권과 권리가 이러한 탈체화된 disembodied 남성/인간상에 기반하는 한, 여성의 시민권 역시 이러한 형상에 기반해서만 옹호될 수 있었다. 남성/인간이 공적 공간에서 어떠한 신체도 가지지 않으며, 매개된 발화와 재현을 통해 오직 추상적이고 담론적인 형태로만 존재한다면, 여성 역시 공적 공간에서 신체를 가질 필요가 없었고, 이에 따라 젠더의 성별화가 공적 영역에서의 평등을 주장하는 데 장애물이 될 수도 없었다. 이는 여성을 여성으로 만드는 특성은, 이른바 공적 영역 — 즉, 우리의 사적 존재, 사회적 존재, 경제적 실존 등과 분리된, 오직 탈체화된 추상만이 존재하는 영역 — 과는 아무런 상관이 없다는 것을 의미했다. 자유주의적 여성주의의 논리에 따르면, 여성의 차이는 공적 차이가 아니기 때문이다.[37]

그렇다면 어째서 유대인은 자신들의 해방과 관련해 이와 동일한 논리를 펼치지 않은 걸까? "유대인의 차이"를 "해방"에서 평등이 아닌 관용의 문제로, 즉 영구적이고 동화될 수 없는 차이와 관계된 문제로 미끄러지게 만든 요인은 무엇일까? 근대적 시민권이 실제로 노동하고 생활하는 인간이 아니라 분리된 추상적 존재에 기반해 있다면, 유대인이 동시대 여성주의자들의 논리처럼 자신의 유대주의로부터 분리되어 시민으로 추상화되지 못할 이유가 있는가? 물론 당시에 이런 방식으로 유대인 문제를 해결해야 한다는 입장이 없었던 것은 아니다. (대표적인 예로, 맑스가 「유대인

---

37. 물론 사적 차이와 공적 평등의 이같은 분리는, 지난 두 세기 동안 수많은 여성주의 이론들이 부딪혔던 난점과 내적 긴장의 원인이었다.

문제에 대하여」"On the Jewish Question"에서 논박했던 헤겔 좌파 브루노 바우어Bruno Bauer의 입장을 들 수 있겠다.) 이러한 입장을 지지하는 사람들은, 유대인의 인종적 차이는 여성의 성적 차이보다 더 심각하거나 강력한 요소가 아니며, 따라서 유대인이 동화의 조건을 만족시킬 경우― 즉, 유대적 실천과의 동일시를 포기하거나 이러한 실천을 사적인 영역에 한정할 경우― 유대인은 시민권을 부여받을 수 있고, 또 부여받아야만 한다고 주장하였다.

하지만 보는 바와 같이 이러한 시민권 부여에는 하나의 조건이 있었다. 즉, 유대인의 해방은 암묵적이든 공공연하게든 동화를 전제한 것이었고, 이때 동화란 곧 유대인의 변형을 의미하는 것이었다. 이러한 요구는 여성 문제와 관련해서는 전면화되지 않았다. 이 경우 여성에게 "이성적이 되라"는 설득은 있었지만, 여성은 해방을 위해 어떤 것을 포기하도록 강요받지는 않았다. 여성이 좀 더 남성/인간처럼 되기 위해서, 보편적인 것에 대한 접근권을 가지기 위해서, 국가의 구성원으로 받아들여지기 위해서, 무엇을 포기하도록 강요받을 수 있었겠는가? 오히려 반여성주의자들은, 여성적인 것을 포기하고 여성을 탈성화하려는desex 시도가 여성을 괴물로 만든다고 비난해 왔다. 그렇기에 여성과 유대인에게 있어 해방이란, 이미 서로 다른 의미를 가지고 있었다. 유대인의 경우 이미 해방과 관용 간의 "거래"가 성사되었던 반면, 여성의 경우에는 차이를 유지하고 종속을 지속시키는 상이한 종류의 사회적 힘에 노출되어 있었다. 이에 대해서는 잠시 뒤에 살펴볼 것이다.

다시 유대인 문제로 돌아가, 19세기 독일에서는 동화를 거부하는 유대인에게 시민권을 부여할 것인가에 대한 논쟁이 활발히 벌어졌다. 이때 시민권 부여를 반대하는 입장의 근거는, 크게 다음과 같이 세 가지로 정리할 수 있다. (1) 유대인은 다른 신과 율법을 따르고 있어서, 기독교나 세속 국가의 원칙을 따르기 힘들다. (2) 유대인은 "편파적이다." 유대인은 자신이 보편적 인류에 속한다고 생각지 않고, 오직 유대인 공동체에만 속한다고 생각한다. 따라서 보편성을 추구하는 근대 국가에 참여할 수 없다. (3) 유대인의 종교 의식은 사적 영역을 넘어서 행해진다. 공공장소에서 행하는 예배나 안식일 준수는 유대교의 일상적인 실천이다. 따라서 종교의 사사화와 믿음의 개인화에 기반하는 프로테스탄트 분파와는 달리, 유대교는 관용의 대상이 될 수 없다. 이러한 유대교의 특징은 유대인의 인종적 차이와 결합되어, 이들의 특성이 사적 영역에 한정될 수 없다는 주장을 뒷받침한다. 유대교와 유대인성이 그들의 존재와 일상생활을 완전히 결정하고, 유대인 공동체와 법 그리고 종족적 유대가 이를 뒷받침하는 한, 유대인성은 보편적 평등과 자유, 형제애가 지배해야 할 공공 영역에까지 스며들게 될 것이다.[38]

이것이 동화되지 않으려는 유대인에게 시민권을 부여하는 것에 반대하고 궁극적으로 하나의 민족 안의 다른 민족을 편입시키기를 거부하는 측의 논리였다면, 과연 동화를 선택한 유대인은 어떤 종류의 "해방"을 약속받았을까? 이 해방은, 유대인을 계속해서 국가와 시민사회의 반反유대주의에 취약한 상태로 남겨 놓았다는 것에서도 알 수 있듯이, 동질성에 기반한 평등보다는 관용의 규제적 통치로 귀결되었다. 확실히 19세기에 등장한 관용 체제는, 17~18세기에 유럽 국가들이 선포한 유대인 관용 칙령과는 다른 성격을 가지고 있었다. 예컨대, 관용이 행해지는 주된 장소는

---

38. 유대인 조셉 리버만이 부통령 후보로 나섰을 때, 사람들은 이와 유사한 인식에서 우려의 목소리를 표명한 바 있다. 사람들은 다음과 같이 묻곤 했다. "리버만이 안식일과 유대 휴일에 국가의 중요 업무나 전쟁을 수행할 수 있을까? 그는 사람들의 보편적 대표가 되기에는 너무 유대인적인 것이 아닐까?"

국가에서 사회적인 영역으로 이동하였고, 관용의 대상 역시 하위민족 집단에서 개인들로 변화하였다. 하지만 이러한 변화에도 유대인 문제와 관련된 기본적인 가치는 여전히 평등이 아닌 관용이었고, 이러한 사실은 유대인에 대한 국가와 시민사회의 "불관용" — 유대인의 권리를 박탈하고, 고립시키고 추방하고 말살하는 등의 행위들 — 이 계속되면서 점점 더 명확해졌다.

여성과 달리 유대인들이 차지하게 된 위치 — 관용의 대상이라는 취약한 위치 — 를, 이미 살펴본 19세기 인종화 담론과 성별화 담론 간의 차이를 통해 설명할 수 있을까? 보편성을 내세우는 국가 담론에 맞서, 이 담론들은 자신의 주체들에게 어떠한 주체-위치를 할당했을까? 이 질문에 답하는 방법 중 하나는, 『말과 사물』에서 근대 에피스테메의 변화를 분석한 푸코의 작업을 참조하는 것이다. 푸코에 따르면, 초기 근대에 대상의 진리는 명백하고 가시적인 표식에 기반했던 반면, 우리에게 문제가 되는 19세기에 이르자 진리는 사물의 비가시적인 내적 질서에 존재하는 것으로 이해되었다.[39] 푸코의 설명이 옳다면, 여성의 몸이 가진 많은 가시적 차이들이 여성의 본성과 능력을 완전히 보여주는 것은 **아니라**는 주장은, 19세기가 되어서야 가능했을 것이다. 좀 더 정확히 말하자면, 이 시기가 되어서야 신체의 가시적인 성적 차이가, 더 이상 여성의 정신에 접근하는 해석학적 열쇠 역할을 하지 않게 되었다. 이 시기 여성주의자들은, 여성의 재생산적 기능이 여성 존재의 모든 면을 결정한다는 반여성주의 주장에 대응하여, 여성의 정신과 영혼은 오히려 신체를 무시하거나 신체를 통과해서

---

39. Michel Foucault, *The Order of Things : An Archaeology of the Human Sciences* (New York : Random House, 1973), 7장 [이광래 옮김, 『말과 사물』, 민음사, 1986].

만 이해될 수 있다고 주장하였다. 말하자면, 여성주의 입장은 신체의 외적인 특성에서 직접적으로 정신과 영혼의 특성을 유추해 내지 않았으며, 오히려 신체적 외양은 존재의 이해를 도와주는 만큼 방해하기도 하는 것으로 간주하였다. [여성의 차이가 신체의 표면에 위치하는 한] 이들은 영혼과 정신은 양성적이라는 주장을 내세우면서, 여성의 몸에 관한 문제는 공적 영역에의 참여와 별 관계없는 일로 치부할 수 있었다.

하지만 인종화 담론은 달랐다. 인종화 담론에서 혈통이 유대인임을 보여주는 지표였다면, 정신은 유대인의 핵심이었으며, 분리된 공동체는 유대인의 역사적 기원이었다. 따라서 인종화 담론은 이미 "내부(신체 구조)"에서 "외부(외양)"로, "역사(숨겨진 차원)"에서 "현재(가시적 차원)" 방향으로 작동하고 있었다. 비록 인종화 담론이 가시적 코드 역시 생산해 내고 해석하기는 했지만, 기본적으로 당시 인종화 담론에서 인종적 특성은 푸코가 당대의 지배적 에피스테메라고 한 것에 걸맞게, 가시적인 코드를 통해 유추되기보다는 계보와 은유에 기반해 설명되었다. 구스타브 르 봉이 19세기 말에 말했듯이, "각각의 민족의 삶과 제도, 믿음, 예술 등은 모두 그들의 비가시적인 정신이 만들어 낸 가시적인 자취일 뿐이다."[40] 결국 19세기 에피스테메 하에서, 여성주의 담론과 같이 신체의 외양을 추상화하여 양성적인 영혼이나 정신으로 나아가는 것은 가능했다. 하지만 이미 비가시적 내부에 자리 잡은 정신이나 혈통을 추상화해, 존재의 본성에 도달할 수는 없었다.

앞서 본 바와 같이, 유대인을 해방시키는 동시에 그들의 인종적 차이를 계속해서 표지하는 작업은, 주변 주민들을 내부화하는 동시에 규제해

---

40. Marris, *Politics of Assimilation*, 14에서 재인용.

야 하는 근대 국가의 모순적인 임무에 있어 매우 중요한 일이었다. 푸코는 이를 좀 더 폭넓은 의미에서, 근대의 이중적 힘, 즉 "전체화와 개별화"의 문제로 정식화한 바 있다. (아쉽게도 그는 이 두 힘 간의 모순적 관계는 그 다지 고려하지 않았다.)[41] 인종화는 이러한 이중의 작업 — 유대인에게 동화의 압력을 가하면서 동시에 해방에 걸맞은 존재인지 끊임없이 감시해야 할 대상으로 표지하는 작업 — 을 손쉽게 만들었다. 패천 마켈에 따르면, "감시를 위해서는 유대인을 식별 가능한 존재로 만들어야 했다. 결국 해방은 역설적으로 **국가가 유대인이 유대인스러운 행동을 하는지 여부를 항상 감시해야 한다는 것을 의미하게 되었다.**"[42] 마켈에 따르면, 기독교 질서 내부로 유대인성이라는 외부 요소를 통합하기 위해서는, 이러한 유대인성이 계속해서 식별되는 동시에, 지속적인 제거 대상이 되어야 하는 독특한 형태의 국가적 인정이 필요했다. 이 인정이 가지는 역설적 성격은, 동화된 유대인이 인종화 담론을 적극 수용하면서 **동시에** 가난하고 교양 없는 동유럽 유대인과의 연대를 거부한 사실에서도 드러난다.

인종화 담론과 성별화 담론의 차이는 인종적·여성적 속성이 개인의 신체에 각인되는 방식에 국한되지 않는다. 두 담론은 이 개인들의 결합에 대한 설명에서도 달랐다. 인종화 담론은 한편으로 유대인을 민족-국가에 편입될 수 있는 주권적 개인으로 구성하였지만, 그럼에도 유대인은 서로 긴밀히 연결된 존재로 간주되었다. 공동체로부터의 탈퇴가 형식적 해방

41. Michel Foucault, "Omnes et Singulatim : Towards a Criticism of Political Reason" in *The Tanner Lectures on Human Values, vol. 2*, ed. Sterling McMurrin (Salt Lake City : University of Utah Press, 1981), 225-28 [정일준 옮김, 「정치와 이성」, 『미셸 푸코의 권력이론』, 새물결, 1994]와 *Discipline and Punish : The Birth of the Prison*, trans. Alan Sheridan (New York : Vintage, 1979), 231-56 [오생근 옮김, 『감시와 처벌』, 나남, 2003]을 보라

42. Markell, *Bound by Recognition*, 146; 강조는 그의 것이다.

과 자유, 동화를 의미할 때조차, 이는 인종으로서 유대인이라는 한계에 직면할 수밖에 없었다. 유대인의 인종화는 개인으로서의 유대인을 본성의 수준에서 서로 연결시키고, 이들의 민족적 결합을 재확인하였던 것이다. 반면에 여성의 성별화는 여성을 남성 개인의 개별적인 보충물이나 대립항으로 간주하였다. 유대인과 달리 여성들 간의 유사성은 사회-정치적 유대나 내부적 연대를 의미하지 않았으며, 대신 이성애 가족만이 여성이 속한 자연스런 장소로 제시되었다. 여성의 성별화는 여성을 남성과 구별되는 존재로 만들었지만, 이들을 하나의 연대체나 민족으로 구성하지는 않았던 것이다.

이와 같이 근대적 주체 형성은, 한편으로는 표지된 주체의 차이를 존재론화하고, 다른 한편으로는 이 표지된 주체가 유사한 주체와 맺고 있는 관계를 명확히 하는 과정을 통해 진행되었다. 그런데 우리는 이 과정에서, 민족-국가의 추상적인 시민권 담론이, 여타의 다양한 주체 생산 담론들 — 즉 기독교인·부르주아·백인·이성애적 규범으로부터 일탈한 존재들을 분류하고 규제하는 담론들 — 과 긴밀히 결합해 작동하고 있음을 알 수 있다. 역사적으로 배제되어 온 이들을 추상적 시민권 담론을 통해 내부로 편입시키는 과정 — 다시 말해, 배제된 자들의 일탈적 성격을 지우도록 강요하는 과정 — 은, 곧바로 이러한 지위를 재기입하기 위한 좀 더 강력해진 규제와 표지의 방식을 만들어 냈다. 애초에 다른 믿음을 가진 이들을 내부로 통합하는 동시에 규제하기 위해 등장했던 관용은, 이러한 민족-국가의 통합 과정에 손쉽게 활용될 수 있었다. 관용은 차이의 표지를 용이하게 하고, 이 차이를 통한 외부적 존재의 통합과 개별화를 가능케 함으로써, 개인과 집단에 대한 규제가 동시에 이루어질 수 있도록 도왔기 때문이다.

유대인의 예처럼 관용이 믿음보다는 정체성의 문제에 적용되면서, 관용은 자유주의가 처한 일련의 위기에 대한 대응책으로 자리 잡게 되었다. 추상적 시민권과 결합된 개인주의의 경계 설정 기능이 약화되고, 동질성에 기반한 평등이 정의의 원칙으로 기능하지 못하며, 차이의 탈정치화가 국가의 차원에서든 주체의 차원에서든 완전히 성취되지도 완전히 옹호되지도 못하는 상황에서, 관용은 평등의 확장이 아니라 평등의 **대리보충**으로서 등장한다. 대리보충으로서의 관용은 다방면에서 평등을 보충하고 대리하며, 무엇보다도 평등이 그 자신의 이름으로 "진정한" 평등을 이루지 못하는 순간 개입하여, 교묘하게 평등의 불완전성을 보완한다. 전체를 하나로 묶어주는 기반에 위협이 될 수 있는 차이를 내부로 편입시킴과 동시에 여전히 이들을 조절·관리·통제할 필요가 있을 때, 정치적·시민적 관용이 등장하게 된다. 성별화 과정에서 분산된 존재로 간주되었던 여성은, 이러한 위협을 야기하지 않았다. 여성은 하나의 결속된 집단으로 간주되지 않았으며, 그들의 명백한 차이 역시 사라져야 할 위협으로 여겨지지 않았다. 하지만 유대인의 경우는 달랐다. 그들의 차이는 전체를 하나로 결합시키는 특성[즉, 하나의 민족성]에 대한 위협으로 간주되었으며, 관용은 이들의 해방 위에 덮여진 보호막과 같은 것이었다.

지금까지 (기독교인) 여성에게는 평등의 담론이, 유대인에게는 관용 담론이 적용된 이유에 대한, 하나의 설명 방식을 살펴보았다. 이러한 설명에 따르자면, 관용은 그들이 동화될 경우 공적 삶의 핵심적 규범을 위협할수 있는 까다롭고 강력한 차이들에 적용된다. 즉, 어떤 차이가 관용 담론을 통해 관리된다면, 그 차이는 민족-국가와 구별되는 공동체 — 그것이 상상의 공동체든 실질적인 공동체든 간에 — 를 구성하고 있는 차이, 그래서 추상화될 수 없는 차이임을 의미하는 것이다. 이때 문제가 되는 것은, 동화를 거부한 유대인들만이 아니다. 기독교 헤게모니와 결합된 백인 지배 체제는, 동화된 유대인조차 보편적 질서에 참여하기 위해 그들의 차이를 완전히 추상화하지는 못하는 존재로 간주한다. 하지만 이러한 위험한 차이를 가진 유대인과 달리 (기독교인) 여성은 자신의 차이를 추상화할 수 있는 존재로 간주되었다. 따라서 기독교 규범에 지배되는 무신체적인 bodiless 공적 공간에서, (기독교인) 여성은 형식적인 법적 평등을 획득할 수 있지만, 유대인은 시민권을 얻고 난 이후에도, 여전히 그들의 차이를 관용받아야만 했다. 간단히 말하자면, 관용은 보편성에의 동화 불가능성을 표지하며, 하나의 민족 혹은 하나의 인종으로서 유대인은 이러한 동화 불가능성의 형상 그 자체라 할 수 있다.

하지만 이러한 설명이 완전히 만족스러운 것은 아니다. 일단 이 설명은 여성의 휴머니즘적 보편성에로의, 특히 법질서가 지배하는 공적 삶에로의 동화 가능성을 과대평가하고 있다. 우리는 여전히 성적 차이에 대한 심각한 우려가 공적 영역에 존재하며, 남성 지배 체제 하에서 성적 차이의 장벽이, 때로는 종교나 종족, 인종에 대한 장벽보다 훨씬 더 강력하다는 사실을 잘 알고 있다. 또한 이러한 설명은, 유대인 개인을 공동체로부터 떼어냄으로써 유대인적 실천과 믿음을 제거하거나 사사화하는 동화와 인종화의 힘을 과소평가하고 있다. 물론 동화의 기획이 완전히 성공적이지 않았던 것은 사실이지만, 유대인을 기존의 초민족적 공동체에서 떼어내어 민족-국가의 시민-주체로 재구성하려는 시도는, 파편화된 사회적 편견은 남겨 두더라도 유대인의 차이에 대한 정치적 우려만큼은 어느 정도 제거하야만 했다. 이러한 점들을 염두에 둔다면, 여성에게 평등의 담론이 적용된 이유를 조금 다른 각도에서 설명할 수도 있다.

칸트와 블랙스턴 경에 따르면, 여성은 당연히 "그녀의 남편에 귀속되며", 부부는 "법적으로 한 사람이다."[43] 어째서 여성은 개별 남성에 귀속되고 그에 의해 대표될 수 있을까? 두 가지 설명이 가능해 보인다. 남녀가 서로 유사하기 때문이거나, 여성이 남성에 비해 존재의 위계제에서 종속적 위치를 차지하고 있기 때문이거나. 어쨌든 두 경우 모두 여성은 진정한 대립항으로 남성에 통합되거나 재현되기보다는, 남성과 유사하거나 종속된 주체로서만 통합되고 재현된다. 18세기에 이르러 기존의 하나의 성 모델이 이분화된 성 모델로 대체되었다는 라커의 주장이 맞는다면, 여성이 남성에 의해 대표될 수 있는 것은, 둘 간의 유사성보다는 여성의 종속적 위치 때문이라는 설명이 좀 더 그럴듯해 보인다. 앞서 살펴보았듯이, 이 시기 여성주의자들이 주장한 유사성은 오직 정신과 덕, 추상적 시민권의 영역에 한정된 것이었다. 여성주의자들의 입장은 여성과 남성이 **모든 영역에서** 동일하다는 것이 아니라, 합리성과 법, 시민권이 성이나 신체와 무관하다는 것이었다. 따라서 여성의 상상적 차이 — 신체와 모성, 섹슈얼리티와 가정 내 주체로서의 차이 — 는 공적인 평등의 적용 범위 밖에 있었고, 이 배제된 영역은 여전히 여성의 종속 가능성을 남겨 두고 있었다. 반대로 말하면, 여성의 이러한 차이가 그들의 종속적 지위를 정당화해 주는 것이기에, 여성의 차이는 남성/인간에 의해 통합될 수 있었다. (바로 이것이 칸트와 블랙스턴 경의 주장이 함축하는 바이기도 하다.) 이성애적 질서 속에서 개인 여성은 차이에 기반해 개인 남성에 의해 귀속되고 대표되기에, 자유주의 하에서 여성의 이타성alterity은 정치적으로 해소되는 동시에

---

43. Immanuel Kant, *The Metaphysics of Morals in Kant's Political Writings*, ed. Hans Reiss, trans. H.B. Nisbet(Cambridge : Cambridge University Press, 1970), 139; Sir William Blackstone, *Blackstone's Commentaries on the Laws of England*, Carole Pateman, "Women and Consent," *Political Theory 8*(1980) : 152에서 재인용.

계속해서 유지될 수 있었다.[44]

하지만 유대인의 차이는, 아무리 그것이 기독교 헤게모니 하에서 열등성의 상징이었다 하더라도, 여성의 차이와 같은 식으로 다루어질 수는 없었다. 얼핏 모순적으로 들리지만, 유대인의 차이는 (유대인 공동체의 모계적 성격에도 불구하고) 전적으로 남성 간의 상호 관계에 해당한다는 점에서, 여성의 차이처럼 손쉽게 처리될 수는 없었다. 따라서 처음에는 인종화 담론이 성별화 담론보다 민족-국가로의 통합을 좀 더 강력히 제약하는 담론처럼 보이지만, 이제 성별화 담론이 한층 더 가차 없는 종속적 효과를 가진 담론처럼 보인다. 즉, 성별화 담론은 여성에게 형식적인 정치적 평등을 부여하면서 실질적 불평등을 지속시키고, 더 중요하게는 국가가 표명한 보편성의 핵심에 자리 잡은 남성 중심적·이성애적·기독교적 규범을 안전하게 유지할 수 있도록 도왔던 것이다.

종속의 기반으로 작동하는 공/사 구분에서 잠시 눈을 돌려 형식적 해방에도 끄떡없는 성별 분업의 문제에 초점을 맞추면, 성별화 담론의 종속적 효과가 한층 더 분명해질 것이다. 자유주의적 여성주의를 비판하는 자들이 종종 지적하듯이, 여성의 정치적 평등 주장에는 사회와 노동을 가로지르는 이성애적 분할에 대한 문제 제기가 빠져 있다. 사실 울스턴크래프트와 밀은, 여성의 권리 획득과 젠더 중립적인 법질서의 확립이 삶의 전 영역에서 남녀 구분을 없애자는 것은 아니라며, 끊임없이 그들의 독자를 안심시켰다. 이러한 제스처가 상징적으로 보여주듯이, 법적 평등의 보장에도 불구하고 여성에 대한 사회·경제적 영역에서의 차

---

44. 1980년 빌 클린턴이 아칸소 주지사 재선에서 떨어졌을 당시, 부인인 힐러리 로드햄에게 남편의 성을 따르라며 가해진 압력은, 개인 남성에의 종속을 통한 여성적 차이의 해소와 보존을 보여주는 좋은 예이다. 지속적인 압력에 따라, 1981년 힐러리는 결혼 5년 만에 자신의 성을 버리고 클린턴의 성을 따르게 된다.

별은 지속되었고, 이는 여성의 시민권 획득이 가진 효과를 말 그대로 길들여 왔다domesticate. 반면에 종교적 중립과 인종적 평등을 내건 국가 정책은 유대인의 사회 전 영역으로의 통합을 보장하고 촉진했는데, 예컨대 유대인 남성이 완전한 시민권을 부여받는 순간, 이제 "유대인의 차이"는 제도적으로는 오직 부차적으로만 유지될 수 있었다. 비록 기업에서부터 주거지역과 학계에 이르기까지 다양한 영역에서 비공식적인 분할이 여전히 존재했지만, 원칙적으로 유대인 남성과 기독교인 남성이 공존하지 못할 정치적·사회적·경제적 영역은 없었던 것이다. 따라서 동일자의 한복판에 불쾌한 타자가 존재하고 있음을 알려주는 관용 담론은, 사회적 규범에 대한 위협을 알리는 지표인 동시에, 그것을 통합할 수 있는 능력의 지표이기도 하다. 여성이 전형적인 남성의 공간에 들어가려 할 때만 관용의 언어가 등장하는 이유는, 여성이 자신에게 할당된 장소에 머무르고 여성의 신체가 이성애 구조에 의해 전유되어 사사화되는 한, 관용의 필요성이 존재하지 않기 때문이다.[45] 여성의 형식적인 정치적 평등은, 여성이 통합되었다는 증거도, 이러한 통합을 위한 징검다리도 아니다. 반대로 이러한 형식적 평등은 차이를 전제하고 있으며, 이성애적 노동 분업과 가족 구조는 이를 뒷받침하고 있다. 이 모든 요소들이 여성에 대한 관용의 필요성을 약화시키며, 동시에 형식적 평등과 실질적 평등의 차이를 적나라하게 보여준다.

이와 유사한 결론을, 우리는 지난 수십 년간 일련의 여성주의자들이 행해 온 작업 — 즉, 자유주의 정치적 프레임 하에서 성적 평등을 쟁취하려는

---

45. 오늘날에도 관용 담론이 여성에게 적용되는 경우는, 남성 사교 클럽에 여성이 참여할 때처럼, 남성들이 자신의 지배적 지위에 따른 쾌락이 방해받았다고 느끼는 경우에 국한된다. 남성 측이 주장하기에, 자신들이 반대하는 것은 남녀 간의 평등이 아니라, 젠더에 기반한 유대관계의 붕괴일 뿐이다.

시도가 가진 한계를 이론화해 온 작업 — 에서 발견할 수 있다. 이에 따르면, 자유주의 하에서 평등을 쟁취하려는 시도는 사적인 영역에서 여성이 처한 조건 — 즉, 여성을 모성과 결합시키고 여성의 섹슈얼리티를 제한하는 조건 — 을 추상화하고, 여성 주체를 구성하는 담론들과 대결하기보다는 여성 주체를 물화하기에, 자유주의 하에서 여성의 평등은 항상 불완전할 수밖에 없다. 여성의 사사화된 성적 차이에 기반한 종속 — 즉, 부부 강간에서부터 빈곤의 여성화, 가정과 시장에서의 불평등한 성적 분업에 이르는 모든 것을 보장하는 종속 — 은, 형식적 해방 이면에서 여전히 계속되고, 제도화된다. 거꾸로 말하자면, 여성은 신체에 기반한 사회적-성적 분업에 종속되는 한에서만, 공적 영역에서의 평등을 주장할 수 있다. 즉, 여성의 실존적 분리가 그들을 관용의 대상이 아닌 평등의 대상으로 만든다. 좀 더 정확히 말하자면, 여성의 정치적 평등은 남성 지배를 유지하기 위한 관용이라는 대리보충을 요구하지 않는 것이다.

따라서 관용은 자유주의 하에서 종속 관계의 성격을 진단해 주는 하나의 지표인 것 같다. 타자의 종속과 비체화abjection가 이러한 종속의 사사화나 경제 영역에서의 종속의 제도화를 통해 더 이상 유지될 수 없을 때, 즉 더욱 완전한 평등이 시급한 문제가 되는 곳에서, 관용은 종속과 배제의 역사를 유지하기 위해 소환된다. 관용은 헤게모니적 규범이 일탈적 타자를 손쉽게 식민화하거나 내부화할 수 없을 때, 혹은 직접적 종속이나 편입보다는 새로운 주변화와 조절의 테크닉을 통해서만 지배를 유지할 수 있을 때, 자유민주주의 사회 내부로 호출된다. 따라서 오늘날 대중 정치 담론 속에서, 이성애 여성은 평등의 후보자가 되는 반면, 레즈비언 여성은 관용의 대상이 된다. 전자의 종속적 차이는 이성애적 사회 질서와 가족 질서에 의해 안전하게 보존될 수 있지만, 후자는 그럴 수 없기 때문이다. 일반화시키자면, 이성애적 젠더는 관용의 대상일 수 없는 반면, 이성애적 구조에서 일탈한 주체들— 동성애자를 포함해 트랜스젠더나 트랜스섹슈얼한 존재들— 은 즉각적으로 관용 담론을 소환한다. 이를 통해 알 수 있는 것은, 젠더 지배 구조는 노골적으로 여성을 배제하고 비체화하는 규범적 담론이 아닌, 이성애적 가족 구조와 가족경제 관계, 성적 분업 등을 통해 지배를 유지한다는 사실이다. 이 점에서, 관용은 자유주의적 평등의 구호가 적용될 수 있는 경계를 보여주는 지표라고 할 수 있다. 관용의 실천은 관용의 대상이 되는 타자가 정치적으로 시민권 규범의 외부에 놓여 있음을, 그 타자가 여전히 정치적 타자이며, 자유주의 평등 담론 속으로 완전히 편입될 수 없고, 또한 종속을 유지시키는 분업 구조를 통해 관리될 수도 없음을 보여주는 증거인 것이다.

이는 젠더와 계급은 재분배를 둘러싼 물질적인 문제인 반면, 관용은 인정을 둘러싼 규범의 문제라는 뜻이 아니다.[46] 오히려 권력의 한 축이 규범에 배정되고 다른 한 축이 물질에 배정된다는 식의 주장은, 그 자체로

---

46. Nancy Fraser, "Recognition and Redistribution" in *Justice Interruptus : Critical Reflections on the "Postsocialist" Condition* (New York : Routledge, 1997)을 보라. [프레이저는 후기자본주의 사회에서 부정의의 원천을 경제적 주변화와 관련된 물질적 차원과 불인정과 관련된 문화적 차원으로 구분하고, 물질적 차원의 문제는 정치경제적 재구조화를 요구하는 반면, 문화적 차원의 문제는 다양성과 정체성의 인정을 위한 상징 투쟁을 필요로 한다고 주장한다. 프레이저는 전자의 대표적 예로 계급과 젠더 문제를, 후자의 대표적 예로 인종 문제를 꼽는다. 물론 프레이저 자신은 이러한 구분이 분석적인 차원의 것이며 실제 현실 속에서 둘은 분리될 수 없음을 강조하지만, 그럼에도 그녀의 이원론적 접근은 많은 비판의 대상이 되어 왔다. 특히 또 다른 비판이론가 악셀 호네트(Axel Honneth)는 그녀의 이원론이 경제적 투쟁과 정체성의 정치가 대립적인 형태로 나타난 미국의 정치 상황을 지나치게 일반화하고 있으며, 이원적 접근이 실제 현실에서 작동하는 부정의와 무시의 복잡한 메커니즘에 대한 분석을 오히려 평면화시킨다는 비판을 제기한 바 있다. 프레이저와 호네트 간의 논쟁에 관해서는, Nancy Fraser & Axel Honneth, *Redistribution or Recognition : A Political-Philosophical Exchange* (Verso, 2003)을 참고하라.]

관용 담론이 가진 종속화의 힘과 관용 담론이 강화해 온 불평등의 형태를 담론적으로 신비화하는 것이다. 관용은 인정과 그것의 한계를 논하는 순수한 규범성의 담론처럼 보이지만, 관용이 주체의 규범적 주변화의 효과만 가지는 것은 아니다. 관용의 이러한 외양 뒤에는, (사회적으로 분산된 관용 담론의 통치성을 통한) 물질적인 규제와 불평등이 존재한다. 또한 역으로 젠더의 종속 역시 규범의 문제에 기반한다. 앞서 살펴보았듯이, 젠더와 관련된 규범은 여성의 중요한 부분— 즉, 노동하고 재생산하며 항상 이성애적이지는 않은 신체 — 의 사사화를 통해서만 유지되며, 이러한 사사화의 방식은 동성애자와 유대인, 그리고 다른 인종들의 신체가 단순히 묵인passing되어야만 한다는 주장과 유사한 것이다.

하지만 둘 간의 차이는 여전히 존재한다. 관용 담론이 차이의 사사화를 통한 종속이 유지되기 힘들 때 등장하는 담론이라면, 인종화되고 남성화된 유대인의 차이와 달리 젠더의 종속은 거의 완벽하게 사사화 될 수 있는 것처럼 보인다. 관용 담론이 약화된 사회적 표지와 배제의 실천을 다시한 번 재강화하는 실천이라고 할 때, 유대인의 해방을 제약할 제도적인 장치가 없었던 백인과 기독교의 지배는 관용 담론을 필요로 했다. 하지만 젠더의 경우 사회와 가정에서의 지속적인 성적 분업이 형식적 평등의 확산 속에서도 남성 지배가 탄탄하게 유지되도록 도왔다. 관용 담론이 특정한 하위 공동체의 편입이 민족의 공식적·비공식적 규범과 동질성을 위협할 때 등장하는 것이라면, 민족이나 인종으로서의 유대인은 확실히 이러한 위협을 야기했다. 하지만 여성은 하나의 공동체로 간주되지도 않았고, 따라서 이러한 위험도 야기하지 않았다. 마지막으로 관용 담론이 표지된 집단을 지배 규범의 훼손 없이 내부로 통합하면서 동시에 타자로 관리하고자 할 때 등장하는 것이라면, 편입이 가시적인 차이를 지울 수 없는 여성의 경우, 관용을 필요로 할 이유는 없었다.

하지만 한 가지 의문이 남는다. 관용 역시 항상 문제가 되는 차이의 사사화를 수반한다면, 그리고 이러한 사사화된 차이는 항상 공적 영역을 침범할 수 있는 위험을 야기한다면, 왜 여성의 상황은 관용을 요구하지 않았을까? 이에 답하기 위해서는, 차이의 사사화가 사적 영역에서의 차이를 통한 종속과 동의어가 아님을 지적해야겠다. 차이의 사사화가 담론적인 성취물인 반면, 차이를 통한 종속은 법이나 여타의 통치성 담론과 분리되어 독립적으로 완수될 수 있다. 따라서 여성은 관용될 필요가 없었다. 왜냐하면 성적 차이에 대한 담론은, 실제로는 (공/사 구분을 가로지르는 동시에 이 경계를 재확인하는) 성적 분업을 통해서 획득된 종속의 장소이자 수단이었기 때문이다.

유대인과 여성 모두 19~20세기 유럽에서 공식적으로 해방되어 정치적 평등을 쟁취했지만, 그들의 차이에 새겨진 낙인을 완전히 벗어 버릴 수는 없었다. 하지만 여성과 달리 유대인의 해방은 관용의 통치성을 수반했다. 이는 유대인의 경우, 일단 기존의 법적 제약이 제거되자 이제 유대인의 차이를 종속적인 것으로 구성할 수 있는 국가와 경제 구조의 체계적 뒷받침이 불가능해졌고, 이러한 상황이 유럽 민족-국가의 규범에 중대한 위협이 되었기 때문이다. 이러한 점에서 보자면, 관용은 점차 희미해질지 모르는 차이를 재표지하고 재확인하려는 시도로 볼 수 있다. 하지만 관용 담론은 이러한 재표지를 통해 자신이 그 차이를 재활성화하는 동시에, 그 차이에 다시금 종속적 위치를 배정하고 있다는 사실은 교묘히 은폐한다. 이러한 은폐 효과는 19~20세기 동안 관용의 통치화governmentalization에 따라, 관용의 합리성이 사회 전 영역으로 분산되면서 너욱 강화되어 왔다. 이제 관용은 학교와 치안 기구에서 지역 사회와 개인에 이르는 다양한 시민사회의 영역들에서, 성적 소수자에서 무슬림에 이르기까지 그 어느 때보다도 다양한 이들을 대상으로 작동하고 있다. 그리고 이로써 관용은, 평화로운 사회적 공존을 위한 손쉽고 온건한 방책이라는 외양을 획득하게 되었다.

4

관용 : 통치성
─ 보편주의의 쇠퇴, 국가 정당성, 국가 폭력

우리는 자유를 누리는 게 얼마나 행운인지 알아야 한다. 이 소중한 자유를 위해 지난 세월 수많은 사람들이 자신의 모든 것을 기꺼이 희생해 왔다. 지금 이 전쟁의 목적이, 바로 그 자유이다.

─ 린 체니
[Lynne V. Cheney, 보수적 교육 단체인 〈미국 대학 이사 및 동문 협의회〉의 창립자이자 전 미국 부통령인 딕 체니의 부인]

현대의 관용 담론은 국가 및 시민권과 어떤 관계를 맺고 있는가? 관용 담론과 국가 폭력, 관용 담론과 국가 정당성은 또 어떤 관계를 가지는가? 이 장에서는, 3장에서 살펴본 19세기와 20세기의 관용 담론의 변화를 배경으로, 이러한 질문에 답해 보고자 한다. 앞서 우리는 관용의 대상이 믿음과 의견같이 대체로 주관적으로 여겨지는 문제들에서, 인종이나 종족, 섹슈얼리티 같은 정체성의 문제, 즉 대체로 객관적으로 여겨지는 문제들로 변화해 왔음을 살펴보았다. 이러한 변화와 함께, 관용의 행위자agent 역시 변화해 왔다. 관용은 더 이상 국가와 교회의 전유물이 아니라, 시민사회의 다양한 장소들에서 옹호되는 가치가 되었다.

이 장에서 나는 이러한 일련의 변화를 통해, 오늘날 관용은 푸코가 "통치성"governmentality이라 명명한 권력의 형태가 되었음을 주장할 것이다. 오늘날 관용은 법과 완전히 관계가 없는 것은 아니지만, 일반적으로 법적인 담론으로 간주되지는 않는다. 또한 관용은 오직 특수한 경우에만 강제적 명령으로 전환되는 국가의 담화인 동시에, 학교·교회·시민단체·

일상적 대화 속에서 순환하는 대중 담론이기도 하다. 관용의 이러한 특징들은 푸코의 '통치'government에 대한 설명과 잘 맞아떨어지는 것 같다 ― 푸코에 따르면, 통치는 "사람들에게 법을 부과하는 문제라기보다는 사물들을 배치하는 문제, 즉 법보다는 전술들tactics을 적용하는 문제이고, 나아가 법 자체도 전술로서 활용하는 문제"이다.[1]

　게다가 국가와 시민사회 그리고 시민들 사이에서 순환하면서, 주체를 생산해 내고 그 주체가 스스로를 통치하는 데 활용되는 오늘날 관용의 특징은, 근대적 통치성에 대한 푸코의 정식과 일치한다. 푸코에 따르면, 국가는 정치권력의 독점체가 아니며, 통치 권력의 유일한 원천이나 행위자도 아니다. 오히려, 개인 주체와 전체 인구를 동시에 통치하는 합리성과 권력은, 비정치적인 제도와 지식을 통해 작동한다. 이같이 법적인 동시에 비법적인 담론으로서, 또한 교육적·종교적·사회적 담론으로서 관용 담론은, 푸코가 근대적 통치성의 핵심이라고 주장한, "전체화하면서 개별화하는"omnes et singulatim 효과를 낳는다. (이 "전체이자 개별"은, 푸코가 통치성에 관해 행한 강연의 제목인 동시에 그의 근대 권력 분석 속에서 지속적으로 등장하는 주제이기도 하다.[2]) 전체화하는 동시에 개별화하고, 서로 뒤섞는 동시에 구별 짓는, 즉 상반된 것을 통해 각각의 효과를 낳는 관용

---

1. Michel Foucault, "Governmentality" in *The Foucault Effect : Studies in Governmentality*, ed. Graham Burchell, Colin Gordon, and Peter Miller (Chicago : University of Chicago Press, 1991), 95 [정일준 편역, 「통치성」, 『미셸 푸코의 권력이론』, 새물결, 1994; 이하의 인용문은 정일준의 번역을 참고하되 일부 수정하였다.]
2. [옮긴이] 푸코가 1979년 스탠포드 대학에서 행한 초청 강좌를 말한다. 푸코는 이 강의에서 통치성과 사목권력에 관한 역사적 논의를 정교화한다. 다음을 참조하라. Michel Foucault, "Omnes et Singulatim : Towards a Criticism of Political Reason" in *The Tanner Lectures on Human Values, vol. 2*, ed. Sterling McMurrin (Salt Lake City : University of Utah Press, 1981), 225-28 [정일준 옮김, 「정치와 이성」, 『미셸 푸코의 권력이론』, 새물결, 1994].

담론은, 통치 까다로운 인구를 조직하고 관리하는 하나의 테크닉으로서 등장하였다. 죽음의 위협보다는 삶의 조절을 통해 작동하는 관용은, 이런 점에서 푸코가 생권력biopower이라 부른 근대 권력의 한 요소라 할 수 있다.[3]

푸코의 분석은 우리에게 많은 영감을 주지만, 오늘날 관용의 작동을 분석하는 데 충분하지는 않다. 우선, 그의 통치성 분석은 지나치게 빈약하다. 통치성에 대한 그의 정식화는, 대체로 인구가 정치권력의 주된 대상으로 등장하고 정치경제학이 정치적 지식의 핵심이 된, 18세기 유럽의 경우에 한정되어 있기 때문이다. 또한 푸코의 통치성 개념은, 그가 몸담았던 국지적인 이론적 논쟁들의 영향으로 굴절되어 있다. 푸코의 방법론에서 계보학이 변증법적 비판과 대립하고 담론이 구조주의적 이데올로기 개념과 대립하듯이, 통치성은 주권sovereignty과 대립한다. 푸코의 계보학·담론·통치성 개념은 변증법·이데올로기·주권의 개념적 결점을 수정하기 위해 등장했지만, 어느 정도는 기존 개념들의 주장과 전제에 대한 지나친 반대에 치우쳐진 것처럼 보인다.

푸코의 통치성 이론을 가능하게 한 동시에 그것을 제약하고 있는 이러한 편협성에서 벗어나기 위해서는, 푸코가 왜 **통치**라는 오래된 개념을 다시 사용하고, **통치성** 및 **국가의 통치화**governmentalization of the state같은 신조어를 만들어 냈는지를 살펴볼 필요가 있다. 푸코는 통치성이란 개념 속에서, 그가 1970년대 내내 관심을 가졌던 일련의 주제들을 통합하려고 하

---

3. 푸코가 정식화했듯이, 주권이 "죽음에 대한 권리를 가지고 살게 내버려 두는" 권력인 반면, 생권력은 "삶을 만들고 죽게 내버려 두는" 권력이다. Michel Foucault, *Society Must Be Defended : Lectures at the Collège de France*, 1975-76, ed. Mauro Bertani and Alessandro Fontana, trans. David Macey (New York : Picador, 2003), 241 [박정자 옮김, 『사회를 보호해야 한다』, 동문선, 1998].

였다. 그 주제란, 주권 개념에 대한 비판, 국가 이론과 정치경제학이 기반한 권력 개념의 해체, 국가와 자본을 역사의 동력의 자리에서 탈중심화하는 것, 규율과 조절, 규범 같은 권력의 중요한 동력을 분석하는 것, 억압 가설이 아닌 다른 형태로 근대적 주체의 생산을 분석하는 것 등을 말한다. 푸코는 통치성 개념을 통해 이들 주제를 통합시키려 했을 뿐 아니라, 기존의 부적절한 개념화를 비판하고 근대 권력의 작동을 분석하는 새로운 작업틀을 발전시키고자 하였다.

푸코에 따르면, 근대적 통치 행위governance와 관련된 문제는, "어떻게 자기 자신을 통치할 것인가, 어떻게 통치당할 것인가, 어떻게 다른 사람들을 통치할 것인가, 사람들이 누구에 의해 통치당하는 것을 수용할 것인가, 어떻게 최선의 통치자가 될 것인가" 등이다.4 이러한 넓은 의미의 통치는, 지배와 정당성, 국가기구 등의 문제를 포함하지만, 이러한 요소들만으로 환원되지는 않는다. 또한 통치government와 합리성rationality을 결합시킨 '통치성' 개념은, **제도와 지식**에 의한 통치 행위와 합리성 간의 특유한 근대적 결합을 묘사하기 위한 것이다. 이 개념을 통해 푸코는, 근대적 통치 행위

---

4. Foucault, "Governmentality," 87. [푸코의 통치, 통치성의 개념을 정확히 이해하기 위해서는, govern이 본격적인 정치적 의미를 갖기 시작한 16세기 이전의 의미들에 주목할 필요가 있다. 푸코에 따르면, 13～15세기 동안 프랑스어에서 gouverner는, 길을 따라가다, 먹여 살리다, ~로 먹고 살다, 누군가를 이끌다, 환자를 처방하다 등의 다양한 뜻을 가지고 있었다. 푸코에 따르면, 이러한 용법들은 이 시기 govern이 대체로 "누군가의 신체와 영혼, 행동에 가하는 통제"와 관련해 사용되었음을 보여준다. 이에 대해서는, Michel Foucault, *Security, Territory, Population*, trans. Graham Burchell (Palgrave, 2007), 121-122 참고. 이 책에서는 government와 governmentality를 일반적인 번역어인 '통치'와 '통치성'으로 옮기고 있지만, 이 뜻을 정확히 새기기 위해서는, 그 정치적인 뉘앙스와 함께, '누군가를 이끈다'는 좀 더 오래된 govern의 어원상의 느낌을 염두에 둘 필요가 있다. 그리고 바로 이 지점에서 통치성에 대한 푸코의 관심은, 양치기가 양떼를 이끌듯이 인간을 이끄는 권력인 사목권력에 대한 관심 그리고 주체의 삶을 조직하는 생정치(biopolitics)에 대한 관심과 겹쳐진다.]

의 분산적인 특성을 강조하는 동시에, "폭력의 독점"이라는 정치권력에 대한 베버의 고전적 정의에 맞서 정치적 합리성의 순환을 분석하고자 했다.

이같은 푸코의 통치성 개념은, 몇 가지 중요한 특징을 가지고 있다. 첫째, 통치는 만약 조직되지 않는다면 그저 비생산적으로 남아 있었을, 개인과 대중 그리고 초국적인 신체의 힘들을 이용하고 조직하는 과정을 포함한다. 더 나아가 주체들의 욕구와 능력, 욕망 역시 통치성에 의해 관리되고 지도된다. 따라서 통치는 푸코가 "행위의 지도"the conduct of conduct라고 부른 것, 즉 개인의 신체와 사회적 신체, 정치적 신체의 행위를 지휘하고 지도하는 것과 관련된다. 둘째, 행위의 지도로서 통치성은, 개인에서부터 인구, 신체와 정신의 특정한 부분에서부터 윤리와 노동, 시민적 실천에 이르기까지, 다양한 지점을 통해 작동한다. 셋째, 통치성은 법이나 여타의 가시적인 권력에 한정되지 않으며, 광범위하게 펼쳐진 비가시적 권력들을 통해 작동한다. 푸코는 사목권력pastoral power을 통치성의 이러한 특징을 보여주는 전형적인 예로 보았다.[5] 넷째, 통치성은 일반적으로 정치권력이나 국가와 관련이 없다고 여겨지는 다양한 담론에 침투해, 이러한 담론을 통해 작동한다. 여기에는 범죄학, 교육학, 심리학, 정신의학, 인구학, 의학에 이르는 다양한 과학 담론과 종교 담론, 그리고 여타의 대중 담론이 포함된다. 이와 같이 통치성은 집중화나 단일화, 체계화에 기대는 것이 아

---

5. Michel Foucault, "Omnes et Singulatim : Towards a Criticism of Political Reason." [이 글에서 푸코는 왕이나 신, 지도자를 양떼를 이끄는 목자로 비유하는 고대 오리엔트 사회의 사목 개념이 어떻게 서구의 정치사상 속으로 흡수되었는가를 추적한다. 푸코에 따르면 사목권력은 사물이나 토지가 아닌 개개인에 개입하며, 돌봄을 통한 이들의 구원을 목적으로 하는 권력 형태이다. 이러한 구원을 위해 개체들에 대한 지식과 함께 자기-통치술을 비롯한 각종 권력의 테크닉들이 요구됨은 물론이다.]

니라, 근대 사회에 분산된 광범위한 권력과 지식을 통해 작동한다.

이러한 통치와 통치성의 문제틀 안에서, 푸코의 국가에 대한 관심은, 대체로 국가의 "통치화" 과정에 한정되어 있다. 그에 따르면, 오늘날 국가는 내부적으로는 새로운 행정적 실천들에 의해 변형되고, 외부적으로는 국가 외부의 지식, 담론, 제도들과 긴밀히 연결되면서 점차 "통치화"되었다. 이러한 국가의 "통치화"는 "국가의 입헌적, 재정적, 조직적, 사법적 권력과 …… 인구의 경제적 삶, 건강, 습관, 시민윤리civility 등을 관리하려는 노력을 결합시켰다."[6] 통치성이 통치 가능한 주체를 생산해 내기 위한 시·공간, 가지성intelligibility, 신체들, 테크놀로지의 배치를 의미한다면, 국가의 통치화는 이러한 전술적 관심들을 국가의 작동 내로 편입시키는 동시에, 이들 전술들을 여타의 비국가적 영역과 절합articulation시키는 과정을 말한다.

이러한 국가와 통치의 지속적인 대비 속에서, 우리는 국가의 탈중심화라는 푸코의 기획을 다시 한 번 확인할 수 있다. 그는 국가는 "단지 합성된 실재a composite reality이자 신화화된 추상에 불과하다"고 이야기하면서,[7] 국가는 제약과 부정에 기반한 권력론의 상징이라고 보았다. 따라서 국가 중심적 접근은, 근대적 주체가 통치 기술의 배치를 통해 생산되고, 분류되고, 조직되는 방식을 제대로 포착해 낼 수 없다. 또한 푸코에 따르면, 통치는 지배rule와도 구분된다. 군주제가 종결되고 가족과 정치체의 동형 구조

---

6. Nikolas Rose, *Powers of Freedom : Reframing Political Thought* (Cambridge : Cambridge University Press, 1999), 18.

7. Foucault, "Governmentality," 103. [전체 문장을 인용하자면, 다음과 같다. "아마도 결국 국가는 합성된 실재, 그리고 하나의 신비화된 추상에 지나지 않으며, 그것의 중요성은 우리 중 많은 사람들이 생각하는 깃보다 훨씬 더 제한되어 있을 것입니다. 아마도 우리들의 모더니티에 있어 ─ 즉 우리의 현재에 있어 ─ 진정으로 중요한 것은 사회의 국가화가 아니라 국가의 '통치화'일 것입니다."]

가 붕괴하면서, 지배는 가장 중요한 통치양식의 자리에서 물러났다. 하지만 푸코가 통치성이 주권과 지배를 순차적으로 대체했다고 주장한 것은 아니라는 점에 유의해야 한다. 그에 따르면, "우리는 주권의 사회가 규율 사회로 대체되고, 뒤이어서 규율 사회가 통치 사회로 대체되었다는 식으로 생각해선 안 된다. 오히려 현실에서는 인구를 일차적인 대상으로 하고 안전 기구를 본질적인 기제로 삼는, 주권-규율-통치의 삼각관계가 존재한다."[8]

푸코의 이러한 통치성 개념은, 오늘날 다양한 사회 영역을 순환하면서 주체를 생산해 내는 관용 담론을 연구하는 데 많은 도움을 준다. 하지만 동시에 그의 통치성 개념은, 근대 정치권력에서 국가가 가지는 역할을 전략적으로 과소평가하는 오류를 범하고 있다. 오늘날 관용 담론은 주체를 통치하고 잠재적인 시민사회의 갈등을 조절하는 데 그치는 것이 아니라, 국가의 정당성을 뒷받침하고 국가 권력을 확장하는 데 일조하고 있다. 앞으로 살펴보겠지만, 현대 국가는 한편으로는 세계화로 인한 주권의 약화로, 다른 한편으로는 자신이 표방해 왔던 보편성의 위기로 인해 곤란에 처해 있는데, 관용 담론은 이러한 위기에 처한 국가를 강화시키고 정당화하는 기능을 수행할 뿐 아니라, 역설적이게도 국가 폭력을 정당화하는 역할을 담당하기도 한다.

따라서 푸코의 입장은 부분적으로 수정될 필요가 있다. 비록 국가가 통치성의 하위 기구이고 국가 자체가 통치화되고 있으며, 또 그러한 한에서만 자신의 존재를 유지할 수 있다하더라도, 국가는 여전히 후기 근대 민족의 정치적 정당성의 핵심적 기반으로 남아 있다.[9] 하지만 푸코는 정치

---

8. 위의 책, 102.
9. 위의 책, 103.

적 정당성, 특히 제도에 의해 종속된 이들이 그 제도에 부여하는 정치적 정당성의 문제에 별다른 관심을 기울이지 않았으며,[10] 그의 통치성에 대한 설명에서도 정당성의 문제는 빠져있다. (비록 그가 신자유주의 통치성을 분석하면서 잠시 정당성의 문제를 거론하기는 하지만 말이다.)[11] 그 결과, 푸코의 통치성 개념은 국가라는 개념의 모호성과 국가 중심적 접근의 한계를 제대로 지적하고 있지만, 국가가 여전히 정치적 책임을 지닌 하나의 독특한 존재로 남아 있는 현실을 설명하는 데에는 실패하고 있다. 우리의 정치적 삶에서 국가의 정당성이 여전히 문제가 되는 한, 통치 행위에 관한 이론은 이 점을 고려해야만 한다. 푸코의 이론은, 안타깝게도 이에 대해 무관심으로 일관하고 있다.[12]

---

10. 푸코가 정치적 정당성의 문제를 간과한 것은, 부분적으로는 이데올로기 개념에 대한 그의 부정적 입장 때문이다. 그는 권력 체제가 이데올로기적이며 따라서 지속적인 정당성의 위기에 직면한다는 입장을 비판하면서, 권력은 그들 자신의 진리를 전달하며 그들이 생산하는 공간과 주체를 통해 진리를 순환시킨다고 주장하였다. 따라서 진리의 체제는 일종의 권력의 전제 조건이 되며, 여기서 정당성의 문제는 대체로 제기되지 않는다. 다음과 같은 푸코의 언급을 보라. "권력과 담론 간 결합의 기반이 되는 동시에 이를 통해 작동하는 진리 담론의 경제 없이는, 어떤 권력도 제대로 작동할 수 없습니다. 우리는 권력을 통한 진리의 생산에 종속되어 있으며, 이러한 진리의 생산 없이는 권력을 행사할 수 없습니다. …… 결국 우리는 부를 생산해야만 하듯이, 진리를 생산해야만 합니다. 아니 부를 생산하기 위해서라도 우선 진리를 생산해야만 한다고 말하는 게 맞을지도 모르겠군요. 법을 만들어 내는 것도, 진리의 담론들을 생산하는 것도, 권력의 효과를 결정하고, 전파하고, 확장하는 것도 진리라는 점에서, 우리는 진리에 종속되었다고 말할 수 있습니다."("Two Lectures," *Power/Knowledge : Selected Interviews and Other Writings, 1972~1977*, ed. Colin Gordon [New York : Pantheon, 1980], 93-94) [홍성민 옮김, 『권력과 지식 : 미셸 푸코와의 대담』, 나남, 1995; 번역을 참고하되 일부 수정하였다.]
11. 푸코가 1979년 1월 17일과 24일에 콜레주 드 프랑스에서 행한 강연을 보라. Michel Foucault, *Naissance de la Biopolitique : Cours au Collège de France, 1978~1979* (Paris : Gallimard, 2004).
12. 앞서 10번 각주에서 설명한 요인 이외에도, 푸코기 정당성의 문제를 간과하는 이유는 또 있다. 푸코는 권력을 이론화하는 과정에서 의식과 주체성의 문제를 전면에 내세우기를 거부하며, 이 문제에 많은 공간을 할애하지 않는다. 그 결과, 조절과 규율을 통한

따라서 우리는 푸코와는 다른 방식으로 이 문제를 생각해 볼 필요가 있다. 근대 정치권력은 인구를 관리하고 특정한 종류의 주체를 생산하는 데 그치는 것이 아니라, 스스로를 재생산하고 확장해 나간다. 그리고 때때로 이러한 재생산과 확장이 정치권력의 최우선 목표가 되기 때문에, 정치권력의 정당화 과정을 주민과 개인을 통치하려는 기획과 동떨어진 것으로 이해해서는 안 된다. 즉, 통치성에 대한 완전한 설명은, 주체의 생산·조직·동원뿐 아니라, 이러한 행위를 정당화하는 문제까지 포함하는 것이어야 한다. 국가는 정치권력의 장에서 여전히 이러한 정당화의 문제를 책임지는 독특한 위치를 차지하고 있다.

주체의 생산과 그 과정의 정당화라는 이 두 가지 기능은, 분석적으로는 구분 가능하며, 때로는 서로 상반된 목적을 가진 것처럼 보인다. 하지만 실제 실천에 있어 이 둘은 상호 결합해 작동하며, 따라서 현대의 통치 행위에 대한 이론은 주체의 생산과 그 과정의 정당화 과정 모두를 염두에 두어야만 한다. 이는 국가가 통치 행위의 유일한 원천이라거나, 가장 중요한 요소라고 주장하는 것이 아니다. 다만 국가가 문제가 될 경우, 항상 정당성의 문제가 제기될 수밖에 없음을 지적하는 것일 뿐이다. 예컨대, 국가가 자신의 기능을 기업에 양도하는 민영화 과정에서도, 국가와 그 기업 간의 연결고리는 여전히 가시적인 것으로 남아 있어야만 한다.

이러한 맥락에서, 국가에 의한 관용 담론의 확산은, 부분적으로는 국가 정당성의 결핍 상황, 특히 국가가 보편적 재현representation을 체현할 수 없는 현실에 대한 대응책이라고 볼 수 있다. 과거 성, 인종, 종족, 종교적 규범에 의해 배제되어 왔던 이들이, 오늘날 점차 이러한 배제에 대해 자신

주체 생산을 분석하는 푸코의 급진적 연구는, 의식과 주체성을 배제한 심리학적 행동주의(behaviorism)와 몇몇 부분에서 수렴하게 된다.

들의 목소리를 내기 시작하고 있으며, 국가가 특정한 집단의 규범과 맺고 있는 밀착 관계에 대한 대중적 인식은 그 어느 때보다 높아지고 있다. 이러한 상황에서 관용 담론이 재등장한 것은 우연이 아니다. 관용 담론은 특정한 집단의 지배를 재생산하는 국가의 역할을 다시 한 번 은폐하며, 이를 둘러싼 긴장들을 완화시키고 갈등의 방향을 전치轉置시켜 버린다.

예를 들어, 9/11 이후 미국의 상황을 보자. 9/11로 야기된 국가 안보 위기 상황에서, 국가는 국내의 다양한 종족 간의 평등을 재선언함과 동시에, 미국 사회의 새로운 위험으로 등장한 이들, 즉 "우리" 속에 존재하는 "중동인들"에 대한 시민적 관용을 공개적으로 호소했다. 국가에 의한 평등의 재선언이 사회계약을 완수할 수 있는 자신의 능력을 확인시키는 행위였다면, 관용에의 호소는 시민들에게 특정 집단에 대한 편견을 버리고 자경주의vigilantism적 공격을 자제할 것을 요청한 행위였다. 하지만 이러한 호소와 동시에, 국가는 자신의 시민들에게 관용을 호소한 바로 그 집단을 대상으로 탈법적인 탄압 행위를 전개하기 시작했다. 국토안보부의 불법 이주자 일제 검거에서부터, 특정 종족에 대한 억류와 추방, 공항 보안 검색에서의 인종 표적 수사의 강화, 경찰과 연방수사국FBI의 위법적 심문 등에서 보듯이, 국가는 발 빠르게 아랍계 미국인과 아랍인 거주민을 국가 안보에 대한 잠재적 위협으로 구성하고, 이들을 적극적으로 탄압하기 시작했다.13 우리는 이러한 국가의 야누스적 행위를 단순히 위선의 결과라고 생각해서는 안 된다. 오히려 주목해야 할 것은, 주체 생산과 국가 정당화의 기능을 동시에 수행하는 관용이, 이러한 행위를 가능케 한다는 점이다.

---

13 David Cole, *Enemy Aliens : Double Standards and Consitutional Freedoms in the War on Terrorism* (New York : New Press, 2003).

이러한 관용의 복잡한 통치 기능을 이해하기 위해서는, 후기 근대 사회에서 관용의 르네상스가 발생한 맥락으로 돌아갈 필요가 있다. 관용은 어떻게 우리 시대의 정의가 되었으며, 그것이 표방하는 정의란 과연 어떤 종류의 것인가? 일반적으로 관용은, 배제된 이들이 정치적·사회적 시민권을 획득하기 위한 일종의 사전 단계로 이해되어 왔다. 이에 따르면, 관용에 대한 요청은 이후 정치적 평등에 대한 요구로 자연스레 연결될 것이다. 하지만 그렇다면 서구 민주주의가 "관용을 넘어" 정치적 평등으로 나아가야 할 바로 그 순간에, 관용 담론이 국가와 대중의 담론으로 부활한 것은 어찌된 일일까? 진보주의자들의 도식에 따르면 관용이 불필요해져야 할 바로 그 순간에, 그것이 정의의 담론으로 재등장한 것은 어찌된 연유일까? 이러한 관용 담론의 부활이 가진 의미는 무엇일까? 과거 진리와 규범으로부터의 일탈을 관리하기 위한 국가의 실천이자 주로 칙령이나 법령의 형태로 부과되던 관용이, 오늘날에는 사회적 정체성들 간의 차이를 조정하는 집단과 개입의 실천으로 변화했다면, 이러한 변화가 가진 함의는 무엇일까?

이 문제에 답하기 위해서는, 최근의 관용 르네상스에 대한 상투적인 설명에서 벗어날 필요가 있다. 이 상투적인 입장은, 냉전의 종식과 식민주의의 종결 그리고 세계화로 인해 세계 각지에서 정체성 간의 피비린내 나는 충돌이 야기됐고, 관용은 이러한 갈등에 대한 적절한 해결책으로 재등장하게 되었다고 말한다. 이때 정체성 갈등의 분출은, 대체로 다음과 같이 설명된다. (1) 냉전의 종식은, 소비에트 블록 내에서 인위적으로 구축된 민족-국가의 경계선을 지키며 생활하던 서로 다른 종족 간의 갈등을 일시에 폭발시켰다. 갑작스런 억압의 종결로 인한 권력의 진공 상태와 맞물려, 정체성 간의 대립이 폭증하고, 헤게모니를 향한 투쟁이 격화되었다는 것이다. (2) 후기 근대성은 종족적·종교적·민족적 근본주의의 부흥을 그 특징으로 가지며, 태생적으로 불관용적인 이러한 근본주의는 관용 같은 세계시민주의적 가치에 의해 통제되어야만 한다. (3) 세계화로 인해, 유례 없이 다양한 사람들이 한데 뒤섞여 살게 되었다. (이러한 변화에는 폭력 적인 포스트식민의 정치적 유산과 후기자본주의에 의해 초래된 이주 및 정착이 포함된다.) 이들은 종종 경제적으로 불안정하고 사회적으로 고립 된 환경 속에서 서로 얼굴을 맞대고 살고 있으며, 안정적이고 동질적인 공 동체에 대한 귀속감의 부재는, "차이"에 관한 불안을 증폭시키는 경향이 있다. 이러한 조건은 정체성에 대한 주장과 이를 둘러싼 갈등을 강화하며, 이는 관용을 통해서만 완화될 수 있다. 게다가 경제적 어려움은 종족화된 타자를 종종 그 사회의 희생양으로 삼기도 하는데, 이 경우에도 관용은 이 러한 희생양을 만드는 투사projection 자체를 없애지는 못할지라도, 최소한 그로 인한 폭력은 줄일 수 있는 해결책으로 제시된다.

이들 설명에서 뽑아낼 수 있는 공통의 이야기는, 일찍이 계몽주의가 약속했던 세속화·보편화의 진전이 오늘날 국지주의, 배타적 민족주의, 근본주의 등에 의해 침해되면서, 관용 담론이 확산되었고 또 이러한 확산 이 긴밀히 요구된다는 것이다. 사실 관용 담론 자체가 상상된 보편성에 대 한 특수한 것들의 분출을 관리하기 위해서, 주류의 입장에서 주변인들을 통제하기 위해서, 내부에 대항하는 외부를 제어하기 위해서 만들어진 것 이기 때문에, 역사에 대한 계몽주의적 관념의 쇠락이 관용 담론의 부흥을 가져온 것은 그리 놀라운 일이 아니다. 오늘날 보편적인 것은 조각나 버렸 고, 규범적인 것은 계속되는 도전에 직면해 있으며, 외부는 모두 내부화되 었다. 이러한 상황에서 세계시민주의적 교양마저 없다면, 그 결과는 끔찍 할 것이다.[14]

오늘날 이러한 설명은 거의 상식이 되었지만, 관용의 르네상스에 대한 이같은 진단은 사실 부적절한 것이다. 왜냐하면 이러한 설명은 설명해야 할 것들을 오히려 그 전제로 삼고 있기 때문이다. 즉, 여기서 정체성 간의 갈등은 그것을 중재하는 담론에 선행하는 것으로 가정되며, 관용은 이미 선행하는 내재적 차이에 기반한 갈등을 완화시켜주는 자연스럽고 온건한 해결책으로만 이야기된다. 이러한 설명은 어째서 오늘날의 다양한 갈등들이, 다른 분석틀이 아닌 관용/불관용의 문제로 이해되는지에 대해서는 답하지 못하고 있다. 왜 오늘날 갈등에 대한 해결책은 해방이나 평등혹은 자치나 무장투쟁, 억압이나 처벌이 아닌 관용이어야 하는가?

푸코가 말했듯이, '왜'why라는 질문은 종종 우리가 분석하는 대상이 **'무엇인지'**what를 이미 알고 있음을 전제하는 경향이 있으며, 암묵적으로 현재의 담론적 지형과 그 지형에서 사용되는 용어들을 자연화한다. 하지만 우리가 관용 담론이 생산하는 사회적 질서와 주체에 대해 알고자 한다면, 반대로 이러한 현재의 담론과 용어들이야말로 계보학적 분석의 대상이 되어야 할 것이다.15 따라서 우리는 오늘날 관용이 왜 그토록 필요한가

---

14. 마이클 이그나티에프(Micheal Ignatieff)에 따르면, "세계시민주의는 세속적 민족국가를 당연한 것으로 생각할 수 있는 자들이 누리는 특권이다." 그의 *Blood and Belonging : Journeys in the New Nationalism* (New York : Farrar, Straus and Giroux, 1994)을 보라. 또한 Bruce Robbins, "Comparative Cosmopolitanisms"; Pheng Cheah, "Given Culture : Rethinking Cosmopolitical Freedom in Transnationalism"; Amanda Anderson, "Cosmopolitanism, Universalism, and the Divided Legacies of Modernity"를 보라. 이들 모두는 다음의 책에 수록되어 있다. *Cosmopolitics : Thinking and Feeling beyond the Nation*, ed. Cheah and Robbins (Minneapolis : University of Minnesota Press, 1998).

15. 미셸 푸코는 『성의 역사』 1권과 「두 개의 강의」에서 이러한 문제를 제기한 바 있다. 「두 개의 강의」에서 관련 부분을 직접 인용해 본다. "권력에 대한 분석은, 누가 권력을 가지고 있으며, 권력을 가진 이의 생각과 목적은 무엇인지와 같은, 답할 수 없는 질문을 삼가야 합니다. 그보다는, 만약 권력의 의도라는 게 존재한다면, 그 의도가 권력의 실제적이고 효과적인 실천에 엉켜 들어가는 순간, 바로 이 순간이 권력에 대한 분석이

를 묻기 전에, 다음과 같은 좀 더 생산적인 질문들을 던져야만 한다. 즉, 오늘날 우리가 관용을 필요로 한다는 확신을 생산하는 것은 무엇이며, 이 때 요청되는 관용은 어떤 종류의 것인가, 그리고 이러한 요청은 누구에 의해 행해지고 있으며, 이러한 요청을 받는 주체들은 누구인가, 관용에 대한 호소를 통해 얻으려는 바는 무엇이며, 관용이 생산하는 주체와 대상은 무엇인가, 마지막으로 갈등 해소라는 표면적 목표 이면에 놓인 관용의 또 다른 효과들은 무엇인가?[16] 이러한 질문을 통해, 우리는 관용이 해결책이라고 이야기되는 바로 그 정체성의 문제들을, 관용 담론 자신이 어떻게 생산해 내고 있는지 이해할 수 있을 것이다.

이와 같이 문제 제기의 지반을 바꾸어 관용을 통치성의 테크놀로지로 이해하기 위해서는, 20세기 후반 관용 담론의 부활에 대한 기존의 설명을 수정할 필요가 있다. 오늘날 관용이 정의의 담론이자 시민적 평화의 유지에 불가결한 방법으로 등장하게 된 역사적 배경으로는, 다음과 같은 두 가지 요인을 꼽을 수 있을 것이다.[17]

관심을 가져야 하는 부분입니다. …… 따라서 우리는 왜 어떤 사람들이 지배하기를 원하며, 그들의 전략은 무엇인지를 물어서는 안 됩니다. 대신에 우리는 현재 진행되고 있는 종속화의 과정 속에서, 즉 우리의 신체를 종속시키고, 우리의 정신을 통치하고, 우리의 행동을 지배하는 연속적인 과정들 속에서, 사태가 실제로 어떻게 돌아가고 있는지에 대해 물어야 합니다."("Two Lectures," 97)

16. 이와 같은 질문 방식은, 섹슈얼리티의 억압 가설에 대한 푸코의 유명한 재정식화를 흉내 낸 것이다. 푸코에 따르면, "내가 제기하고자 하는 의문은 왜 우리들이 억압받는 가가 아니라, 왜 우리는, 그토록 열정적으로, 우리의 과거와 현재 그리고 우리들 자신에 대한 원한을 가지고, 우리들이 억압받고 있다고 말하는가이다. 어떤 경로를 통해 우리는 성이 부정되고 있다고 단언하고, 우리들이 그것을 숨기며 그것에 대해 침묵한다고 말하기에 이르렀는가?"(*History of Sexuality*, 8-9)

17. 관용의 또 다른 측면, 즉 현대의 국제 관계를 묘사하는 문명 담론 속에서 서구의 우월성을 보장해 주는 관용의 역할에 대해서는 6장과 7장에서 자세히 살펴볼 것이다.

첫째 시민사회에서 관용 담론의 **대중적** 확장은, 20세기 후반에 나타난 야심찬 해방적·좌파적 정치 기획의 퇴조를 반영하는 것처럼 보인다. 좌파적 정치 기획의 달성 가능성에 대한 회의와, 사회·정치·경제적 불평등의 제거라는 목표에 대한 믿음의 상실은 이러한 퇴조의 대표적 징후이다. 심지어 오늘날 관용 담론의 확장 이면에서는, 정치적 타협의 에토스를 넘어 절망의 에토스마저 발견된다. 오늘날 관용의 부흥은 이러한 평등 기획의 쇠퇴를 지지할 뿐 아니라, 정치적 참여의 거부로까지 이어지고 있기 때문이다. 1장의 제사題詞로 쓰인 로드니 킹의 "모두 사이좋게 지낼 순 없는 건가요?"라는 하소연은, 관용에 기반한 사회 변혁과 시민권 획득의 기획이 얼마나 얄팍한 전망만을 가지고 있는지 보여준다. (로드니 킹의 이러한 호소를, 20세기 중반 또 다른 킹의 호소, 즉 "나에게는 꿈이 있습니다……" 와 비교해 보라.)[18] 제 1의 시민 덕목인 관용은, 수동적인 시민상을 옹호하며, 우리의 사회적 삶을 서로에 대한 혐오를 제어하려 애쓰는 고립된 개인 및 집단의 상호작용으로 축소시킨다. 사람들은 관용이 "증오

---

18. "……나에게는 여전히 꿈이 있습니다. 언젠가 이 나라의 모든 인간이 평등하게 태어났다는 것을 자명한 진실로 받아들이고, 그 진정한 의미를 신조로 살아가게 되는 날이 오리라는 꿈입니다. 나에게는 꿈이 있습니다. 언젠가는 조지아의 붉은 언덕 위에 예전에 노예였던 이들의 자식과 그 노예의 주인이었던 이들의 자식이 함께 모여 형제애의 식탁에 둘러앉는 날이 오리라는 꿈입니다. 나에게는 꿈이 있습니다. 지금까지 불의와 억압의 열기에 신음해 오던 미시시피 주도, 언젠가는 자유와 평등의 오아시스가 될 것이라는 꿈입니다. 나에게는 꿈이 있습니다. 나의 네 자녀들이 피부색이 아니라 인격에 따라 평가받는 나라에 살게 되는 날이 오리라는 꿈입니다. …… 이런 믿음을 통해, 우리는 이 나라의 소란스러운 불협화음을 형제애로 가득 찬 아름다운 화음으로 변화시킬 수 있을 것입니다. 이런 믿음을 통해, 우리는 함께 일하고, 함께 기도하며, 함께 투쟁하고, 함께 감옥에 가며, 함께 자유를 위해 싸울 수 있을 것입니다. 우리가 언젠가 자유로워지리라는 것을 알기 때문입니다."(마틴 루터 킹이 1963년 8월 28일 워싱턴에서 행한 연설, Martin Luther King, Jr., *I Have a Dream : Writings and Speeches That Changed the World*, ed. James M. Washington (New York : Harper Collins, 1992), 104-105)

범죄"의 가장 좋은 해결책이라고 말하지만, 관용은 증오를 해소하기보다는 그저 범죄의 발생을 억제하기 위한 미봉책일 뿐이다.

관용이 그리는 시민의 모습은, 정치적 삶에 참여하는 시민의 모습과 근본적으로 다르다. 후자는 연대의 가치를 내걸고, 자신의 생각을 발언하며, 인종·성·계급을 초월한 평등한 사회를 꿈꾼다. 반면에 관용은 우리에게, 그 자신의 억누를 수 없는 본성을 어찌어찌 제어하는, 잠재적으로 인종주의자이고 적대적인 성향을 가져 어떻게든 스스로를 억제해야만 하는 시민상을 제시해 줄 뿐이다. 관용에는 시민들이 가진 감성과 에너지에 대한 두려움이 함축되어 있다. 시민들의 혐오 표출을 막는 과정에서, 관용에 대한 호소는 현대 사회를 홉스적 세계의 후기 근대적 판본처럼 재현한다. 이 세계에서는 차이가 증오의 기반이 되고 상호 인정에 기반한 유대는 급격히 사라지며, 국가의 힘도, 필연성의 강제력도 존재하지 않는다.

이 문제에 대해 좀 더 자세히 살펴보자. 관용은 (1장에서 보았듯이) 차이의 장소를 사적인 영역에 한정함으로써 공적 차원에서의 차이와의 대면을 축소시키고자 한다. 즉, 관용은 차이의 공적인 해결을 가로막고, 차이가 가진 공적인 속성을 축소시키는 한편, 차이를 "문화"와 "본성"의 문제로 환원시켜 차이의 원인과 해결책을 탈정치화한다. 정치학자 앤 필립이 지적하듯이, 이는 "차이"를 정치적으로 변화시킬 가능성을 막아 버려 "차이"를 지배와 불평등의 효과이자 도구로 계속 남겨 놓으며, 더 나아가 "차이"를 통해 타자를 이해하고 이러한 이해를 바탕으로 차이를 비난하거나 차이를 애써 외면하는 것으로부터 벗어날 가능성 역시 함께 막아 버린다.[19] 즉, 지배적인 정치적 에토스이자 이상理想으로서 관용은, 평등

---

19. Anne Phillips, "The Politicization of Difference : Does This Make for a More Intolerant Society?" in *Toleration, Identity, and Difference*, ed. John Horton

의 기획을 거부할 뿐 아니라 차이를 가로지르는 접속의 기획, 다시 말해 연대나 공통성의 문제마저도 포기한다. 대신에 관용은 우리를 분리시키고 갈라놓으려 하며, 이러한 사회적 고립을 (차이로 인한) 필연적인 것이자 (관용에 의해 획득된) 좋은 것으로 둔갑시킨다.

오늘날 관용의 부흥에서 발견되는 실질적인 정의의 전망visions of justice의 퇴조는, 좀 더 일반적인 차원에서 벌어지고 있는 시민권의 탈정치화와 정치적 삶으로부터의 후퇴를 반영한 것이다. 관용을 정치적 목적으로 내거는 것은, 정치를 갈등이 생산적으로 발화되고 논의되는 장으로 보지 않겠다는 것을 의미한다. 이러한 입장에 따르면, 정치의 공간은 더 이상 시민들이 참여를 통해 스스로 변화하는 공간이자, 차이가 정치적으로 생산되고 조정될 수 있는 공간, 즉 "차이"가 주체적인 문제가 되는 공간이 아니다. 대신에 정치적 공간은 이미 고정된 정체성과 이해관계, 사상을 가진 개인들이 부대끼고 서로를 흥정하는 공간일 뿐이며, 따라서 우리는 관용을 통해 우리의 "본능적" 증오심을 정치적 장에서 가능한 한 배제하기 위해 노력할 수 있을 뿐이다. 결국 이는 민주주의를 위한 실질적인 공적 공간의 확장과 시민 간 권력의 공유를 방해하게 된다. 또한 차이를 공적인 차원에서 다루지 않는 것은, 문제의 원인을 더욱 증폭시키는 경향이 있다. 시민들이 차이의 문제를 공적으로 다루는 데 실패함에 따라, 이들은 점점 더 사적 정체성의 문제로 후퇴하는 경향이 있는데, 이로써 동료 시민을 자신의 사익 추구의 도구나 장애물로 바라보는 인식은 더욱 강화되게 된다. 역설적으로 이러한 인식의 강화는, 관용을 더더욱 절실한 가치로 만든다. 이러한 순환을 통해, 관용은 시민 간의 소외를 강화시키고, 공적 영역과

---

and Susan Mendus (New York : St. Martin's Press, 1999).

차이의 문제를 분리시킴으로써 문제를 더욱 악화시킬 뿐이다.

오늘날 관용 담론의 반反정치적 공세는 여기에 그치지 않는다. 앞서 지적했듯이 관용 담론은 차이를 자연화/사사화함으로써 차이를 구성하는 사회적 권력에 대해서는 침묵한다. 동성애자에 대한 관용이 호소되고 다른 종족에 대한 관용이 교육될 때, 이러한 "차이"를 생산하고, 이 "차이"를 불평등과 배제, 일탈과 주변화의 장소로 표지하는 사회적 권력의 문제는 어디론가 사라져 버린다. 사실 갈등을 개인화/사사화하고, 개인화와 탈연대를 지향하는 관용의 움직임은, 정치적인 것the political에 대한 공포를 조장하는 것처럼 보인다. 또한 오늘날 관용 담론의 범람 속에서, 우리는 정치와 폭력의 결합에 대한 공포, 정체성 간의 갈등은 결국 폭력으로 귀결될 수밖에 없다는 두려움 — 오늘날 상대적으로 비폭력적인 정치적 투쟁을 전개할 수 있는 공적 영역이 쇠퇴함에 따라 더욱 강화된 불안 — 도 함께 읽어 낼 수 있을 것이다.

이와 같이 좀 더 확고한 정의의 기획과 정치적 삶으로부터의 후퇴를 의미하는 관용 담론의 부흥은, 또 다른 한편으로는 인간에 대한 계몽주의적 관념의 퇴조를 반영하는 것이다.[20] 계몽주의적 관념에 따르면, 인간Man은 보편적 존재이고, 인류가 언어·문화·인종·민족을 통해 분할된 것은 그저 우연일 뿐이다. 하지만 오늘날 이러한 태평한 소리는 더 이상 찾아보기

---

20. 물론 관용이 항상 도덕적·정치적 상대주의로 귀결되는 것은 아니다. 보편주의의 몰락이 반드시 다양한 종교, 문화, 가치 체계의 승인으로 귀결되지는 않으며, 오히려 이는 특정한 종교와 문화를 다른 것에 비해 우월한 위치에 놓는 가치표(table of values)의 작성으로 이어지기도 한다. 관용이 포섭과 강제적 규범화라는 두 가지 전략을 통해 행하는 작업이, 바로 이러한 위계적인 가치표 작성이다. 2장에서 살펴보았듯이, 종교적 관용은 인식론적 상대주의에 기반한 담론이었지만, 동시에 도덕적으로 우수한 믿음과 열등한 믿음을 구분하는 규범적 담론이었다. 그런데 오늘날 문제가 되고 있는 보편성은, 도덕적이라기보다는 존재론적인 것이라는 점에서 관용에 의한 위계화 역시 존재론적 차원에서 작동하고 있다.

힘들다. 오늘날 우리는 모든 곳에서 "차이가 중요하다"는 이야기를 듣고 있다. 이러한 담론들 속에서, 차이는 (과학담론이나 대중담론이 종종 주장하듯이) 영구적인 수준의 것까지는 아니지만, 적어도 쉽게 변하지 않는 것으로 간주된다. 그리고 이러한 차이가 교정 불가능하다는 바로 그 이유 때문에, 관용이 요구되는 것이다. 동성애를 치유의 대상으로 보는 이들은 동성애에 대한 관용을 호소하지 않듯이, 쉽게 변한다고 혹은 교정 가능하다고 여겨지는 차이는 관용의 대상이 아니다. 이와 같이 계몽주의적 인간상의 황혼기에 등장한 관용 담론은, 차이의 문제로부터 우리를 해방시켜주기는커녕, 차이의 문제에 힘과 영원성을 부여하고 있다.

지금까지, 정의 기획과 참여 민주주의의 쇠퇴라는 20세기 후반의 일반적 경향에 초점을 맞추어, 관용 담론의 르네상스가 가진 역사적 배경에 대해 살펴보았다. 하지만 관용 담론의 대중적 확산에 초점을 맞춘 이러한 설명은, 두 가지 중요한 부분을 간과하고 있다. 첫째, 이러한 설명은 오늘날 국가가 적극적으로 관용 담론을 이용하고 선전하고 있다는 사실을 간과하고 있다. 둘째, 이러한 설명은 주로 관용의 부흥을 가져온 지적 풍토와 망딸리떼mentalité에 초점을 맞추고 있기 때문에, 관용 담론의 확산이 기반하고 있는 역사적-물질적 구성formation에 대해서는 별다른 설명을 제시하지 못한다. 이러한 두 가지 약점은, (관용의 부흥을 가져온 두 번째 역사적 배경과 관련된) 다음과 같은 질문들을 야기한다. 우선 첫 번째 약점과 관련하여, 관용 담론은 어떠한 경로를 통하여 국가와 시민, 국가와 시민사회 간을 순환하고 있는가? 국가의 관용 담론과 시민사회의 관용 담론 간의 차이는 무엇인가? 관용 담론이 국가와 시민사회를 가로지르면서 생산하는 통치성은 어떠한 종류의 것인가? 다음으로, 두 번째 약점과 관련하여, 오늘날 관용 담론의 부흥을 가져온 역사적-물질적 조건은 무엇인가? 세계화는 관용 담론의 범람에 어떤 역할을 하였는가? 민족-국가의 동질성이라는 관념을 붕괴시킨 유례없는 세계적 인구 이동은, 관용 담론의 부흥과 어떠한 관계를 맺고 있는가?[21] 포스트식민 시대에 벌어진 민족주의 및 근본주의의 분출과 국가 주권 간의 긴장은, 관용과는 또 어떤 관계를 가지는가? 이러한 질문에 답하기 위해서는, 관용 담론의 부흥을 가져온 또 다른 역사적 배경을 살펴봐야만 한다. 여기서는 먼저 민족-국가 및 세계화와 관련된 두 번째 질문들에 답한 후에, 국가와 시민사회에서의 관용 담론의 순환에 대한 첫 번째 질문들로 돌아올 것이다.

오늘날 관용 담론은 왜 그리고 어떻게 국가 주권을 둘러싼 갈등들 — 즉, 국가 주권에 대한 민족주의, 초민족주의 혹은 정체성 집단들의 도전 — 에 개입하고 있는가? 이를 이해하기 위해서는, 3장에서 분석한 바 있는 근대 민족-국가의 탄생과 하위민족 공동체의 붕괴라는 문제로 잠시 되돌아갈 필요가 있다. 1782년 공표된 오스트리아의 〈유대인 관용 칙령〉이나 1791년 프랑스 국민의회의 〈유대인 해방 선언〉은, 당시 유대인에게 동화 정책의 수용과 근대성으로부터의 완전한 배제 중 하나를 선택하도록 강요하였다.[22] 이는 분명 유럽의 유대인들에게 하나의 전환점이었다. 중세 시기 비록 탄압받았지만 자기-조절적 공동체에 속해 있던 유대인들은, 이제 근대 유럽 국가의 시민-주체로 개인화되어야만 했던 것이다. 유대인들

---

21. 계몽주의/탈계몽주의 스펙트럼의 양극단에서 이 현상을 설명하고 있는 글로는 다음을 참고하라. Arjun Appadurai, *Modernity at Large : Cultural Dimension of Globalization* (Minneapolis : University of Minnesota Press, 1996)[배개화 외 옮김, 『고삐 풀린 현대성』, 현실문화연구, 2004]과 Jürgen Habermas, "The European Nation-State : On the Past and Future of Sovereignty and Citizenship," *Public Culture* 10.2 (Winter 1998) : 397-416.

22. Jeremy Stolow, "Transnational Religious Social Movement and the Limits of Liberal Tolerance," unpublished MS, Department of Sociology and Communication Studies, McMaster University, Ontario, 1998, 13.

이 점차 민족-국가의 시민으로 변해가면서, 유대인 민족에 대한 일차적 동일시는 점차 해체되어 갔다. 이러한 공적 영역의 발전에 관용이 미친 영향을 이해하는 데 있어 가장 중요한 사실은, 유대인들은 여전히 집단적으로 행동할 수 있었지만, 이제 이러한 행동은 자유주의 담론 속에서만, 즉 '유대인성'이 어떤 공적인 의미도 가지지 못하는 틀 속에서만 가능하게 되었다는 것이다.

따라서 근대 공적 공간의 발달은 기존의 공동체적 구조의 해체 과정일 뿐 아니라, 기존에 존재하던 풍부한 종교적·도덕적·윤리적 주체-구성 담론들을 배제해 나가는 좀 더 미묘한 포섭 과정을 통해 진행되었다.[23] 다양한 소수 집단들이 국가로 통합되면서 소수 공동체들이 해체되었을 **뿐 아니라**, 그 공동체의 담론들 역시 합법적인 공적 담론, 특히 정치적 담론으로부터 배제되어 갔다. 이러한 해체와 개인화 그리고 담론적 배제의 경제 economy는, 여전히 관용 담론의 규제적이면서 생산적인 측면을 구성하고 있다. 하지만 이제 이러한 경제는 국가의 법이나 정책에 의해 주도되는 것이 아니라, 오히려 다양한 시민 담론과 국가 선언 그리고 호명된 시민들의 실천 등을 통해, 즉 통치성의 형태로 작동하고 있다. 여기서 국가는 하나의 행위자이지만, 유일한 행위자는 아니다.

과거 전근대적 공동체들은 봉건 국가나 초기 근대 국가와 분리된 자기-결정과 자기-조절의 공간을 형성하고 있었다. 물론 이러한 공간들은 민족-국가의 통합 정책에 의해 공동체 구조 자체가 붕괴하면서 점차 사라져 갔고, 이후에는 관용의 통치성에 의해 급격히 축소되었다. 이제 주변적이고 일탈적인 공동체들은 국가와 그것의 자유주의적 규범에 일차적으로

---

23. 위의 글, 18-20.

종속되었으며, 공동체를 박탈당한 개인들은 자유주의 정치 담론, 기독교, 시장 같은 동질적 힘들의 질서 속에 포섭되었다. 따라서 공동체적 유대는 개인들이 공동체로부터 분리되면서 **내부로부터** 해체됨과 동시에, 공동체 자체가 헤게모니적인 정치·경제·문화적 구조에 종속되면서 **외부로부터** 해체되어 갔다고 말할 수 있다. 그리고 이에 따라 공간적 분리와 담론적 자율성에 의해 유지되던 공동체의 국가로부터의 보호 기능 역시 사라지게 되었다.[24]

쉽게 말하자면, 국가는 이제 공동체의 공식적 관리자가 된 것이다. 하지만 국가 이외의 다른 헤게모니적 힘들, 예컨대 기독교나 시장 같은 요소들 역시, 새롭게 편입된 공동체들에게 비공식적이지만 강력한 영향력을 발휘했다. 철학자 조셉 라즈는, 이러한 부수적인 힘들의 작동을 어느 정도 긍정적인 입장에서 서술한 바 있다. 그에 따르면, 특권화된 문화적 다수가 부재하는 다문화주의 사회가 극단적인 사회·정치적 파편화를 피할 수 있었던 것은, 바로 이러한 단일한 (자본주의) 경제와 단일한 (자유민주주의) 정치 질서가 가진 동질화 효과에 기반해 있다.[25] 자본주의와 자유민주주의라는 공통 문화야말로, 다문화주의에 존재할 수 있는 차이의 범람과 의미의 다양화를 효과적으로 제어해 준다는 것이다.[26]

---

24. 오늘날 시민사회의 다양한 자발적 사회조직들은 이러한 공동체의 자취로 볼 수 있으며, 이들은 여전히 국가와 개인 사이에서 중요한 공간을 차지하고 있다. 하지만 이러한 사회조직들 역시, 과거 공동체가 누렸던 국가로부터의 정치적·경제적 자율성은 결여하고 있다.
25. Joseph Raz, *Ethics in the Public Domain* (Oxford : Clarendon Press, 1984), 172.
26. 유사한 관점에서, 버나드 윌리엄스는 지구적 자본주의를, 근본주의의 "불관용"문화에 대한 장기적인 해결책으로 제시한 바 있다. 그에 따르면, 자본주의는 자유주의와 함께 회의적 태도를 자극하기 때문에, 광신적 태도를 누그러뜨리고 관용의 필요성을 부추기며, "광신적"이고 "근본주의적"인 문화를 고립시킨다. "Toleration : An Impossible Virtue?", *Toleration : An Elusive Virtue*, ed, David Heyd (Princeton : Princeton University Press, 1996), 26을 보라.

하위민족 공동체로부터의 개인의 분리, 문화·정치·경제의 동질화를 통한 폐쇄적인 공동체적 실천과 규범의 파괴, 공동체의 국가로의 편입/포섭으로 이어지는 메커니즘을 통해, 자유와 포함의 기획은 이제 종속과 규제의 측면도 함께 가지게 되었다. 공동체들이 기존의 폐쇄적 정치 공간에서 뿌리 뽑혀 국가의 사법 구조 하에 통합되고 주류 경제·문화 질서 속에 포섭되면서, 개인들 역시 종족이나 종교 같은 하위민족적 질서로부터 추상화되어 한 명의 시민으로 재구성되었다. 그리고 이와 동시에 그때까지 그들이 가졌던 기존의 믿음 체계는, 이제 합법적인 정치 담론에서 배제되었다. 그런데 19세기 중반 이후 비교적 원활히 작동해 왔던 이러한 순차적 메커니즘이, 20세기 후반 들어 점차 그 한계와 모순점을 드러내기 시작했다. 공적 담론에서 문화적 규범들을 제거하면 제거할수록, 공적 담론은 반^反헤게모니적 사회 운동들과 근본주의의 공격에 점점 더 취약해져 갔다. 도덕적·윤리적 판단을 제거해 버린 공적 공간은, 실질적인 윤리적 주장들에 취약할 수밖에 없었고, 이에 따라 공적 담론이 의지할 곳은 단순한 절차주의procedualism밖에 남지 않게 되었다. 이제 공적 담론은 정치체가 직면한 윤리적·정치적 문제들에 설득력 있는 해결책을 제시하기는커녕, 그것의 의미를 해석하는 일조차 버거워하게 된 것이다. 이렇게 국가주권의 견고함이 한 번 흔들리기 시작하자, 자유주의 민족-국가를 정당화해 오던 문화적 중립성과 보편주의의 가정이 함께 흔들리기 시작했고, 그 결과 공적 담론은 다양한 하위민족적 혹은 초민족적 정체성 주장들에 점차 취약해져만 갔다. 민족-국가가 자신과 헤게모니 문화와의 결합 관계를 은폐하는 데 실패하면서, 즉 민족-국가가 기독교인·백인·남성·이성애자라는 규범들과 맺어 왔던 연루 관계를 완화해야만 하는 상황에 처하게 되면서, 반동적이고 반^反근대적인 운동까지 포함하는 다양한 사회 운동들이 공적 영역에 자리 잡기 시작했다. 비자유주의적인 도덕 담론들에 오염되지 않은 공적 영역을 구축하고자 했던 자유주의의 시도는, 비자유주의적인 도덕 담론들에 오염되지 않은 공적 영역을 구축하고자 했던 자유주의의 시도로 인해, 역설적으로 공적 영역은 이제 근본주의적인 혹은 본질주의적인 정체성론에 기반한 사회 운동의 반격이나 자유주의가 규범적 불평등과 결합되어 있다는 비판에 취약해져 버린 것이다.

하지만 여기에 덧붙여야 하는 사실이 있다. 일반적으로 관용은 "하위민족적" 정체성을 대상으로 하지만, 실제 이들 하위민족적 집단들은 비록 정도의 차이는 있다 하더라도 어느 정도까지는 초민족적 특성 또한 지니고 있다. 근대적 관용의 조건인 공동체의 해체 — 예컨대, 유대인·이슬람 공동체의 해체 — 는, 비록 이러한 정체성의 초민족적 특성을 완전히 뿌리뽑지는 못했다 하더라도 이를 최대한 억제해 왔다. 3장에서 보았듯이, 유대인 민족은 시민권을 얻기 위해 유대인이 되는 것을 양보해야 했다. 이와 동일하게, 오늘날 선한 (따라서 관용할 수 있는) 동성애자는 술집과 욕탕을 오가는 생활, 즉 성적 공동체의 생활을 청산하고 가족과 공동체의 가치를 따라야만 하며, 선한 미국의 가톨릭교도들은 교황이나 〈아일랜드 공화국군〉IRA의 말보다는 미국 대통령과 영국 국가 이성의 말에 귀 기울여야 한다. 9/11 이후 미국 내 무슬림에 대한 부시 대통령의 연설은, 이 점을 분명히 하고 있다. "미국의 무슬림 중에는, 나만큼이나 이 나라를 사랑하고 나만큼이나 이 나라의 깃발에 충성을 맹세하는 선한 이들도 있습니다."[27]

---

27. "Remarks by the President at Photo Opportunity with House and Senate Leadership," The Oval Office, Office of the Press Secretary, 19 September 2001(http://www.whitehouse/gov/news/release/2001/09/20010919=8.html, 2005년 10월 4일 접속). 이외에도 부시는 애국심에 근거해서만 이슬람 미국인들의 시민권을 인정하는 발언을 여러 번 한 바 있다.

이렇게 미국을 사랑하고 그 깃발에 충성을 다하는 무슬림의 정반대편에는, 성전jihad을 위해 알라신이나 오사마 빈 라덴을 추종하는 "종교적 극단주의자"들이 존재할 것이다.[28] 바꾸어 말하면, 미국은 무슬림들이 초민족적인 이슬람 공동체가 아니라, (미국이라는) 민족-국가에 충성을 다할 때에만 그들을 관용할 수 있다. 그리고 이러한 믿음은 깃발이라는 상징에 대한 사랑을 통해 표현된다. (9/11 이후 미국 국기로 창문을 장식한 뉴욕의 아랍계 상점 주인과 택시 운전사들은 이 점을 정확히 이해하고 있었던 것이다!)

이와 같이 관용은 민족-국가의 주권과 통합력에 위협을 가하는 초민족적 힘에 대한 대응책으로 기능한다. 관용은 초민족적 힘들을 민족주의 아래로 포섭하고, 초민족적 주체들을 국가 시민으로 재구성한다. 이는 18~19세기 프랑스의 유대인들이 결국에는 권리를 가진 순수한 개인이라기보다는, 프랑스 공화국의 일원이자 프랑스 문화에 동화된 주체로 구성되었다는 점에서 명백히 드러난다. 이와 유사하게 오늘날 국가관용 담론은, 다문화적 인구를 새로운 민족적 시민 ― 단, 단일한 문화적 기원을 갖지 않는 시민 ― 으로 변형시키고 있다. 오늘날에도 개인은 예전 공동체에 대한 공적 애착과 충성을 버리고 새로운 공동체에 충성을 바칠 때에만, 즉 하나의 민족주의를 다른 민족주의로 대체할 때에만, 관용의 대상이 될 수 있다. (물론 관용의 이러한 전제 조건이 매번 쉽게 확인 가능한 것은 아니다. 개인이 공적 공간에는 새로운 대상에 충성을 다하면서도, 사적인 공간에서는 과거 공동체에 대한 애착을 계속 유지할지도 모르기 때문이다. 9/11 이후 자신의 상점 창문들을 미국 국기로 장식한 뉴욕의 많은 무슬림

---

28. Mahmood Mamdani, *Good Muslim, Bad Muslim : America, the Cold War, and the Roots of Terror* (New York : Pantheon, 2004), 특히 1장을 보라.

들이, 지하실에서는 알라신께 기도를 드렸단 사실을 잊어선 안 된다.)

그런데 통치성으로서의 관용이 이렇듯 충성 대상의 변화를 요구할 때, 하나의 역설 — 국가가 소수자를 보호하고 관용하며 해방시키는 기구로 자신을 재현할 때조차도, 국가와 관용의 대상이 되는 공동체는 서로 적대적 관계에 놓이게 된다는 역설 — 이 발생하게 된다. 국가는 오직 국가에 충성을 바치는 개인들을 보호하고 관용할 뿐, 국가가 아닌 다른 신이나 다른 민족 구성체에 충성을 바치는 집단은 관용하지 않는다. 바로 이 점이 공동체 해체를 전제로 하는 관용의 정치적 측면인 것이다. 따라서 오늘날과 같이 민족-국가의 경계가 약화되고 국제적인 이주가 활발한 시대에, 관용 담론은 통치 까다로운 초민족적 집단을 통제하기 위한 규율 전략이자, 무너져 가는 국가 주권과 시민권 개념을 복원하기 위한 전략으로 기능하는 것처럼 보인다. 즉, 관용은 근본주의나 정체성에 기반한 요구들로 인한 질서의 교란을 제어하기 위한 정치적 전술인 동시에, 위기에 처한 자유주의적 보편성을 재정당화하고 문화적으로 통일된 민족 개념을 복원하기 위한 하나의 통치 테크닉인 것이다. 오늘날 세계화 등의 요인이 민족-국가의 주권과 그것에 대한 충성심을 부식시키고 있다면, 관용은 이 둘 모두를 되살리기 위해 등장하는 (국가적·법적이라기보다는) 사회적인 규율 테크닉이다.

오늘날 후기 근대의 물질적·이데올로기적 발전의 결과, 자유주의 국가는 더 이상 보편적 재현의 위치와 규범-중립적 지위를 장담할 수 없으며, 또한 과거 "차이"의 문제를 푸는 최선의 방안으로 여겨졌던 동화와 세속주의, 형식적 평등 같은 자유주의적 해결책 역시 의심받고 있는 것처럼 보인다. 이러한 상황에서 관용은 이러한 상실을 은폐하고, 포스트-보편적 post-universal 기반 위에 국가의 중립적 지위를 재강화해, 국가 권력의 "불관용적이고" 폭력적인 대내외 정책을 정당화하는 데 기여하고 있다. 자유주의 체제를 정당화하는 핵심적 용어는 "자유"freedom이지만, 이러한 자유주의적 자유의 한계가 폭로된 오늘날의 상황에서, 이제 관용이 체제의 정당성을 뒷받침하는 핵심 역할을 수행하게 된 것이다. 소수자 집단의 평등에 대한 요구가 국가에 의해 조정되면 될수록, 자유주의적 평등을 보충하는 동시에 대체하는 대리보충으로서의 관용의 역할 역시 점점 더 활성화될 것이다. 평등보다는 "차이"가 부각되는 오늘날, 국가가 평등의 보장이라는 자신의 역할을 방기하면 할수록, 관용에 대한 국가의 호소 역시 점점 더 커져갈 것이기 때문이다.

통치성으로서의 관용이 가진 이러한 다양한 측면은, 최근 미국의 사례들에서도 확인된다. 이 장의 나머지 부분에서는, 최근 미국의 동성 결혼same-sex marriage 논란과 9/11 직후 부시 정부의 담론을 분석할 것이다. 이들 사례에서, 우리는 국가에서 시민사회로, 시민사회에서 개인으로, 그리고 다시 국가로 되돌아오는 관용 담론의 순환을 발견할 수 있다. 이러한 순환은 국가의 정당화와 시민-규율이라는 관용의 두 가지 기능을 가능하게 해 주는 동시에, 그 자체로 관용의 통치성의 한 부분을 구성하고 있다.

동성 결혼

동성 결혼에 대한 찬반 캠페인은, 앞서 설명한 공적 공간의 변화와 자유주의가 전개해 온 포섭 노력의 계보 속에서 검토될 수 있다. 동성 간의 결합을 이성 간의 결합과 동등한 것으로 인정하라는 주장은, 그 동안 국가에 의해 보장되어 온 남성 지배와 이성애규범성heteronormativity에 대한 정치적 도전을 이미 전제할 때에 가능하다. 다시 말해 동성 결혼 지지 캠페인은, 스스로를 보편적 재현체로 내세우는 국가의 주장과 국가가 지금까지 지탱해 온 배제의 질서 간에 놓인 간극이 폭로되었을 때에만, 비로소 가지화될intelligible 수 있다. 풍부한 문화적 규범들이 공식적으로 공적 담론에서 배제되면 될수록, 따라서 실제로는 그러한 규범들에 기반할 수밖에 없는 법들이 도전에 취약해지면 취약해질수록, 반反헤게모니적 사회운동은 공적 논쟁의 장에 성공적으로 진입할 수 있게 된다.

즉, 동성 결혼 합법화 운동은, 국가가 결혼법에 명문화한 남성 중심적이고 이성애 중심적인 규범에 대한 도전을 전제로 하는, 포함에 대한 요구라 할 수 있다. 그리고 이러한 도전이 가능하기 위해서는, 보편적 평등이다른 도덕적 담론들보다 최우선적 가치를 가진 것으로 간주되고, 법적 평등의 약속이 자유주의적 공적 삶의 핵심적인 가치로 간주되어야 한다. 하지만 1장에서 살펴보았듯이, 종교적 관용이 최우선의 원리가 되는 것 — 즉, 국가가 도덕적 권위를 상실하고 도덕적·종교적 믿음들이 사사화되는 것 — 은, 평등의 승리인 동시에 여타 담론들이 **공적** 담론으로서의 자격을 잃어버리는 과정이기도 하다. 동성 결혼에 반대하는 캠페인은, 도덕적 혹은 문화적 규범들을 공적 담론에서 배제하려는 시도에 대한 반응이라는 점에서, 이러한 오래된 이야기의 일부분이라 할 수 있다. 실제로 동성 결혼반대 캠페인은, 형식적 자유주의 원리들을 뒷받침하고 있는 특정한 규범들 — 이 경우에는 이성애적 결혼을 특권화하고 신성화하는 규범들 — 을 유지하는 국가의 역할을 강조하고 있다.

이러한 점들을 염두에 두면서, 조지 W. 부시의 동성 결혼에 대한 입장을 검토해 보자. 그는 2000년 앨 고어와의 대선 토론회에서 나름과 깉

이 말한 바 있다. "난 동성 결혼을 지지하지 않습니다. 결혼은 남성과 여성 간의 성스러운 제도입니다. …… (하지만) 내게 동의하지 않는 이들도 존중할 생각입니다. …… 나는 다른 이의 의견을 존중하는 사람입니다. 나는 지금껏 항상 관용적인 사람이었으며, 앞으로도 그럴 생각입니다. 난 다만 결혼은 남녀 간의 문제라고 믿을 뿐입니다."[29] 이러한 부시의 입장은, 그의 재임기간 동안 변하지 않았다. 이는 그가 한편으로는 시민 결합civil union을 묵인하면서도, 다른 한편으로는 2004년 결혼을 남자와 여자의 결합으로 제한하는 헌법안을 발의한 데에서도 잘 드러난다. 그는 동성 결혼의 인정을 거부하는 동시에, **동성 결혼에 찬성하는 이들과 동성애자**(부시의 수사법에 따르면, 이 둘은 암묵적으로 동일시된다)에 대한 관용을 호소했던 것이다.

어찌 보면 이러한 줄타기는 동성 결혼 지지자와 동성애 혐오자 모두로부터 국가를 방어하기 위한 시도라고도 말할 수 있다. 부시 행정부는 동성애자 개인에 대한 관용을 강조하는 한편, 결혼 제도의 기반이 되는 젠더 경제의 붕괴는 허용하지 않음으로써, 국가를 동성 결혼 지지자와 동성애 혐오자 사이의 조정자로 구성하려 했던 것이다. 하지만 이러한 입장정리가, 국가가 실제로 이 문제에 대해 중립적인 태도를 취했음을 의미하지는 않는다. 오히려 부시 행정부는 대중에게는 "상이한 라이프스타일"을 관용할 것을 촉구하는 한편, 국가 자신은 그 동안 약화된 결혼과 가족의 가치를 적극적으로 옹호하고 뒷받침해 왔다.[30] 이성 결혼과 그것의 특권을 보

---

29. "The Second Gore-Bush Presidential Debates," 11 October 2000, 〈미대통령 선거 토론 위원회〉(Commission on Presidential Debates) 홈페이지(http://www.debates.org/pages/trans2000b.html, 2005년 10월 4일 접속).

30. 낙태에 대한 미국 연방 대법원의 판결 역시, 이와 유사한 입장에 기반해 있다. 1973년 로 대 웨이드(Roe v. Wade) 판결은, 국가권력이 개입할 수 없는 사생활 영역을

호하기 위해서, 국가는 성적 영역에서의 평등을 대변하지도 않았고, 대변할 수도 없었다. 국가는 대신 관용에 호소했는데, 이때의 관용은 국가의 법에 의해 보장된 관용이 아니라, 사회적 영역에서 **개인이 개인에게 행하는** 종류의 관용일 뿐이었다. 따라서 우리는 국가가 이러한 사회적 관용에 대한 호소를 통해, 자신이 헤게모니적인 문화적 규범과 연결되어 있다는 폭로에 맞서 자신의 정당성을 재정립할 수 있었다는 점에 주목해야 한다. 국가는 평등의 약속을 위반하고, 대립하는 운동 중 한 쪽의 입장을 일방적으로 지지하면서도, 관용을 통해 자신의 부족한 정당성을 메울 수 있었던 것이다. 이런 식으로 관용은 평등한 권리를 대체하였고, 국가가 아닌 시민들이 행하는 관용이란 명목으로 이러한 대체는 은밀히 은폐되었다.

이때, 이성 결혼과 그 특권의 보호자로서 국가는, 젠더 간의 차이를 "보면서" 이에 기반해 결혼의 권리를 차등적으로 부여한다. 하지만 동시에 관용의 주창자로서 국가는, 시민들에게 이러한 차이에 "눈감을 것"을 요구한다. 국가가 시민들에게 촉구하는 관용은, 시민들이 동성애자로부터 시선을 돌릴 것을 요구한다. 이러한 시선의 사사화는, 동성애자가 관용받기 위해 따라야 하는 섹슈얼리티의 사사화의 유령적 반복이라 할 수 있다. "보기와 보지 않기"의 이 복잡한 경제 속에서, 국가와 시민은 상반된 자리를 차지하게 된다. 국가는 "보면서" 동성애자의 결혼에 제약을 가하는 반면에, (이성애자) 시민들은 자신의 시선을 돌리고, 동성애를 관용해야만 한다. 이러한 비대칭성은, 이 영역에서 가능한 관용이 국가의 실천이 아닌, 오직 시민적, 개인적 실천임을 의미한다. 즉, 국가는 관용하지 않는

규정함으로써 이 영역에서는 여성들의 낙태 행위를 용인하였지만, 동시에 국가가 잠재적 생명의 보호에 관심을 가져야 한다고 명시함으로써 반낙태론자들의 주장과 이 헤게모니를 옹호하였다. 낙태에 대한 이류 지월을 금지한 1980년 해리스 대 맥로 (Harris v. McRoe) 판결 역시, 이와 마찬가지 논리를 따랐다.

다. 하지만 시민은 관용할 것이다. 이와 같이 국가는 시민을 관용적 주체로 호명함으로써, 동성 결혼과 관련해 불평등한 입장을 취하면서도 여전히 자신의 정당성을 확보할 수 있다. 근본주의적인 정책과 관용에 대한 호소를 동시에 추진함으로써, 국가는 통치 까다로운 집단적 실천들을 규율함과 동시에, 국가가 배태한 문화적 규범들이 적나라하게 드러난 위기 상황 속에서 국가를 재정당화하는 작업을 전개할 수 있는 것이다.[31]

이슬람 관용하기

9/11 직후, 부시는 아랍계 미국인들을 존중할 것을 반복해 강조함으로써 많은 이들을 놀라게 했다. 그는 이슬람 신도와 테러리스트를 구분해야 한다고 강조했으며, 아랍계 미국인에 대한 자경주의나 이들을 희생양으로 만들려는 움직임 등에 대해 경고했다. 물론 그의 이런 노력들은, 때

---

31. 동성 결혼 합법화는 확실히 평등과 차별철폐라는 일반적 규칙과 일치하고 따라서 이러한 전제 위해 서 있는 자유민주주의에 적합한 조치이지만, 나는 동성 결혼 합법화 운동을 사회 정의의 기획으로서 지지하지는 않는다. 동성 결혼 합법화 운동은 결혼의 합법적 지위를 신성화하는 동시에, 부부와 핵가족을 친족 관계의 기본 형태로 물화한다. 물론 이에 대해 길게 논의하는 것은, 이 글의 요지와 어긋날 것이다. 이 문제에 대한 개괄을 위해서는, Michael Warner, "Beyond Gay Marriage" in *Left Legalism/Left Critique*, ed. Wendy Brown and Janet Halley (Durham, NC : Duke University Press, 2002)을 보라. 동성 결혼 합법화 운동에 대한 마이클 쇼 (Michael Shaw)의 카툰은, 이 운동에 대한 논평 중 내가 가장 좋아하는 것이다. 『뉴요커』에 실린 이 카툰에서, 함께 뉴스를 보던 이성애자 중년 부부 중 한 명은 다음과 같이 말한다. "게이와 레즈비언이 결혼한대. 아직 고생을 덜 했나 봐?" (New Yorker, 1 March 2004, 8) 이 카툰은 카툰 뱅크(Cartoon Bank) 홈페이지에서도 볼 수 있다.(http://www.cartoonbank.com/product_details.asp?sitetype=1&sid=69362, 2005년 10월 4일 접속)

로는 서툰 면을 노출하기도 했다. 그는 종교 의상을 입은 이슬람 신도를 위협하지 말 것을 강조하면서, "옷을 뒤집어쓴 여성들"이란 표현을 사용하는가 하면, 기독교인이 아닌 이들을 "우리"라고 지칭하기를 주저하는 모습을 보였다. 예를 들어, 그는 "우리나라에는 수천 명의 아랍계 미국인들이 있음을 명심해야 합니다. 그들은 …… 이 나라의 국기를 사랑합니다. 우리가 전쟁에서 이기길 원할수록, 우리는 미국계 아랍인과 무슬림을 존중해야만 합니다"[32]라고 말했으며, 또 9월 17일 백악관에서 미국의 이슬람 지도자들과 만난 후에는, "나는 오늘 나와 같이 느끼는 이들을 만났다. 그들 역시 분노하고, 슬퍼하고 있다. 그들은 나만큼 미국을 사랑한다"[33]고 말한 바 있다. 그가 계속해서 "우리"와 "그들"이란 용어를 사용하는 데에 서도 드러나듯이, 사실 다문화 담론은 부시에게 익숙지 않은 것이었다. 그는 무의식중에 무슬림을 미국의 외부에 존재하는 이들로 재현했으며, "그들은 나와 같이 느낀다"는 말에서도 드러나듯이, 주관적인 일체감을 확인한 후에야 이들이 미국에 속한다는 사실을 인정할 수 있었다. 하지만 그럼에도 인종적 편견과 폭력을 막으려는 그의 노력은, 그 자체로 많은 이들을 놀라게 했다.

그런데 부시가 이같이 시민들에게 상호 존중 및 관용을 설교하고 미국의 다양성을 찬양하는 동안, 미국 정부는 대외적으로는 아프가니스탄

---

32. "President Holds Prime Time News Conference," The East Room, Office of the Press Secretary, 11 October 2001(http://www.whitehouse.gov/news/releases/2 001/10/20011011=7.html, 2005년 10월 24일 접속); "President Pledges Assistance for New York in Phone Call with Pataki, Giuliani," Office of the Press Secretary, 13 September 2001(http://www.whitehouse.gov/news/relases/2001/09/20010913=4.html, 2005년 10월 4일 접속).

33. "'Islam Is Peace', says President," Washington DC, Office of the Press Secretary, 17 September 2001(http://www.whitehouse.gov/news/releases/2001/09/20010917=11.html, 2005년 10월 4일 접속).

전쟁을, 대내적으로는 "테러와의 전쟁"을 수행하고 있었다. 시민에게 요구되는 덕목이 국가의 덕목은 아니었던 셈이다. 시민들에게 시민윤리와 관용을 호소하면서, 동시에 국가는 탈법적이고 폭력적인 인종 및 종교 차별 행위를 저지르고 있었다. 아프가니스탄 전쟁은 일명 "부수적 피해"라 불리는 막대한 민간인 희생을 낳았다. 만약 미국과 유럽에서 이 정도의 사상자가 났다면, 이 전쟁은 결코 용납되지 않았을 것이다.[34] 또한 9/11 이후 미국 정부는 수천 명의 아랍인과 아랍계 미국인을 구류하였으며, 이들 중 수백 명은 테러와 연결된 어떤 물적 증거도 없었음에도 구류되었다.[35] 당시 구류자의 가족들은 이들의 행방에 대해 어떤 통지도 받지 못했고, 구류자에게는 법률 상담조차 허락되지 않았다.[36] 2001년 12월부터는 "테러리스트와의 연계가 의심스런 국가들"의 국적을 가진 5천여 명에 대한 방문 조사가 실시되었는데, 이들에게는 미란다 원칙이 공지되지 않았으며, 이들 중 비자가 만료된 이들은 즉시 추방이나 무제한 구류 대상이 되었다.[37]

동시에 국가는 "묻지 마" 권력의 범위를 점차 확장해 나갔다. 9/11 직

---

34. 아프가니스탄 민간인 사망자 수는 아무리 낮게 잡아도 1천 명 이상이다. 혹자들은 4천 명 이상이라고 보기도 한다. 2002년 1월에 마이클 매싱(Michael Massing)은 민간인 사상자 수가 약 2천 명 수준이라고 추정했다.("Grief without Portraits," *The Nations*, 4 February 2002, 6-8) 마크 헤롤드(Marc Herold)는 전쟁 개시 3년 동안, 피해자 수가 적어도 3천 명으로 불어났다고 주장하기도 했다. 그의 *Blown Away : The Myth and Reality of Precision Bombing in Afghanistan*(Monroe, ME : Common Courage Press, 2004)를 보라. 가장 놀라운 것은 국가 기관과 주류 언론이 이 민간인 피해자 숫자에 아무런 관심을 보이지 않는다는 사실이다. 그들은 추정치조차 내놓지 않았다.

35. Cole, *Enemy Aliens* 를 보라.

36. Dan Eggen, "Delays Cited in Charging Detainees," *Washington Post*, 15 January 2002, A1.

37. Jodi Wilgoren, "Prosecutors Begin Effort to Interview 5,000, but Basic Questions Remain," *New York Times*, 15 November 2001, B7.

후 공표된 〈미국 애국자 법〉USA Patriot Act은, 유례없는 수준의 시민 감시를 국가에 허용했을 뿐 아니라, 위기 국면에서는 시민의 자유를 보호하는 사법권을 제한하는 권한까지 부여했다. 2001년 10월, 법무장관 존 애쉬크로프트John Ashcroft는 모든 행정부 요원들에게 "정보의 공개에 따라 제도적·상업적·개인적 이해관계의 침해가 예상될 때는" 언제든지, 〈정보자유법〉Freedom of Information Act에 따른 정보 공개 요구를 거부하라고 지시하였다.[38] 결국 그는 국가 안보의 이름으로 〈정보자유법〉의 원칙을 뒤집는 엄청난 일을 혼자 힘으로 해 버린 것이다. 한편, 미국 연방수사국FBI은 묵비권을 행사하는 용의자를 보호하는 법률 조항에 딴지를 걸기 시작했다. 결국 2001년 11월 연방수사국FBI과 법무부는, 이들 용의자에 대한 고문이나 자백제truth serum 사용을 허가하거나, 혹은 최소한 그러한 방식이 합법적인 국가들로 보내 취조하는 것을 허용해야 한다고 주장하였다.[39] (이 당시 억류되었던 아랍인들에게 이후에 아부 그라이브에서 사용된 것과 동일한 고문 기술들이 사용되었으며, 당시 국방장관 도날드 럼스펠드가 이를 직접 승인했다는 사실이 2005년에 이르러서야 밝혀졌다.)[40] 뒤이

---

38. "On the Public's Right to Know : The Day Ashcroft Censored Freedom of Information," editorial, *San Francisco Chronicle*, 6 January 2002, D4.

39. "미 연방수사국(FBI)과 법무부 조사원들은 테러 용의자들의 묵비권 행사에 당황하고 있으며, 일부는 용의자들에게서 9/11 테러 계획에 대한 정보를 얻기 위해서, 전통적인 시민적 자유의 보호는 잠시 보류할 필요가 있다고 주장했다."(Walter Pincus, "Silence of 4 Terror Probe Suspects Poses Dilemma for FBI," *Washington Post*, 21 October 2001, A6).

40. 다음의 자료들을 보라. "Torture Policy," editorial, *Washington Post*, 16 June 2004, A26; "Rumsfeld Sued over Prisoner Abuse," CBSnews.com, 1 March 2005(http://www.cbsnews.com/stories/2005/03/01/terror/main677278.html, 2005년 10월 24일 접속); "ACLU and Human rights First Sue Defense Secretary Rumsfeld over U.S. Torture Policies," American Civil Liberty Union, 1 March 2005 (http://www.aclu.org/SafeandFree.cfm?ID=17584&c=206, 2005년 10월 24일 접속).

어 부시는 테러리스트들을 연방 법원이 아닌 군사 법원에서 재판할 것을 명령했고, 제네바 협약을 지키지 않겠다고 선언했다. 그 결과가 바로, 꽁꽁 묶여 재갈을 문 채 공중에 매달린 관타나모 기지의 아프가니스탄 전쟁 포로와, 너무 붐비고 굶주려서 때로는 아사자까지 낳은 아프가니스탄의 감옥 풍경인 것이다.

9/11 이후 진행된 이같은 국가 폭력을, 시민적 관용에 대한 국가의 호소와 모순되는 것으로 단순히 이해해서는 안 된다. 그보다는 이러한 국가 폭력이, 시민적 관용에 대한 호소를 통해 정당화되었다고 보는 것이 옳을 것이다. 국가가 자신의 신민들subjects에게 평화롭게 법을 준수하며 편견을 갖지 않도록 호소하는 한에서, 국가는 자신의 특권적 지위를 활용해 정반대의 실천을 행할 수 있다. 국가는 평등한 대우와 평등한 보호에 대한 요구를 관용으로 대체해 버림으로써, 시민의 자유를 보장하고 그것의 평등한 향유를 위해 노력해야 하는 자신의 임무로부터 벗어날 수 있다. 국가는 스스로 관용적이기 때문이 아니라, 우리가 관용적이어야만 자신이 그러지 않아도 되기 때문에 관용을 강조한다. 즉, 우리가 관용적이어야만, 국가는 국가처럼 행동할 수 있다. 이것이 국가가 그 자체로 불관용적이란 말은 아니다. 다만 평등도, 관용도, 시민권의 보호도, 국가 이성raison d'état의 범주 속에는 포함되어 있지 않음을 말하고 싶을 뿐이다.

어찌 보면, 이같은 사실은 그리 새삼스럽지 않은 것일지 모른다. 근대를 통틀어 국가 이성은 항상 자유주의적 가치와 제도들로부터 일정 정도의 독립적 지위를 누려 왔으며, 이러한 지위는 국가가 평등보다는 안전security의 기능에 주력한다는 이유로 정당화되어 왔다. 하지만 세계화된 경제와 초민족적 사회·정치적 힘들이 국가 주권을 부식시키고 국가의 안전보장 능력을 약화시키면서, 이제 국가의 정당성 유지는, 자유주의적 원리를 준수하고 국가에 적대적이지도 자기 파괴적이지도 않은 순종적 시민들을 생산해 내는 데 전적으로 의존하게 되었다. 관용은 바로 이러한 침묵과 수동성, 더 나아가 복종을 생산해 내는 핵심 기제이다. 강력한 초민족적 집단들에 의해 홈 파여진 다문화적 질서 속에서, 관용은 순종적이고 개인화된, 수동적인 시민을 호명한다. 9/11이후 전쟁 경제의 부흥을 위한 "쇼핑하고, 소비하고, 구매하라"는 국가 선전과 함께, 관용은 소비문화로 대동단결한 일종의 몽유병적 주체들을 생산해 내고 있다. 이러한 몽유병적 시민은, 한편으로는 폭력적이고 강단 있는 국가와, 다른 한편으로는 위기 국면에서 등장할 수 있는 하위민족적 혹은 초민족적으로 결집된 정체성들과 대비되는 지위를 점하고 있다.

그런데 9/11 이후 미국이 자신의 주체들을 호명하기 위해 사용한 방법은, 관용과 소비문화만이 아니었다. 외견상 이들과 모순적으로 보이는 또 다른 방법이 주체 생산의 도구로 기능하였다. 즉, 테러와의 전쟁을 벌이면서 미국은, 자신의 시민들에게 "정부의 눈과 귀"가 되어 낯선 이들을 경계할 것을 요구했는데, 이에 따라 우리는 불분명한 우편물, 낯선 사람, 기이한 행동을 경계하고 조심해야만 했다.[41] 그리고 바로 이러한 요구가 시민 차원에서 이루어지는 특정 인종 표적 수사racial profiling를 정당화했다. 예컨대 이제 무릎에 보따리를 올려놓은 채 관공서 사무소에 앉아 있는 아랍인에 대한 의심이나 비행기 내에서 안절부절 못하는 외국인에 대한 의심은, 하나의 상식이 되었다.

이러한 "불관용적 시선들"은 정당한 것일 뿐 아니라 애국적인 행위로

---

41. "President Discuss War on Terrorism," World Congress Center, Atlanta, GA, Office of the Press Secretary, 9 November 2001(http://whitehouse.gov/news/releases/2001/11/20011108=13.html, 2005년 10월 5일 접속).

간주되었으며, 의심하고 경계하는 시민은 테러와의 전쟁에 참가한 시민
군으로 추켜올려졌다. 또한 우리는 (〈애국자 법〉이라는 이름에서 단적으
로 드러나듯이) 애국의 이름으로 시민적 자유의 박탈을 관용해야 했다.
공항 보안 검색대에서의 특정 인종 편향 수사와 공공건물에의 접근 제한,
영장 없는 수색과 체포, 미란다 원칙의 공지 없는 구류, 전화 도청과 우편
물 검열 등을 묵묵히 수용해야 했던 것이다. 이러한 호명 속에서, 우리는
더 이상 국가의 수동적 신민subject가 아니라, 오히려 비자유주의적 국가
이성에 부속된 요원agent로 구성된다.

이러한 이중적 호명 — 즉, 관용과 소비를 통한 수동적이고 순종적인 주
체로의 호명과 인종적 공포를 통한 국가 요원으로의 호명 — 은, 후기 근대
국가의 정당화 작업이 가진 복잡한 성격을 보여준다. 한편으로 시민들은
동질적 민족이라는 관념을 포기하고, 다문화주의를 수용해야만 한다. 하
지만 다른 한편으로, 시민들은 국가와 민족의 동일성을 유지시키는 "우리"
라는 강한 민족 혹은 국가 관념을 체화하고 있어야 한다. 한편으로 시민들
은 상호 존중과 관용, 믿음의 자유라는 "미국적 가치"를 실천해야만 한
다.42 그러나 다른 한편으로, 시민들은 그들 내부의 위험에 대비하여 테러
와의 전쟁을 수행하는 국가의 시민군이 되어야 한다.43 이러한 모순적 호

---

42. "우리는 아랍계 미국인들과 미국 내 무슬림에 대한 보복에 분노합니다. 그러한 보복은
전혀 미국답지 못한 짓입니다."(Press Release, 13 September 2001, Union of
American Hebrew Congregations, Religious Action Center http://rac.org/Artic
les/index.cfm?id=781&pee_rpg_id=4368, 2005년 10월 5일 접속).

43. 반체제 인사와 비판적 지식인들은 이러한 기획의 "약한 고리"가 되었다. 이 "약한 고
리"라는 용어는, 〈미국 대학 이사 및 동문 협의회〉(American Council of Trustees
and Alumni, ANTA)가 작성한 악명 높은 보고서 「문명의 방어 : 대학은 어떻게 미국
을 망치고 있으며, 우리는 무엇을 할 것인가?」에서 매국적 지식인들을 언급하면서 사용
한 것이다.(Patrick Hearly, "McCarthyism : Rightwingers Target Voices of Dissent,"
Boston Globe, 13 November 2001, A7) 그 보고서는 ACTA 의장인 제리 마틴(Jerry

명의 정당화 논리는 다음과 같이 전개된다. 우리를 위협하는 불관용적인 그들과 달리, 관용적 시민인 우리는 덕스럽고 자유로운 존재이다. 그리고 바로 이러한 미덕과 자유의 이름으로, 안전을 위해 자유와 관용의 원칙을 침해하는 행위는 정당화될 수 있다. 국가의 인종차별적 폭력은 이러한 미덕과 자유에 반대되는 듯 보이지만, 국가는 국민에게 관용을 호소함으로써, 그가 실제로 행하는 일과는 상관없이 덕과 밀접한 관계를 맺을 수 있다. 국가는 관용을 호소할 수밖에 없는데, 왜냐하면 정의의 원칙에 무관심한 채 국내법을 위반하고 국제적 합의를 무시하기 위해서라도, 자신을 그러한 시민적 덕목들로 포장해야만 하기 때문이다. 바로 이것이 9/11 직후, 랄프 보이드Ralph Boyd 법무부 차관보가 다음과 같은 칼럼을 쓴 이유이다. "아랍계 미국인과 이슬람인들에 대한 폭력과 차별은, 부당하고 불법적일 뿐 아니라, 미국인답지 못한 행동이다." 부시 자신 역시, 다음과 같이 말한 바 있다. "우리의 동료 시민을 위협하는 이들은, 미국의 가치를 대표하지 않는 이들이다. 그들은 인류의 최악의 면을 보여주고 있다."44

L. Martin)과 ACTA 이사 앤 닐(Anne D. Neal)에 의해 공인되고, 린 체니에 의해 대중들에게 공표되었다. (이 장의 제사(題辭)로 쓰인 그녀의 말은, 이 보고서의 표지에 실린 선언문이다.) ACTA의 홈페이지는 이 보고서에 대해 다음과 같이 묘사하고 있다.

9/11이 공격한 것은, 단지 미국만이 아니라 문명 전체이다. 우리는 우리의 악(惡)때문이 아니라, 우리의 덕(德) 때문에, 우리가 추구하는 가치 때문에 공격받았다. 이에 대한 대응의 일환으로, ACTA는 〈문명 방어 기금〉(Defense of Civilization Fund)을 수립하고, 서구 문명과 미국 역사에 대한 연구를 지원해 왔다. 이 기금의 첫 번째 결과물이 바로 「문명의 방어 : 대학은 어떻게 미국을 망치고 있으며, 우리는 무엇을 할 것인가?」이다. 이 보고서는 우리의 대학들이 다음 세대에 자유와 민주주의의 유산을 넘겨줄 수 있는 교과과정을 채택할 것을 요청하고 있다.(http://www.goacta.org/publications/reports.html, 2005년 10월 5일 접속)

사실 이 보고서의 대부분은 9/11직후 두 달 동안 미국의 대외 정책을 비판한 교수들과 학생들의 명단을 나열하는 데 할애되었다. 덧붙여, 이 보고서는 "관용"이 "우리 문명의 중심적 가치이며 위대한 이상"이라고 선언하고 있다.(8)

44. 보이드와 부시의 발언은 다음에서 인용하였다. Shelbia Dancy, "Bush Visits

다시 한 번 강조하지만, 이를 단순히 국가의 대중 조작이나 위선 행위로 이해해선 안 된다. 관용의 통치성은 시민을 단순히 국가 이성의 꼭두각시로 만드는 것이 아니라 국가 이성의 동력으로 활용하며, 이러한 동원을 통해 주체를 한 명의 시민으로 종속시킨다. 9/11 직후에 있었던 또 다른 사례는, 관용의 통치성이 작동하는 방식을 잘 보여준다. 2001년 9월 30일, 〈반反인종비방 연맹〉Anti-Defamation League은, 『뉴욕 타임즈』New York Times지에 전면 광고를 게시했다. (이 단체의 표현을 빌자면, 자신들은 반反유대주의와 모든 종류의 편견에 맞서, 민주주의의 이상을 방어하고 시민권을 보호하는 비영리 단체이다.) 이 광고의 헤드라인은 "증오의 시대에 아이들 교육하기 : 부모와 교육자를 위한 지침"이었으며, 다양한 연령대의 아이들에게 "편견과 차별"로 인한 상처를 인지시키기 위한 여러 교훈적인 내용들을 담고 있었다. 이 광고에 따르면, "대개의 경우 폭력의 근본적 원인"은 "차이에 대한 불관용"이며, 따라서 부모나 교육자의 임무는 "아이들이 9/11과 같은 폭력적 사건 이후에 효과적으로 증오를 극복할수 있도록 도와주는 것"이다.[45] 이어서 이 광고는 이를 위한 몇 가지 방안들을 소개하고 있는데, 우리의 관심을 끄는 것은 이러한 광고의 내용 자체보다는, 이 광고가 관용을 시민의 의무로 재현하는 방식과 이를 통해 국가폭력을 정당화하는 방식이다.

사실 지금까지 〈반反인종비방 연맹〉은 이스라엘의 팔레스타인 점령을 열렬히 지지해 왔으며, 이 과정에서 발생한 모든 형태의 국가 폭력을 옹호해 왔다.[46] 또한 이들은 부시 정부의 아프가니스탄과 이라크 침공 역

Mosque, Warns against Anti-Islam Violence," Religion News Service, 14 September 2001 (http://www.beliefnet/com88/story_8801_1.html, 2005년 10월 5일 접속).

45. Advertisement, New York Times, 30 September 2001, B12.

시 조금의 망설임도 없이 지지하였다. 대체 이 단체의 관용에 대한 호소와 이스라엘 및 미국의 폭력에 대한 옹호 사이에는 어떤 연결고리가 있는 것일까? 어떻게 전자가 후자를 정당화할 수 있을까? 〈반反인종비방 연맹〉은, 9/11 이후 이스라엘과 이스라엘에 대한 미국의 지원 행위를 문제 삼은 사람들을 모두 본질적으로 반反유대주의자, 따라서 불관용적인 자들로 규정하였다.[47] 마찬가지 논리로, 이스라엘 - 팔레스타인 갈등에 있어서 이스라엘을 비판하는 이들 역시 본질적으로 반反유대주의자, 즉 불관용적인 사람이 된다. 얼핏 보면 이상한 논리처럼 보이지만, 당신이 이 논리 안에 발을 디디는 순간 이 논리는 완벽히 작동한다. 이스라엘을 지지하지 않는 것은 반反유대주의이며, 따라서 불관용적이다. 그렇다면, 관용은 이스라엘의 국가 폭력과 이에 대한 미국의 지원을 허용할 뿐 아니라, 심지어 이를 요구하기까지 한다!

관용의 언어는 국가 폭력을 승인하는 과정의 일부이다. 그리고 이 승

---

46. 〈반反인종비방 연맹〉의 이러한 입장은, 홈페이지를 잠깐만 살펴봐도, 금방 알 수 있다. 특히 다음 문서를 보라. "Resolution on Iraq"(http://www.adl.org/presrele/Misse_00/2002_resolution_a.asp, 2005년 10월 5일 접속).

47. 2001년 11월에 〈반反인종비방 연맹〉은 「〈반反인종비방 연맹〉 여론조사 결과 : 9/11 이후 반反유대주의 확산은 없어」라는 제목의 보도 자료를 자신의 웹사이트에 게시하였다.(http://www.adl.org/presrele/asus_12/3948_12.asp, 2005년 10월 5일 접속) 이 자체 여론 조사에서, 반反유대주의적 태도는 유대인과 이스라엘에 대한 "미국인들"의 태도로 지표화되었다. 이들의 논리에 따르면, 다음과 같은 사실은 9/11이후 미국인들 사이에서 "반反유대주의"의 확산이 없었다는 증거이다.
   1. "미국인들의 이스라엘에 대한 호감은 여전히 강하게 유지되고 있다. 이스라엘과 팔레스타인의 입장 중 어디에 더 동의하느냐라는 질문에, 미국인들의 48퍼센트가 이스라엘을 선택했다. 팔레스타인 지지를 밝힌 이들은 11퍼센트에 불과했다."
   2. "대다수의 미국인들은 이스라엘 - 팔레스타인 갈등에 있어서, 폭력의 책임을 팔레스타인에서 찾았다."
   3. "이스라엘의 반反테러 무력 사용에 대한 광범위한 지지가 존재했다. 미국인들의 46퍼센트가 이스라엘의 무력 사용을 제한해야 하다는 입장에 반대했다. 34퍼센트만이 이스라엘의 무력 사용 제한을 찬성했다."

인은 역으로 관용의 일차적 장소가 되는 "차이"를 동원하고 재생산하는 데 일조한다. 우리는 관용을 인종적·종족적 국가 폭력을 은폐하는 보호막 정도로 이해해서는 안 된다. 오히려 관용은 본질화된 차이라는 담론을 순환시킴으로써 국가 폭력을 정당화하며, 동시에 관용에 대한 호소는 국가 폭력에 의해 활성화된다 — 관용은 표면적으로 폭력에 대한 대안이나 치료제처럼 보이지만, 실제로는 폭력에 의해 생산된다고까지 말할 수 있다.[48] 그 결과 관용이 지배와 폭력에 대한 반대의 의미를 함축하고 있음에도 불구하고, 〈반ᵥ인종비방 연맹〉 같은 곳은 바로 그 관용의 이름으로 이스라엘의 행위를 지지할 수 있는 것이다. 유대인의 차이에 대한 관용이 이스라엘의 폭력에 대한 관용과 등치되는 논리 속에서는, 이스라엘이 행사하는 폭력이 커지면 커질수록 관용에 대한 호소도 커질 수밖에 없다. 이렇게 폭력은 관용에 대한 요구를 생산해 내고("이스라엘을 비난하지 말아라. 그것은 반ᵥ유대주의적 행위가 될 수 있다"), 역으로 이러한 요구를 수용하는 것("이스라엘/유대인은 비난받아선 안 된다. 이들을 비난하는 것은 반ᵥ유대주의적 행위가 될 수 있다")은, 폭력을 정당화하는 것으로 귀결된다.

테러와의 전쟁 같은 위기 상황에서는, 언론과 표현의 자유에 대한 관용마저, 강화된 국가 권력이 시민들을 복종시키기 위한 전술이자 테크놀로지로 활용될 수 있다. 언론의 자유에 대한 관용은, 위에 묘사한 국가-시민의 순환과는 정반대의 과정을 통해 작동한다. 이번에는 국가가 관용의

---

48. 본질화된 차이에 대한 국가 폭력을 비난하면서 관용을 호소하는 것은, 근본적으로 관념론적인 태도이다. 실제 이러한 갈등은 불관용에 의해 발생하는 것이 아니며, 관용에 의해 해결될 수도 없기 때문이다.

행위자/보호자가 되며, 시민사회는 불관용적 자경주의의 장이 된다. 국가
는 언론과 표현의 자유에 대한 보장을 약속하면서, 동시에 다음과 같이 선
언한다. "당신이 우리 편이 아니라면, 당신은 테러리스트의 편이다." 여기
서 정부에 대한 반대는 적에 대한 지지와 등치된다. 국가의 실천에 대한
반대는 미국답지 못함un-Americanness과 동일시되고, 따라서 관용될 수 없
는 것이다. 앞에서 보았듯이, 관용의 한계 조건은 민족-국가에 대한 동일
시와 충성심인 것이다.

따라서 "우리 편이 아니면, 적이다"라는 논리 속에서, 반대자들은 관
용의 혜택을 받지 못한다. 당신이 "적을 돕는 한", 당신이 관용될 수 없는
수많은 이유가 있는 것이다.[49] 여기서 반대할 권리 자체는 국가에 의해 형
식적으로 보장된다 하더라도, 기업과 미디어 등 시민사회의 세력들이 반
대 자체를 '미국답지 못함'과 등치시키는 방정식을 받아들임으로써, 반대
의 목소리들은 시민의 이름으로 방송, 신문, 잡지, 교육 현장, 학계 등에서
삭제된다. 상업 권력과 대중 권력의 결합 속에서 행해지는 이러한 규제와
검열 행위를 통해, 국가는 실제로는 이러한 규제 행위의 이론적 근거를 제
공하고 있음에도, 표면적으로 언론 자유의 보호자로 남게 된다. 또한 시민
들이 애국심이란 명목으로 반대자들에 대한 불관용을 선동할 때조차, 국
가는 불관용적 문명과 구분되는 관용적이고 자유로운 문명의 상징으로
자신을 드러낼 수 있다. 다시 한 번, 관용은 국가 권력의 도구 — 즉, 국가
폭력의 이면에서 국민적 합의를 창출하기 위한 배제의 도구 — 이자, 시민을

---

49. 나는 이 문제에 대한 좀 더 심화된 입장을 다음의 글에서 전개한 바 있다. "Political
    Idealization and Its Discontents" in *Dissent in Dangerous Times*, ed. Austin
    Sarat(Ann Arbor, University of Michigan Press, 2004). 이 논문은 다음의 책에 수록
    되었다. Wendy Brown, *Edgework : Essays on Knowledge and Politics* (Princeton :
    Princeton University Press, 2005).

종속시키는 기제가 된다. 바로 이러한 점들이 오늘날 관용을 통치성으로 정의하게 만든다. "사람들에게 법을 부과하는 문제라기보다는 사물들을 배치하는 문제, 즉 법보다는 전술들을 적용하는 문제이고, 나아가 법 자체도 전술로서 활용하는 문제"인 바로 그 통치성 말이다.

5

관용 : 박물관의 전시물
─ 〈시몬 비젠탈 관용박물관〉

〈시몬 비젠탈 센터〉가 1993년 건립한 〈로스앤젤레스 관용박물관〉
The Los Angeles Museum of Tolerance은, 자신의 목적을 다음과 같이 밝히고 있
다. "방문자들에게 인종주의와 편견에 대해 일깨우고, 홀로코스트의 역사
적 맥락과 현재적 의의를 알리는 것."[1] 이 박물관에는 홀로코스트 당시의
유물이 몇 점 전시돼 있기는 하지만, 〈관용박물관〉은 일반적인 의미의 박
물관과 달리, 유물의 수집이나 전시가 그 주목적이 아니다. 그보다는 "〈시
몬 비젠탈 센터〉의 교육지부"로서, 〈관용박물관〉은 최신 미디어 기술을
적극 활용해, 인종 간 폭력, 종족 간 폭력, 성폭력, 반反유대주의, 홀로코스
트 등에 관한 정보를 관람객들에게 제공한다. 인터액티브 컴퓨터를 통해
구현되는 현란한 영상과 음향 효과들이, 관용이라는 신성한 도덕적 가

---

1. "About the Museum of Tolerance," Museum of Tolerance, 2004(http://www.
museumoftolerance.com/mot/about/index.cfm, 2005년 10월 7일 접속). 또 다른
문서는 박물관의 의의를 다음과 같이 정의한다. "홀로코스트 및 20세기 벌어진 대량학
살들에 담긴 교훈과 공포가 결코 잊혀지지 않게 하는 것."(Museum of Tolerance
brochure, n.d., 2004년 가을판)

치와 박물관이라는 신성한 인식론적 지위의 비호 아래 배치되어 있는 것이다.

　이 박물관의 건립 주체인 〈시몬 비젠탈 센터〉는, 홀로코스트를 애도하고 반反유대주의에 맞서 싸우는 동시에, 이스라엘의 정책을 열렬히 지지하는 활동을 벌여 왔다.2 최근 〈비젠탈 센터〉는 미국의 아프가니스탄 침공과 이라크 전쟁을 중동의 민주화를 위한 초석이라 주장하며 지지 활동을 벌인 바 있다. 박물관의 전시물에서도 이러한 입장이 묻어난다. 예컨대 박물관은 아프가니스탄을 침공한 미군에게 관용의 영웅이란 칭호를 붙여 주는가 하면, 1948년 이전의 팔레스타인 지역을 "유대인의 고향"이라고 부른다. 팔레스타인 땅에 예전부터 살았고 지금도 살고 있는 이들은 철저히 무시되다가, 9/11에 열렬히 환호하는, (이미 조작된 것으로 잘 알려진) 장면을 통해 잠깐 등장할 뿐이다. 〈관용박물관〉을 통틀어 팔레스타인인들은 두 번 더 등장하는데, 하나는 한 영상물의 도입부에 등장하는, 라빈Yitzhak Rabin과 아라파트Yasir Arafat의 유명한 백악관 악수 신이고, 다른 하나는 분노한 팔레스타인 아이가 더빙된 목소리로 다음과 같이 울부짖는 장면이다. "그들을 죽여 버리겠어, 살해해 버릴 거야. 단 한명의 유대인도 살려 두지 않겠어."3

---

2. 〈시몬 비젠탈 센터〉의 설명을 들어보자.(http://www.wiesenthal.com, 2005년 11월 28일 접속) "〈시몬 비젠탈 센터〉는 관용과 참여, 교육과 사회적 행동을 통해 홀로코스트의 기억을 보존하고자 노력하는 국제 유대인 인권 기구입니다. 우리는 인종주의, 반反유대주의, 테러리즘과 같은 중요한 문제들을 다루며, 유엔과 유네스코에 의해 승인된 공식기구입니다. …… 1977년 설립된 이래로, 우리는 다양한 단체들, 미국 정부, 외국 정부, 외교관, 관료들과 상호 협력해 왔습니다. 우리가 관심을 가지고 있는 또 다른 문제들에는, 나치 전범 기소와 관용 교육, 중동 문제, 인터넷상 증오 범죄와 네오-나치의 등장 등이 있습니다."
3. 이 장면은 〈관용박물관〉의 전시물 "말의 힘"(The Power of Words)에 등장한다. 또한 〈관용박물관〉 웹사이트에 팔레스타인인들과 중동 문제에 대한 내용이 완전히 빠져 있

하지만 이 장은 〈관용박물관〉의 입장이 가진 한계를 지적하기보다는, 다음과 같은 질문에 좀 더 초점을 맞추려 한다. 홀로코스트를 강조하면서 현재의 이스라엘을 지지하는 이들이, 자신의 목적을 위해 어떠한 방식으로 관용을 활용하는가? 즉, 관용은 어떻게 이러한 목적을 위해 이용되고 있는가? 관용은 어떠한 방식으로 특정한 정치적 입장의 옹호에 기여하며, 이러한 정치적 입장을 어떻게 은폐하는가? 어떠한 경로를 통해, 유대인들은 불관용의 영원한 피해자가 되고, 팔레스타인인들은 관용의 적이 되어 버리는가? 어째서 이스라엘이 현재 행하는 일들은 관용의 문제로 이해되지 않는가? 이스라엘 문제를 관용의 예외적인 사례로 만드는 것은 무엇인가? 즉, 어떠한 방식으로 이스라엘은 관용 자체와 동일시되고, 유대인들은 관용의 전도사이자 모범 사례로서 묘사되는가?

많은 이들이 〈관용박물관〉을 편견과 증오로 얼룩진 세상의 한 줄기 등불이라고 칭송해 왔다. 이러한 칭송에 걸맞게, 〈관용박물관〉은 사회적 증오가 얼마나 끔찍하고 치명적인지를, 감정적인 차원에서 상당히 설득력 있게 보여준다. 이 박물관을 방문하는 이들, 특히 매년 이 곳을 찾는 10만 명 이상의 학생들은, 사회적 편견과 고정관념에 대해 눈 뜨게 될지도

다는 것 역시 주목할 필요가 있다. 박물관 공식 홈페이지의 검색창에, "팔레스타인인", "아랍", "점령 지구", "요르단 강 서안 지구", "가자 지구", "중동", "중동 문제" 등을 쳐 본 결과는, "검색된 내용이 없다"는 것이었다. 게다가 이 박물관은 유대인 간의 인종주의나 이스라엘 내부의 불관용 혹은 세파르딤 [Sephardim, 이베리아 반도 계통의 유대인들로 동유럽과 프랑스, 독일 등지에 거주했던 유대인들과는 다른 독자적 문화를 유지했다] 과 같은 이질적 계열에 대해서는 아무런 언급도 없다. "팔레스타인"이라는 단어는 네 건 검색되는데, 모두 홀로코스트의 피해자 가족들이 팔레스타인으로 이주했다는 내용이다. 〈관용박물관〉 웹사이트는 르완다, 보스니아, 에티오피아, 대량 학살, 인종 학살, 유고슬라비아, 민권 운동, 인종주의, 편견, 인권 침해, 재키 로빈슨[메이저리그 최초의 흑인 야구선수], 생존자, 폴란드인, 헝가리인, 수단, 예루살렘, 난민, 알바니아, 트라우마, 테러리즘 등등에 대한 설명을 제공한다. 하지만 팔레스타인인과 중동 문제에 대한 언급은 말 그대로 흔적조차 찾아보기 힘들다.

모른다.4 여전히 존재하는 인종차별이나 동성애 혐오와 같은 편견들을 홀로코스트와 연결시키는 박물관의 담론 전략은, 이 문제들이 지닌 심각성을 깨닫게 하고, 이러한 편견이 끔찍한 결과로 이어질 수 있음을 깨닫게 하는 데 효과적일 수도 있다.5 또한 이곳을 방문한 많은 학생들은, 확실히 이전에는 그다지 관심이 없었던 역사적 사실들에 대해 좀 더 많은 것을 배울 수 있을 것이다.

이런 점들 때문에 나는 〈관용박물관〉을 전적으로 거부하고 싶지는 않다. 물론 이 장의 주장들이 〈관용박물관〉에 비판적이기는 하지만, 그렇다고 〈관용박물관〉이 철저히 사악하다는 것은 아니다. 이 장의 주된 목적 중 하나는, 시오니즘이라는 정치적 목적을 위해 관용 담론이 어떻게 배치되고 활용되는지를 추적하는 것이다. 또 다른 목적은, 오늘날 관용이 어떻게 탈정치화 담론으로 활용되는지에 대한 앞 장에서의 분석들을 좀 더 심화시키는 것이다. 관용의 탈정치적 효과 속에서, 적대와 갈등을 구성하는 권력 관계와 역사는 삭제되며, 역사적으로 생산된 적대는 자연적이고 본질적인 것으로 물화된다. 바로 "차이"의 이름하에 말이다.

---

4. 조지아 대학에서 교육학을 가르치고 있는 한 교수는 〈관용박물관〉을 방문한 소감을 다음과 같이 밝히고 있다. "이 경험이 가진 힘은 집으로 돌아오는 비행기 안에서부터 명백했다. …… 곳곳에서 나는 미묘한 성적 괴롭힘과 모욕적인 언사들을 발견할 수 있었다. 이는 이전에는 미처 깨닫지 못했던 것이었다. 나는 이제 더 이상 주변의 일들에 무관심할 수 없었다. 나는 그 날의 교훈을 결코 잊지 못할 것이다."(Mary D. Phillips, "The Beit Hashoah Museum of Tolerance : A Reflection," *National Forum : Phi Kappa Phi Journal* 74.1 [Winter 1994] : 31)
5. John Wiener는 〈관용센터〉 이후 홀로코스트 섹션을 배치한 것이, 매우 강한 충격을 준다고 말한 바 있다. "The Other Holocaust Museum," *Tikkun* 10.3 [May/June 1995] : 83)을 보라.

〈관용박물관〉의 역사

　처음에는 〈홀로코스트의 집The Beit Hashoah - 관용 박물관〉이라 불렸
던 이 박물관의 건립은, 유대교 정통주의자였던 랍비 마빈 히에Marvin Hier
에 의해 주도되었다. 유대인 학교 건립의 꿈을 가지고 1970년대 중반 밴
쿠버에서 로스앤젤레스로 이주한 마빈 히에는, 기금을 모으는 데 탁월한
능력을 발휘해, 곧 〈네이절 가족 학교〉를 세울 수 있었다. (현재 〈관용박
물관〉 옆에 위치한 이 학교는, 정통파 랍비들이 운영하고 있다.) 히에는
이 학교 안에, 유명한 나치 전범 사냥꾼인 시몬 비젠탈의 이름을 딴 작은
홀로코스트 박물관을 세웠다. 이후 그는 〈비젠탈 센터〉를 설립하고, 이를
통해 정치적 연줄을 확대해 나가면서, 할리우드 명사들로부터 막대한 돈
을 기부 받았다.6 그 결과 〈비젠탈 센터〉는 가파른 성장을 계속하여, 오늘
날 세계에서 가장 거대한 유대인 조직 중 하나로 손꼽히고 있다.

　〈비젠탈 센터〉의 초창기 사무실은 히에가 세운 학교 안에 위치했었
지만, 1980년대 중반 캘리포니아 주의원들의 제안에 따라 독자적인 기관
으로 분리되었다. 이는 새로운 박물관 건립시 정부 지원을 받기 위해서는,
유대인 학교와 거리를 두어야 했기 때문이었다.7 하지만 두 조직의 분리
는 그저 서류상의 일일 뿐이다. 〈시몬 비젠탈 센터〉와 로스앤젤레스 예시
바Yeshiva 대학은 동일한 총장과 이사회에 의해 운영되고 있으며, 〈비젠탈
센터〉는 여전히 〈관용박물관〉의 소유자이자 운영자이다.8

---

6. 조지 W. 부시와 아놀드 슈워제네거 역시 1980년대 〈비젠탈 센터〉의 기금 모금 파티에
　 참석한 바 있다.
7. Wiener, "The Other Holocaust Museum," 83; "The Line Is Thin — Too Thin,"
　 editorial, *Los Angeles Times*, 21 May 1985, Sec. 2, p. 4.
8. 앞서 언급한 "The Line Is Thin — Too Thin"과 함께, 다음의 기사를 보라. Mathis

이러한 불분명한 분리의 결과, 〈관용박물관〉에 대한 공적 지원은 격렬한 논쟁거리가 되었다. 〈미국 시민 자유 연맹〉American Civil Liberties Union 뿐 아니라 몇몇 유대인 단체마저, 히에의 공적 기금 요청 행위가 정교분리의 원칙을 위반한 것이라고 비판하였다.9 당시 독자적인 홀로코스트 박물관 건설 계획을 가지고 있었던 〈로스앤젤레스 유대인 연합회〉Jewish Federation Council of Greater Los Angeles는, 공식적으로는 아무런 논평도 하지 않았지만 이 회의의 몇몇 멤버들은 사적으로 히에를 향해 격렬한 비난을 퍼부었다. 아마도 이러한 분노에는, 지역의 유대인 지도자들을 배출해 온 역사적인 장소에 자신의 독자적인 제국을 세우려는 히에의 압도적인 성

Chazanov와 Mark Galdstone의 "'Museum of Tolerance' Proposed $5-Million State Grant for Wiesenthal Facility Provokes Some Concern over Church, State Separation," *Los Angeles Times*, 19 May 1985, sec. 2, p. 1. 박물관 이름의 변천사는, 설립 과정에서의 논란들을 그대로 반영하고 있다. 애초에 박물관의 이름은, 〈홀로코스트의 집 - 관용박물관〉(Beit Hashoah - Museum of Tolerance)이었다. Beit Hashoah는 히브리어로 "홀로코스트의 집"을 의미한다. 하지만 처음부터 "홀로코스트의 집"은 "관용박물관"과 치환되어 사용되었으며, 시간이 흘러 후자가 박물관의 일반적인 명칭으로 자리 잡았다. 이것을 이렇게 해석해 볼 수도 있을 텐데, 유대인 학교와 공공기관이라는 서로 다른 설립자들이 박물관에 공동 투자하였고, 이러한 결합의 성과가 〈홀로코스트의 집 - 관용박물관〉이라는 하이픈 붙은 이름인 것이다.

지금도 박물관의 안내원들은 종종 박물관을 "홀로코스트의 집"이라고 부르곤 하지만, 현재 박물관의 공식 이름은 〈관용박물관 : 시몬 비젠탈 센터 박물관〉이다. 애초에 박물관 이름의 한 부분이던 "홀로코스트의 집"은, 〈관용박물관〉의 한 섹션으로 축소되었다. (〈관용박물관〉에는 〈홀로코스트의 집〉 외에도 〈관용센터〉(Tolerancenter), 〈멀티미디어 센터〉, 〈우리 자신과 가족을 찾아서〉 등의 섹션이 있다.) 이러한 변화를 홀로코스트가 가진 의미를 제한하는 것, 즉 앨빈 로젠필드의 용어를 빌자면 그것을 "근본적으로 상대화시키는 것"이라고 주장하는 사람들도 있다.("The Americanization of the Holocaust," *Commentary* 99.6 [June 1995] : 35) 아마도 이것은 〈관용박물관〉이 처음부터 추구했던 상호 결합의 불가피한 결과일지 모른다. 하지만 〈홀로코스트의 집〉을 〈관용박물관〉의 일부분으로 배치한 것은, 확실히 비非유대인 관람객들의 관심을 끌고 이스라엘에 대한 정치적 지지의 기반을 넓히는 효과적인 방법이기도 하다.

9. Wiener, "The Other Holocaust Museum," 83; Chazanov and Gladstone, "Museum of Tolerance," sec.2, p. 1.

공에 대한 질시가 포함되어 있었을 것이다. 게다가 로스앤젤레스의 세속화된 유대인들 상당수는, 오락 산업을 중심으로 한 히에의 기금 모금 행위와 그의 리쿠드당 [Likud, 팔레스타인에 대한 강경 정책을 내세운 이스라엘의 우파 정당] 지지에 대해 우려하고 있었다.[10] 집단 수용소 생존자들의 모임인 〈1939년 클럽〉의 멤버들조차, 〈관용박물관〉이 홀로코스트를 선정적으로 재현하고 있으며, 히에가 정치적·경제적 목적을 위해 홀로코스트 생존자들의 경험을 착취하고 이에 대한 재현을 독점하려 한다며 맹렬히 비난하였다.[11]

사실 제2차 세계대전 당시의 유물들로 꾸며진 히에의 첫 번째 박물관, 즉 〈네이젤 가족 학교〉 안에 위치한 박물관 역시 논란을 일으킨 바 있다. 『코멘터리』*Commentary*의 기자 에드워드 노든에 의하면, 이 박물관은 "오직 유대인만을 위해 조악하게 꾸며져 있으며, 비유대교인들은 전혀 배려하지 않는다. 비오 12세 [Pius XII, 제2차 세계대전 당시 로마 교황]의 거대한 초상화는 '무신경했던 자들'이라는 제목 아래 떡하니 걸려 있다. 이 박물관의 메시지는 간단하다. 유대인은 적을 가지고 있으며, 그래서 조심해야 한다는 것이다. 히에가 더 큰 박물관을 세우겠다고 발표했을 때, 몇몇 사람들은 새로운 박물관이 단지 이러한 테마를 반복할 거라고 생각

---

10. Edward Norden, "Yes and No to the Holocaust Museums," *Commentary* 96.2(August 1993) : 23-24.

11. 〈1939년 클럽〉의 장인 프레드 다이아먼트(Fred Diament)는, 히에를 홀로코스트의 경험을 이용해 먹는 인기 영합주의자라며 비난했다. "홀로코스트 생존자로서, 나는 그들이 홀로코스트의 이름으로 많은 돈을 모으는 것에 분노한다. 그들은 자신의 센터를 홍보하고 선정적인 결과물을 만들어 내는 데 홀로코스트를 이용하고 있다. …… 〈비젠탈 센터〉의 방식 역시 문제다. 그들은 너무 상업적이다. 홀로코스트가 상품처럼 판매된다는 건, 우리의 부모 형제에 대한 모욕이다."(Chazanov and Gladstone, "Museum of Tolerance," sec.2, p. 5에서 인용)

했던 것 같다. …… 아마도 이는 그의 계획이 보편적인 지지를 받지 못했던 이유 중 하나일 것이다."[12]

하지만 이러한 다양한 비판에도 불구하고, 히에는 결국 승리했다. 이러한 승리에는 몇 가지 이유가 있다. 우선 히에는 기금을 모으는 재주가 뛰어났으며, 영향력 있는 명사들과 연줄을 가지고 있었다. 〈비젠탈 센터〉 이사회에는, 월 스트리트의 이반 보에스키에서부터 엘리자베스 테일러나 프랭크 시나트라 같은 할리우드 스타에 이르는 다양한 명사들이 참여하고 있었다. 또한 히에는 조직을 운영하는 데 아주 능숙했는데, 이는 새로운 박물관 착공 전까지 〈비젠탈 센터〉가 거의 30만 명에 달하는 회원을 확보한 데에서 단적으로 드러난다. 더 나아가 히에는 적절한 순간에 "예, 물론이죠."라고 말하는 법을 알고 있었다. 아르메니아 출신인 전 캘리포니아 주지사 죠지 듀크메지안의 지지를 얻기 위해, 히에는 아르메니아 학살 장면을 박물관에 전시할 것이라고 약속했으며, 이를 통해 〈전미 아르메니아인 연합〉과 〈전미 아르메니아인 위원회〉의 지지를 확보할 수 있었다.[13] 하지만 오늘날 〈관용박물관〉 어디에서도 이러한 주제의 전시물은 찾아볼 수가 없다. 유사한 예로, 연방의회의 위원회가 개최한 청문회에서 한 국회의원이 박물관에 홀로코스트 외의 다른 학살들이 전시되는지, 특히 아메리카 원주민들에 대한 학살이 전시되는지에 대해 물었을 때도,[14] 히에의

---

12. Edward Norden, "Yes and No to the Holocaust Museums," 23.
13. Wiener, "The Other Holocaust Museum," 83; Mark Gladstone, "Deukmejian Gets Bill Allocating $5 Million for Tolerance Museum," *Los Angeles Times*, 19 July 1985, sec. 2, pp. 1, 2.
14. House Subcommittee on Postsecondary Education of the Committee on Education and Labor, Oversight Hearing on H.R. 3210, To Provide Financial Assistance to the Museum of Tolerance at the Simon Wiesenthal Center, 101st Cong., 2nd sess., 1990, 33-35.

대답은 "그렇다"였다. 하지만 현재 〈관용박물관〉에 걸려 있는 〈관용 연표〉 ─ 미국 내 관용과 불관용에 관련된 수백 개의 사건들을 시대 순으로 나열해 놓은 전시물─ 어디에서도, 미국의 원주민 학살은 물론이고 아메리카 원주민들에 대한 언급조차 찾아볼 수 없다.

박물관 안내원의 말처럼, "〈관용센터〉Tolerancenter의 주제는 편견이고, 〈홀로코스트의 집〉의 주제는 홀로코스트"다.[15] 편견의 대상은 다양하지만, 홀로코스트는 오직 단 한 차례 발생했을 뿐이다. 이러한 입장은 〈관용박물관〉이 제공하는 고등학생 교육 자료에서 뚜렷이 확인된다. 여기서 "학살"genocide은, "나치가 유대인을 죽이려한" 시도로 정의되는 반면, 아메리카 원주민들의 문제는 "차별" 혹은 "인종주의"의 틀로 설명된다.[16] 따라서 〈관용박물관〉이 규모를 확장하면서 이름을 바꾸고 전시 범위를 확대하긴 했지만, 이러한 변화는 홀로코스트를 재중심화하는 효과를 낳는 데 활용될 뿐이다. 이러한 입장에 따르면, "인간에 대한 인간의 비인간성"을 보여주는 데 있어, 홀로코스트에 비견될 만한 사건은 어디에도 없다.[17]

---

15. 이 설명은 2004년 9월 25일 박물관을 방문하여, 안내원에게 들은 것이다.

16. 다음의 자료를 보라. "Essential Vocabulary and Concepts," MOT Teacher's Guide (http://teachers.museumoftolerance.com/content/downloads/lesson1_2.pdf, 2005년 10월 8일 접속).

17. 물론 유대인 강경파들은 〈관용박물관〉의 홀로코스트에 대한 이러한 정식화에 만족하지 못하고 있다. 로젠필드에 따르면, "〈관용박물관〉은 홀로코스트를 근본적으로 상대화하고 있다. 미국이 겪어 온 사회문제들은 엄밀한 의미에서 대량 학살도 아니었고, 제2차 세계대전 동안 유대인이 겪은 체계적 학살과 아무런 공통점도 없다. 〈관용박물관〉은 다양한 역사적 경험들을 뒤죽박죽 섞어 놓음으로써, 홀로코스트를 '인간에 대한 인간의 비인간성'에 관련된 문제로 추상화시킨다."("The Americanization of the Holocaust," 35-36)

1993년 개장한 이래로, 박물관은 최신식 시설을 유지하기 위해 크고 작은 변화를 꾀해왔다. 관람객이 어두운 터널을 걸으면서 인종차별적 혹은 성차별적 언사들을 경험하는 〈속삭임의 방〉(whisper gallery)이나, "1492년 아메리카 원주민들은 콜럼버스를 환영했다 …… 그것은 큰 실수였다"라는 제목 하에 청교도들의 원주민 학살을 담은 그림 판

〈관용박물관〉의 조금은 복잡한 역사를 통해, 우리는 홀로코스트를 탈중심화하는 동시에 재중심화하려는 박물관의 집요한 노력이 어디에서 기인한 것인지 눈치 챌 수 있다. 또한 〈관용박물관〉의 건립 기금 모금 과정은, 이 박물관의 또 다른 특징을 이해하는 데에도 도움이 된다. 우선 인포테인먼트infotainment와 최신 기술에 기반한 이 박물관의 전시 스타일은, 다양한 배경을 가진 젊은이들에게 홀로코스트의 의미와 기억을 심어 준다는 박물관의 목적 때문이기도 하지만, 부분적으로는 할리우드의 적극적인 참여에서 비롯된 것이다.[18]

둘째, 공적 지원을 받기 위해 박물관은 좀 더 많은 사건을 전시물에 포함시켜야 했고, 이에 따라 〈관용센터〉는 그 주제와 내용에 있어서 상당히 산만한 성격을 갖게 되었다. 하지만 앞서 지적했듯이, 이러한 재현의 확대는 단순히 공적 지원의 확대를 위한 것만은 아니다. 애초부터 〈관용

넬, 20세기 아르메니아와 캄보디아에서의 학살을 담은 영화 등은 완전히 철거되었다. 또한 몇몇 전시물들은 규모 면에서 급격히 축소되었다. 박물관은 로드니 킹 사건 직후에 개장했는데, 처음 몇 년간 이 사건과 관련된 전시물들은 상당수에 이르렀다가 현재는 많이 줄어들었다. 박물관의 2층에는 전시물들이 교대로 전시되기도 한다. 예컨대 보스니아 여인의 모습과 제2차 세계대전 당시 나치에 맞서 싸운 일본계 미국인의 사진은 계절에 따라 교대로 전시된다. 2004년에는 박물관에 새로운 섹션이 추가되기도 하였다. 영화배우이자 코미디언인 빌리 크리스탈이 후원한 〈우리 자신과 가족을 찾아서〉 전시는, 미국이 이민으로 구성되었으며, 개인이 고난을 극복하고 원하는 것을 이룰 수 있는 국가임을 확인시켜주는 각종 디오라마들과 영상물로 구성되어 있다. 오직 〈홀로코스트의 집〉만이 개장 이후 별다른 변화가 없었다.

18. 몇몇 사람들은 〈관용박물관〉의 이러한 화려한 전시 방식을 비판한다. 예컨대, Rosenfield, "The Americanization of the Holocaust"; Wiener, "The Other Holocaust Museum"; Nicola Lisus and Richard Ericson, "Misplacing Memory : The Effect of Television Format on Holocaust Remembrance," *British Journal of Sociology* 46.1(March 1995), 1-19; Susan Derwin, "Sense and/or Sensation : The Role of the Body in Holocaust Pedagogy" in *Impossible Images : Contemporary Art after the Holocaust*, ed. Shelly Hornstein, Laura Levitt, and Laurence J.Silberstein (New York : New York University Press, 2003)을 보라.

박물관〉은 여타의 홀로코스트 박물관과는 달리, 로스앤젤레스에 살고 있는 다양한 인종의 학생들을 염두에 두고 기획되었다. 이렇듯 다양한 문화적 배경을 가진 이들을 대상으로 하기에, 박물관 측은 (과거 첫 번째 홀로코스트 박물관의 메시지였던) "모든 이들이 우리를 증오하며, 우리는 우리끼리 잘 살 수 있다"는 관점을 포기해야만 했다. 그 대신 〈관용박물관〉에는 유대인의 경험에 대한 상이한 설명 방식, 즉 "우리는 가장 참혹한 사건의 피해자로서, 불관용과 인종적 편견의 아픔을 재현하고 대안을 탐구할 수 있는 유일한 집단이다"라는 식의 설명이 전면화되었다.

이러한 변화는 홀로코스트를 다른 각도에서 보여준다는 것 이상의, 좀 더 중요한 의미를 가지는 것이다. 즉, 이러한 설명 방식의 변화에는, 기존 유대인 공동체의 폐쇄적인 입장을 버리고, 편견과 폭력에 반대하는 전 세계적인 과제와 유대인의 경험을 연결시켜, 이와 관련된 문제들에 대한 주도권을 확보하고자 하는 의도가 내재해 있다.[19] 달리 말하자면, 이제 리쿠드 정신은 미국식 자유주의에 자리를 내주게 된 것이다. 이러한 변화에 따라, 나치 체제 하 비참한 생존의 경험은, 보편적 교훈의 추출을 위해 사려 깊게 재배치되어야 한다. 이러한 전환이 성공한다면, 〈관용박물관〉은 유대인의 경험을 여타 피억압집단의 경험과 효과적으로 연결시키고, 이를 통해 유대인들에게 현재의 선각자이자 지도자의 위치를 부여할 수 있을 것이다. 이제 유대인들은 가장 고통 받아 온 존재를 넘어서, 관용의 스승의 자리를 차지할 수 있으며, 정치적·사회적 정의의 문제들에 있어 폭넓은 권위를 가질 수 있게 된다. 〈관용박물관〉이 일차적으로 목표로 하는

---

19. 랍비 메이(May)는 〈비젠탈 센터〉의 공적 기금 신청 과정에서, 이러한 입장을 분명히 밝힌 바 있다. 다른 후원자 층을 확보하고 다른 이슈들을 전시하기 위해 "우리는 공동체 밖으로 나가야만 한다."(House Subcommittee on Postsecondary Education, Oversight Hearing on H.R. 3210, 32)

바는, 바로 이러한 권위의 확립인 것이다.

〈관용박물관〉의 역사에서 가장 놀라운 것은, (아마도 박물관 측조차 놀라지 않았을까 싶은데) 이 박물관이 상업적으로 엄청난 성공을 거두었다는 것이다. 지난 10여 년 동안 4백만 명이 넘는 사람들이 박물관을 방문했고, 매년 11만 명의 아이들을 포함해 35만여 명의 사람들이 이곳을 찾는다. 이 수치는 〈관용박물관〉이 유대 휴일인 매주 토요일에 개장하지 않는다는 사실을 고려한다면, 더욱 놀라운 것이다. (매주 토요일은 미국인들이 박물관을 가장 많이 찾는 요일이다.) 매년 수백 개의 학교가 현장 학습의 일환으로 〈관용박물관〉을 방문하고 있으며, 경찰관 같이 관용 학습이 필요한 이들 역시 박물관을 교육장으로 활용하고 있다. (내가 〈관용박물관〉을 방문했을 때에는, 육군사관학교와 해군사관학교 학생들이 단체 관람을 와 있었다.) 또한 박물관은 두 자매기관을 낳았다. 하나는 "교사 및 공무원들을 대상으로 한 멀티미디어 교육 기관"인 〈뉴욕 관용 센터〉로, 2003년 개장했다.[20] 다른 하나는 〈예루살렘 관용박물관〉으로, 2009년 완공 예정으로 현재 공사 중이다.[21]

---

20. "New York Tolerance Center," Simon Wiesenthal Center 홈페이지, 2005년 10월 8일 접속.

21. 2004년 5월 2일, 캘리포니아 주지사 아놀드 슈워제너거는 예루살렘에서 열린 〈관용 박물관〉 착공식에 참석했다. 나치 경력의 아버지를 둔 슈워제너거는 근래 〈비젠탈 센터〉에 1백만 달러가 넘는 돈을 기부해 왔다. (〈비젠탈 센터〉 이사장인 랍비 쿠퍼는 그의 캘리포니아 주지사 인수위원회에 참여하기도 했다.) 하지만 동시에 그는 히틀러의 대중 동원 능력에 대해 공공연한 찬사를 보낸 바 있으며, 그의 결혼식장에서 나치 활동과 독일군 참전 경력을 숨겨 논란이 됐던 커트 발트하임(Kurt Waldhiem)을 위해 축배를 들기도 했다. 많은 이들은 슈워제너거와 〈비젠탈 센터〉 간의 긴밀한 관계가, 그의 이러한 행위들이 이슈화되는 것을 막는 데 도움이 됐을 거라고 말한다. 슈워제너거는 1995년에 실베스터 스텔론과 함께, 텔아비브에 플래닛 할리우드 레스토랑을 열기 위해 이스라엘을 방문한 바 있다. 그보다 15년 전에는 〈미스 이스라엘〉 심사위원의 자격으로 이스라엘을 방문하기도 했다. 하지만 이번 방문은 조금 특별한데, 왜냐하면 그가 이스라엘 전역을 돌아다니며, "나는 모든 불관용과 편견을 종결시키겠다

(terminate). …… 나는 터미네이터니까."라는 연설을 했기 때문이다.(Paul Miller, "On the Road to Jerusalem with a Superstar Governor," *Carmel Pine Cone*, 7 May 2004에서 재인용) 그가 터미네이터로서의 임무를 위해 선택한 무기는 무엇일까? 박물관 착공식에 참석한 이후, 슈워제너거는 이스라엘과 캘리포니아 간 경제 협상에 임했다. 여기에는 캘리포니아 산타크루즈에서 생산되는 에너지 감지 장치와 휴대폰 제어 장치의 수출이 포함되어 있었는데, 두 장치 모두 폭탄 테러를 막는 데 효과적으로 활용될 수 있는 것들이다. 슈워제너거의 표현을 빌자면, 두 "태양이 빛나는 지역들"의 경제를 부흥시킬 협상을 통해, 그는 캘리포니아에 살고 있는 친-이스라엘 유권자들의 지지를 확보할 수 있었다.

주지사가 평화와 관용에 대해 연설하는 동안, 이스라엘 군대는 그가 머문 텔아비브 힐튼 호텔을 철통같이 지켰다. 그들은 호텔을 둘러싼 것은 물론, 옥상에 잠복하기까지 했다. 이스라엘의 국경은 슈워제너거 방문 기간 동안 완전히 폐쇄되었으며, 이 기간 동안 가자 지구와 요르단 서안 지구의 팔레스타인인들은 이스라엘 쪽에 있는 직장과 학교, 병원, 가족을 방문하는 것이 금지되었다. 착공식 와중에도 이스라엘 시위대가 "점령은 관용이 아니다"를 외치며 슈워제너거의 연설을 방해했지만, 이스라엘의 외교부 장관은 "슈워제너거는 우리의 진정한 친구"라고 선언하며 "반反유대주의적 편견에 맞선 그의 투쟁"에 깊은 감사의 뜻을 표했다.(Miller, "On the Road to Jerusalem"에서 재인용) 옛 무슬림의 무덤 터에 세워지는 〈예루살렘 관용박물관〉은 벌써부터 많은 논란을 낳고 있다. 빌바오 구겐하임 미술관 건축으로 유명한 프랭크 오 게리(Frank O. Gehry)가 디자인한 이 건물을 두고, 한 이스라엘 좌파는 요르단 강 서안 지구를 폭격하던 날을 형상화한 것 같다고 비웃었고, 어떤 이는 "주변 환경과 극심하게 부조화스러운 명백한 오만의 산물"이라고 비난했다.(Meron Benvenisti, "A Museum of Tolerance in a City of Fanatics," Haaretz, 12 May 2002; Haaretz 홈페이지 http://tinyurl.com/cx86b, 2005년 11월 28일 접속) 박물관 건설 비용도 논란거리다. 현재 박물관 건설비는 2억 달러를 훌쩍 넘어가고 있다. 이는 이스라엘의 경제 규모를 고려했을 때, 정말 놀라운 액수이다. 조지 W. 부시가 2005년 봄, 팔레스타인 민주주의를 위해 지원을 약속한 5천만 달러와 비교해 보면 더더욱 그렇다.("President Welcomes Palestinian President Abbas to the White House," The Rose Garden, Office of the Press Secretary, 26 May 2005 http://www.whitehouse.gov/news/releases/2005/05/20 050526.html, 2005년 10월 6일 접속) 게다가 전시 내용마저 문제가 되고 있다. 박물관 측은, 기존의 이스라엘 홀로코스트 박물관인 〈야드 바셈 박물관〉의 독점적 위치를 존중하는 의미에서, 새로운 박물관에는 홀로코스트에 대한 어떠한 내용도 전시되지 않을 거라고 선언했다.

〈예루살렘 관용박물관〉의 착공식과 건설 계획에 대해서는, Samuel G. Freedman, "Gehry's Mideast Peace Plan," 1 August 2004, *New York Times*, sec. 2, p. 1; "Schwarzenegger to Visit Israel," CNN.com, 29 April 2004 (www.cnn.com/2004/ALLPOLITICS/04/28/schwarzenegger.israel, 2005년 7월 접속)을 보라.

〈관용박물관〉 관람기

　〈관용박물관〉은 로스앤젤레스 피코 앤 록스베리 가(街)의 화려하고 철통같은 보안을 자랑하는 8층짜리 건물에 위치해 있다. 총 네 개의 부분으로 구성된 박물관에서, 관람객이 가장 많이 찾는 곳은 〈관용센터〉와 〈홀로코스트의 집〉이다. 박물관에는 이 두 전시관 외에도, 홀로코스트와 제2차 세계대전 당시의 자료를 소장하고 있는 〈멀티미디어 교육 센터〉, 최신식 전시 기술이 동원된 〈우리 자신과 가족을 찾아서〉 전시관, 그리고 홀로코스트 생존자들의 강연과 같은 각종 행사가 열리는 크고 작은 강당이 있다.

　〈관용박물관〉에 입장하기 위해서는, 우선 보안 요원에게 신분증을 제시해야 한다. 관람객은 전시관 방문 시간이 지정되어 있는 티켓을 구입한 후(심지어 관람객이 거의 없는 날에도 전시관 관람 시간은 일정하게 정해져 있다), 공항 검색대처럼 생긴 금속 탐지기를 통과해야 한다. 이때 관람객의 가방도 엑스레이 검사를 받게 되는데, 카메라나 노트북 컴퓨터, 녹음 장치는 허용되지 않는다. 이러한 엄격한 검색과 보안 장치들은, 〈관용박물관〉을 노리는 잠재적 적이 있으며, 따라서 박물관은 이러한 위협에 끊임없이 대처하고 있다는 인상을 준다. 아마도 여기서 알 수 있는 것은, 관용의 문을 열 수 있는 구호는 개방과 신뢰가 아니라, 보안과 감시, 통제와 규제라는 역설일 것이다.[22]

---

22. 메리 루이스 프랫(Mary Louise Pratt)에 따르면, "안전(security)은 마치 '독신'이나 '작은' 같은 말처럼, 자신의 정반대되는 개념을 암시하는 단어이다. 즉 우리가 안전에 대해 말할 때, 우리는 위험의 존재를 전제하고 있다. 이러한 전제가 없다면 안전이 논의될 이야기 없다."("Security" in *Shock and Awe : War on Words*, ed. Bregje van Eekelen et al. [Santa Cruz, CA : New Pacific Press, 2004], 140)

이러한 과정을 거치고도 관람객은 약 10분 정도를 더 기다려야 하는데, 이는 앞서 입장한 행렬이 시청각 전시물 한 편을 보는 데 소요되는 시간 때문이다. 안내원은 이 시간 동안 화장실을 갔다 오라고 권하면서, 앞으로 몇 시간을 보내게 될 〈관용센터〉와 〈홀로코스트의 집〉에는 화장실이 없다고 친절히 덧붙인다. 화장실이 없다는 것 …… 혹시 이는 관용의 적에 대한 보안이라는 명목 하에 우리가 감내해야 하는 불편함과 감시 그리고 비인격적 대우를 압축적으로 보여주는 예가 아닐까?[23] 아니면 중고등학생 관람객들이 화장실에 낙서라도 해 놓을까 두려웠던 걸까? 그렇다면 이는 박물관에 대한 느낌을 공유할 수 있는 특수한 통로 하나를 사전에 막아 버리는 것 아닐까?[24] 혹은 또 다른 이유가 있을 수도 있겠다. 〈관용박물관〉의 꽉 짜여지고 몰입을 필요로 하는 전시물들은, 관람객이 박물관 밖에서 가졌던 주체성을 되찾을 공간을 한 치도 허용하지 않는다. 화장실이 있다면, 관람객은 이를 통해 안내원의 지속적인 감시로부터 벗어날지도 모르고, 박물관이 제공하는 총체적 경험으로부터 한 발 물러나 박물관 바깥의 사회적-감정적 세계로 회귀할지도 모르는 일이다.

〈멀티미디어 교육 센터〉를 제외한 〈관용박물관〉의 모든 구역은, 안내원의 인솔을 받게 되어 있다. 몇몇 구역에서는 말하는 마네킹이나 녹음된 목소리 혹은 비디오가 안내원의 역할을 대신하기도 한다. 사실 이 박물관의 독특한 성격은, 박물관 전시도가 없다는 것에서 제일 처음 감지된다.

---

23. 안전을 위해 자유가 어디까지 포기되어야 하는가의 문제는, 〈관용센터〉의 여러 전시물에서 반복적으로 제기되는 문제이기도 하다.
24. 박물관 안내원은, 단체관람을 온 학생들은 박물관 출구에 놓인 방명록을 사용할 수 없음을 친절히 알려준다. 나는 안내원이 인솔 교사에게 다음과 같이 말하는 것을 목격하기도 했다. "학생들은 이 방명록을 사용할 수 없습니다. 종종 이상한 말들을 써놓곤 하거든요. 쓰지는 말고 읽기만 하라고 말해 주세요."

〈관용박물관〉의 시·공간은 박물관 측에 의해 완벽히 조직되어 있어서, 관람객이 자신의 현 위치를 모르더라도 길을 잃을 위험은 없기 때문에, 전시도는 전혀 필요치 않다. (내가 보기에, 이러한 완벽한 시-공간의 통제는 홀로코스트의 시-공간 경험을 재현하기 위해 의도적으로 기획되었거나, 무의식적으로 집단 수용소의 기술들을 모방했거나 둘 중 하나인 것 같다.) 게다가, 이 박물관에서는 애초에 안내 없이 관람하는 것이 허용되지 않는다. 사실 조직화된 박물관의 장치와 구조 때문에, 안내 없이 다닌다는 것이 별 의미가 없기도 하다.[25] 관람객의 경험은 안내원과 전시물의 미디어 장치에 의해 조율된다. 관람객들은 끊임없이 편견과 관용에 대해 "생각할 것"을 요구받게 되지만, 어떻게 보면 실제로 모든 생각은 박물관이 대신해 주고 있는 것 같다.

　드디어 티켓에 적힌 입장 시간이 되면 같은 그룹의 관람객들이 출발 지점에 모이고, 안내원의 인솔 하에 건물 한 가운데 위치한 나선 모양의 계단을 내려간다. 제일 아래층까지 다 내려간 후, 관람객들은 박물관 전시실의 구성에 대한 짧막한 설명을 듣는다. 내가 방문했을 때는, 홀로코스트 생존자인 안내원이 박물관의 구성을 다음과 같이 설명해 주었다. "〈관용

---

25. 개인 관람객은 초반에 잠시 안내원과 함께 다니다 이후에는 전시물의 지시에만 따르지만, 학교 단체 관람의 경우에는 안내원이 시종일관 함께 다닌다. 안내원은 학생들이 효과적으로 전시물들을 관람하게 인솔할 뿐 아니라, 전시물의 의미에 대해 추가 설명을 하기도 한다. 때때로 이들은 전시물의 내용에 대해 학생들과 짧은 토론을 하기도 하는데, 이 토론은 학생들의 생각이 궁금해서 이루어지는 것도, 새로운 결론을 끌어내기 위한 것도 아니다. 안내원들은 자신이 원하는 답을 이끌어내기 위해, 학생들에게 몇 가지 질문을 던질 뿐이다. 안내원들은 박물관 측으로부터 훈련받은 게 확실하지만, 그렇다고 박물관의 주제에 대해 잘 교육받은 것 같지는 않다. 나는 미국 정치사의 몇몇 주요한 사건들에 대한 엉성한 설명을 여러 번 들었다. 또한 안내원들은 자신의 대본과 관계없는 학생들의 질문은 재빨리 회피한다. 예컨대, 경찰의 인종 표적 수사에 대한 질문이나, 〈관용박물관〉에서 구사하는 피해자화(victimization) 서사에 대한 질문 그리고 억압받던 이들이 맞서 싸우지 않은 이유 등에 대한 질문은 제대로 답해지지 않았다.

박물관〉에는 관용 전시관과 홀로코스트 전시관이 있어요. 관용 전시관은 편견이 주제이고, 홀로코스트 전시관은 히틀러의 등장과 홀로코스트에 대해 다룹니다."[26] 이러한 구분은 몇 가지 방향으로 해석될 수 있다. 즉, 편견과 홀로코스트라는 두 가지 주제는 서로 독립적이라든가 아니면 전자는 곧 후자로 이어진다든가 혹은 전자는 후자의 상대적으로 약한 형태라든가 등등.

하지만 이러한 안내원의 설명은 매우 부정확한 것이다. 왜냐하면 "편견"prejudice이란 용어는, 〈관용센터〉에 전시된 정체성-기반 폭력들, 예컨대 여성에 대한 폭력과 노예제, 테러리즘 그리고 르완다나 보스니아에서의 인종 학살 등을 모두 포괄해 내지 못하기 때문이다. 이러한 다양한 현상들이 편견이란 범주로 묶이면서, 이러한 폭력들은 안내자가 "인간에 대한 인간의 비인간성을 보여주는 가장 극적인 예"라고 이야기한 것, 즉 홀로코스트보다 덜 중요하고 덜 참혹한 것으로 여겨지게 된다. 이것이 가져오는 효과는, 이른바 홀로코스트의 "상대화"에 대한 차단이다. 즉, 이는 홀로코스트 연구가인 앨빈 로젠펠트를 비롯한 많은 이들이 우려하는 그 상대화, 즉 홀로코스트를 여타의 "인권 침해나 사회적 불평등, 에이즈AIDS 환자들의 고통"[27] 등과 비교함으로써 홀로코스트의 유일무이함을 희석시키는 바로 그 상대화의 효과를 사전에 막아 버린다.

전시관의 간단한 소개 뒤에는, 하루에 두 번 열리는 홀로코스트 생존자들의 증언 시간과 홀로코스트 전시관을 둘러보는 데 약 70분이 걸린다는 안내가 이어지며, 관람을 중간에 그만두는 것은 좋지 않다는 충고도 덧붙여진다. 이제서야 우리는 〈관용센터〉의 입구로 안내되는데, 입구까지

---

26. 2004년 11월 25일 방문 시, 안내원의 말.
27. Rosenfeld, "The Americanization of the Holocaust," 35.

뻗은 넓은 복도의 양 측 벽면에는 다양한 집단과 가족들이 즐거워하는 "행복한 다문화주의"의 흑백 이미지들이 투사되고 있다. 관람객이 복도를 지나가면서 복도 벽에 생기는 그들의 그림자가 이 흑백 이미지에 추가되게 되고, 곧이어 안내원의 설명이 이어진다. "우리 각각이 세계에 영향을 끼치며 세계를 바꿀 수 있다는 사실을 형상화한 것이죠."

이 복도를 통과하면서, 안내원은 편견에 대해 정의해 준다. (주로 편견은 다음과 같이 정의된다. "편견은 다른 사람의 외양을 기준으로 그 사람에 대해 판단하는 것을 말합니다. 꼭 부정적인 판단만을 의미하는 건 아니에요.") 관용에 대한 정의도 관람객들에게 제공되는데, 그 정의는 다음과 같다. "우리와 다른 믿음과 행동을 수용하는 것." 즉, 편견이 외양과 관련된 것이라면, 관용은 믿음과 행동에 관련된 것이다. 이와 같은 정의에서, 관용과 편견 간에는 서로 교차되는 부분이 없다는 사실에 주목할 필요가 있다. 아마도 이는 편견의 제거나 완화가 관용의 조건이 아니라는 것, 더 정확히 말해 관용은 편견을 사후적으로 관리하는 것일 뿐임을 암시하는 것일 게다. 사실 곧이어 박물관은, 사람들은 누구나 편견을 가질 수밖에 없기 때문에, 관용을 통해 편견을 수정하기보다는 편견의 해로운 효과를 축소시키는 것이 낫다는 입장을 드러낸다. 이러한 입장에 따르면, 우리가 자신의 편견을 그대로 가지고 있는 것은 큰 문제가 되지 않는다. 관용의 실천은 다만 이러한 편견이 공개적으로 발화되거나 파괴적인 방식으로 드러나는 것을 막아줄 뿐이다.

약간 미심쩍어 보이는 이러한 관용에 대한 정의("우리와 다른 믿음과 행동을 수용하는 것")는, 이 박물관의 목적이 반反유대주의의 특수한 성격과 깊이 연결되어 있음을 보여준다. 이와 같은 정의 하에서, 인종주의와 동성애 혐오, 여성 혐오와 관련된 모든 사안들은, 이제 타자의 "믿음과 행동을 수용"하는 문제로 환원되어 버린다. 그리고 이러한 환원 속에서, 사회적 상처와 불평등의 지표라 할 수 있는 인종, 종족, 젠더, 섹슈얼리티는 "문화화"되어, 누군가의 믿음과 행동을 구성하는 요소로 간주된다. 기독교 사회에서 유대교가 처했던 상황은 이제 관용과 관련된 문제의 전형적인 모델로 제시되며, 관용 그 자체는 정체성을 생산해 내는 정치의 외부에서 작동하는 것으로, 즉 권력이나 불평등과는 무관한 것으로 여겨진다. 이제 관용은 단지 "차이"에 적당히 대응하는 문제일 뿐이다. 이와 같이 〈관용센터〉에 미처 입장하기도 전에, 우리는 1장에서 살펴보았던 관용의 본질화 효과와 탈정치화 효과를 목격할 수 있다.

안내자가 관용에 대한 정의를 마치자, 컴퓨터로 녹음된 목소리가 말을 잇는다. 이 기계음은 지금 박물관을 방문한 관람객들이 "훌륭한 사람들"이라며 칭찬하고, 이전의 관람객들을 부정적으로 풍자함으로써 관람객들을 우쭐하게 만든다. 이는 우월감을 느끼는 것과 다른 이를 공개적으로 모욕하는 것이, 실은 동일한 문제의 일부분임을 깨닫게 하기 위한 장치이다. 이후 관람객 앞에는 각각 "편견을 가진"과 "편견이 없는"이라고 쓰인 두 개의 문이 나타난다. 안내원은 관람객에게 둘 중 하나를 선택해 열어보게 하는데, 누군가 "편견이 없는"의 문을 열려고 하면, 친절한 안내원의 설명이 이어진다. 이에 따르면, 그 문은 영원히 닫혀 있을 수밖에 없는데(이건 정말이지, 영원한 불구덩이의 뒤집힌 은유라고 말할 수 있을 것이다), 왜냐하면 "우리 누구도 편견에서 자유로울 수는 없기 때문이다." 이러한 의도된 퍼포먼스는, 편견의 문제에 있어서는 우리 모두가 죄인이며, 우리에게도 불관용에 대한 책임이 있다는 점을 각인시키기 위한 것이다. 이러한 깨달음을 통해, 우리는 드디어 자신의 원죄가 가져온 폭력적 불관용이라는 역사적 결과와 이러한 결과를 예방하는 방법을 알려주는

박물관의 전시물들을 관람할 준비를 마치게 된다.[28]

곧이어 관람객들은 〈말의 힘〉이라는 제목의 비디오 화면 앞에서 멈춰 선다. 이 전시물은 말은 타인을 배려하거나 격려할 수도 있지만, 동시에 타인을 겁주고, 위협하며, 상처 줄 수 있다고 강조하면서, 사람의 말에는 항상 유동적인 측면, 즉 해석의 어려움이 존재한다고 말한다. 하지만 실제 비디오의 내용은 이러한 의미의 개방성이 수반하는, 지적 혼란과 비판적 사유의 가능성을 조금도 보여주지 않는다. 비디오만 보자면, 타인에게 힘을 주는 말("나에게는 꿈이 있습니다……")과 끔찍하고 위협적인 말("매튜 세퍼드 [Matthew Shepherd, 1998년 동성애 혐오자에 의해 살해된 동성애재는 지옥에 가게 될 거야……", "모든 유대인은 죽일 놈들이야……")은 너무나 손쉽게 구분된다. 비디오는 시작 부분에서 편견의 문제에 있어서는 우리 모두 책임이 있고, 우리의 말에는 언제나 도덕적·정치적인 모호함이 존재한다고 주장하지만, 이상하게도 이후에 비디오가 묘사하는 세계는 편견의 적과 친구, 박애적 사랑을 실천하는 집단과 증오에 휩싸인 집단이 명확하게 구분되는 마니교적 세계이다. 편견에 맞선 주인공은 처칠과 케네디, 마틴 루터 킹이며, 증오에 휩싸인 집단의 주인공은 르 펜과 스탈린, 분노한 팔레스타인 어린이들이다. 우리 모두가 편견을 가지고 있다는 애초의 주장은, 이러한 이분법적 세계관에 의해 희석된다. 사

---

28. 이러한 장치에 대해 수잔 더윈(Susan Derwin)은 다음과 같이 지적한 바 있다. "이것이야말로, 〈관용박물관〉이 자신의 메시지를 물리적으로 전달하는 방법이다. 박물관은 관람객들에게 '편견에 가득 찬 사람들'이라는 딱지를 붙일 뿐 아니라, 박물관이 미리 지정해 놓은 문으로만 들어가도록 허락함으로써 이러한 자의식을 강화시킨다." 그녀에 따르면, 또한 "박물관은 이미 관람객들이 어떤 사람인가를 규정하고 있으며, 관람을 계속하길 원하는 관람객은 이러한 규정을 받아들이거나, 적어도 그러한 사람인 것처럼 행동해야만 한다. 그들에게 열려진 유일한 문은 '편견에 가득 찬'이란 문이기 때문이다."("Sense and/or Sensation," 250)

실 이는 오늘날 관용 담론의 특징, 즉 관용은 서로의 차이를 수용하는 상호적인 행위처럼 묘사되지만, 실제로는 선과 악을 구분하고, 문명의 친구와 적을 가르는 기준으로 기능하고 있다는 사실을 압축적으로 보여주고 있다.

비디오가 끝나면, 안내원은 우리를 〈미국 내 증오들〉이라는 이름의 벽 앞으로 데려간다. 그 벽에는 증오 범죄와 증오 집단의 사진이 전시되어 있으며, 그 밑에는 증오닷컴Hate.com에 접속할 수 있는 컴퓨터들이 마련되어 있다.[29] 이 증오닷컴은 전 세계에 존재하는 증오 집단의 예들을 볼 수 있도록 박물관들이 준비한 모조 사이트로, 관람객들은 이를 통해 5백여 개의 증오 집단 사이트들에 대한 간략한 설명을 접할 수 있다. 곧 이어 관람객들은 〈관점의 식당〉이나 〈밀레니엄 머신〉으로 안내된다. 〈관점의 식당〉은 1950년대식 인테리어를 갖춘 모조 식당으로, 관람객은 각각의 테이블에 앉아 영상물을 보고 질문에 답하도록 구성돼 있다.[30] 〈밀레니엄 머신〉 역시 영상물을 관람할 수 있는 커다란 방이다. 이들 장치의 목적은 현대사회의 쟁점을 소개하고, 관람객으로 하여금 이에 대한 입장을 선택하도록 종용하는 데 있다.

---

29. 증오닷컴(Hate.com)은 실존하는 웹사이트가 아니다. 이 이름은 지난 2000년 HBO가 제작한 다큐멘터리의 제목에서 따온 것이다. 이는 현실과 비현실의 경계를 모호하게 만드는 한편, 혼란스러운 현실을 아주 간단하고 수사적으로 구성된 현실로 치환해 버리는 〈관용박물관〉의 특징을 보여준다. Lisus and Ericson, "Misplacing Memory," 9-17을 보라.

30. 내가 마지막으로 〈관용박물관〉을 방문했을 때, 안내원은 이 〈관점의 식당〉이 민권 운동 시기를 상기시키기 위해 1950년대식으로 인테리어 되었다고 설명해 주었다. 그 전까지 난 이 식당이 그저 다양한 사람들이 이야기하고 식사하는 공적 공간의 일례를 보여주기 위한 장치라고 생각했다. 이런 생각을 한 건 나뿐만이 아닌 것 같다. 수잔 더윈 역시, 이 식당이 식욕을 충족하기 위한 장소를 상징한다는 것을 전제로 논의를 전개하고 있다.("Sense and/or Sensation," 251을 보라.)

예컨대, 내가 처음 방문했을 때 〈관점의 식당〉의 메뉴는, 학교에서 갱을 상징하는 옷이나 장식물을 착용하는 것을 금지하는 "갱 활동 금지 명령"gang injunction이었다. 비디오의 간단한 설명에 따르면, 이 법안은 "자유"와 "안전" 간의 갈등을 보여주는 것으로, 이에 찬성하는 사람은 안전을 우선시하고, 이에 반대하는 이들은 자유를 우선시하는 입장을 대변한다. 우선 관람객은 먼저 찬/반을 결정한 후, 각각의 입장을 대변하는 이들의 설명을 1분간 듣고, 다시 한 번 자신의 입장을 정해야 한다. 곧이어 우리는 갱 활동을 막기 위한 대안들, 예컨대 가정 내 아버지의 역할, 방과 후 프로그램의 개선, 범죄 경력을 가진 사람의 강연 등에 대해서도 찬반 투표를 해야 한다. 쟁점과 관련한 각각의 주장들은 결코 복잡하지 않다. 처음 제시된 "자유"와 "안전"(이들의 개념은 결코 제대로 정의되지 않는다) 간의 긴장이라는 설명은 더 이상 발전되지 않는다. 대체 여기서 문제가 되는 것이 누구의 자유이며 누구의 안전인가라는 질문은 당연히 제기되지 않는다. 아무튼 관람객 각자가 투표를 하고 나면 결과는 취합되어 식당 전체에 발표되는데, 아마도 이는 우리의 "관점"이 다수의 관점과 얼마나 가까운지(혹은 얼마나 동떨어져 있는지)를 파악하고, 1분간의 주장이 사람들에게 어떠한 영향을 미쳤는지 보여주기 위한 것일 게다.

〈관점의 식당〉을 다시 방문한 날의 메뉴는, 미성년자 음주운전 사고의 가장 큰 책임은 누구에게 있는가 — 즉, 미성년자 본인인가, 부모인가, 술을 판 가게 주인인가, 가짜 신분증을 만들어준 친구인가 — 와, 언론의 자유가 보장된 사회에서 "증오 발화"의 효과에 대한 책임은 누가 져야 하는가였다. 각각의 영상물은 정말 잘 만들어졌는데, 첫 번째 영상물은 적당한 폭력과 갈등, 죽음이 등장해서 고등학생 운전 교육 영화로 사용해도 손색이 없을 듯싶었다. 두 번째 영상물 역시 잘 구성된 작품으로, 증오 발화에 분노한 흑인 보안 요원이 실수로 무고한 시민을 살해한다는 내용을 담고 있었다. 각각의 영상물이 끝난 이후에는, 등장인물들이 다시 등장해서 누가 가장 책임이 있으며 어떻게 책임을 져야 하는지에 대한 자신의 입장을 밝히게 되는데, 관람객은 이 인터뷰 이전과 이후, 그러니까 두 번에 걸쳐 자신의 입장을 선택해야 한다.

이 영상물들은 몇 가지 중요한 특징을 보여 준다. 우선 영상물에서 노골적으로 드러나는 교훈성은, 〈관용박물관〉이 구사하는 수사법의 전형적인 특징을 보여준다. 〈관용박물관〉은 한편으로는 관람객의 능동성과 사유, 책임의 중요성을 강조하지만, 또 다른 한편으로는 교훈적이고 틀에 박힌 주장들을 전면에 내세운다. 이러한 조합을 반영하듯, 영상물은 개인의 의견차가 가지는 중요성을 강조하면서도, 동시에 잘 짜여진 서사구조를 통해 특정한 도덕적-정치적 입장을 강력히 전달한다. 이들 영상물에서 드러나는 도덕주의적 입장(예컨대, 미성년자의 음주는 위험하다, 부모는 너무 관대해서는 안 된다, 모든 이들은 범죄를 막아야 할 의무가 있다, 증오 발화는 폭력으로 이어진다, 우리는 의도와는 별도로 우리가 한 일의 결과에 책임을 져야한다 등등)은, 〈관용박물관〉이 추구하는 사회적 가치이자 도덕적 이상일 것이다. 하지만 이러한 강한 도덕주의적 입장은, 관용이 내세우는 개인의 도덕적 자율성에 대한 존중과 갈등을 빚기 쉽다. 〈관용박물관〉이 "상호적 참여"를 통해 이러한 갈등을 교묘하게 봉합하는 방식은 잠시 뒤에 살펴볼 것이다.

두 번째로, 이 영상물들은 여타의 〈관용박물관〉 전시물들과 마찬가지로, 현실과 픽션의 경계를 극도로 모호하게 만든다. 미성년자 음주운전이나 증오 발화의 효과에 대한 이야기는 잘 꾸며진 픽션이다. 하지만 드라마가 끝난 후 등장인물들이 행하는 "인터뷰"는 현실과 픽션을 뒤섞어 버린다. 인터뷰를 통해 등장인물 각자는 자신의 입장을 변호하는데, 이는 비디오가 현실을 재현한다는 인상을 주기 위해 의도된 것처럼 보인다. 이러한 시도는 〈관용박물관〉 곳곳에서 발견된다. 예컨대 증오닷컴Hate.com은 마치 실재하는 웹사이트인 양 제시되며, 〈홀로코스트의 집〉에서는 연기자들이 홀로코스트 생존자의 편지와 일기를 읽어 준다. 완벽히 재현된 1930년대 베를린의 카페에서 연기자가 대사를 읊조릴 때, 이는 마치 진짜인 것처럼 느껴지는 것이다.

이러한 현실과 픽션 간의 혼합은 무엇을 위한 것일까? 이에 답하기 위해서 우리는 앞서 지적한 〈관용박물관〉 전시물들의 교훈적 특징으로 돌아갈 필요가 있다. 사실 손쉽게 교훈을 끄집어 낼 수 없는 현실의 모호함과 다양성은, 〈관용박물관〉의 교육적인 목적과 상충할 수밖에 없다. 이는 관람객이 현실의 모호함과 복잡성을 제대로 인식할 수 없기 때문이 아니다. (물론 박물관의 전시물은 이러한 관람객의 무능을 전제로 기획된 것 같지만.) 오히려 문제는 관용이라는 이름하에, 타인에 대한 존중을 가르치고, 그 외의 편협한 태도는 모두 악마화하려는 박물관의 이분법적 접근이다. 선악의 도덕적 구분과 손쉬운 교훈적 메시지를 전달해야 한다는 강박 때문에, 박물관은 현실을 조작 가능한 것으로 가공할 수밖에 없다. 〈관점의 식당〉의 영상물은 현실을 가공해 보여주며, 등장인물들은 철저히 각자가 맡은 선하거나 악한 캐릭터의 입장에서 연기하고, 인터뷰를 진행한다. 박물관 측의 도덕적 훈계가 먹혀들기 위해서는, 현실의 복잡함과 예측 불가능성이 제거된 가상의 시나리오와 대화가 필요한 것이다. 동시에 박물관은 여러 사람의 인터뷰라는 다양한 관점과 입장을 보여주는 방식을 통해서, 이러한 훈세적인 성격을 은폐하려 한다.

하지만 영상물의 또 다른 특징은 이러한 허구화가 가진 역설을 보여준다. 영상물의 세 번째 특징은 이들이 고정관념과 진부한 생각들을 반영하고 있다는 것이다. 드라마에 등장하는 가공의 인물들은 마치 대충 만든 만화 주인공들 같다. 아이들을 방치하는 미혼모 여성, 어리석고 책임감 없는 십대들, 불친절한 노동계급 거주 지역의 술집 주인, 사려 깊은 흑인 식당 주인, 러쉬 랭보 쇼 [The Rush Limbaugh Show 미국의 라디오 프로그램, 보수적 색채로 유명하다]를 즐겨 듣는 백인들과, 인종차별 발언에 분노하여 총을 뽑아 드는 하지만 평소에는 공손한 흑인 보안 요원까지. 사실 관람객은 이들의 입장을 알기 위해 인터뷰를 들어볼 필요도 없다. 이들의 정형화된 캐릭터 때문에, 이들이 무슨 말을 할지 충분히 짐작할 수 있기 때문이다. 물론 여기서 발생하는 역설은, 이러한 고정관념이야말로 〈관용박물관〉이 계속해서 타파해야 한다고 주장하는 바로 그것이라는 점이다. 편견을 타파하자는 표면적 입장과는 달리, 도덕적 훈계의 필요성은 차이의 본질화에 기반한 고정관념의 재생산을 부추기고 있는 것이다.

〈관점의 식당〉이 현실의 복잡함을 단순화하고 고정관념을 유포하면서 관람객의 선택을 강요한다면, 〈밀레니엄 머신〉에서는 이러한 과정이 한층 더 은밀하게 진행된다. 여기서도 관람객들은 큰 방에 설치된 여러 부스 중에 한 곳에 앉게 되는데, 한 부스에는 서너 명이 들어가며 각 좌석 앞에는 다양한 선택 버튼들이 설치되어 있다. 이윽고 조명이 어두워지고, 여성 착취, 아동 학대, 난민과 정치범 문제, 테러리즘 등의 주제를 다루는 영상물 중 한 편이 방 중앙에 있는 대형 스크린을 통해 상영된다. 이들 영상물은 모두 다음과 같은 동일한 내레이션과 함께 시작된다. "유사 이래로, 사람들은 선과 악, 앎과 무지, 관용과 증오, 공감과 무관심 사이에서 선택을 해 왔습니다. 오늘날 우리 역시 선택에 직면해 있습니다. 우리 모두는 범죄와 인권 침해, 불의 등에 맞서 더 나은 세계를 만들 힘을 가지고 있습니다." 이러한 내레이션이 끝나면, 본격적으로 그 날의 주제가 상영된다.

여성 폭력에 대한 영상물은, 총 5가지 사례를 제시한다. 제 3세계에서 행해지는 명예 살인, 음핵절제, 성노예제 그리고 미국에서 일어나는 강간과 가정 폭력. 각각의 사례에 대한 설명은 통계적 사실에 대한 질문과 함께 시작한다. 즉, 성노예의 임금은 얼마인가 혹은 미국 내 강간 빈도는 어떻게 되는가와 같은 질문들이 던져지고, 관람객은 자신의 좌석 앞에 있는 버튼을 눌러 답해야 한다. 응답 결과는 종합되어 모니터에 제시되고, 곧이어 정확한 답이 제공된다. 이제 내레이터는 다음과 같은 질문을 던진다. "여성에 대한 폭력은 왜 그리도 많은가?" 곧바로 두 번째 질문이 제시된다. "미디어가 이러한 폭력을 조장하는 걸까?" 놀랍게도, 영상물은 이 가설에 대해 같은 부스의 사람들과 토론할 것을 요구한다. 영상물의 내레이션처럼, "우리는 여러분의 의견을 존중하기 때문이다!" 여기서 '우리'란 단지 〈밀레니엄 머신〉의 비디오 단말기일 뿐이기에, 이러한 주장은 오늘날 참여 민주주의의 완벽한 패러디처럼 보인다. 스팸 메일을 보내면서 개인의 이름과 주소를 정확히 적는 새로 개발된 기술처럼, 이러한 개별적 토론은 사실상 의미 없는 속임수에 가깝다. 하지만 관람객들은 문제에 대해 열정적으로 토론하며, 잠시 후 별다른 불만 없이 "예"와 "아니요" 중 하나를 선택한다. 표면적으로는 관람객의 의견을 존중한다고 말하지만, 사실 〈밀레니엄 머신〉은 이미 "예"라는 대답을 가정하고 있는 것 같다. 왜냐하면 이어지는 질문이 "미디어의 폭력적 내용을 규제해야 하는가?"와 "미디어 종사자들이 여성 폭력에 대해 책임을 져야 할까?"와 같은 것들이기 때문이다. 앞서의 답이 미디어의 책임을 전제로 했기 때문에, 이 새로운 질문에 대한 답 역시 "예"일 것임을 짐작하기란 그리 어려운 일이 아니다.

하지만 〈밀레니엄 머신〉은 확실한 답을 내리는 대신, 그저 우리의 대답을 수치화해 보여준 후에, 이 문제를 해결할 두 가지 방법이 있다고 말한다. 첫 번째 방법은 계속해서 이 문제에 관심을 기울이면서, 우리의 정치적 대표들에게 우리의 입장을 알리는 것이다. 두 번째는, 문제 해결을 위해 노력하고 있는 〈시몬 비젠탈 센터〉 같은 비정부기구NGO에 참여하는 것이다. 즉, 당신이 여성에 대한 폭력에 반대하고 이를 위해 미디어를 규제해야 한다고 생각한다면, 〈비젠탈 센터〉를 후원해야만 한다! 영상물의 처음에 등장한 내레이션, 즉 우리에게는 미래를 바꿀 힘이 있다는 문구는 바로 이러한 후원을 염두에 둔 것임이 분명하다. 선과 악을 구별하고 불의와 범죄에 맞설 수 있다던 개인의 힘은, 이제 정치적 대표들에게 이메일을 보내고 〈비젠탈 센터〉에 후원금을 내는 행위로 축소되고 만다.

테러리즘에 대한 〈밀레니엄 머신〉의 영상물은 보다 더 논쟁적이다. 우리에게 선과 악 사이에서 선택할 힘이 있음을 상기시켜주는 예의 오프닝 장면이 지나간 후, 화면에는 9/11 사건이 등장한다. 영상물에 따르면, 세계에 공포를 안겨준 이 사건은, 이스라엘과 인도네시아, 영국 등지에서 지난 수십 년간 이어져온 테러 행위의 연장선상에 있다. 미국인들은 9/11을 통해서 자신들 역시 이러한 테러 행위로부터 자유로울 수 없음을 알게 되었고, 결과적으로 "우리의 예외적인 안락은 끝났다." 하지만 영상물에 따르면, 9/11의 특수성 역시 존재한다. 기존의 테러들이 명백한 정치적 목적(영상물에서 이러한 정치적 목적이 무엇인지는 설명되지 않는다)을 가지고 이 목적을 위해서 유혈 사태를 일으켰다면, 9/11은 "되도록 많은 이들을 죽이고 되도록 많은 건물을 파괴하는 것"을 목표로 했으며, 테러 대상 역시 정부가 아니라 "우리의 문명과 삶의 방식 그 자체"였다는 것이다. 물론 이러한 발언의 근거는 전혀 제시되지 않는다.

게다가 영상물이 다양한 테러리즘의 사례들을 보여주는 부분에 이르면, 이러한 모호한 구분은 갑자기 사라진다. 이제 모든 테러 행위는, 안전과 문명을 위협하는 단일한 현상으로 뭉뚱그려지는 것이다. 북아일랜드의 신-구교 갈등이나, 중동에서의 팔레스타인과 이스라엘 간의 갈등, 체첸과 러시아 간의 갈등이 가지는 정치적 원인은 언급조차 되지 않는다. 테러리즘은 단지 타인의 삶의 방식을 증오하는 야만인들이 행하는, 증오의 표현 그 자체가 목적인 양 묘사된다. 이제 테러리즘은 "우리와 다른 행동과 믿음을 수용하는 데 실패"한 데서 기인하는, 불관용의 극단적 표현으로 환원되어 버린다.

이어서 영상물은, 이스라엘은 어떤 다른 국가들보다도 테러와 자살 폭탄 공격으로 인해 고통 받아 왔다고 주장한다. 물론 이때도 갈등의 정치적 맥락은 드러나지 않으며, 텍스트의 초점은 9/11 이후 미국인들이 겪은 아픔을 이스라엘과의 동질감과 연대감으로 변화시키는 데 맞춰져 있다. 영상물은 자살 폭탄 테러가 국제법상 불법일까란 질문을 던진 후, 놀랍게도 자살 폭탄 테러는 어떤 국제기구에 의해서도 제도적으로 불법화된 적이 없으며, 오히려 정당한 전쟁 도구로 옹호되고 있다는 사실을 알려준다. 이로써 이스라엘과 9/11 간의 연결선이 완성된다. 한편에는 자살 폭탄 테러를 자행하는 이들과 이를 옹호하는 이들이 있고, 다른 한편에는 이러한 공격으로 인해 고통 받는 이들, 즉 미국과 이스라엘이 존재하는 것이다.

이어서 영상물은 생화학무기 문제로 넘어간다. 영상물은, 현재까지 생화학무기의 사용 여부와 탄저균의 치명적 효과에 대해 묻는다. 탄저균의 생산과 배포가 매우 쉽다는 사실을 강조함으로써, 영상물은 관람객들에게 공포를 선사한다. 그리고선 갑작스레 다음과 같은 질문으로 테러리즘에 대한 논의를 끝맺는다. "오늘날 대부분의 테러리즘은 이슬람 근본주의자들에 의해 행해지고 있으며, 이는 이들 인종에 대한 표적 수사가 강화되는 이유이다. 자유는 미국에 있어 중요한 가치이다. 과연 이러한 인종 표적 수사는 허용되어야 할까?" 이때 어떻게 "인종"이 이슬람 근본주의자나 테러리스트를 식별할 수 있는 지표가 될 수 있는지에 대한 설명은 제시되지 않는다. 또한 실제로 인종 표적 수사가 어떻게 행해지게 되는지, 누가 어디서 이러한 수사를 행하고, 누가 어떻게 이로 인해 고통 받게 되는지, 인종 표적 수사가 위반하는 법률은 없는지, 이러한 수사 방식이 낳을 부작용들은 무엇인지에 대해서도, 역시 아무런 언급이 없다. 인종 표적 수사는 단지 테러리즘을 예방하기 위한 하나의 도구에 불과한 것처럼 재현된다. 물론 "〈밀레니엄 머신〉은 우리의 의견을 존중하기 때문에", 우리는 이러한 수사를 허용할지 여부에 대해서 1분여 간 토론을 해야만 하고, 토론 이후에 찬반 투표를 해야만 한다. 투표 이후에는 다시 한 번 테러리즘이 "바로 우리의 문제가 되었음"이 강조되면서, 역시나 이 문제를 바꿀 수 있는 두 가지 방법이 제시된다. 하나는 "이 문제에 지속적 관심을 기울이면서 우리의 정치적 대표들에게 우리의 입장(어떤 입장? 인종 표적 수사가 좋다는 입장?)을 알리는 것"이고, 두 번째는 "〈비젠탈 센터〉 같은 비정부기구에 가입하는 것"이다.[31]

---

31. 난민과 정치범 문제에 대한 영상물 역시 유사하게 진행된다. 중국의 티벳 탄압, 브라질에서의 강제 노동, 정치범의 사례들 그리고 난민을 위협하는 지뢰 문제 등 이 주제와 관련된 다양한 문제들이 나열되면서, 영상물은 이 문제들에 대해서 미국인들, 즉 세계 유일의 초강대국 주민들이 무엇을 할 수 있는가에 대해 묻는다. 제시되는 해결책들에는, 이들 국가들에서 생산되는 물품들에 대한 보이콧과 원조 자금에 대한 이율 인상, 그리고 군사적 개입 등이 포함되어 있다. 여기서 다시 한 번 세계는 선과 악으로 이분화되고, 이들 문제는 도덕적 문제로 탈정치화된다. 사실 이렇듯 다양하고 폭넓은 문제들을 "난민과 정치범"이라는 이름하에 뭉뚱그려 다룰 수 있는 것 자체가, 이러한 탈정치화에 의해 가능한 것이다. 그나저나 왜 팔레스타인 난민들은 이 영상물에 등장하지 않는 걸까? 영상물에서는 분명 난민을 "정치적 분쟁에 휘말린 민간인들, 전쟁과 인종 청소에 휩쓸린 순수한 사람들"이라고 정의하고 있는데 말이다.

이렇듯 〈밀레니엄 머신〉이 보여주는 모든 문제의 해결책에는 언제나 〈비젠탈 센터〉가 있다. 이 비디오를 통해, 〈비젠탈 센터〉의 정치적 입장은 지금 세상에서 벌어지고 있는 끔찍한 일들에 반대하는 것으로 정의되고, 이러한 입장의 정당함에 대한 의문은 허용되지 않는다. 〈비젠탈 센터〉는 특정한 정치적 입장을 대변하는 존재가 아니라, 불의·악·테러리즘에 맞선 정의·선·관용 및 문명의 상징으로 재현되는 것이다. 이는 오늘날 관용이라는 탈정치화 담론이 어떻게 하나의 무기처럼 활용되는지를 단적으로 보여주는 예라고 할 수 있다. 관용의 옹호라는 허울의 이면에는, 자신의 적들은 불관용과 폭력, 야만이라는 색깔로 덧칠해 버리고 자신의 입장은 관용이란 용어를 통해 신성화하는, 매우 특정한 정치적 입장이 존재한다. 이러한 전략은 〈관용센터〉 다른 전시물들에서도 동일한 형태로 발견된다.

하지만 다른 전시물들을 하나씩 살펴보기 전에, 먼저 다음과 같은 질문에 답해 보자. 〈관용센터〉 전시물들의 특징인 "거짓 참여"는, 대체 무엇을 위한 것일까? 왜 관람객은 지식을 시험받고, 논쟁하고 투표해야만 할까? 물론 이러한 수법은, 닌텐도나 게임큐브, 터치스크린 등에 익숙한 신세대들의 관심을 끌기 위한 것일 수도 있다. 이러한 기술적 장치가 없다면, 젊은 세대는 지루해하거나 전시물의 내용을 받아들이길 거부할지도 모른다.[32] 혹은 이러한 상호작용적 장치들은, 정치 참여시 요구되는 자질, 즉 자신의 의견만큼 다른 이들의 의견을 존중해야만 한다는 교훈을 압축적으로 전달하기 위한 것일 수도 있다.

---

32. 아놀드 슈워제너거는 1993년 〈관용박물관〉 개관식에서 다음과 같이 말한 바 있다. "당신이 누군가를 가르치고 싶다면, 먼저 관심을 끌고, 가르친 후, 이를 반복해야 합니다. 이 박물관은 이를 잘 알고 있군요"(Norden, "Yes and No to the Holocaust Museum," 25에서 인용)

하지만 〈관용센터〉가 관람객에게 의견 제시와 선택을 강요하는 또다른 이유가 있다. 〈관용박물관〉에서의 한 나절 동안, 관람객은 오감을 자극하는 잘 짜여진 전시물들을 경험하게 된다. 관람객들은 서라운드 음향과 커다란 화면, 실물 크기의 디오라마와 모조 건축물들과 마주치고, 이와 함께 "말이 사람을 죽일 수 있다"든가, "보통 사람들도 책임이 있다" 혹은 "다시는 그래선 안 된다"는 등의 메시지를 반복해서 듣게 된다. 이와 같이 관람객은 지각적으로나 감정적으로 과부화에 걸린 상태에서, 압축적인 도덕적·정치적 교훈들을 주입받는 입장에 서게 된다. 하지만 이렇게 일방적으로 전달되는 교훈적 메시지와는 달리, 어디까지나 〈관용박물관〉의 표면적 원칙은 인간의 개성과 차이에 대한 존중이기 때문에, 박물관은 비록 겉치레라도 개인들의 생각과 의견을 묻는 장치들을 갖출 수밖에 없는 것이다. 그런데 이 문제는 사실 〈관용박물관〉의 근본적 과제와 연결되어 있다. 즉, 다양한 믿음과 행동을 존중하고 더 나아가 차이를 인간성의 본질로 규정하면서, 어떻게 동시에 하나의 도덕적·정치적 합의를 생산해낼 수 있을 것인가? 상이한 관점과 차이에 대한 관용을 이야기하면서, 어떻게 모든 이들이 하나의 올바른 도덕적·정치적 입장에 도달하는 것이 가능할까? 차이에 대한 세계시민주의적 입장을 내걸면서, 어떻게 보편적 진실의 외피를 쓴 특정한 정치적 입장에 대한 지지를 이끌어 낼 수 있을 것인가?

사실 합의를 이끌어내는 것은, 그리 어려운 일이 아니다. L.A. 사태에 관한 것이든 홀로코스트에 관한 것이든, 이곳의 전시물들은 마치 중립적 정보만 전달하는 척하면서, 실제로는 특정한 관점을 함축하고 있다. 전시물의 내러티브 속에서, 몇몇 사실들은 강조되고, 다른 중요한 사실들을 완전히 누락될 뿐 아니라, 공정한 역사 전달이라는 환상과 함께 전시물의 도덕적 입장이 내러티브에 교묘하게 스며들어, 적의 악마화와 공포의 동원, 피해자화victimization의 환유적 연쇄를 부추긴다. 이러한 박물관의 정치적 의도는, 〈관용박물관〉이라는 이름이 전달하는 순수함과 선함, 개방성과 공평함이라는 인상에 의해 일차적으로 은폐된다. "박물관"이라는 제도적 형식은, 박물관을 가치를 주입하는 공간이 아니라 지식을 전달하는 공간으로 여기는 상식을 활용해, 정치적 색채의 은폐를 용이하게 만든다.[33] 덧붙여 "관용"이라는 단어가 주는 공정성의 느낌은, 전시물의 은밀한 정치적 색채와 입장 그리고 관람객들 간 강제된 합의의 유도를 은폐한다. 만약 이곳이 〈관용박물관〉이 아닌 다른 이름을 가지고 있었다면, 예컨대 〈사회 갈등 연구 센터〉나 〈현대 사건사 박물관〉이라 불렸다면, 관람객들이 전시물에 함축된 정치적 입장에 좀 더 주의를 기울였을지도 모를 일이다.

하지만 박물관의 목적은 은밀한 합의를 이끌어내는 것에 그치지 않는다. 앞서 말했듯이, 박물관은 자신의 정치적 입장을 관람객에게 주입함과 동시에, 개인의 선택과 다양성의 가치를 지속적으로 강조해야만 한다. 박물관이 곳곳에서 관람객의 참여를 촉구하는 것은 바로 이를 위한 것이다. 하지만 이 모든 것들은 실질적인 참여라기보다는 형식적인 것인데, 관람객의 어떠한 선택도 박물관에서 마련해 놓은 정치적 기획을 전복시키지 못하기 때문이다. 예컨대, 우리는 다음과 같은 사소한 질문에만 답할 수 있다. "미디어가 여성에 대한 폭력에 영향을 미칠까?" (왜 다음과 같은 질문들은 던져지지 않는가? "조직화된 가부장적 종교는 여성에 대한 폭력에 어떤 영향을 미치는가? 여성의 빈곤은? 군사주의적 민족-국가는? 인종주

---

33. Donna Haraway, *Primate Visions : Gender, Race, and Nature in the World of Modern Science* (New York ; Routledge, 1990) 특히 3장, "Teddy Bear Patriarchy : Taxidermy in the Garden of Eden, New York City, 1908~36"을 보라.

의와 실업 문제는? 제도화된 남성 지배는?") 이와 같이 박물관의 전시물들은 논쟁을 제기하는 듯 보이지만, 사실은 "아버지가 아이들에게 좀 더 신경을 쓴다면 혹은 과거 갱단의 일원이었던 사람이 학교에서 강연을 한다면, 학교 폭력을 줄일 수 있을까?" 같은 엉뚱한 질문들만 되풀이할 뿐이다. 박물관은 인종 편향 수사 같은 민감한 문제들을 건드리지만, 그에 대한 현명한 판단을 내릴만한 중요한 정보들은 정작 제공되지 않는다. 박물관의 말처럼, 전시물은 다양한 관점을 우리에게 제공하고 있는 것 같다. 예컨대, L.A. 사태에 대한 각 종족 집단의 입장들이, 30초라는 시간 동안 우리에게 제공된다. 그리고 곧이어 비디오는 — 마치 우리의 선택이 중요한 것처럼 — L.A. 사태 당시 어떤 집단이 가장 문제였는가라는 질문을 던진다. 경찰인가? 약탈자들인가? 아니면 잘못된 판결을 내린 배심원들인가? 당신이 L.A. 사태와 관련된 사실들이나 논쟁의 다른 입장에 대해 좀 더 알고 싶다면 "추가 정보" 버튼을 클릭하면 된다. 그러면 한 문단 정도의 사실이나 또 다른 30초간의 인터뷰가 제공될 것이다. 그러니 우리가 선택할 수 있는 것은, "추가 정보" 버튼을 클릭하는 것 정도이다.

〈관용박물관〉은 계속해서 우리의 생각과 참여가 중요하다고 강조한다. 〈밀레니엄 머신〉의 영상물들은 우리가 문제들에 지속적으로 관심을 가지고, 권력자들이 우리의 생각을 알 수 있도록 만드는 것이 중요하다고 강조하면서 끝을 맺는다. L.A. 사태를 다룬 영상물은 화면을 가득 메우는 "생각하라!"는 명령으로 끝을 맺으며(물론 무엇에 대해 왜 생각해야 하는지는 가르쳐 주지 않는다), 반反유대주의에 대한 영상물은 "우리는 무엇을 기억해야 하는가?"라는 질문으로 끝난다. 물론 이러한 생각과 기억에 대한 끊임없는 강조는, 일차적으로 〈관용박물관〉의 전시물 대부분이 상투적인 구성에 기반해 있으며, 정치적으로나 지적으로나 설익은 수준의 것임을 감추는 데 도움을 준다. 사실 박물관은 겉으로는 "생각하라"고 끊임없이 강조하면서, 사실은 완전히 정반대의 것을 관람객에게 강요하고 있다. 즉, 박물관은 관람객들이 박물관이 구성한 대로의 현실과 가치 평가를 받아들이고, 그들이 가르치는 대로 생각하기를 바라고 있는 것이다. 더 나아가 〈관용박물관〉의 '생각하라'는 명령은, 사유는 관용과 통하고 무지와 편견은 근본주의와 통한다는 통상적인 인식을 반영하는 것이기도 하다. 관용적이고 문명화된 이들은 스스로 생각한다. 반면에 편견에 빠진 야만인들은 자신들의 본능과 전통 혹은 대중의 의견을 맹목적으로 좇을 뿐이다. 이어지는 6장과 7장에서 좀 더 자세히 살펴보겠지만, 이러한 계열화는 야만인들에게 관용적인 세계관과 이러한 세계관을 뒷받침하는 정치적-법적 장치들을 **강제**하는 것을 정당화하는 데 활용된다. 이러한 논리에 따르면, 이러한 강제는 폭력이 아니라 야만인들에게 사유를 가르쳐 주는, 따라서 그들을 해방시키는 행위인 것이다.

관용을 사유와 결합시키고 편협함을 무지와 연결시키는 방식은, 〈관용센터〉 곳곳에서 발견할 수 있다. 〈밀레니엄 머신〉을 빠져나온 관람객들은, 드디어 〈관용센터〉의 주전시장으로 들어서게 된다. 이곳은 일단 관람객들이 자유롭게 돌아다닐 수 있는 장소로, 벽에는 〈책임지기〉라는 제목을 단 거대한 열 개의 사진이 전시되어 있다. 각각의 사진 내용은 다음과 같다. 여성에 대한 폭력에 항의하는 여성들의 "밤길 되찾기" 시위, "관용 깃발"을 만들고 있는 초등학생들, 반反유대주의적 폭력에 항의하는 몬태나 주의 시위, 노숙자 지원 캠페인, 세자르 차베스 [Cesar Chavez, 1950년대부터 활약한 미국의 농민운동가로, 농장 노동자들의 노조 건설에 기여하였다]를 기념하는 멕시코 공휴일 시정, KKK단에 맞서 관용 기금을 모금하는

"레모네이드 프로젝트", 분쟁지역의 청소년들을 후원하는 "평화의 씨앗", 유대인과 흑인을 연결시켜주는 프로그램인 "이해하기", 1990년 미국의 장애인법 제정, 홀로코스트 생존자인 안네 프랑크와 보스니아 내전 생존자인 즐라타 필리포비치Zlata Filipovic에 대해 배우는 롱비치 고등학생들의 모습. 이 사진들은 꽤나 감동적인 지역 시민사회의 노력들을 담아내고 있지만, 각각의 장면들이 서로 어떻게 연결되어 있으며, 어떻게 관용이라는 이름하에 묶일 수 있는지는 여전히 모호하기만 하다.

　　세자르 차베스와 농장 노동자들이 쟁취하고자 했던 것이, 과연 "다른 믿음과 행동에 대한 수용"이었던가? 오히려 이러한 식의 접근에 인종주의가 내재해 있는 것은 아닐까? 즉, 세자르 차베스의 투쟁을 노동조합의 투쟁으로 보기보다는 관용의 문제로 접근한 것은, 그가 조직한 〈농장 노동자 조합〉의 조합원들 대부분이 **히스패닉이라는 사실**에서 기인하는 것이 아닐까? 예컨대, 과연 〈전미 자동차 노동조합〉의 투쟁 목표를 관용이라고 주장하면서, 관용이라는 주제 하에 그들의 모습을 전시할 수 있을까? 이와 같은 문제는 "밤길 되찾기 운동"을 찍은 사진에서도 발견된다. "밤길 되찾기 운동"이 과연 여성에 대한 관용을 호소하는 것일까? 대체 무슨 이유로 이 운동이 관용이란 이름하에 전시되어 있는 것일까? 남성이 여성을 강간하는 이유가, 그들의 편견 때문이거나 그들이 여성의 "상이한 믿음과 행동을 수용"하지 못해서라는 걸까? 아니면 여성이라는 종속 집단이 벌이는 투쟁은, 모두 관용을 목표로 하는 것이란 뜻일까? 만약 그렇다면 동일 임금이나 재생산권에 대한 투쟁 역시 관용을 위한 투쟁이라고 말할 수 있을까?

　　이 전시물은 정의와 평등을 위한 투쟁을 관용의 문제로 치환시키면서, 암묵적으로 인종주의와 성차별주의를 유포시키고 있다. 마치 이 전시물은 다음과 같은 항목들 중 2가지 이상에 해당하는 문제들은, 모두 관용의 문제로 이해될 수 있다고 주장하는 듯하다. (1) 유색인종 (2) 소수 문화 및 소수 종교 (3) 사회적 종속과 주변화 (4) 폭력과 배제(단, 팔레스타인만 빼고). 사회적 정의가 아닌 관용의 이름하에 각종 문제들을 묶어버리는 순간, 이러한 사회적 문제들이 가진 복잡성과 모호함은 사라지고, 그것의 정치적 차원 역시 삭제된다. 그리고 그 자리에 남겨지는 것은 잘못된 것/폭력/불관용 대 올바른 것/공존/관용이라는 단순화된 대립 구도뿐이다.

관용에 대한 탈정치적 접근은, 세상을 좀 더 관용적인 곳으로 만들기 위해 노력하는 시민들의 모습 한가운데에, "9/11 이후 테러와의 전쟁"을 상징하는 미군 병사의 사진을 걸어 놓은 것에서 절정에 달한다. 이러한 배치로 인해, 농장 노동자들의 투쟁과 성폭력에 대한 저항, KKK에 대항하는 시민 행동 등은, 이제 아프가니스탄 전쟁-이라크 전쟁과 동일한 선상에 놓이게 된다. 대체 어떻게 이들이 관용을 위한 투쟁으로 한데 묶일 수 있는 것일까? 빈곤, 테러, 노동 착취, 성적-인종적 폭력에 대한 저항과 미국이 아프가니스탄과 이라크에서 벌이고 있는 전쟁을 한데 묶어주는 요소는 무엇인가? 사진의 배치는 각종 사회문제들이 미국 내에서는 각개 격파되어야 할 성격의 것이지만, 이라크와 아프가니스탄에서의 전쟁은 이 모든 악의 혼합물과의 싸움이라고 말하는 것처럼 보인다. 〈밀레니엄 머신〉에서 배웠듯이, 테러는 문명 자체의 부정이고, 9/11은 우리의 삶의 방식에 대한 공격이다. 따라서 이라크와 아프가니스탄에서 싸우고 있는 미국의 군대는, 야만적인 적에 맞서 우리의 삶의 방식 전체를 방어하는 전사들인 것이다. 이 선시불은 손쉽게 관용을 문명화된 삶의 방식과 등치시키고, 이를 통해 미국의 군사 작전을 정당화한다. 바꿔 말하면, 이는 테러리즘처럼 미국에 맞서는 행위를 불관용과 등치시킨다는 것을 의미한다. 다양한 시민의 투쟁을 군사작전과 연결시키는 이 전시물의 재현 방식은 이러한 논리 구조 하에서만 가능하며, 이러한 논리는 미국이 벌이고 있는 제국주의적 행태들과 이러한 행위에 대한 〈비젠탈 센터〉의 부적절한 지지에 문제 제기할 가능성을 사전에 차단해 버린다. 이러한 논리를 좇아가다 보면, 우리는 "우리 모두 편견을 가지고 있다"는 주장이, 어느새 선한 체제와 악한 체제가 있고 지켜야 할 선과 깨부숴야 할 악이 있다는 마니교적 세계관으로 변하는 것을 볼 수 있다.

〈책임지기〉 전시물의 건너편 벽에는, 1607년부터 현재까지 미국 역사에서 주요한 사건과 법, 인물을 다룬 〈관용 연표〉가 걸려있다. 이 전시물은 방대한 사건과 자료를 "여전한 불관용"과 "관용을 향하여"라는 두 범주로 명쾌하게 정리한다. 인종적·종교적 소수자들의 패배는 전자의 범주에 해당하고, 이들이 거둔 성취는 후자의 범주에 해당한다. 이 전시물이 다루는 범위는 방대하다. 하지만 재현 주제의 선택은, 놀랍게도 무작위로 이루어진 것 같다. 예컨대 노예법과 인디언 보호구역, 드레드 스콧의 사례 [Dredd Scott, 도망 노예로 1848년 자유획득을 위한 소송을 제기하였으나 패소하였다]나 로버트 케네디 암살 사건, 유대교가 "추악한 종교"라고 말한 루이스 파라칸 [Louis Farrakhan, 미국 이슬람공동체의 총수로 반反유대주의 발언으로 유명하다] 등은 "여전한 불관용"의 이름 아래 묶여 있다. 반면에, 노예제에 반대한 퀘이커 교도들, 권리장전, 소로 [Henry David Thoreau, 멕시코 전쟁에 반대해 인두세 납부를 거부한 미국의 작가]의 저항, 해리엇 터브만 Harriet Tubman의 〈지하철도〉 Underground Railroad [남북전쟁 이전 노예들을 탈출시킬 목적으로 구성된 지하조직], 제1차 세계대전에 참전한 미국 흑인들, 〈반反인종비방 연맹〉의 투쟁, 미국 최초의 여성 대법관 임명, 로스앤젤레스의 흑인 시장 선출, 알렉스 헤일리Alex Haley의 『뿌리』 출간 등은, 모두 "관용을 향하여"의 이름 아래 묶여 있다.

이러한 구분을 보자면, 이 전시물은 관용의 진전과 형식적 평등의 쟁취를 구분할 생각 따위는 애초에 없으며, 역사 속에서 법적으로 보장되었던 차별과 탈법적 폭력 역시 구분하지 않는다는 것을 알 수 있다. 〈관용연표〉는 플래시 애니메이션이나 동영상으로 구성된 것도 아니고 여기에 재현된 많은 사건들이 일정한 배경 지식을 요구하는 것이기 때문에, 아마도 〈관용센터〉 전체를 통틀어 가장 인기 없는 전시물일 것이다. 그래서혹시 이 전시물은 박물관 건립 기금을 보탠 이들과 관련된 사건을 나열하기 위해 마련된 건 아닐까라는 의구심마저 든다.

확실히 방문객들은 이 전시물보다는, 〈난 권리가 없요?〉란 제목 하에 미국의 민권 운동을 재조명하는 영상 전시물에 더 관심을 가지는 것 같다. 1960년대 초반의 상황을 아는 사람에게는 이 영상물이 단순한 클리셰들의 모음이겠지만, 그렇지 않은 이들에게는 자극적일 수도 있으리라. "미국에서의 인종주의와 편견의 역사"에 대해 다루는 이 전시물은, 아프리카계 미국인들의 역사를 노예제가 아닌 인종차별에서부터 서술하기 시작한다. 이는 노예제가 "인간의 인간에 대한 비인간적 처우"라는 면에서 홀로코스트의 라이벌이 될 수 있기 때문일까? (이 박물관이 아메리카 원주민을 다룰 때도 유사한 질문이 제기된다.) 아니면 단순히 노예제에 관련된 영상이나 고화질의 사진 자료가 남아 있지 않기 때문에, 즉 상대적으로 영상 자료가 풍부한 민권운동이 이 하이테크 박물관의 전시물에 더 적합하기 때문인 걸까? 만약 그렇다면, 백인 남성이 백인 여성과 흑인에게 가하는, 린치라는 테러 행위는 왜 빠져 있는 것일까? 아프리카계 미국인들이 시민권을 획득한 것은, 미국의 역사에서 중요한 부분임에 틀림없다. 하지만 이 전시물은 지금까지의 역사에 담긴 잔혹함과 그것의 지속성, 그리고 역사에서 끄집어 낼 수 있는 교훈을 충분히 담아내지 못하고 있다. 영상물은 백인과 흑인 활동가들이 함께 투쟁하는 모습을 보여줌으로써 미국에 만연한 "우리는 극복할 수 있다"We Shall Overcome의 색조를 전달하고 있는데, 이는 "미국에서의 인종주의와 편견의 역사"를 상당 부분 낭만화시키는 결과를 낳고 있다. 나중에 살펴볼 것이지만, 이러한 낭만화는 홀로코스트와 관련된 전시물들의 내러티브와 정반대되는 것이다.

다음의 전시물은 1992년 L.A. 사태에 관한 것이다. 이제 차별과 부정의로 눈물 흘리던 흑인들의 모습은 사라지고, 한국인 지역을 약탈하고 백인 트럭 운전사를 구타하며 경찰을 협박하는 흑인들이 등장한다. 전시물에 따르면, 흑인들의 폭력은 로드니 킹을 구타하는 백인 경찰관들의 모습이 우연히 비디오에 담기고, 이 경찰관들이 무죄를 선고받으면서 촉발되었다. 그런데 이러한 설명과는 달리, 로드니 킹의 구타 장면과 법원의 판결 부분은, 전시물에서 짧게 등장할 뿐이다. 오히려 영상의 주된 초점은 흑인들의 폭력 그 자체에 맞춰지며, 각종 선정적인 장면들이 어떤 내레이션이나 설명도 없이 제시된다. 따라서 이 전시물은 많은 관람객들을 혼란스럽게 한다. 특히 이 사건을 기억하지 못하는 어린이들이나, 사건 당시 미국이나 캘리포니아에 살지 않았던 이들은 더더욱 그럴 것이다. 분노를 촉발한 중층 결정적 요소들은 제시되지 않은 채 그저 분노를 표출하는 모습만 등장하는, 백인에 대한 혹은 유대인에 대한 재현을 상상할 수 있을까? 〈관점의 식당〉에서처럼, 여기서도 관람객들은 "무엇이 우리는 더 분노하게 만드는가? 무죄를 선언한 평결인가, 그 뒤에 이어진 폭력인가?" 혹은 "이러한 폭력이 정당화될 수 있는가?"같은 질문에 "투표"하도록 종용되지만, 다시 한 번, 관람객들의 대답이 어떠한 차이를 만들어 내는지는 불분명하다.

〈관용센터〉의 마지막 전시물은 〈우리 시대〉라는 제목을 가진 단편 영화이다. 다른 전시물처럼, 이 전시물 역시 화면 분할과 교차 편집 같은 MTV 세대에 어필할 만한 영화적 기법을 이용해, 이미지의 환유로 분석적이고 논쟁적인 접근을 대체하고 있다. 이 전시물에서는 보스니아 사태, 르완다 사태, 미국과 유럽에서의 증오 집단, 테러리즘, 증오 범죄, 외국인혐오, 동성애 혐오 등에 관한 이미지들이 한데 뭉뚱그려져, 오늘날 존재하는 악의 일부분으로 등장한다. 분할된 멀티스크린을 통해 빠르게 이미지들을 나열하는 전시 방식은, 이 전시물이 특정한 입장을 강요하기보다는 단지 현대 사회의 증오와 폭력의 예들을 나열하고 있을 뿐이라는 인상을 준다.

그러나 〈우리 시대〉는 특정한 내러티브를, 그것도 매우 독특한 관점의 내러티브를 가지고 있다. 영화는 다음과 같은 내레이션으로 시작한다. "제2차 세계대전이 끝나자, 우리 미국인들은 인종주의와 반反유대주의, 파시즘에 맞선 성전聖戰에서 승리했음을 비로소 알 수 있었습니다" (한 국가가 자신이 참여한 전쟁의 성격을 회고적으로 인식하는 것은, 오직 헤겔주의적 역사관 속에서만 이해 가능하다. 하지만 동일한 역사관이 오늘날 야만에 맞선 문명 제국의 전쟁을 정당화하는 데 사용되고 있다.) 이어지는 내레이션은 다음과 같다. "우리는 제어되지 않는 증오는 폭력으로 이어진다는 사실을 배웠습니다. 또 우리는 국외에서는 증오에 맞서 싸워나가고, 국내에서는 인종주의와 맞서야 한다는 것을 깨달았습니다." 이 발언역시, 전후 미국의 정책과 그것을 뒷받침한 이데올로기를 고려한다면 어처구니없는 설명일 뿐이다. 이 시기에 미국 내에서는 매카시즘의 광풍이 휩쓸었고, 냉전 기간 내내 미국은 제3세계의 쿠데타와 내전에 개입한 바 있지 않은가. (베트남 전쟁은 다만 가장 악명 높고 지지부진했던 개입일 뿐이다.) 이후 영화는 보스니아, 코소보 그리고 르완다에서 벌어진 학살 행위를 보여준다. 영화에 따르면, 여전히 존재하는 이러한 악의 행위들은 "우리"가 제 2차 세계대전의 교훈을 망각하고 있음을 보여준다. (여기서 "우리"는 갑자기 미국인에서 서구 전체 혹은 세계 전체로 확장된다.) 영화 에 따르면, 보스니아의 비극은 상이한 인종들이 서로 간의 오랜 상처를 후 벼 파며, 증오를 표출한 데에 그 원인이 있다. 대체 이보다 더 탈정치적이 고 탈역사적인 설명을 상상이나 할 수 있을까? 심지어 르완다 학살에 대 해서는 일말의 설명조차 제시되지 않는다. 이들의 죽음은 화면을 가득 채운 파괴의 장면을 통해 애도될 뿐이다. 영화의 마지막 장면은 유대인 과 동성애자, 흑인을 적대시하는 증오 집단들의 집회와 낙서로 채워진 다. 그리고 마지막으로 내레이터는 우리에게 묻는다. "우리가 기억해야 할 것은 무엇인가?"

일단 이 영화의 독특한 역사관은 제쳐두더라도, 이 영화는 모든 정치 적 폭력과 갈등의 기원을, 오직 인종적·문화적·성적 타자에 대한 증오의 분출 탓으로 돌려 버리고 있다. 영화는 이러한 적대를 구성하고 동원하는 정치적·사회적 힘들에는 관심이 없으며, 증오 발화와 같은 개인적 행위 와 인종 청소 같은 국가 차원의 폭력을 구별하지도 않는다. 이 영화는 증 오 발화가 손쉽게 인종 청소 등의 폭력 행위로 발전하며, 이 둘은 타자에 대한 혐오라는 공통의 요소를 가지고 있다고 암묵적으로 주장한다. 오프 닝 장면부터 영화는, 제 2차 세계대전 당시 "민주주의의 방어자"인 미국이 인종주의와 파시즘에 맞선 도덕적 십자군의 역할을 수행했다고 주장함으 로써, 문명 대 야만, 민주주의 대 파시즘, 자유롭고 관용적인 사람들 대 편 협하고 근본주의적인 사람들 간의 대립 구도를 노골적으로 구체화한다.

이러한 담론과 자유와 민주주의의 세계를 지키기 위한 조지 W. 부시의 성전까지의 거리는, 그다지 멀지 않다.

〈관용센터〉의 마지막 전시물인 〈우리 시대〉는, 〈관용센터〉와 〈홀로코스트의 집〉을 연결시켜주는 연결고리 역할을 한다. 사실 〈우리 시대〉와 〈홀로코스트의 집〉의 전시물은 비슷한 관점을 공유하고 있다. 이들은 모두 모두 제2차 세계대전의 교훈에 관해 이야기하며, 증오 발화나 증오 범죄 등을, 전쟁, 인종 청소, 인종 학살과 동일한 현상으로 제시하고 있다. 이를 통해, 홀로코스트는 결코 잊어서는 안 되는 사건인 동시에, 안전이라는 명목 하에 행해지는 수많은 예방적 조치들과 자유의 제한을 정당화하는 지평이자 유령의 자리를 차지하게 된다.

〈홀로코스트의 집〉으로 들어가기 전에, 〈관용센터〉의 목적과 의미 그리고 이 전시관이 홀로코스트를 "인간의 인간에 대한 비인간성"을 보여주는 유례없는 사건으로 구성해 내는 방식에 대해 잠시 되짚어보자. 이미 살펴봤듯이, 〈관용박물관〉에 〈관용센터〉를 포함시킨 것은, 공공 기금을 모금하고 정부 지원을 받는 데 큰 도움이 되었다.[34] 하지만 〈관용센터〉의

---

34. 존 위너는 기금 모금이 〈관용센터〉의 존재 목적이라고 주장한다. "홀로코스트 박물관에 〈관용센터〉를 포함시킨 것은, 어떤 철학적 결과라기보다는 국가 기금을 받기 위한 책략이다."("The Other Holocaust Museum," 83) 내가 보기엔, 이러한 식의 접근은 〈관용센터〉의 또 다른 목적과 효과를 간과하고 있는 것 같다.
그럼에도 랍비 메이가 국가 지원을 받기 위해 1990년 국회의 교육위원회에서 발언했을 때, 그가 다양한 현대의 쟁점들과 홀로코스트 박물관을 연결시키는 데 갈팡질팡하는 모습을 보였던 것이 사실이다. 그는 관용을 다루는 전시관이, 홀로코스트에 대한 관심을 끌기 위한 미끼인 것처럼 말하기도 했다. 홀로코스트 이외의 전시를 담당할 전문가가 필요하지 않느냐는 국회의원의 질문에, 랍비 메이는 다음과 같은 우스꽝스러운 대답을 하기도 했다. "예, 저희도 우리가 강점을 가지고 있는 주제가 반反유대주의와 홀로코스트라는 것을 잘 알고 있어요. 첫 번째 섹션, 즉 '미국에서의 편견과 인종주의의 역사'를 다루는 부분에서, 우리는 외부의 도움을 받을 생각입니다. 〈새러데이 나잇 라이브〉(Saturday Night Live)의 프로듀서 겸 작가인 악 프랑켄(Al Franken)이나 〈맥닐-레러 리포트〉(McNeil-Lehrer Report)의 프로듀서인 마이클 사우스(Michael Sauls)

목적이 여기에 그치는 것은 아니다. 〈관용센터〉는 이 박물관을 찾는 관람객들, 특히 젊은이들이 관심을 가지고 있을만한 여성 혐오나 동성애 혐오, 인종차별 같은 이슈들을, 먼 과거의 일처럼 보이는 사건, 즉 반反유대주의와 홀로코스트의 문제와 연결시키는 역할을 한다. 박물관장인 랍비 메이는 공기금 지원을 위한 국회 청문회에서 이러한 박물관의 전략을 분명히 밝힌 바 있다. "다양한 배경을 가진 관람객들에게 다가가기 위해서는, 현재의 그들과 관계된 쟁점에 대해서 말해야만 합니다. 그저 20세기의 가장 중요한 사건을 보여주겠다고 말하는 것만으로는 교육적 효과가 없어요. 그건 현재의 그들과 별다른 관련이 없기 때문이죠."[35] 좀 더 자세히 말하자면, 〈관용센터〉는 소수인종의 현대적 경험을 유대인들의 경험과 연결시킨다. 이들의 경험은 증오와 불관용이라는 이름하에 함께 묶이며, 이를 통해 유대교를 믿지 않는 젊은 유대인이나 비유대인들도 홀로코스트에 좀 더 관심을 가지게 될 것이다. 결과적으로 〈관용센터〉는 반反유대주의를 현대의 종족적·인종적 편견과 연결시킴으로써, 현대 미국의 젊은이들과 약 70년 전 독일에서 일어난 사건 사이에 놓인 시간적-공간적 틈을 메우는 역할을 한다. 〈관용센터〉의 이러한 전략은 가히 천재적이다. 〈홀로코스트의 집〉에 앞서 〈관용센터〉를 배치하지 않았다면, 이곳을 찾은 수백만 젊은이들의 홀로코스트에 대한 관심은 확실히 지금보다 낮았을 것이다.

　　더 나아가 〈관용센터〉는 전 세계의 유대인들을 증오와 폭력의 희생

같은 사람의 도움을 받을 수도 있을 겁니다. 그와 같은 문제들을 다루려면, 가능한 한 광범위하고 심도 깊은 관점에서 접근해야 하기 때문이죠. 우리는 더 넓은 공동체로 나갈 준비가 되어 있습니다."(House Subcommittee, Overnight Hearings on H.R. 3210, 32)

35. 위의 글, 31.

자로 재현하고, 이스라엘을 테러리즘이 낳은 최대의 피해자로 구성하는 데 중요한 역할을 한다. 〈관용센터〉의 전시물 어디에서도 이스라엘의 테러 행위는 언급되지 않으며, 아랍계 미국인들은 단 한 번도 등장하지 않는다. 아랍인들은 반反유대주의자, 인종 표적 수사 대상인 잠재적 범죄자, (여성에 대한 폭력을 담은 〈밀레니엄 머신〉의 영상물에서 재현되듯) "명예"라는 이름으로 자신의 부인을 돌로 때려죽이고 눈을 파내는 야만적인 인간으로 등장할 뿐이다. 이러한 재현을 통해, 이스라엘에 대한 전폭적 지지의 무대가 마련된다. 이스라엘은 고난 끝에 얻어낸 유대인들의 고향일 뿐 아니라, 야만의 땅에 홀로 남은 문명의 횃불인 것이다.[36]

여타의 갈등들에 대한 박물관의 담론적 틀을 충실히 따른다면, 이스라엘과 팔레스타인의 갈등 역시, (르완다에서의 후투족과 투치족 간의 갈등처럼) 종족 간의 증오나 (보스니아에서의 세르비아인과 무슬림 간의 갈등처럼) 종교적-종족적 갈등으로 묘사될 수 있을 것이다. 하지만 이러한 설명 방식을 따를 경우, 이스라엘 - 팔레스타인 문제는 적대 관계에 놓인 두 집단 간의 상호적 투쟁과 비극이 되어 버리고, 따라서 이스라엘이 차지하고 있는 야만에 맞선 문명의 십자군으로서의 지위는 사라져 버린다. 게다가 이러한 설명방식은, 이스라엘 - 팔레스타인 문제 역시, 적대와 증오에서 기인하는, 즉 관용으로 치유될 수 있는 여러 문제 중 하나로 만들어 버릴 것이다. 따라서 〈관용박물관〉에서 이스라엘 - 팔레스타인 문제는,

---

36. 〈관용센터〉의 전시물에는 중동 문제 외에도, 두 개의 중요한 분쟁 지역이 빠져있다. 북아일랜드와 남아프리카 공화국이 그곳들이다. 이 박물관에는 인종주의에 맞선 수많은 영웅들이 등장하지만, 놀랍게도 넬슨 만델라(Nelson Mandela)와 데스몬드 투투(Desmond Tutu)의 모습은 어디에도 보이지 않는다. 북아일랜드 분쟁과 남아프리카의 아파르트헤이트 정책이 이스라엘에 대한 문제 제기를 가능케 하기 때문일까? 아니면 이스라엘을 비판한 만델라와 투투는 관용 영웅들의 신전에 입회할 자격이 없기 때문일까?

관용으로 해결될 수 있는 갈등으로 제시되지 않는다. 우리는 야만인, 즉 우리의 삶의 방식 자체를 위협하는 이들까지 관용할 수는 없기 때문이다. 우리의 삶의 방식은 (〈관용박물관〉이 있다는 사실 자체가 보여주듯이) 관용의 가치를 포함하고 추구하는 삶이다. 하지만 우리의 적은 이러한 관용의 삶을 위협하는 존재이다.

박물관은 중동 문제에 대한 텅 빈 재현과 요란한 침묵을 통해, 이스라엘이 겪고 있는 최근의 어려움이 과거 유대인이 겪어 온 고난의 연속이라는 메시지를 은밀히 전달한다. 즉, 이스라엘은 항상 그들이 유대인이라는 이유만으로 적들의 탄압을 받아 왔다는 것이다. 이스라엘과 그들의 행위가 왜 적대시되는가에 대한 설명은 어디에도 등장하지 않는다. 유대인은 누구보다 관용을 필요로 하는 존재로 묘사되고, 따라서 관용 세계의 수호자의 지위를 차지한다. 유대인들은 언제나 관용을 필요로 해 왔다는 사실만으로, 그들은 이미 관용의 든든한 투사이자 최후의 승리자이다. 〈관용센터〉의 존재 자체가 이러한 유대인들의 특별한 지위를 증명해 주지 않는가. 유대인은 항상 차이로 인해 박해받아 왔기 때문에, 그들은 차이에 대한 관용의 필요성을 누구보다도 잘 알고 있다. 이러한 세계시민주의와 포스트-보편주의적post-universalist 세계관으로의 급격한 이행이야말로, 〈관용센터〉를 〈홀로코스트의 집〉 앞에 배치함으로써 얻게 되는 가장 중요한 성취일 것이다. 또한 이러한 세계시민주의의 활용은, 이스라엘 - 팔레스타인 갈등에 대한 박물관의 편파적인 관점을 은폐시켜 준다. 이는 〈관용센터〉의 또 하나의 성취이다.

이스라엘의 고통을 보편적인 세계 공통의 지혜로 전환시킴으로써, 이스라엘은 이제, 문명 대 야만, 관용 대 증오 사이에 벌어지고 있는 전쟁의 최전방에 자리 잡을 수 있게 되었다. 바로 이 때문에, 박물관은 홀로코스트를 둘도 없는 끔찍한 일이라고 말하면서도, 동시에 이 문제를 "불관용"이라는 상대적으로 가벼운 언어를 통해 조명하려 하는 것이다. 이러한 프레임은, 유대인을 문명과 휴머니즘, 관용의 수호자로, 유대인의 적을 이러한 가치들에 대한 도전자로 만들어 버림으로써, 이스라엘의 입장을 손쉽게 변호해 준다. 전통적인 유대인 선민사상과는 다른 이 새로운 담론을 통해, 유대인은 서구 기독교인과 연합할 근거를 마련하고, 더 나아가 야만적 타자들에 대항하는 서구적 가치의 최선봉에 설 수 있게 되었다. 그렇다면 서구의 이스라엘에 대한 지지는 단순한 전략적 투자 이상의 가치를 가지는 것이다. 이 새로운 담론은 낡은 유대 민족주의나 국지주의를 보편주의와 세계시민주의로 대체하고, 이방인으로서의 유대인의 지위를 서구 문명의 가치를 지키는 중심적인 위치로 격상시켰다. 이와 동시에, 관용이 오직 문명화된 이들을 향해서만 그리고 이들 사이에서만 적용되는 가치라는 사실도, 그 어느 때보다 분명해진다.

〈홀로코스트의 집〉의 전시물은, 주로 정체성과 관련된 폭력을 전시해 놓은 〈관용센터〉와 유사하기도 하고 다르기도 하다. 〈관용센터〉는 홀로코스트가 불관용과 인종적 증오의 결과물이자 그것의 가장 극단적인 예라며 둘 간의 연속성을 강조한 바 있다. 하지만 〈홀로코스트의 집〉은, 6백만 명의 유대인을 죽음으로 내몬 홀로코스트가 〈관용센터〉의 여타 주제들과 동일하게 이해되어서는 안 된다고 말하는 듯하다. 이러한 차이는 두 전시관의 전시 방식에서 확연히 드러난다. 〈관용센터〉는 증오와 폭력에 관련된 사건들을 파편적으로 전시하면서, 이러한 사건들의 역사나 맥락, 인과관계에 대해서는 언급하지 않았다. 게다가 〈관용센터〉에서는 생존자가 자신의 경험에 대해 말하는 것과 같은 자기 재현의 문제의식 또한 전무하며, 대부분의 전시물들은 중립적인 관점을 가장한 채, 대체로 병이하고 대중적인 수준의 내용을 전달하고 있다. 전시 방식에 있어서도, 〈관용센터〉는 관람객의 재량에 따라 몇 가지 정보들을 건너뛸 수 있게 구성되어 있다. 이와 반대로, 〈홀로코스트의 집〉은 유대인 피해자의 관점에서 홀로코스트를 정확하고 일관되게 재현하는 것을 목적으로 하는 것처럼 보인다. 여기서 홀로코스트에 대한 이야기는 단일한 내러티브에 기반해, 관람객의 개입이나 선택의 순간 없이 일방적으로 제공된다. 여기에는 〈관용센터〉에 존재했던 관람객 간의 논쟁이나 관점의 차이를 강조하는 요소가 전혀 존재하지 않는 것이다.

다시 말해, 〈관용센터〉와 〈홀로코스트의 집〉 간에는, 전시의 구성이나 전시 방식 그리고 관람객의 역할 등에 있어 상당한 차이가 존재한다. 〈관용센터〉에서 강조되던 관람객의 참여나 투표는, 〈홀로코스트의 집〉에서 자취를 감춘다. 이와 함께, 다양한 사건들의 파편화된 제시와 이러한 사건의 역사와 맥락에 대한 무관심 역시 사라진다. 이제 어떤 문제에 대해서는 다양한 해석의 가능성이 있다는 상대주의적 생각은 종결을 고하게 되는 것이다. 자동문을 통해 〈홀로코스트의 집〉에 입장하고, 45분 뒤에 다시금 자동문을 빠져나올 때까지, 우리는 일관되고 확신에 찬 발언들을 접하게 된다. 〈홀로코스트의 집〉에서는 천천히 음미해 볼 문제나, 오래도록 살펴봐야 할 정보들이 제공되지 않는다. 나중에 설명할 통행증에 등장하는 아이의 운명에 대한 글을 제외한다면, 〈홀로코스트의 집〉에는 사실상 읽을 것이 거의 없으며, 따라서 읽는 행위가 수반하는 주체적이고 개인적인 성찰의 기회 역시 존재하지 않는다. 대신 〈홀로코스트의 집〉에서의 경험은 연속적이고 총체적이며 압도적인 형태로 제공된다. 여기에는 질문할 시간도, 관람객이 더 많은 정보를 요구할 기회도, 자신이 지지하는 입장에 투표하는 시간도, 문제를 다른 관점에서 바라볼 기회도 주어지지 않는다. 홀로코스트에 대한 설명은, 의미를 전달하고 수용하는 과정에서 발생할 수 있는 최소한의 의견차의 가능성마저 차단시킨, 투명하고 진실된 형태로 제공된다.

이러한 갑작스런 변화는 어떻게 정당화되는가? 이미 말했듯이, Beit Hashoah는 〈홀로코스트의 집〉이라는 의미를 가지고 있다. 히브리어를 조금이라도 아는 사람이라면, 이 이름을 듣고 자연스레 유대교 회당을 이루는 두 공간인 '학습의 집'beit hamidrash과 '예배의 집'beit haknesset을 떠올릴 것이다. 이러한 용례에서 보듯이, beit는 단순히 공간적인 집이 아니라 사람들이 모이는 장소란 의미를 함축하고 있다.37 "홀로코스트에 대해 배우기 위해 모이는 장소"라는 이름 자체는, 이 전시관이 관용의 핵심이자 〈관용센터〉의 특징인 다원론적·상대론적 세계와는 다른 형태로 구성될 것임을 암시한다.38 〈학습의 집〉을 연상시키는 이름은 전시물들의 내용이 진리라는 인상을 주며, 〈예배의 집〉과의 연결고리는 이 박물관의 전시물들이 신성한 것이라는 느낌을 전달한다. 이러한 진리와 신성성의 결합은, 〈홀로코스트의 집〉 전시물들의 효력을 보장하는 기본적인 장치이다. 관람객은 손님으로서 신성한 유대인의 장소에 초대되었고, 이제 중요한

---

37. 히브리어의 용법에 관해 알려준 Neve Gordon에게 감사한다.
38. 관용과 상대주의에 대해서는 2장을 보라. 오렌 바루흐 스티어(Oren Baruch Stier)은 〈홀로코스트의 집〉이 주는 이러한 인상을 지적하면서, 이 이름의 의미에 대해 다른 의견을 제시한 바 있다. 그에 따르면, 〈홀로코스트의 집〉은 대체로 별다른 의미 없는 이름 같이 느껴지기 때문에, 사람들은 〈관용박물관〉이란 이름을 좀 더 많이 사용한다는 것이다. "이 박물관은 〈관용박물관-홀로코스트의 집〉이라는 그 이름에서도 보듯이, 확실히 어느 정도 분열되고 모호한 성격을 가지고 있다. 사실 이러한 분열과 모호성이야말로 이 박물관의 핵심적 특징이며, 이 두 이름 사이에 연결된 하이픈(-) 표시는 '유대-기독교'의 하이픈만큼이나 모호한 것이다."("Virtual Memories : Mediating the Holocaust at the Simon Wiesenthal Center's Beit Hashoah-Museum of Tolerance," *Journal of the American Academy of Religion* 64(4) [Winter 1996] : 839)

역사적 사실에 대해 배우기만 하면 되는 것이다. 이것은 〈관용센터〉의 상대주의적이고 세속적인 모습과는 사뭇 구분되는 것이다. 물론 대체로 관람객들은 이러한 변화를 눈치 채지 못할 가능성이 크며, 이에 따라 〈관용센터〉의 개방적이고 다원론적 입장은 〈홀로코스트의 집〉의 정당화에도 기여하고 있지만 말이다.

관람객은 〈홀로코스트의 집〉에 들어서자마자 역사의 목격자로 호명된다. 이 역시 관람객을 편견을 가진 개인이자 사회적 논쟁의 참여자로 호명했던 〈관용센터〉의 방식과는 상이한 것이다. 〈홀로코스트의 집〉에서 우리는 특별한 목격자가 된다. 한편으로는 우리가 목격하는 것이 실제 현실이 아니라 전시된 어떤 것이기 때문이고, 다른 한편으로는 전시물 배치의 특성상 무대와 목격자 간의 관습적 거리가 소멸하여, 전시가 재구성된 것이라는 사실이 감각적으로 은폐되기 때문이다.

〈홀로코스트의 집〉은 나치 시대의 영화 필름과 일기, 편지뿐 아니라, 실물 크기의 무대와 디오라마, 말하는 마네킹들로 구성되어 있다. 이야기는 극적으로 시작된다. 입구에 들어서자마자 상영되는 〈사건 이전의 세계〉라는 제목의 영화는 홀로코스트 이전 유대인 정착촌을 낭만적으로 재현한다. 그곳에는 "어려움 속에서도 웃음과 노래가 있었고, 달콤하고 사랑스런 삶이 존재했다." 하지만 히틀러의 등장에 따라 이러한 유대인 정착촌은 게토화되었고, 그 곳의 유대인들은 학살되기 시작한다. 우리가 전시관 안으로 발걸음을 옮김에 따라, 이야기는 조금 더 진행된다. 이제 관람객은 무너진 벽돌담과 부서진 가구들로 구성된 세트장 한 가운데 서게 된다. 우리는 영상물의 장면 속으로 완전히 통합되는 것이다. 이어서 전시장치는 관람객들을 말 그대로 집단 수용소의 세계로 데려간다. 우리 주변에는 철조망이 쳐지고, 관람객들 앞에는 건강한 어른과 노인, 아이, 장애인을 구분하는 입구가 등장한다. 심지어는 수용소의 울퉁불퉁한 시멘트 바닥까지 그대로 재현된다. 곧이어 관람객들은 가스실을 재현한 공간으로 들어가는데, 그곳에는 수용소 수감자와 생존자들의 말이 낭독되는 가운데, 수용소의 이미지들이 벽면에 상영되고 있다. 우리는 단지 홀로코스트의 목격자가 아니다. 우리는 홀로코스트 경험 **내부**에 존재하는 것이다. 물론 이 '경험'은 재구성된 것이지만, 이러한 전시의 특성으로 볼 때, 〈홀로코스트의 집〉 출구에 놓인 방명록에 다음과 같은 문구가 적히는 건 그리 놀라운 일은 아니리라. "홀로코스트에 대해서 많이 듣긴 했지만, 직접 보기는 처음이에요."

〈홀로코스트의 집〉 입구에서 우리는 유대인 어린아이의 사진이 새겨진 한 장의 통행증을 받게 된다. 전시물 사이를 이동하면서 우리는 이 아이의 운명을 지속적으로 확인할 수 있다. 이 역시 관람객을 단순한 목격자의 자리에 놓아두지 않으려는 장치 중 하나이다. 관람객은 자신에게 지정된 유대인 아이를 통해, 희생자와 스스로를 동일시하고 그들의 고통과 두려움을 좀 더 공감할 수 있게 된다. 아마도 이 아이는 우리 자신일 것이고, 좀 더 나이가 많은 이라면 이 아이는 그들의 자식일 것이다. 다시 한 번 말하지만, 우리는 단순한 목격자나 관람객이 아니다. 우리는 홀로코스트의 경험 속으로 들어가며, 결국 우리 자신의 경험의 목격자가 된다. 한 관람객은 방명록에 다음과 같은 말을 남겼다. "내 (통행증의) 아이가 죽었어요. 이제 그게 어떤 기분인지 알 것 같아요."

〈홀로코스트의 집〉은 이러한 후기 근대적 방식, 즉 현실적인 것과 가상적인 것, 실재와 픽션의 혼합에 기반한 역사 서술을 적극 활용하는 동시에, 역사적 객관성과 정확성에 대한 호소로 이러한 역사 서술의 약점을 보충한다. 관람객을 목격자이자 참여자로 구성하는 〈홀로코스트의 집〉의 전시 방식은, 해석을 배제하고 권위를 확립하는 오늘날 만연한 진리 전략 truth strategy의 특징을 보여주는 것 같다. 역사학자 조앤 스콧이 말했듯이, 경험을 진리에 다가가는 믿을만한 통로로 여기는 에피스테메 하에서, 어떤 것을 목격하고 경험하는 행위는 비판적 분석이나 해석의 필요성을 제거해 버리기 마련이다.[39] 현전의 형이상학metaphysics of presence이 사건의 현장에서 이를 지켜본 것을 그것에 대해 아는 것과 등치시키는 한("난 알아-난 거기 있었어"), 어떤 것을 경험한다는 것은 앎의 흔들리지 않는 근거가 된다("난 알아-겪어 봤거든"). 보는 것과 경험하는 것을 조합함으로써, 〈홀로코스트의 집〉은 자신의 내러티브에 권위를 부여한다. 이곳에서 본 것과 경험한 것 모두가 실은 특정하게 재현된 것임에도 불구하고 말이다.[40]

하지만 〈홀로코스트의 집〉의 전시물이 역사적 사건의 재구성인 이상, 이에 대한 신뢰는 다양한 장치들을 통해 확보되어야 한다. 지금까지 살펴본 목격자로의 호명은 이러한 신뢰도를 보장하는 첫 번째 장치이다. 박물관의 관점에 의심을 품는 것을 막는 또 다른 중요한 장치는, 전시관 세트에 등장하는 세 종류의 익명의 목소리이다. 〈홀로코스트의 집〉에는 각각 역사학자, 연구자, 디자이너로 소개되는, 실물크기의 인물들이 가상 안내원으로 등장한다. 〈홀로코스트의 집〉에 입장하자마자, 우리는 이들이 맡은 역할에 대해 자세한 설명을 듣게 된다. 이러한 설명의 목적은, 홀로코스트의 재현이 얼마나 정확하게 이루어졌는가를 보여주는 데 있다. 예컨

---

39. Joan Scott, "Experience" in *Feminists Theorize the Political*, ed. Judith Butler and Joan Scott (London : Routledge, 1992).

40. 매일 수차례에 걸쳐 열리는 홀로코스트 생존자들의 증언도, 박물관의 내러티브의 진실성을 확보하는 데 도움이 된다. 한 안내자의 표현을 빌자면, "그들은 홀로코스트가 실제로 일어난 일이란 것을 증명해 준다."(1999년 박물관 방문 시 들었음.)

대, 역사학자는 "당시의 문서와 일기, 편지들을 검토하고 전문가와의 토론과 실제 생존자의 증언을 토대로 역사적 사실을 밝혀낸 인물"로 소개된다.[41] 이 설명에 등장하는 역사 재현을 위한 재료들 — 일차 자료와 이차 문헌, 전문가의 감수와 인터뷰 — 에서 무엇이 빠져 있는지에 유의해야 한다. 즉, 여기에는 관점과 해석, 서사화의 문제가 사라지고, 오직 투명하게 제시될 수 있는 사실만이 존재한다.

〈홀로코스트의 집〉에 대한 세세한 묘사는 생략하겠다. 〈관용센터〉와 마찬가지로, 〈홀로코스트의 집〉도 자신의 목적에 충실하다. 히틀러와 제3제국의 발전에 대해 잘 모르던 이들에게, 전시관은 한 편의 입문서 역할을 한다.[42] 또한 〈홀로코스트의 집〉은 홀로코스트의 공포를 보여주고, 이러한 사태에 눈감게 만든 뿌리 깊은 반反유대주의를 비판한다. 바르샤바 봉기[1943년 바르샤바 게토에서 일어난 유대인들의 무장 봉기를 묘사한 디오라마와 이어지는 가상 역사학자의 설명은, 유대인들이 수동적이었으며, 박해와 게토화, 학살 등에 "양처럼 순종했다는" 인식을 깨뜨리는 데 도움을 준다. 또한 전시관은 하나의 편견이 어떻게 집단적 대량 학살로 귀결되었는가를 짚어내기도 한다.

하지만 이러한 교훈은, 궁극적으로는 반反유대주의와 홀로코스트가

---

41. 2004년 9월 25일 박물관을 방문했을 때 안내원에게 들은 바에 따르면, 연구자는 "실제 사건을 제대로 재현해 낼 수 있는 생생한 시각적 자료들을 선택하는" 역할을 했고, 디자이너는 "이들을 시각적 경험으로 재해석하고, 전시물을 실제 배치하는" 역할을 담당하였다. 디자이너의 역할은 또 있다. 그는 관람객의 이해를 돕기 위해 전시 내내 소크라테스의 대화법을 적극 활용하는 역할을 한다. 즉, 그는 역사학자들에게 기초적인 질문들을 던져서, 그가 관람객들의 궁금한 부분을 풀어줄 수 있도록 도와주는 것이다.
42. 물론 이 입문서에는 몇 가지 사소한 실수가 발견된다. 예컨대, 불황은 "돈이 아무런 가치가 없어지는 것"으로 정의되는데, 이는 인플레이션과 불황을 혼동한 결과로 보인다. 또한 유대인 말살 정책(final solution)이 통과된 〈반제 회의〉(Wansee Conference)장은 매우 조악하게 재현되어 있어서 몇몇 역사가들의 비판을 받기도 했다.

여타의 인종적 증오나 종교 박해와는 다르다는 주장에 흡수되어 버린다. 이러한 주장에 따르면, 반反유대주의는 그것의 지속성과 편재성에서 유례 없는 것이며, 홀로코스트는 이러한 뿌리 깊은 반反유대주의와 실제적인 박해의 결합을 보여줬다는 점에서 특별하다. 여기서 "다른 믿음과 행위를 수용하는" 관용이 어떻게 학살 자체나 박해받는 유대인에 대한 세계적 무관심을 해결할 수 있는지는 불분명하다. 만약 유대인의 믿음과 행위를 수용하지 못해 홀로코스트가 일어났다고 주장한다면, 우리는 이 사건의 이면에 놓여 있는 경제적 조건과 인종주의적인 희생양 문화, 순결한 인종에 대한 강박과 제국주의적 야망 그리고 파시즘적 세계관의 문제를 적절히 파악하지 못하게 된다. 또한 관용이 유대인의 박해에 대한 세계적 무관심을 해결하기 위한, 능동적인 가치가 될 수 있는지도 의심스럽다. 〈관용박물관〉이 정의하듯이, 관용은 의무라기보다는 하나의 실천이나 원리일 뿐이며, 따라서 그 자체로는 다른 주권 국가의 문제에 개입할 수 있는 어떤 논리적 기반도 마련해 주지 못하기 때문이다.

그렇다면 결국 〈홀로코스트의 집〉이 얼마나 관람객들을 매혹시켰는가와는 무관하게, "재발을 방지 하겠다"는 그들의 목적은 충분히 달성되지 않은 듯하다. 결국 이 최신식 박물관을 관통하는 정조는, 낡고 친숙한 유대교적 운명론이다. 이 운명론만이 다음과 같은 역설들을 설명할 수 있다. 우선 박물관은 끊임없이 관람객이 역사를 만들 힘과 책임을 가지고 있다고 말하지만, 전시물 어디에도 대중의 힘에 대한 믿음은 보이지 않는다. 박물관은 우리의 권력을 비정부기구NGO나 국가에 양도하라고 주장할 뿐이다. 이와 유사하게, 박물관은 우리에게 끊임없이 생각하라고 강조하지만, 실제 관람객이 스스로 생각할 거라고 믿지는 않는다. 그리고 이와 마찬가지 논리로, 관용은 우리의 이상이며 희망이지만, 안전과 강화된 국경

수비는 불가피한 현실이다. 마치 자유가 민주주의의 존재 이유이지만, 궁극적으로는 안전의 가치에 의해 제약될 수 있는 것처럼 말이다.

이쯤 되면, 대개는 간절히 화장실을 찾기 마련이다.

탈정치화로서의 관용, 관용의 탈정치화

〈관용박물관〉은 특정한 정치적 입장을 관용의 이름으로 은폐하여 유포하고 있을 뿐 아니라, 동시에 관용이라는 담론이 가진 규범성과 권력을 은폐하는 탈정치화 담론을 퍼뜨리고 있다. 이 두 과정은 서로를 뒷받침한다. 즉, 관용이 가진 도덕적 색채는 〈관용박물관〉의 특정한 정치적 입장을 은폐하는 동시에, 불평등과 지배 문제에 대한 포괄적인 탈정치화 효과를 생산해 내는 것이다.

1장에서 보았듯이, 관용 담론이 조장하는 몇 가지 탈정치적 효과가 존재한다. 우선 정치적 갈등의 원인을 불관용에서 찾는 관용 담론은, 불평등과 지배 같은 문제를 개인적인 편견과 증오의 문제로 환원해 버린다. 이는 정치적인 문제를 개인화하고, 그 원인을 특정한 태도의 문제로 돌려버리는 탈정치적 접근이다. 개인과 그 태도가 갈등의 이유로 제시되자마자, 권력의 문제는 시야에서 사라진다. 이러한 관점에 따르면, 다양한 사회적·경제적·정치적 문제의 원인은 편견을 가진 개인이고, 관용적 개인은 이러한 문제의 해결책인 것이다.

둘째, 정치적 갈등의 원인이 개인과 그의 태도로 환원되는 과정에서, 갈등은 어느새 존재론적 문제가 되어 버린다. '관용받아야 할' 주체의 위치와 속성을 생산하는 역사와 권력의 문제는 삭제되고, 특정한 주체의 종속을 낳는 정치·경제적 구조와 종교, 문화, 성, 젠더와 관련된 담론들 역시 사라져버린다. 예컨대, 인종차별과 민권 운동에 관한 〈관용박물관〉의 전시물에서는, 인종차별을 재생산하는 복합적인 사회·경제·정치적 역관계가 전혀 드러나지 않는다. 여기서는 마치 사람들의 편견이 법에 의해 뒷받침되면서 인종차별이 발생한 것처럼 묘사되며, 이에 대한 저항 역시 평등적 태도의 확산과 법의 성립에 의해 설명된다.

셋째, 이렇듯 권력과 역사가 소멸하면서, 갈등의 원인은 은폐되고, 권력과 역사가 가진 주체 구성적 힘 역시 제대로 이해되지 못한다. 오늘날 널리 사용되고 있는 관용이란 용어는 — 〈관용박물관〉의 전시물이 보여주듯이 — 사회적 차이를 자연화하고, 인간은 차이에 대한 편견을 가질 수밖에 없는 존재로 가정하는 경향이 있다. 이러한 접근에는, 특정한 정체성들이 형성되는 과정에 대한 역사적·정치적·정치경제학적 분석이나 특정한 정체성이 지배와 특권의 장소로 구성되는 경로에 대한 분석이 들어설 자리가 없다. 대신 차이 그 자체가 불관용의 원인으로 제시되며, 차이는 자연적인 것이 되어 버린다. 바로 이러한 인식 위에서, 〈관용박물관〉은 젠더·섹슈얼리티·인종·종족에 이르는 다양한 정체성과, 동성애 혐오·가정폭력·L.A. 사태·보스니아 사태와 같은 다양한 갈등들을 잡탕으로 한데 뒤섞어 버린다. 이러한 일련의 논리적 전개 — 차이는 편견의 원인이고, 우리의 편견은 부정의로 발전하며, 오직 관용만이 이러한 편견의 위험을 제어할 수 있다 — 를 따라, 극히 광범위한 현상들은 하나의 설명틀에 짜 맞춰지며, 당연히 진지한 정치적·역사적 분석은 추방된다. 이러한 설명은 너무 얄팍해서 사실 거의 쓸모가 없다. 이러한 인식에서 나오는 정의를 향한 기획은, 어떤 정치적 프로그램이라기보다는 단순한 도덕적 호소에 불과하다.

넷째, 이렇게 다양한 차이들을 뭉뚱그려 버림으로써, 이들 상호 간의 미끄러짐은 좀 더 용이해진다. 예컨대, 농장 노동자들의 투쟁은, 그 투쟁 주체가 유색인종이었다는 이유로 손쉽게 관용의 이름하에 포함될 수 있다. 이러한 두루뭉술한 접근은 종교·문화·종족·인종 간의 문제를 상호 교환 가능한 것으로 만들어 버린다. 이를 조잡한 분석의 결과나 유대인들의 모델을 다른 영역에 확대적용하면서 발생한 효과로, 단순하게 이해해서는 안 된다. 문제의 핵심은 정체성이 존재론적인 것이 되고, 믿음과 행위가 혈통과 유전적 계보를 반영하는 것으로 이해되면서, 여러 정체성 범주들이 상호 대체 가능한 것이 되어 버린다는 데 있다. 이러한 존재론화는, 〈관용박물관〉이 인종적 차이를 "상이한 믿음과 행위를 수용"하는 관용의 적용 대상으로 명시한 것에서 단적으로 드러난다. '이슬람' 테러리스트에 맞서 '아랍인'에 대한 인종 표적 수사를 허용할 것인가를 묻는 〈밀레니엄 머신〉의 비디오 역시, 이러한 존재론화와 그로 인한 종교에서 인종으로의 미끄러짐에 기반하고 있다. 이러한 접근이 가진 속뜻은, 어떤 특정한 유전적 외형을 가진 이들은 일련의 특정한 믿음을 가지고 있고, 결국 이 믿음은 악마적 행위로 발전한다는 것이다. 문화·종족·인종·종교가 모두 차이라는 일반적 문제의 일부분으로 편입되고, 정체성의 문제가 존재론적인 것이 될 때, 이러한 논리적 연결고리가 가능해 진다.

하지만 이렇게 인종으로부터 믿음이나 행동을 유추해 내는 것이야말로, 〈관용박물관〉이 관용의 적이라고 비판한 편견과 고정관념의 산물일 것이다. 또한 차이의 자연화와 뭉뚱그림 역시, 〈관용박물관〉이 비판해 마지않는 인종주의, 성차별주의, 동성애 혐오에 내재한 사고방식이다. 이러한 사고방식은 정체성을 권력의 효과 — 여성과 남성, 한국인과 흑인, 동성애자와 이성애자, 유대인과 기독교인 같은 '우리'와 '그들'의 분리를 생산해 내는 권력의 효과 — 로 보기보다는, 하나의 존재론적인 문제로 다룬다. 이와 같이 차이 자체에 적대가 내재해 있다고 주장하면서, 〈관용박물관〉은 자신이 비난하는 그 논리를 도리어 강화시키고 있다. 이러한 논리 하에서만, "나와 다른 믿음과 행위를 수용하는 것"이라는 관용의 정의를, 인종이나 젠더의 범주까지 확장시킬 수 있다. 차이가 자연적인 것이고 근원적인 것이라면, 굳이 종교적이거나 문화적인 차이가 아니어도 믿음이나 행위를 결정할 수 있으며, 근원적인 차이의 장소인 인종과 젠더 역시, 서로 다른 믿음과 행위를 생산해 내는 원인으로 간주될 수 있기 때문이다. 이러한 인식 하에서, 성차별주의와 인종주의는 "차이"를 다루는 데 실패했기 때문에, 즉 이질성을 인간적인 방식으로 다루는 데 실패했기 때문에 발생하는 문제로 축소되어 버린다. 종속과 지배, 헤게모니와 주변화에 대한 근본적인 탈정치적 설명을 통해, 차이에 대한 자연적인 거부감은 이제 인류 역사를 이끌어가는 근본 동력의 자리로까지 추켜올려진다.

한편, 이러한 탈정치화는 오늘날 미국과 후기 근대사회에 너무나 만연한 입장이기 때문에, 〈시몬 비젠탈 센터〉만이 비난받을 문제는 아니다. 이 박물관은 그저 현대 미국 사회에 만연한 (비)정치 문화를 충실히 반영하고 있을 뿐이다. 하지만 지금까지 살펴본 대로, 〈관용박물관〉이 탈정치화 담론을 교묘하게 정치적으로 활용하여, 자신의 정치적 입장을 은폐하고 있는 것 역시 사실이다. 〈관용박물관〉이 관용이라는 탈정치적 수사를 활용하는 방식은, 한편으로는 조잡하고 무의식적인 것처럼 보이지만, 다른 한편으로는 매우 교활하며 의도적이다. 이는 〈관용박물관〉이 자신의 '정치적' 목표를 위해 '탈정치화' 담론을 활용하는 한, 박물관은 탈정치화 담론 내부에 갇혀 있어서는 안 되고, 이 담론을 좀 더 주의 깊게 의도적으로 배치해야만 하기 때문이다. 박물관은 때때로 놀라울 정도의 비일관성을 보여주지만, 이러한 실수를 단순히 지적·정치적 부주의나 자기-모순의 산물로 볼 순 없다. 이러한 실수는 박물관의 의도를 폭로하지도, 박물관의 정치적 목표를 달성하는 것을 방해하지도 않기 때문이다. 또한 〈관용박물관〉이 조장하는 탈정치화 담론과 얄팍한 정치적 참여 개념이, 이들의 무지, 즉 지난 역사와 오늘날 권력의 속성에 대한 무지에서 비롯된 것으로 이해해선 안 된다. 반대로 〈관용박물관〉은 권력과 정치 그리고 역사의 정치학을 다루는 데 놀라울 정도로 능숙하다.

하지만 관용 담론이 〈관용박물관〉의 곳곳에서 불협화음을 일으키는 것 역시 엄연한 사실이고, 이 부분은 좀 더 자세히 살펴볼 필요가 있을 것 같다. 예컨대, 관용이라는 이름하에 행해지는 "갈등의 문화화"와 인종·종족·문화 간의 융합은, 나치가 행한 유대인의 인종화 부분에 이르면 다시 부정된다. 예컨대, 〈홀로코스트의 집〉의 역사학자는, 히틀러 체제 하에서 이루어진 유대인의 인종화 논리를 다음과 같이 설명한다. "문화는 흡수될 수 있고, 종교는 개종할 수 있지만, 인종은 오직 절멸될 수 있을 뿐이다."[43] 이어지는 역사학자의 설명에 따르면, 유대인에 대한 히틀러의 탄압은 유대인의 인종화를 통해서만 가능했고, 이는 유대인을 하나의 인종으로 취급했다는 점에서 잘못되었다.[44] 그런데 인종과 문화, 종교를 구분하려는 이와 같은 신중한 태도는, "이슬람" 테러리스트들을 막기 위한 인종 표적 수사를 다룰 때에는 어디론가 사라진다. 박물관은 나치에 의해 행해진 유

---

43. 1994년 9월 25일 방문 시, 〈홀로코스트의 집〉 전시물에서 보았음.
44. 〈관용박물관〉 홈페이지에서 제공되는 인솔 교사 교육 자료에서는 반ᵇ유대주의를 다음과 같이 정의한다. "하나의 종족 혹은 종교 집단인 유대인에 대한 적대 행위, 종종 사회적 경제적, 정치적 차별의 형태를 띤다."(http://teachers.museumoftolerance.com/mainjs.htm?s=4&p=1, 2005년 10월 4일 접속)

대인의 인종화에 대해서 격렬히 비판하지만, 오늘날의 테러리즘에 대해 말할 때는 대수롭지 않게 무슬림을 인종화시켜 버리는 것이다.

폭력에 대한 〈밀레니엄 머신〉의 영화 속에서도, 또 하나의 신중한 구분이 등장한다. 영화 속에서, 내레이터는 음핵절제의 전통이 "종교적 행위가 아니라 사회적 행위"라고 주장한다. 이러한 놀라운 주장은 몇 가지 목적을 가지고 있다. 우선 이러한 전제에 따를 경우, 음핵절제에 대한 비판은 종교적 불관용을 드러내는 것이 아니게 된다. 또한 이러한 전제는, 음핵절제에 대한 비판이 유대교의 남성할례 전통이나 그리스정교회의 삭발례 등에 대한 비판으로 확산되는 것을 차단하는 데 도움이 된다. 즉, 이러한 종교적 행위는, (사회적 행위와는 달리) 관용이라는 이름으로 보호되어야 할 목록에 포함될 수 있다. 셋째로, 이러한 전제에 따라, 사회적인 것은 종교적인 것과 구분될 뿐 아니라 문화적인 것과도 구분된다. 〈관용박물관〉에 따르면, 문화는 관용의 대상이다. 반면에 "사회적인" 행위는, 신성한 지위를 지니지 않고, 특정한 집단을 지칭하는 것도 아니며, 관용으로 보호되어야 하는 어떤 믿음이나 실천과도 무관한 영역을 지칭하기 위해 신중히 선택된 어휘처럼 보인다. 어떤 행위를 종교적, 문화적 행위가 아닌 사회적 행위로 규정한다는 것은, 이러한 행위가 심오한 차이에서 비롯되는 것이 아니라는 것을 의미한다. 말하자면, 사회적 행위는 문화적 행위와는 달라서, 외부인은 사회적 효용이나 인간의 존엄성 같은 기준에 따라 이러한 행위들을 재단하고 비판할 수 있다.

다시 말해, 현대의 관용 담론은 비난과 금지의 대상을 사회적이고 정치적인 행위로 범주화한다. 반면에 관용으로 보호해야 할 행위는, 당연히 문화적이고 종교적인 행위로 분류된다. 물론 이러한 범주화에는 어떤 뚜렷한 기준도 없다. 누군가에게는 사회적인 행위가, 다른 이에게는 종교적

이거나 문화적 행위일 수 있다. 예컨대, 아이들에 대한 체벌이나, 배우자에 대한 구타, 낙태 행위, 혼외정사에 대한 터부나 특정한 종류의 육식을 금하는 것, 동성애 혐오 같은 행위들 말이다. 오늘날 미국에서 행해지는 남성할례가 종교적, 위생적, "문화적" 혹은 미적인 관점에서 설명된다는 사실은, 음핵절제를 종교적 관습이 아닌 사회적 행위로 해석하는 〈관용박물관〉의 범주화가 가진 유동성을 단적으로 보여주는 예일 것이다.

이 외에도 〈관용박물관〉이, 관용이라는 탈정치적 담론을 정치적으로 교묘히 활용하는 예들은 많다. 예컨대 〈관용센터〉가 다양한 관점에 대한 존중을 내세우는 반면에, 〈홀로코스트의 집〉은 피해자의 경험과 일치하는 논박 불가능한 진리를 강조한다. 이에 따라, 〈홀로코스트의 집〉은 쌍방향 매체를 이용한 전시 방식을 포기하고, "역사학자"나 "연구가" 같은 전문가를 전면에 내세우거나 해석을 넘어서는 진리의 저장소로서 홀로코스트 생존자의 목소리를 직접 들려주는 방식을 채택하고 있다. 〈관용센터〉와 〈홀로코스트의 집〉은 상당한 연속성을 가지고 있지만, 홀로코스트에 대한 집중력을 높이기 위해서 이러한 연속성은 일정 정도 단절되어야만 한다. 이러한 단절은 관점과 인식의 변화를 포함하는 복합적인 것이다.

〈관용센터〉는 우리에게 편견에 맞서 투쟁하라고 선동하지만, 한편으로는 우리의 인식이 처음부터 편견에 사로잡혀 있음을 인정하라고 말한다. 따라서 우리는 편견을 둘러싼 문제는 결코 사라지지 않을 것이란 사실을 받아들여야만 한다. 〈관용센터〉가 그리는 사회는, 편견이 제거된 세계 혹은 차이가 더 이상 갈등이 되지 않는 사회가 아니다. 오히려 〈관용센터〉가 그리는 세계는, 까다로운 차이와 다양한 관점들이 끊임없이 억제되고 관리되는 세계에 가깝다. 이에 반해 〈홀로코스트의 집〉은 모든 반反유대주의는 끔찍한 결과를 낳는다고 강조하면서, 반反유대주의에 대한 무관용 정책을 주장한다. 유대인 학살이 일상적인 조롱과 편견에서부터 시작되었다는 〈홀로코스트의 집〉의 내러티브는, 유대인에 반대하는 **모든** 표현을 하나의 불길한 징조로 만들어 버린다. 이에 따라 홀로코스트는 오늘날 이스라엘에 대한 비판들을 반박하는 절대적 근거가 되어 버린다. 이는 홀로코스트를 통해 유대인 국가의 필요성이 제기되었다는 일반적인 역사 서술과는 또 다른 차원에서의 이스라엘에 대한 정당화인 것이다. 유대인을 비난하는 모든 행위가 현존하는 유대인에 대한 즉각적인 위협이자 홀로코스트의 맹아로 인식되면서, 반反유대적 슬로건, 이스라엘에 맞선 테러 행위, 이스라엘의 정당성에 대한 반박이 모두 동일한 행위가 되어 버린다. 이러한 논리에 따르면, 이스라엘에 대한 관용이 곧 유대인에 대한 관용인 것처럼, 이스라엘에 대한 비판은 곧 반反유대주의와 동일한 것으로 간주된다.

결론적으로 〈관용박물관〉은 불평등, 지배, 식민주의 같은 정치적 용어 대신, 개인의 태도, 편견, 차이, 증오와 같은 친숙한 문화적 용어들 속에 자신의 정치적 의도를 감춤으로써, 역설적으로 훌륭한 정치적 성취를 이뤄낸다. 〈비젠탈 센터〉는 겉으로는 번지르르한 가치들을 늘어놓으면서, 그 이면을 통해 전형적인 미국적 가치를 설파하고, 정치에 대한 논점 흐리기를 통해 자신의 정치적 입장을 관철시키는 전문가적인 수완을 보여준다. 〈관용박물관〉이 자신의 핵심적인 메시지, 즉 불관용은 사실상 타인을 죽이는 것과 같다는 교훈을 전달하는 데 성공하고 있다면, 이는 홀로코스트의 기억을 오늘날에 되살려내고, 홀로코스트의 재발을 방지하기 위한 유일한 방책을 확실히 보여주고 있기 때문이다. 박물관의 창시자인 랍비 히에가, 1983년 교황 요한 바오로 2세와 만난 자리에서 말했듯이, "유대인들은 다시는 대량 학살의 희생양이 되지 않을 것이다. 신께서 우리에게 이스라엘이라는 선물을 주셨기 때문이다."[45]

45. 비르'가바 봉기 40주년 기념식에서 이루어진 요한 바오로 2세와 랍비 마빈 히에의 대담. *Response : The Wiesenthal Center World Report* 19.3(Fall 1998): 6에서 인용.

6

관용의 주체들
문명인 '우리'와 야만인 '그들'

원시인들에겐 …… 제약이 없다 : 그들은 생각대로 행동한다.
— 지그문트 프로이트, 『토템과 타부』

불관용과 나르시시즘의 상관관계에서 얻을 수 있는 즉각적인 결론 중 하나는, 사람은 자신을 조금 덜 사랑할 때에만 남을 좀 더 사랑할 수 있다는 것이다.
— 마이클 이그나티에프, 「민족주의와 관용」

집단은 무엇이 사실이고 무엇이 잘못인가를 전혀 의심하지 않을 뿐더러 자신의 막강한 힘을 의식하고 있기 때문에, 불관용적이며 권위에 순종적이다. 집단은 힘을 존경하며, 친절함에는 거의 영향을 받지 않는다. 집단은 친절함을 나약함의 한 형태로 간주할 뿐이다. 집단이 영웅들에게 요구하는 것은 강한 힘이고, 심지어는 폭력을 요구하기까지 한다. 집단은 지배당하고 억압당하기를 원하며 집단의 우두머리들을 두려워하고 싶어 한다. 집단은 기본적으로 철저히 보수적이어서, 모든 혁신과 진보에 대해서는 깊은 반감을 품고 전통에 대해서는 무한한 경외심을 품는다.
— 프로이트, 『집단 심리학과 자아 분석』에서 귀스타브 르 봉(Gustav Le Bon)의 입장을 요약하면서

이 사건(사우디아라비아에서 미국 민간인이 살해된 사건)은, 우리의 적의 사악한 본성을 보여주는 것입니다. 그들은 야만인입니다.
— 조지 W. 부시, 2004년 6월 18일

오늘날 문화는 관용과 불관용의 핵심적인 대상이 되었다. 이러한 변화는 부분적으로는 후기 근대사회의 급격한 인구 이동과 문화적 차이에 대한 관심의 급증, 그리고 이로 인한 다문화사회화라는 조건을 반영한 것으로 볼 수 있다. 하지만 동시에 이러한 변화는, 마무드 맘다니가 "정치의 문화화"라 칭한 현상과 관련된 것이기도 하다. 맘다니에 따르면, "오늘날 문명화된 존재와 테러리스트를 나누는 기준은, 더 이상 시장(자본주의)도 국가(민주주의)도 아닌, 문화(모더니티)이다."[1] 맘다니는 사무엘 헌팅턴과 버나드 루이스를, 문화에 선과 악, 진보와 반동을 나누는 정치적 지위를 부여한 대표적인 인물로 꼽는다. 1990년에 쓰여진 「무슬림 분노의 뿌리」라는 논문에서, 버나드 루이스는 유대-크리스트 전통과 이슬람 전통 간의 충돌을 "문명의 충돌"로 정식화한 바 있다. 몇 년 뒤, 사무엘 헌팅턴은 이 용어를 널리 퍼뜨렸으며, 오늘날 "문화의 벨벳 장막"이 과거 "이데올

---

1. Mahmood Mamdani, *Good Muslim/Bad Muslim : America, the Cold War, and the Roots of Terror*(New York : Pantheon, 2004), 18.

244　관용 : 다문화제국의 새로운 통치전략

로기의 철의 장막"을 대체했다고 주장했다.[2]

이와 같이 정치적인 갈등이 문화적 충돌로 이해될 때, 관용은 다음과 같은 두 가지 이유에서 논쟁의 핵심에 자리 잡게 된다. 우선 갈등의 문화화 속에서, 몇몇 문화는 관용적인 성격을 가진 것으로 묘사되는 반면, 다른 문화들은 불관용적이고 근본주의적인 것으로 간주된다. 다시 말해, 관용은 특정한 문화에서만 발견될 수 있는 가치가 되며, 결국 관용 그 자체가 문화화되는 것이다. 둘째 갈등의 문화화는, 문화적 차이를 관용하거나 불관용해야 할 (유일하지는 않더라도) 핵심적인 장소로 만든다. 이제 자유주의에 종속되지 않은 문화들 간의 경계는 불안정한 것으로 간주되며, 평등이나 해방이 아닌 관용이, 이들 간의 갈등을 설명하고 해결책을 처방하는 핵심 용어가 되는 것이다.

1장에서 살펴보았듯이, 이러한 문화화는 갈등과 차이 모두를 담론적으로 탈정치화하며, 이 갈등에 연루된 사람들을 특정한 방식으로 재현한다. 기존의 자유주의 담론 속에 계속해서 존재해 온 이 재현 방식에 따르면, 비자유주의 세계의 사람들은 문화에 "지배"되며, 자유주의 세계의 사람들은 문화를 "소유"한다. 다시 말해, "정치의 문화화"는 모든 갈등을 일관되게 문화로 환원하지는 않는다. 오히려 이 과정은 "우리는 문화를 **소유하고 있지만, 그들은 문화 그 자체이다**" 혹은 "우리 문명은 민주주의이지만, 그들의 문명은 문화이다" 같은 비대칭 구도에 기반해 있다. 이러한 담론들은, "개인의 도덕적 자율성 대 문화"라는 대립 구도를 설정하고, 자유주의 없이는 개인의 도덕적 자율성도 존재할 수 없다고 주장한다. 그리고

---

2. Bernard Lewis, "The Roots of Muslim Rage," Atlantic, September 1990, 47-60; Samuel Huntington, "The Clash of Civilization?" *Foreign Affairs* 72.3 (Summer 1993) : 31; 두 인용구 모두 Mamdani, *Good Muslim/Bad Muslim*, 20-21에서 재인용하였다.

이러한 이분법적 사고는, 비자유주의적 문화와 자유 간의 대립 구도로, 혹은 비자유주의적 문화와 평등 간의 대립 구도로 확장되어 간다. 이번 장에서 다룰 내용은, 바로 이러한 이분법적 대립 구도이다. 우리는 자유주의가 스스로를 중립적이고 관용적인 체제로 내세우면서, 동시에 비자유주의적 문화에 야만의 자리를 할당하는 방법에 대해 자세히 살펴볼 것이다.

자유주의적 관용이 개인이 아닌 집단에 적용될 때, 그것이 취하는 공공연한 전제는, 집단적 차원의 종교·문화·종족 간 차이는 그 자체로 갈등과 적대 행위를 낳는다는 것이다. (그리고 이러한 불가피한 갈등과 적대 행위를 완화하고 관리하기 위해 관용이 꼭 필요하다.) 하지만 이러한 자유주의적 입장은, 다음과 같은 중요한 질문들을 회피하고 있다. 한 집단을 결속시키고, 다른 집단에게 적개심을 가지게 만드는 요인은 무엇인가? 문화·종교·종족적 정체성에 기반한 집단이 다른 집단의 차이를 적대시하는 원인은 무엇인가? 왜 자유주의 사회에서도 포함과 배제를 가르는 문화·종교·종족적 경계가 그토록 중요한 것일까? 인간이 원자적 존재이자 상호 경쟁적인 존재라는 자유주의의 전제를 염두에 두자면, 이러한 개인화를 극복하는 공통의 믿음과 행위는 어떻게 가능한 것일까? 어떤 종류의 믿음이 우리를 결속시키는가? 믿음을 통한 결속은, 믿음 자체의 본성에서 비롯된 것인가, 아니면 믿음에 대한 애착이라는 **정동**의 질서에서 비롯되는 것인가? 즉, 사회계약을 통한 결속과 문화와 종교를 통한 결속 간의 차이는 무엇인가? 사회계약은 어째서 하위민족 집단 간의 적대 행위를 해결하지 못하는가?3

---

3. 홉스, 로크, 루소와 같은 사회계약론자들은 시민 종교(civic religion)가 사회계약의 필수적인 보충물(supplement)이라고 주장하였다. 오늘날 이러한 보충물은 어디로 사라졌

말하자면, 어째서 자유주의 이론 내에서 다문화주의는 관용을 필요로
하는 정치적인 문제가 되는가? 다문화주의가 야기하는 여러 문제를 해결
하기 위해 관용이 소환될 때, 관용을 베풀 수 있다고 가정되는 비문화적이
고 세속적인 장소는 과연 어디인가?

이러한 질문들은 자유주의적·근대적·합리주의적 패러다임 하에서
는 제기되는 것조차 어려운 문제들이다. 개인을 구체적인 장소와 행위로
부터 추상화하는 자유주의 이론의 방법론적 개인주의가 이러한 문제 제
기를 봉쇄하고 있기 때문이다. 비이성을 자신의 대립항으로 만들면서 이
성의 윤곽을 그려내는 접근법은, 역사적·문화적인 인간 존재로부터 정신
을 분리시키는 데카르트 식 접근을 전제로 한다. 로크, 칸트, 밀, 롤스 그
리고 하버마스에 이르기까지, 자유주의적 관점 속에서 합리성은 문화적
장소를 초월해— 더 정확히 말하자면 초과해exceed — 존재하며, 이로써 합
리적 사유와 특정한 믿음과 실천의 체화 간의 분리가 완성된다. 합리성을
"문화" 혹은 "주체성"과 분리시킴으로써, 자유주의 담론은 개인이 자신의
사고방식을 **선택**할 수 있음을 강변한다. 동시에 개인의 문화적·종교적,
심지어 인종적 귀속 역시, 이와 같은 선택의 대상이 될 수 있을 것이다. 또
한 이러한 자유주의적 입장은 주체의 합리성은 각종 귀속적 요소들로부
터 독립적인 것이며, 귀속적 요소들은 주체를 구성하는 것이 아니라 단순
한 배경에 불과하다는 인식을 뒷받침한다. 합리성이 주체를 특정한 맥락
에서 독립할 수 있게 도와준다면, 개인화individuation는 이러한 독립의 의
지를 주체에게 부여하는 역할을 한다. 즉, 이상적인 개인화는, 한편으로는
합리성에, 다른 한편으로는 의지에 기반해서만 가능하며, 합리성과 의지

_____

으며, 이러한 시민 종교의 공배가 하위민족적 정체성들의 시민적 관용에 대한 요구는
어떤 관계를 맺고 있는가?

의 결합은 자율적인 자유주의적 주체의 가능성을 생산한다.

이러한 정식화에 가장 중요한 사상가는, 물론 칸트이다. 그에 따르면 개인의 지적·도덕적 성숙은 "다른 이의 지도 없이 스스로 오성을 사용하는 것"을 의미한다.[4] 합리적 주장과 비판을 펼칠 수 있는 능력은, 개인의 도덕적 자율성 — 즉, 타인으로부터의 독립, 권위로부터의 독립 그리고 이성 그 자체의 독립을 전제로 하는 자율성 — 의 증거이자, 그것의 근본적인 구성 요소이다. 이러한 입장에서 보자면, 개인화가 덜 이루어진 존재 — 즉, 사회이론가들의 표현을 빌자면, 유기체적 정체성organicist identity을 소유한 존재 — 는, 완전히 합리적이지도 않고 전적으로 자신의 의지에 따라 행동하지도 않는 존재이다. 이와 같이 '합리성과 의지를 가진 개인'이라는 자유주의적 정식화는, 그 자체로 합리성과 의지의 영역 모두에서 미성숙한 반대항을 함축할 수밖에 없다. 이러한 미성숙한 존재들 사이에서는 문화와 종교(유기체적 정체성을 가진 이들에 한해서, 이 둘은 완전히 치환 가능한 것으로 여겨진다)가 권위를 가지며, 이들은 전적으로 문화와 종교에 종속되어 있다. 반대로 자유주의 주체들에게 문화와 종교는, "출입"이 자유로운 하나의 "배경"일 뿐이며, 주체를 구성하는 요소라기보다는 주체에 외부적인 요소일 뿐이다.

더 나아가 이 논리는 다음과 같이 확장된다. 개인화를 통해서 문화와 종교는 왕좌의 지위를 박탈당하고, 과거 이들이 차지했던 자리에는 개인의 자기-통치가 들어서게 된다. 이러한 왕위 찬탈의 과정은, 자유주의 사회에서 문화와 종교가 가지는 의미를 결정적으로 변화시켜, 문화를 주체

---

4. Immanuel Kant, "What Is Enlightenment?" in *Kant's Political Writings*, ed. Hans Reiss, trans. H.B. Nisbet(Cambridge University Press, 1970), 54. 칸트는 또한 이러한 정식화 자체를 문제 삼는다.

의 배경이자 선택 가능한 대상으로 전락시킨다. (바로 이러한 전제 하에서, 합리적 선택 이론은 자유주의 사회에 대한, 하지만 자유주의 사회에만 적용되는 가장 일관된 사회 이론이 될 수 있었다.) 다르게 말하자면, 주체나 사회의 법칙이 문화와 종교에 의해 구성되는 사회는 이제 유기체적 사회와 동일시되며, 자율적 개인의 등장은 이러한 문화와 종교의 영향력을 소멸시킬 것으로 간주된다. 여기서 사실상 개인의 도덕적 자율성이란, 바로 문화와 종교의 극복을 의미하는 것이다. 그리고 이러한 극복 과정을 거친 자유주의 주체에게 문화란, 먹을거리·의복·음악·라이프스타일과 같은 것들일 뿐이다. 과거 권력**으로서의** 문화는, 이제 하나의 삶의 방식으로서의 문화로 대체된다. 자유주의 사회에서 사적 공간이 "비정한 세계에 남은 단 하나의 안식처"가 된 것과 마찬가지로, 개인을 억압하던 문화는 이제 개인의 즐거움과 안식의 원천으로 변화한다. 과거 지배와 비합리성의 원천이었던 종교 역시, 이제 개인의 위안과 자기 충족, 도덕적 지침을 얻기 위한 주체의 선택지 중 하나로 변형되어야 한다. 이러한 도식에 기반해서만, 우리는 기독교 근본주의 집단과 긴밀한 관계를 맺고 있으며 공공연히 신의 축복을 말하는 부시 대통령의 믿음이, 이슬람 근본주의자들의 알라에 대한 (위험한) 믿음과 다르다고 말할 수 있다. 즉, 부시의 믿음은 그의 자율적 생각과 결정에 지침을 주는 참고 요소일 뿐이다. 반면에, 알라를 신봉하는 이들은 자율적 사고에 필요한 개인의 의지와 양심을 결여하고 있다.5

---

5. 부시 대통령과 기독교 근본주의자들 간의 관계에 대해서는, Rick Perlstein, "The Jesus Landing Pad," *Village Voices*, 18 May 2004(online at http://www.village voice.com/news/0420,perstein,53582,1.html, 2005년 10월 6일 접속)를 보라. Bob Woodward의 *Plan of Attack* (New York : Simon and Schuster, 2004) [김창영 옮김, 『공격 시나리오』, 따뜻한 손, 2004] 또한 참고하라. 이 책에 등장하는 에피소드 하

많은 관용 이론가들은 자유주의가 주체에게 선사한다는 이 '도덕적 자율성'을, 자유주의 관용의 **근본 가치**로 꼽는다.[6] 수잔 멘더스에 따르면, "자율성에 대한 강조는, 관용에 대한 자유주의적 접근의 핵심적 특징이라 할 수 있다." 또한 윌 킴리카Will Kymlicka에 따르면, "자유주의자는, 자율성의 확대를 위해 관용을 지지하는 이들로 정의되곤 한다." 버나드 윌리암스 또한 다음과 같이 말한다. "실천으로서의 관용이 가치의 차원에서 옹호되기 위해서는, 개인의 자율성이라는 선善에 호소할 수밖에 없다."[7] 그런데 이러한 입장에 따르면, 관용은 자율성이라는 선을 증진시키는 것을 목표로 하는 동시에, 역으로 이러한 자율성을 가진 개인들에 의해서만 행해질 수 있는 미덕이 된다. (이것이 법적인 강제가 아닌 시민적 미덕으로서의 관용의 지위가 그토록 중요한 이유이다.) 말하자면 관용은 자신이 증진시키고자 하는 것을, 이미 그 전제로 삼고 있는 셈이다. 동시에 이는 비개인화된 비자유주의적 주체는, 관용을 행할 능력이 없다는 것을 의미

나. 부시는 이라크 전쟁 개시에 대해 아버지와 상의했냐는 질문에 다음과 같이 답했다. "힘을 필요로 할 때 상담하는 아버지는 그 아버지가 아닙니다. 나에게는 좀 더 위대한 아버지가 있지요."(94) 또한 부시는 우드워드에게 다음과 같이 말하기도 했다. "나는 미국이 자유의 횃불이라고 믿습니다. …… 하지만 자유는 미국이 세계에 가져다 준 선물이 아닙니다. 그것은 하나님의 선물입니다. …… 나는 사람들을 자유롭게 하는 것이 우리의 임무라고 생각합니다."(88-89)

6. 찬드란 쿠카터스 정도가, 예외가 될 것이다. 그는 양심의 자유와 자율성이 때때로 갈등 관계에 있다고 주장하면서, 양심의 자유가 관용의 기초이며 만약 양심의 자유와 자율성이 충돌한다면 양심의 자유를 더 존중해야 한다고 말한다. *The Liberal Archipelago : A theory of Diversity and Freedom*(Oxford : Oxford University Press, 2003)을 보라.

7. Susan Mendus, *Toleration and the Limits of Liberalism*(Atlantic Highlands, NJ : Humanities Press, 1989), 56; Will Kymlicka, "Two Models of Pluralism and Tolerance" in *Toleration : An Elusive Virtue*, ed. David Heyd (Princeton : Princeton University Press, 1996), 97; Bernard Williams, "Toleration : An Impossible Virtue?" in Heyd, ed., *Toleration*, 24.

하는 것이기도 하다. 따라서 관용의 세계를 건설하기 위해서는 말 그대로 전 세계의 자유주의화가 요구되는데, 이는 오늘날 윌 클림카에서부터 토마스 프리드만Thomas Friedman에 이르는 다양한 범주의 자유민주주의 이론가들이 동의하는 주장이기도 하다. 마이클 이그나티에프가 주장한 것처럼, "개인주의 문화는, 집단 정체성에 대한 집착과 인종주의를 녹일 수 있는 유일한 용해제이다." 또한 "관용은, 사람들이 그 자신과 타인을 한 명의 개인으로 바라보도록 가르칠 때에만 가능하다."[8]

물론 이러한 자유주의자들이 주되게 참조하는 이는 칸트이지만, "관용적인 자유주의 자아와 불관용적인 유기체적 타자"라는 이데올로기적 대립 구도에 프로이트가 미친 영향을 살펴보는 것도 흥미로울 것이다. 관용을 주장하는 많은 자유주의자들은 암묵적이든 명시적이든 프로이트 식 가설을 기반으로 하고 있으며, 자신의 주장을 뒷받침하기 위해 프로이트의 학설을 직접 활용하기도 한다. 이들 자유주의 사상가들에게, 프로이트의 학설은 자유주의 질서가 관용을 실천하고 양육할 수 있는 유일한 제도로 간주될 수 있는 근거를 제공해 준다. 하지만 프로이트가 개인화된 서구인들의 "성숙함"에 대해 긍정한 것은 사실이라 하더라도, 프로이트는 개인과 집단 간의 영구적이거나 존재론적인 구분을 설정하지는 않았다. 프로이트에 따르면, 개인화된 주체는 언제라도 유기체적 상태로 퇴행할 수 있으며, 기존의 바람직한 개인화 과정을 상실할 수도 있다. 따라서 프로이트에게 있어, 집단적 정체성은 개인화된 정신의 반대항이라기보다는 성숙함으로부터의 퇴행 현상이다. 즉, 그는 집단을 비합리적이고 위험한 것

---

8. Michael Ignatieff, "Nationalism and Toleration," in *The Politics of Toleration in Modern Life*, ed. Susan Mendus(Durham, NC: Duke University Press, 1999), 102.

으로 병리화하기는 했지만, 동시에 합리적 개인을 영구적인 문화적 성취로 물화하지는 않았던 것이다.

따라서 이 장에서는 프로이트의 입장에 비판적으로 접근하는 한편, 때에 따라 관용에 관한 자유주의적 사고를 비판하기 위한 근거로 활용하기도 할 것이다. 물론 관용적인 자유주의 질서가 인간의 "성숙성"의 가장 높은 단계를 보여준다는 그의 진화론적 내러티브는 비판적으로 읽힐 필요가 있으며, 특히 이러한 사고가 오늘날 관용 이론가들 사이에서 공공연하게 드러나고 있다는 점에서 더더욱 그러하다.9 개인화를 개체와 집단 차원 모두에서의 성숙성과 연결시키고, 유기체를 퇴행이나 미숙함과 결합시키는 프로이트의 논의는, 오늘날 자유주의적 제국주의를 정당화하기 위해 관용을 활용하는 문명 담론의 논리를 이해하는 데 도움을 준다. 하지만 다른 한편으로, 집단을 우연적인 것으로 파악한 프로이트의 입장, 즉 집단을 자연적 결과물이 아닌 정동적 과정에 기반해 파악한 그의 접근은, 자유주의 이론과 문화적 관용 논리에 만연한 "혈연과 귀속"의 존재론화를 해체하는 무기로 활용될 가능성 역시 함께 가지고 있다.10

프로이트

---

9. 한 심포지엄에서 배리 힌데스는 나에게 "차이의 시간화"가 서구 정치사상과 사회사상에 넓게 퍼져있는 은밀한 수사(修辭)임을 지적해 주었다. 그에 따르면, 이러한 차이의 시간화는 자유주의나 식민 담론에 한정된 것이 아니라 좀 더 광범위한 현상이다. 이러한 입장에 대해서는 다음 논문을 보라. Barry Hindess & Christine Helliwell, "The Temporalizing of Difference," *Ethnicities* 5.3(2005) : 414-18.
10. 예컨대, 다음을 보라. Michael Ignatieff, *Blood and Belonging : Journeys in the New Nationalism*(New York : Farrar, Straus and Giroux, 1995).

프로이트의『문명과 그 불만』과『토템과 터부』는, 흔히 인류가 자신의 타고난 반사회성 ─ 성적 경쟁 관계와 본능적 공격성에서 비롯하는 반사회성 ─ 을 극복하는 과정에 대한 서술로 이해된다.[11] 이러한 독해에 따르면, 프로이트의 이론은 인간이 어떻게 자연 상태에서 사회계약에 도달했는지 혹은 어떻게 본능의 즉각적인 만족을 포기하고, (본능의 억압과 승화를 통한) 문명의 생산에 도달했는지에 대한 설명이다. 하지만 이러한 원초적 적대성에서 상대적 평화로의 발전 이외에도, 프로이트가 이 저서들에서 다루고 있는 또 다른 문제가 있다. 그것은 바로 인간이 유기체적 정체성을 극복하고 문명화된 개인으로 발전해 나간 과정에 대한 것이다. 얼핏 보기와는 달리, 평화와 개인으로의 발전이라는 두 과정에 대한 설명은 동일하지 않으며, 서로 조화를 이루지도 않는다. 오히려 이 두 설명은, 우리가 "원시적인 것"을 묘사할 때 사용하는 서로 다른 두 가지 재현 방식 ─ 즉 고립되어 공격성을 가진 야만인과 종족의 규칙에 수동적으로 따르는 원시인 ─ 을 대표한다고 할 수 있다. 유기체적 정체성과 관련된 후자의 형상은『집단 심리학과 자아 분석』과『문명과 그 불만』의 숨겨진 주제로,[12] 어린아이같이 집단에 속한 원시인이 성숙한 자유주의적 개인으로 발전해 나가는 과정에 대한 프로이트의 설명은, 오늘날 다양한 자유주의적 담론 속에서 발견된다. 비록 이러한 담론들이 프로이트를 직접 참조하고 있지

---

11. Sigmund Freud, *Civilization and Its Discontents*, trans. James Strachey(New York : Norton, 1961) [김석희 옮김, 「문명 속의 불만」, 『문명 속의 불만』, 열린책들, 2003]; *Totem and Taboo*, trans. James Strachey (New York : Norton, 1952) [이윤기 옮김, 「토템과 터부」, 『종교의 기원』, 열린책들, 2003].

12. Sigmund Freud, *Group Psychology and the Analysis of the Ego*, trans. James Strachey (New York : Norton, 1959) [김석희 옮김, 「집단 심리학과 자아 분석」, 『문명 속의 불만』, 열린책들, 2003; 이후 인용문은 김석희의 번역을 따랐다.] 이후 괄호에 등장하는 숫자는 이 저작의 쪽수를 말한다.

는 않지만, 이들 논의는 원시와 문명, 개인과 집단의 구분, 그리고 집단의 결속력과 유기체적 사회의 위험성 등에 있어서, 프로이트의 견해와 의견을 같이한다. 이러한 입장에 따르면, 관용은 자유주의 체제와 주체를 전제로만 가능하며, 자유주의는 여타의 위험한 대안들에 비해 우월하다. 또한 유기체적 질서는 그 불관용적 성격으로 인해 관용의 대상이 될 수 없다고 보는데, 이는 유기체적 질서가 자유주의적 관용의 자연적 한계limit임을 의미하는 것이다.

『집단 심리학과 자아 분석』에서 프로이트가 목표로 하는 바는, 집단 심리학Massenpsychologie(이 용어는 영어로 대중mass, 무리mob, 군중crowd 심리학 등으로 번역되는데, 이 모든 번역에는 일정 정도 경멸의 의미가 포함되어 있다)을 개인 심리학과 조화시키는 것이었다. 이 문제에 천착했던 다른 이들과는 달리, 프로이트는 집단의 행동과 감정이 개인의 정동과 상이한 구조를 가진다고 보지 않았다. 집단 심리학과 관련된 그의 관심은, 일차적으로 기존에 자신이 이론화한 심리의 기본 구조를 재확인하고, 개인을 분석과 실천의 근본적인 단위로 확고히 하는 데 있었다. **그 결과** 그의 체계에서 집단은 심리적 퇴행이자 탈개인화를 보여주는 위험한 상태로 병리화된다. 다시 말해, 프로이트의 작업은, 성숙 - 개인 - 양심 - 억압 - 문명 대對 유아스러움 - 원시 - 충동 - 본능 - 야만의 대립 구도, 즉 현대의 관용 담론에도 스며들어 있는 지극히 단순한 대립 구도에 기반해 있다.

하지만 원시적 집단과 문명화된 개인 간의 대립에 대한 프로이트의 설명은, 미분화된 집단에서 곧바로 자기-성찰적 개인이 출현한다는 식의 단순한 이야기는 아니다. 주지하다시피, 『문명과 그 불만』의 드라마를 추동하는 힘은, 집단의 해체가 아니라 **본능의 억압**이다. 이러한 억압을 통해, 인간의 행복과 만족 그리고 자기애는 문명의 제단 앞에서 희생된다. 프로이트에게는 오직 개인만이 존재하며, 개인은 문명의 존재론적 선험a priori 이자, 동시에 문명의 목적telos이다. 반면에 집단은 기본 단위가 아니며, 심지어 안정적이지도 않다. 오히려 프로이트의 전제, 즉 개인 간의 "근본 적인 적대"와 "성적 경쟁 관계"라는 가정은, 개인 간의 결합을 하나의 성취 이자 설명되어야 할 대상 — 그것이 『토템과 터부』에서처럼 토테미즘이라는 복잡한 형식을 통해 이루어진 비교적 영구적이고 조직적인 구조이던지, 『집단 심리학』에서처럼 좀 더 유동적이고 탈조직화된 형태이던지 간에 — 으로 만 든다.13 여타의 집단 심리학자들을 비판하면서, 프로이트는 인간은 "군거 동물"herd animal이라기보다는 "군집 동물"horde animal이라 주장한다.(『집단 심리학』68) 군거 동물은 서로 동일한 속성을 공유하며, 무리를 지어 산 다. 반면에 군집 동물은 서로에 대한 공격성이나 경쟁의식 등을 매개로, 외부적인 조직 원리에 의해 구성된 집단이다.

하지만 프로이트는 "원시인"들이 개인성보다는 종족성의 원리에 따라 조직된다고 보았다는 점에서는, 여타의 19세기 유럽 사상가들과 의견을 같이했다. 프로이트에게 개인화는 문명의 작인이자 징후이며, 집단은 그 것이 지속적인 것이건 일시적인 것이건 간에, 야만의 상태를 나타내는 것 이다. 다시 말해, 그에게 있어 유기체적 질서는 전-문명적인 사회관계와 주체 형성을 의미하는 것일 뿐 아니라, 동시에 탈脫문명de-civilize을 의미하 는 것이기도 하다. 프로이트가 집단 심리학의 선행 학자들을 비판하면서 도, 결국에는 귀스타브 르 봉이나 윌리엄 맥두걸William McDougall같은 동료 심리학자들의 주장, 즉 "비조직적" 집단의 심리가 "원시인과 아이들의 심 리"에 비견될 수 있다는 데 동의를 표한 것은, 바로 이 때문이다.(13) 르

13. Freud, *Civilization and Its Discontents*, 69; *Totem and Taboo*, 144.

봉에 따르면, "개인은 조직화한 집단의 일부를 이루고 있다는 이유만으로 문명의 사다리를 몇 단이나 내려온다. 고립된 상태에서는 교양 있는 사람이 집단 속에 들어가면 야만인 — 본능에 따라 행동하는 동물적 존재 — 이된다. 그는 자발성과 난폭함, 잔인성, 그리고 원시인의 열광적 확신과 영웅주의를 갖게 된다."(12) 맥두걸 역시, 집단의 행동에 대해서 다음과 같이 말한다. "따라서 집단의 행동은 평균적 구성원의 행동과 비슷하다고 하기보다는 오히려 제멋대로 날뛰는 개구쟁이 어린애나 정식 교육을 받지 않은 격정적 야만인이 낯선 상황에 놓였을 때의 행동과 비슷하다. 최악의 경우에는 인간의 행동이라기보다는 오히려 야수의 행동과 비슷하다."(24)

바로 이 지점에서 하나의 역설, 즉 프로이트의 (외로운 '야만인'이라는) 선험적 개인주의와, 유기체에서 개인화된 근대적 주체가 등장했다는 ('원시인'의 집단성이라는) 식민주의적 역사 서술 간의 긴장이 발생한다. 야만인savage man이 본능의 억압이 부재한 동물이라면, 원시인primitive man은 개인화와 합리화 과정을 겪지 못한 어린아이이다. 프로이트의 저작 곳곳에서 발견되는 이러한 역설은, 문화와 관용에 대한 오늘날의 자유주의 담론들 속에서도 동일하게 발견된다. 프로이트는 이러한 역설을, 개인의 선험적 지위를 통해 해결하려 하였다. 즉, 개인화되지 않은 인간은 집단으로 퇴행하는 것이 아니라, 집단에 의해 좀 더 본능적인 심리 상태로 퇴행한다. 또한 이러한 퇴행적 인간의 탈脫개인화는 타인들과의 관계에서가 아니라 그의 본능과의 관계에서 비롯되는 것이다. 이러한 퇴행적 인간에게는 발달된 초자아에 따르는 의지나 독립적인 사고가 불가능하다. 집단 속의 인간은 어느 날 갑자기 등장하는 것이 아니라(프로이트는 개인이 군중에 급속도로 동화된다는 "전염 이론"에 반대했다), 집단 외부의 특정한 대상에 대한 애착을 공유하고 이에 따라 초자아가 붕괴할 때 등장한다. 집단 속의 인간은 독자적인 사유와 양심에 따라 행동하지 않는다. 그는 개인화된 자유주의 주체의 핵심적 특징인, 자유 의지와 합리성을 결여하고 있는 것이다.

이런 관점에서 보자면, 2004년 팔루자 군중의 미국 민간인 살해와, 이로부터 한 달 뒤에 밝혀진 아부 그라이브에서의 미군의 고문 행위는 동일한 좌표 위에 놓인다. 즉, 이 두 현상 모두 도덕적으로 타락한 집단적 열정 속에서 개인의 양심과 절제가 붕괴한 현상으로 볼 수 있다.[14] (하지만 이러한 유사성에도 불구하고, 이 행위에 대한 평가는 상이하다. 예컨대, 부시에 따르면, 팔루자에서의 사건은 "적의 진정한 본성"을 보여주는 것인 반면, 아부 그라이브에서의 고문은 "우리 군인들의 본성을 보여주는 것이 아니다."[15] 나중에 우리는 이 발언이 가진 함의에 대해 다시 한 번 다룰 것

---

14. 아부 그라이브에서의 고문 행위가 찍힌 사진이 공개되었을 때, 이 사진이 과장된 것이라는 반론이 있었다. 하지만 아부 그라이브에서의 고문에 대해 밝혀진 추가 사실들, 즉 고문이 공적인 승인 하에 정교한 방식으로 행해졌다는 사실과 이 고문 방식이 이미 관타나모 기지에서 행해진 고문 방식과 유사하다는 점 등은, 이러한 반론을 신뢰할 수 없게 만든다. 이에 대해서는 다음의 기사들을 참고하라. Josh White, "Abu Ghraib Tactics Were First Used at Guantanamo," *Washington Post*, 14 July 2005, A1; Oliver Burkeman, "Bush Team 'Knew of Abuse' at Guantanamo," *Guardian*, 13 September 2004(http://www.guardian.co.uk/guantanamo/story/0,13743,1303105,00.html, 2005년 11월 28일 접속); Richard Serrano and John Daniszewski, "Dozens Have Alleged Koran's Mishandling," *Los Angeles Times*, 22 May 2005, A1.

15. 부시의 "적의 본성"에 대한 언급은 다음을 보라. "President Thanks Military Personnel and Families for Serving Our Country," Camp Pendleton, Ca, Office of the Press Secretary, 7 December 2004(http://www.whitehouse/gov/nes /releases/2004/12/20041207-2.html, 2005년 10월 24일 접속); "President's Radio Address," Office of the Press Secretary, 15 May 2004(http://www.whitehouse.gov/ news/releases/2004/05/20040515.html, 2005년 10월 24일 접속). 아부 그라이브에 대한 부시의 언급에 대해서는, "Global Message" from interviews with Al Arabiya and Alhurra, 5/5/04, Office of the Press Secretary, 6 May 2004(http://www.whitehouse. gov/news/releases/2004/05/20040506-1.html, 2005년 10월 26일 접속).

이다. 지금은 집단이 합리적인 사고와 도덕적 양심을 가로막는다는 자유주의적 가정에 대해 좀 더 자세히 살펴보자.)

프로이트는 『집단 심리학과 자아 분석』에서 집단의 형성에 대한 좀 더 자세한 설명을 제시한다. 프로이트는 방법론적 개인주의를 강력히 지지하였기에, 그의 집단 심리학은 집단의 폐해들보다는 대체 어떻게 집단이라는 것이 가능한가를 먼저 답변되어야 할 질문으로 삼았다. 프로이트에 따르면, 개인이 집단을 이루기 위해서는 인간을 하나로 묶는 충동, 즉 에로스를 통해 개인 간의 근원적인 경쟁 관계와 원자화가 극복되어야만 한다. 타인에 대한 사랑은, 사회적 경쟁을 부추기는 일차적 나르시시즘을 극복할 수 있는 동인이다. 하지만 프로이트는 곧바로, 집단의 유대가 구성원 상호 간의 사랑에서 기인한다는 주장은 지나치게 단순하다고 덧붙인다. 이러한 주장은, 인간의 일차적인 자기-본위성과 그로 인한 "고슴도치의 문제"를 간과할 우려가 있다. 프로이트가 쇼펜하우어로부터 인용하고 있는 이 "고슴도치의 문제"는, 추운 날 몇 마리의 고슴도치들이 서로의 온기를 느끼기 위해 뭉치려 할 때 발생하는 딜레마를 말한다. 이들은 서로에게 다가갈수록 각자의 가시에 아픔과 위협을 느끼고, 이 때문에 다시 거리를 두게 되면 추위에 고통 받게 된다. 프로이트는 이러한 반복 운동을 인간의 욕망에 대한 은유로 이해했으며, 사랑에 내재한 양가성과 연결시켰다.(41) 우리의 에로스는 서로를 가까이 하도록 만들지만, 지나친 근접성은 고통과 상처 또한 안겨준다. 그래서 우리는 뒤로 물러서게 되며, 이번에는 외로움과 고립으로 고통 받는다.[16]

---

16. 프로이트는 공포(panic)에 대해 설명하면서, 이러한 분리의 고통을 잘 보여준다. 그에 따르면, 공포는 "혼자서 위험에 직면했다고 느낄 때" 발생하며, 우리를 묶어주는 감정적 유대가 붕괴할 때마다 경험되는 심리적 현실이다.(*Group Psychology*, 36)

따라서 인간 집단이라는 현상을 설명하기 위해서는 이러한 두 위험 사이의 동요가 어떻게 안정적인 친밀함으로 대체되는가를 해명해야만 한다. 우리는 어떻게 서로를 계속해서 찌르는 고슴도치가 될 수 있는가? 프로이트에 따르면, 그 해답은 집단 내부의 에로스에서가 아니라, 우리를 리비도 차원에서 결합시켜주는 집단 외부의 어떤 것, 즉 지도자나 이상^{ideal}에서 찾을 수 있다. 즉, 집단은 집단 외부의 어떤 것에 대한 사랑과 이상화의 결과, 구성원들이 서로를 동일시함으로써 형성된다는 것이다. 그렇다면 이러한 동일시의 속성은 무엇인가? 『집단 심리학』에서 프로이트는 동일시의 세 가지 형태를 구분한다. "첫째, 대상과의 감정적 유대라는 기본적인 형태의 동일시가 있다. 둘째, 대상을 자아 속으로 받아들이면서 리비도적 대상 결합을 대체하는 퇴행적인 방식의 동일시가 있다. 셋째, 성적 본능의 대상이 아닌 다른 사람들과 공유하는 공통된 특성을 지각함으로써 형성되는 동일시가 있다. 이 공통된 특성이 중요할수록, 동일시 역시 더욱 성공적으로 이뤄질 수 있으며, 그리하여 새로운 유대 관계의 시작이 될 수도 있다." 프로이트에 따르면, "집단 구성원 간의 상호 유대는 바로 이러한 세 번째 종류의 동일시에서 비롯된다."(50) 이와 같이 우리는 공통된 특성의 지각을 통해, 이 경우에는 외부의 이상이나 지도자에 대한 공통된 사랑을 지각함으로써, 한 집단의 구성원이 된다. 하지만 이러한 타인과의 동일시가 어떻게 그토록 강력한 유대를 만들어 낼 수 있는가? 이에 답하기 위해서는, "사랑에 빠짐"이라는 심리적 현상에 대한 프로이트의 설명을 참조할 필요가 있다.

사랑에 빠진다는 것은 무엇인가? 프로이트가 종종 말하듯이, 처음에는 오직 성적 욕망만이 존재한다. 우리가 **사랑**이라고 부르는 것은, 이러한 욕망이 억압되면서 나타나는 것이다. 부모에 대한 아이의 사랑이선 성인

간의 사랑이건 간에, 사랑은 대상-억압된 사랑이다. 대상 억압이란 리비도 에너지의 방향 재설정이나 전치를 의미하는데, 사랑의 경우 리비도적 에너지는 대상의 이상화에 투여되게 된다. 프로이트에 따르면, 이러한 이상화는 대상에 대한 숭배 이상의 의미를 가지고 있다. 즉, 사랑은 타인에게 이상적 이미지를 투사함으로서, 사랑받고자 하는 자신의 욕구를 만족시키는 방법이기도 하다. 즉, 사랑에 수반하는 이상화에는 투사의 순환이 존재한다. 사랑에 빠진 자의 사랑하는 대상으로 향하는 투사가 있고, 역으로 자기-이상화에 대한 자아의 욕망을 만족시켜주는 투사가 존재한다.[17]

다시 말해, 사랑하는 대상의 이상화 속에 나타나는 "성적인 과대평가"(사랑에 빠진 이의 눈에는, 상대방의 매력만 보인다)와 무비판적 태도는, 대상을 향해 넘쳐흐르는 우리 자신의 나르시시즘적 리비도 역시 포함하고 있다. 프로이트에 따르면, 사랑이라는 정동에 담긴 두 가지 요소 ― 즉, 에로스의 억압과 사랑에 빠진 이의 자아 만족 ― 은 다음과 같은 형태로 결합한다.

관능적 충동이 다소간 효과적으로 억압되거나 무시되면, 그 대상이 지니고 있는 정신적인 장점 때문에 관능적으로 사랑하게 되었다는 착각이 생겨나지만, 사실은 정반대로 그 대상이 지니고 있는 관능적 매력이 일시적으로 정신적 장점을 부여해 주었을 뿐인지도 모른다.

이 점에서 판단을 왜곡하는 경향을 이상화idealization 경향이라고 한다. …… 사랑의 대상은 우리 자신의 자아와 똑같이 취급되기 때문에, 사랑에 빠질 경우, 나르시시즘적 리비도의 상당 부분이 그 대상한테로 넘쳐

---

17. 사랑하는 대상의 이상화는 자아에 대한 자아이상의 요구를 만족시키는 경향이 있다. 사랑의 순환구조는, 대상의 이상화를 통해 자아이상이 자아에 행하는 처벌과 통제를 완화시켜준다. 프로이트에 따르면, 사랑에 빠졌을 때의 무분별함은, 부분적으로는 이러한 처벌의 완화 현상에서 기인하는 것이다.

흐른다. 사랑의 대상은 사랑에 빠진 이가 도달할 수 없는 자아이상ego ideal의 대역을 맡는다. 우리가 그 대상을 사랑하는 까닭은 우리 자신의 자아가 도달하려고 애쓴 완벽함을 그 대상이 구현하고 있기 때문이고, 우리는 자신의 나르시시즘을 만족시키기 위해 이런 우회적인 방법으로 그 완벽함을 손에 넣고 싶어 한다.(56)

이상화는 대상 억압에 필연적으로 수반하는 나르시시즘적 투사이다. 그런데 자아에게 있어서, 이러한 나르시시즘의 경험은 너무나 자극적인 것이어서(이러한 이상화는 단순한 성적 만족의 경험보다 훨씬 더 자극적인 것이다. 프로이트에 따르면, 성적 만족은 "언제나 성적인 과대평가를 감소시킨다"), 이상화는 극단으로 나아가기 쉽다. 그리고 이상화가 강화될수록, 여기서 얻는 자아의 나르시시즘적 만족 역시 강화되는데, 이는 결국 이상화된 대상이 사랑에 빠진 자의 자아이상 전체를 지배하는 지경까지 이르게 된다. "(사랑에 빠진 이의) 자아는 점점 겸손해지고 수수해지는 반면에, 대상은 점점 고상하고 훌륭해져서, 마침내 자아의 자기애를 완전히 점유하게 된다. 따라서 사랑에 빠진 이의 자기희생은, 당연한 결과다."(56)

바로 여기에, 지도자와 이상에 대한 집단 구성원들의 사랑이 가진 비밀이 놓여 있다. 처음에는 에로스로부터 추동된 지도자와 이상에 대한 사랑은, 사랑하는 대상에 대한 열정적 이상화로 발전한다. 처음에는 자아의 나르시시즘적 만족에서 시작된 것이, 결국에는 이상화된 대상이 사랑에 빠진 이의 자아이상을 대체하고 그 자아를 흡수해 버리는 것으로 귀결되고 만다. 그리고 이를 통해 개인의 도덕적 분별력은 붕괴한다.

대상에 대한 자아의 "헌신"은, 이제 더 이상 추상 관념에 대한 승화된 헌신과 구별되지 않는다. 이 헌신과 동시에, 자아이상에 할당된 기능은 완전히 기능을 멈춘다. 자아이상이 행사하는 비판 기능은 침묵하고, 대상이 하는 일이나 요구하는 것은 모두 다 옳고 흠잡을 데 없는 것이 된다. 사랑의 대상을 위해서라면 무슨 짓이든 할 수 있고, 거기에는 양심이 전혀 적용되지 않는다. 사랑에 눈이 먼 사람은 양심의 가책을 느끼지 않기 때문에 범죄까지도 태연히 저지른다. 이 모든 상황은 대상이 자아이상을 대체했다는 말로 완벽하게 요약할 수 있다.(57)

이것이 바로 집단 구성원들이 자신의 지도자와 이상에 대해 쏟는 사랑의 본성이다. 하지만 다음과 같은 질문은 여전히 남는다. 집단 내 개개인을 함께 묶는 원동력은 무엇인가? 멀리 떨어진 인물이나 이상에 대한 개별적인 사랑이, 서로에 대한 — 게다가 프로이트의 가정에 의하면, 서로 간에 사랑의 경쟁 관계에 있는 상대에 대한 — 애착으로 변하는 이유는 무엇인가? 여기서 프로이트는 동일시의 문제로 다시 돌아간다. 즉, **집단은 동일한 대상이 그들의 자아이상의 자리를 차지한 개인들의 집합이다. 이로써 그들은 자신들의 자아 속에서 서로를 동일시하게 된다.** 집단은 개개인의 자아이상이 공통의 대상에 의해 대체되는 한에서, 공고히 유지될 수 있다. 이러한 응집력을 통해, 집단은 사랑의 대상이나 자아이상을 공유하는 것을 넘어서, 공통의 자아, 즉 "공통의 나"를 만들어 내게 된다. 이는 사회계약만으로는 이룰 수 없는 상태이다.[18]

---

18. 하지만 사실 루소의 사회계약 모델은 이러한 경로를 따르고자 하였다. 그의 사회계약은 "독립적이고 고립된 개인들을 보다 더 큰 전체의 부분으로 변화시키는 것, 이를 통해 개인이 자신의 삶과 존재를 이 전체로부터 얻을 수 있게 하는 것"을 목표로 하였다. 그의 이러한 노력은 프로이트의 집단 — 집단 외부의 것에 대한 공통의 사랑으로 묶인 집단 — 에 대한 설명과 비교될 수 있다.(Jean-Jacques Rousseau, *The Social Contract*, trans. Maurice Cranston [New York : Penguin, 1968], 84) [정성환 옮김, 『사회계약론』, 홍

외부의 대상에 대한 공통의 사랑은, 이제 집단 구성원 간에 상호적 경쟁보다는 상호적 동일시를 생산하게 된다. 이때 사랑의 대상이 가지는 추상적 속성은, 집단의 한 구성원이 이 대상을 실질적으로 소유하는 것을 막는다. 또한 이러한 사랑의 비성애적 성격은, 이상화를 완성하며 배타적 소유의 가능성을 없애준다.[19] 게다가 이러한 비성애적 사랑은, 지도자에 대한 사랑과 이상에 대한 사랑 간의 지속되는 진자운동을 보장한다. 즉, 집단은 한편으로는 특정한 인물을 통해 유지되면서도, 다른 한편으로는 이 특정한 인물과 분리된 이상화를 통해 결속되는 것이다. 이상화 경향을 감소시킬 수 있는 그 인물과의 성적 결합이 발생하지 않기 때문에, 이 인물은 계속해서 추상적이고 이상화된 존재로 남아 있을 수 있다.

집단을 가능케 하는 사랑과 동일시에 대해 설명하면서, 프로이트는 자신이 두 개의 중요한 물음에 답했다고 생각했다. (1) 본능적으로 경쟁적이고 반사회적인, 즉 서로에게 고슴도치인 우리들이 어떻게 집단을 이룰 수 있는가? (2) 왜 집단은 정신적 퇴행을 의미하는가, 즉 교양 있는 이들조차 왜 집단 차원에서는 단순한 군중이 되어 버리는가? 첫 번째 물음과 관련하여, 우리의 본성적인 경쟁심은 외부의 대상에 대한 사랑이 야기하는 집단적인 동일시를 통해 해소된다. 우리는 실제로 서로를 사랑해서가 아니라, 소유할 수 없는 대상에 대한 사랑이 만들어 내는 동일시를 통해 집단을 이룬다. 두 번째 물음과 관련하여, 프로이트에게는 사랑에 빠지는

신문화사, 2007] 또한 루소가 사회계약을 통해 궁극적으로 만들어 내고자 했던 것이, 단순한 개인 간의 결합이 아니라 commune moi("공통의 나" 혹은 "공통 자아")였다는 점 역시 덧붙여야겠다.(*Social Contract*, 61)

19. 사랑의 대상과 집단 간의 이러한 관계는, 오늘날 많은 신흥 종교 집단이, 집단 내 성 관계를 금지하거나 아니면 (남성) 지도자가 집단 내 모든 여성에 대한 무제한적 성적 접근권을 인정하는 이유를 설명해 준다.

것 자체가 하나의 퇴행을, 즉 세계로부터의 후퇴와 경계의 상실을 의미한다는 것을 지적해야겠다. 사랑에 빠지는 것은 개인의 자아이상을 잃어버리는 것이고, 따라서 그것이 보장하는 양심과 절제를 잃는 것을 의미한다. 집단 내 개인들 각각은, 집단 외부의 대상과의 관계에서 바로 이러한 상태에 놓인다. 공통의 대상에 대한 집단 구성원들의 집합적 동일시는, 집단의 유대를 지속시키는 기반인 동시에, 개개인의 자아이상의 상실을 의미하기 때문이다.

집단의 구성에 대한 프로이트의 이론은, 파시즘이나 민족주의를 설명하는 데에도 활용될 수 있다. 하지만 우리가 이 이론을 살펴본 것은, 이 이론이 가진 설명적 가치 때문이 아니다. 우리가 프로이트의 이론에 대해 살펴본 것은, 이 이론의 전제들이 오늘날 유기체적 사회를 위험 및 불관용과 등치시키는 자유주의적 설명틀 속에서 동일하게 작동하고 있기 때문이다. 『집단 심리학』에서 프로이트는 문명화된 개인 주체와 병리적인 집단 정체성 간의 이데올로기적 구분을 깔끔하게 정식화한다. 사랑과 동일시에 기반한 집단의 열정은, 개인이 가진 절제·합리성·양심으로부터의 퇴행을 의미하는 것이다. 따라서 집단은 위험하며, 문명의 요구에 종속되어야만 하는 개인화된 주체들에게 하나의 위협이 된다.[20]

프로이트는 다른 저작에서도 개인과 집단 차원에서의 문명과 본능의 억제에 대해 다루고 있지만, 그가 유기체 사회와 개인주의 사회에 대한 관

---

20. "문명은 …… 마치 정복한 도시에 수비대를 두듯이 개인의 내부에 감시자를 둠으로써, 개개인의 위험한 공격성을 약화시킨다."(Freud, *Civilization and Its Discontents*, 84) 도시는 그 자체로 인간 본능의 억제와 이를 통한 하나의 성취를 의미한다. 하지만 프로이트는 문명화된 정신(psyche)을 정복된 도시에 비유하고 있다. 따라서 문명은 이중의 종속을 의미한다. 처음에는 문명에 의한 대상 억제가 있고, 다음으로 문명의 요구들이 정신에 주입된다. 집단의 기반이 되는 정신의 붕괴는, 이러한 이중의 종속 모두를 위협한다.

습적인 환유에 기반해 정치적-이론적 분석을 정교화한 저작은『집단 심리학』이 유일하다. 이러한 관습적 환유에 따르면, 개인이 미분화된 유기체 사회의 특징은 합리적 사유와 충동의 절제를 방해하기 때문에, 유기체 사회는 곧 자유주의적이고 개인주의적인 사회보다 덜 문명화된 사회라 말할 수 있다. 이러한 치환에 따라, 개인화는 어느새 본능의 억제와 양심의 발달 그리고 자기-규제의 지표이자 그 결과의 자리를 차지하고, 동시에 집단은 본질적으로 위험한 것으로, 고삐 풀린 열정이나 맹목성, 충동성이나 성급함, 극단주의, 권위에의 복종을 상징하는 것으로 전락한다. 르 봉이나 맥두갈처럼, 프로이트 역시 억압을 벗어난 인간이 보여주는 이러한 특징들을 집단의 기본적 성격으로 간주하고 있다.(『집단 심리학』 13~15)

더 나아가 프로이트는, 유기체 사회에서 사랑이 가족과 사적 영역에 한정되지 않고 공적인 사회적 영역에서도 작동한다는 점을 문제로 지적한다. 이러한 공적인 열정은 위험하며, 사랑은 합리적이고 개인적인 주체의 생산을 위해 가족의 영역에 한정될 필요가 있다.[21] 따라서 가족 내의 사랑만이 문명화된 사랑이며, 종교나 문화에 대한 열정적 애착은, 문명과

---

21. 이러한 입장은 가족에서 인륜적 삶으로의 이행에 대한 헤겔의 분석을 떠올리게 한다. "사랑은 일반적으로 나와 타인의 일체성을 의식하는 것이다. 사랑을 통해 나는 더 이상 고립된 존재로서가 아니라, 나 자신의 독립적 실존을 포기하고 타인과의 결합 속에서 나 자신을 인지함으로써, 자기-의식을 획득할 수 있다. 하지만 뭐니 뭐니 해도 사랑은 하나의 감정, 말하자면 자연적 형식의 인륜적 삶이다. 따라서 사랑은 국가에서는 애당초 통하지 않는다. 국가에서는 법을 통한 결합에 대한 의식이 있을 뿐이다. 법의 내용은 합리적이어야만 하며, 나는 그것을 알고 있어야만 한다. 반면에 사랑은, 나는 더 이상 독자적 권리를 가진 독립적 인간이 아니며 스스로 결핍된 존재임을 깨닫는 데에서 시작된다." 그는 다음과 같이 말하기도 했다. "가족은 자연적으로, 본질적으로는 개성의 원칙에 따라 해체되어 다수의 가족들로 분화하는데, 이 가족들 간의 관계는, 일반적으로 자기만족적인 개인과 외부 존재와의 관계와 같다."(*Elements of the Philosophy of Right*, 앞부분은 158번 항목이 추가 부부과 199번 항목; 뒷부분은 181번과 219번 항목을 참고하라.)

자율적 개인을 위협하지 않기 위해 사적이고 탈정치적인 영역에 한정되거나 애국심 같은 추상적 형태로만 표현되어야 한다. 문화가 공적인 형태를 가진다는 것은 곧 위험을 의미하며, 문화가 공적인 영역을 침범하는가의 여부는 비자유주의 국가와 자유주의 국가를 나누는 기준, 더 나아가 "근본주의" 국가와 "자유로운" 국가를 나누는 기준이 된다. 자기중심적인 개인을 전제한 상태에서 이들이 집단을 통해 자신의 개인성을 상실한다는 식의 설명은, 결국 자유주의 주체를 합리적이고 자기-규제적인, 따라서 자유로운 주체라고 정당화하는 것으로 이어진다. 프로이트가 집단을 병리적으로 본 이유는, 단지 집단의 유치하고 위험한 행동 때문이 아니라, 집단이 지배에 대한 매혹을 통해 구성되기 때문이다. 즉, 집단 속에서 "사람들은 지배당하고 억압되기를, 그들의 주인을 두려워하기를 원한다."(15) 집단을 하나로 묶어주는 것이 있다면, 그것은 집단 외부의 어떤 것에 대한 노예적 복종이다. 이러한 복종은 원래 자기중심적인 개인이 그 개인성의 중요한 부분을 포기하는 것이기 때문에, 프로이트는 집단 정체성이 개인의 자유를 지배자에 대한 사랑으로 대체한, 즉 자유를 희생한 결과라는 결론에 이르게 된다. 따라서 강한 사회적 유대는 항상 지배의 효과이며, 탈脫개인화된 상태로의 위험한 퇴행과 등치되는 것이다.

무엇보다 프로이트는 유기체 사회를 그 구성원의 분별력이 떨어지고 야만적이라는 사실을 보여주는 증거로 간주했다. 역으로 말하자면, 유기체 사회에서 주체는 덜 개인화되어 있는데, 왜냐하면 그들은 도덕적 분별력을 결여한 채, 즉 외부의 지도자나 이상에 자신의 자아이상을 양도한 채 결합해 있기 때문이다. 이러한 초자아적 자기-규제의 붕괴가 원시 상태로의 퇴행을 의미한다면, "문명"은 집단의 소멸과 자기-규제적 개인의 등장으로 요약될 수 있다. 개인화는 "유아기"를 벗어나, 성찰과 분별력 그리고 자유를 성취하는 과정과 등치되는 것이다.[22] 이러한 관점에 따라, 팔루자에서 미국의 보안 요원이 군중에 의해 살해당한 사건은, 자유주의의 부재를 보여주는 증거가 된다. 이러한 폭력은 예외적인 사건이 아니라 자유민주주의를 결여한 사회의 일반적인 특성이며, 역으로 이 사회에 자유민주주의가 도입되어야 할 필요성을 보여주는 증거이다. 이로써 이러한 폭력은, 선善과 안전의 이름으로 자유롭지 않은 세계를 해방시켜야 한다고 주장하는 조지 W. 부시의 새로운 해방 신학의 근거가 된다.[23] 이러한 논리에 따르면, 자유주의의 부재는 단순히 억압을 의미하는 것이 아니다. 자유주의의 부재는 극도로 '위험한' 상태이다.[24] 하지만 자유주의적 개인이 저지른 아부 그라이브에서 행해진 고문은 단순한 일탈 행위로 치부된다. 부시가 말하기를, "그건 내가 알고 있는 미국의 모습이 아니다." 더 나아가 영국의 총리 토니 블레어는, "우리는 이러한 폭력을 끝장내기 위해 왔지, 반복하기 위해 온 것이 아니다"며, 폭력의 근원을 교묘하게 이라크의 정치 문화로 돌려 버렸다.[25]

---

22. Freud, *Totem and Taboo*, 161.

23. 재선된 조지 W. 부시의 취임 연설을 보라. "President Sworn-In to Second Term," (http://www.whitehouse.gov/news/releases/2005/01/20050120=1.html, 2005년 10월 8일 접속).

24. 2005년 2월 2일에 행한 조지 W. 부시의 연설을 보라. "장기적으로 우리가 추구하는 평화는 근본주의와 폭력의 문화가 발흥하는 조건들을 제거할 때에만 가능할 것이다. 전 세계에 절망과 증오의 체제가 유지되는 한 테러는 발생할 것이며, 앞으로도 미국과 여타의 자유 국가들을 괴롭힐 것이다. 이러한 테러를 막고 증오를 희망으로 대체할 유일한 힘은, 인간의 자유가 가진 힘뿐이다. 우리의 적 역시 이를 잘 알고 있으며, 바로 이것이 테러리스트 자르카위(Zarqawi)가 민주주의라는 '악의 원칙'에 맞선 전쟁을 선언한 이유이다. 이에 맞서 우리는 다음과 같이 선언할 것이다. 미국은 중동의 민주주의를 위해 자유와 함께할 것이며, 세계에서 폭정을 추방하기 위해 최선을 다할 것이다." (http://www.whitehouse.gov/news/releases/2005/02/20050202=11.html, 2005년 10월 8일 접속)

25. 부시의 언급은, 다음을 보라. "Bush Vows Abusers Will Face Justice," CNN.com, 6 May 2004 (http://www.cnn.com/2004/ALLPOLITICS/05/05/bush.abuse/, 2005

이러한 발언들에는 개인은 양육되고 보호되어야 하며, 반대로 모든 종류의 집단 정체성은 그것이 개인의 자율성과 문명을 위협하는 한, 억제되고 규제되어야 한다는 입장이 함축되어 있다. 여기서 유기체적 질서는 자유주의의 "절대적 타자"인 동시에, 문명에 "내재하는 적"이다. 이와 같이 자유주의의 적과 문명의 적이 결합하여 초국가적인 구성체로 등장할 때, 이들은 현존하는 최대의 위험이 된다. 19세기에 유대주의가 그랬고, 20세기에 공산주의가 그러했다. 오늘날 이 자리를 차지한 것은, 물론 이슬람이다.[26]

자유주의와 그 타자

문명 담론과 결합해 순환되는 관용의 통치성은, 유기체적이고 비非서구적이며 비자유주의적인 타자를 제어하는 기능을 한다.[27] 다시 한 번 말

년 10월 28일 접속). 나는 블레어의 발언을 2004년 5월 3일과 5일 사이에 BBC 라디오에서 들었다. 하지만 원고는 찾을 수 없었다.

26. 탈랄 아사드(Talal Asad) 역시, 유사한 입장을 밝힌 바 있다. *Genealogies of Religion : Discipline and Reasons of Power in Christianity and Islam* (Baltimore : Johns Hopkins University Press, 1993), 268, 306.

27. 자유주의와 식민담론 간의 연루를 단순한 '외부적 결합'으로 보지 않고, 자유주의의 구성적 외부와 자유주의의 내적 작동이 맺고 있는 상호적 관계에 주목하는 일련의 연구들에 대해서는, Uday Mehta, *Liberalism and Empire : A Study in Nineteenth-Century British Liberal Thought* (Chicago : University of Chicago Press, 1999); Dipesh Chakrabarty, *Provincializing Europe : Postcolonial Thought and Historical Difference* (Princeton : Princeton University Press, 2000); Paul Gilory, *The Black Atlantic : Modernity and Double Consciousness* (Cambridge, MA : Harvard University Press, 1993); Barry Hindess and Christine Helliwell, "The 'Empire of Uniformity' and the Government of Subject Peoples," *Cultural Values* 6,1 (2002) : 137-50를 보라.

하지만, 오늘날의 문명 담론 속에서, 자유주의적 개인은 관용 능력을 갖춘 유일한 주체로 제시되며, 관용은 문명과 동일시된다. 이는 역으로 비자유주의 사회 — 특히 근본주의의 낙인이 찍힌 사회 — 는 불관용적인 사회이며, 자율적인 개인이 아닌 문화와 종교가 지배하는 사회이기에 관용할 수 없는 대상으로 간주된다는 것을 의미한다. 이러한 도식에 따르면, 자유주의는 관용의 실천을 보장할 수 있는 유일한 정치적 합리성의 형태이며, 동시에 관용 가능한 대상과 그렇지 않은 대상을 나누는 기준이 된다. 자유주의의 관용에 대한 호소는, 개인의 자율성을 높이 평가한 결과이다. 반면에 불관용적인 근본주의는, 개인보다는 문화와 종교를 전면에 내세운다. 그리고 이것이 바로 자유주의의 입장에서 이러한 사회질서가 관용될 수 없는 이유이다.

다음 장에서 좀 더 자세히 살펴보겠지만, 이러한 논리는 도덕적 자율성에 대한 칸트의 논의, 그리고 집단의 병리적 성격에 대한 프로이트의 설명과 일련의 전제를 공유하고 있다. 이에 따르면, 자유주의 질서에는 두 가지 특수한 자율성이 존재한다. 첫째, 주체는 문화로부터 자율성을 가진다. 주체는 문화에 선행하며 문화를 선택할 수 있다. 둘째, 정치는 문화로부터 자율성을 가진다. 정치는 문화보다 상위 심급이며, 문화로부터 자유롭다. 여기서는 이러한 전제에 대해서 개략적으로 살펴볼 것이다. 이들의 함의에 대한 좀 더 자세한 분석은, 다음 장에서 제시될 것이다.

레이몬드 윌리암스는 『핵심어들』의 "문화"culture 항목에서, "문화는 영어에서 가장 복잡한 의미를 지닌 단어 중 하나"라고 말한다. 그에 따르면, 이 말은 18세기가 되어서야 비로소 하나의 명사로 자리 잡게 되었으며, 19세기 중반까지도 그리 많이 사용되지 않았다.[48] 문화는 애초에 문명

civilization과 동의어로 인류 발전의 세속적 과정을 묘사하는 데 사용되곤 하였지만,[29] 오늘날에는 대략적으로 다음과 같은 네 개의 의미로 사용되고 있다. (1) 경작을 의미하는 어원 culture와 연관된 물리적 의미 (2) 인류의 지적·정신적·미학적 발전을 뜻하는 "문명"과 유사한 의미 (3) 보통 특정한 시기 한 집단의 삶의 양식을 의미하는 인간학적 의미 (4) 예술적·지적 유산이나 행위 전반을 일컫는 말.[30]

월리암스는 이들 각각의 의미가 명확히 구분되는 것은 아니라고 짧게 덧붙이고 있는데, 사실 오늘날 자유민주주의 담론에서 사용되는 문화의 의미를 파악하기 위해서는, 이들 의미 간의 결합 관계를 좀 더 면밀히 조사할 필요가 있다. 문화가 하나의 물질적 과정을 의미함과 동시에 공통된 삶의 방식을 지칭하고, 인간의 지적 능력의 발전 과정을 뜻함과 동시에 이러한 능력의 정제된 산물을 의미한다면, 이러한 의미의 모호함은 그 자체로 자유주의에 내재하는 어떤 동요를 반영하는 것으로 볼 수 있다. 즉, 한편으로 자유주의 사회는 자신이 문화적 생산의 세계사적 정점이라고 주장한다. 하지만 다른 한편으로 자유주의는 자신이 문화의 강제로부터 개인을 해방시키고, 문화에의 참여 여부를 결정할 수 있는 도덕적·지적 개인의 자율성을 증진시킨다고 이야기해 왔다. 문화가 고급 예술, 지적 발전, "삶의 방식" 중 어떤 것을 의미하든지 간에, 자유주의 사회에서 문화는 대체로 개인이 선택하고 사적으로 향유할 수 있는, 하나의 객관화된 재화

---

28. Raymond Williams, *Keywords : A Vocabulary of Culture and Society*, rev. ed. (Oxford : Oxford University Press, 1983), 87, 88.
29. 레이몬드 윌리암스에 따르면, 문화 용법의 결정적인 변화는, 헤르더(Herder)가 문화는 민족과 시대에 따라 다양하며, 한 민족 내에서도 사회 집단에 따라 다양한 문화를 가진다고 주장한 18세기 말에 이르러 나타난다.(위의 책, 89)
30. 위의 책, 90.

로 간주되는 경향이 있다. 기념일을 함께 챙기거나 전통 요리를 함께 해봄으로써 "각자의 문화를 공유"하고, 다른 문화의 식습관이나 전통 의상을 존중하는 것이 "각자의 문화를 존중"하는 것이라는 다문화주의 교육은, 문화에 대한 이러한 자유주의적 인식을 반영한 것이다. 그리고 바로 이러한 이유 때문에, 자유주의는 문화를 공공재나 공적 유대의 문제로 파악하지 못한다. 비록 몇몇 엄밀한 자유주의자들은 공적으로 공유된 문화를 지칭하기 위해, (특정한 민족의 역사와 사회적 관습, 사고방식의 느슨한 결합체를 의미하는) "민족 문화"나, (아이러니하게도 개인의 생존 조건을 외적으로 결정짓는 물리적인 문화 개념을 재도입하는) "시장 문화" 혹은 (대체로 자유주의와 기독교, 시장 등으로 구성된 삶의 방식을 일컫는) "서구 문화"라는 용어를 사용하곤 하지만 말이다.

문화를 자유주의 주체(그리고 자유주의 국가)에 외부적인 어떤 것으로 사유하는 자유주의적 접근의 전형은, 세일라 벤하비브가 다문화주의의 딜레마를 해결하기 위해 설정한 규범적 조건들에서 발견할 수 있다. 벤하비브는 보편적 존중, 평등적 상호성, 자유 의지에 따른 자기 귀속의 선택과 연합의 자유를 규범적 조건으로 제시하는데, 이들은 모두 개인이 외부에서 문화를 이해하고 그것과 협상할 수 있는 능력을 전제로 한다.[31] 벤하비브는 자신들이 문화의 지배를 위반하지는 않으면서도 개인의 자율성은 보장한다는 문화의 주장들에 한계를 설정하고자 하며, 이는 충분히 존

---

31. Seyla Benhabib, *The Claims of Culture : Equality and Diversity in the Global Era* (Princeton : Princeton University Press, 2002), 106. 벤하비브는 다음과 같이 덧붙인다. "이 규범들은, 담론 윤리에 필수적인 보편적 존중과 평등한 상호성에 기반해 이해될 수 있다. …… 기존의 귀속으로부터 탈출할 권리와 자유 의지에 따른 자기 귀속의 선택 그리고 새로운 연합의 자유는, 문화적으로 제공되는 내러티브에 의해 구성되면서도 자기 규정과 자기-해석을 행하는 개인이라는 개념에 기반해 이해될 수 있다."(132)

중할 만한 작업이다. 하지만 규범적 조건에 따라 문화의 주장을 반박하는 행위는, 문화 외부의 비문화적 장소에서 문화를 이해하고 통제할 수 있다는 전제 하에서만 가능한 것이다. 벤하비브는 소수자 문화의 주장을 그들이 가진 "권리"라는 측면에서 비판하면서 다음과 같이 말한다. "정체성 집단은 자신의 아이들이 인류 공통의 지식과 문명적 성취에 접근하지 못하게 막을 **권리가 없다.** …… 그들은 자신의 아이들에게 인류 공통의 지식과 함께 그들 자신의 삶의 방식을 전수할 **권리만 가지고 있다.**"[32] 여기서 또다시 문제가 되는 것은, 권리에 관한 논의가 전제하고 있는 능력, 즉 어떤 것이 문화적이고 어떤 것이 개인적인지, 또 각각의 문화적 지식이 어떻게 구분되는지를 판별할 수 있는 능력은, 그러한 판단을 행할 수 있는 칸트적 주체 — 자율적이고 선-문화적인 주체 — 를 가정할 때에만 가능하다는 것이다.[33]

---

32. 위의 책, 124-25.
33. 현대 자유주의 정치 합리성은 이러한 비문화적 주체를 전제로 하면서도, 동시에 이러한 전제를 공공연히 인정하기는 꺼려하는 경향이 있다. 우선 비자유주의 사회의 사람들만이 "공통의 삶의 양식"에 의해 구성된다는 주장은, 문명적으로 성숙한 유럽과 그 외의 야만인들 간의 구분을 너무 노골적으로 드러내기 때문에, 이러한 주장의 함의가 자신들에게 적용될 때에는 자유주의자들조차 당황하여 기존의 주장을 수정하려 한다. 둘째, 만약 자유주의자들이 문화의 사사(私事)화를 완전히 승인한다면, 이는 자유주의 사회의 공적 삶이 가지는 얄팍함을 자인하는 꼴이 된다. 사실 이는 자유주의적 공적 삶은 하나의 생활양식이라기보다는, 행위자와는 독립적으로 돌아가는 몇 가지 시장 원리와 법적 규범의 결합일 뿐이라는 것을 승인하는 결과를 가져온다. 그렇다면 자유주의적 공적 삶은 문화적으로 빈곤하며, 입법자와 변호사, 조작된 여론과 시장 질서를 통해서만 작동하는 상대주의적 상태만 존재할 수 있을 것이다. 또한 이는 자유주의 공적 삶에서 국가에 대한 충성심을 제외한 시민 간의 공적 유대는 존재하지 않으며, 공적 공간은 오직 사적인 문화-종교적 애착이나 경제적 이해관계에 기반해 움직일 뿐이라는 사실을 인정하는 꼴이 된다. 즉, 이러한 입장에 따르면 자유주의적 공적 삶은 어떤 공통의 목적이나 에토스도 갖지 않은 채, 오직 사적인 욕망과 국가 이성 간의 싸움을 통해 결정되는 어떤 것이 되어 버린다. 셋째, 만약 문화가 비자유주의적 개인만이 집단적으로 소유한 것이며, "덜 성숙된" 이들에게만 해당하는 것이라면, 이러한 입장은 문화가 가진 예술적 혹은 문명적 가치를 이들에게 양도하는 셈이 된다. 자유주의의 무의식을 보여주

따라서 현대의 관용 이론가들 — 버나드 윌리암스, 조셉 라즈, 마이클 이그나티에프와 윌 클림카 그리고 롤스주의자와 하버마스주의자들 — 이, 관용의 태도가 뿌리 깊은 개인화의 전통을 가진 사회와 인간에게만 가능하다고 암묵적으로 혹은 공공연히 주장하는 것은, 그리 놀랄 일이 아니다. 이들 역시 오늘날 "문화"로 통칭되는 집단적 정체성이 인간에게 중요한 가치를 지닌다는 사실을 인정하지만, 동시에 이러한 문화는 개인의 자유와 성찰적 합리성을 보장하는 세속주의에 대한 자유주의적 애착을 잠재적으로 위협한다고 본다. 이들에 따르면, 문화는 개인성과 자율성을 약화시킬 뿐 아니라, 공적 합리성에 대한 추구를 방해해 문화적 특수성을 넘어 공정함과 정의라는 초髈문화적 관점으로의 발전을 가로막는 요인이다. 따라서 문화적 귀속과 정체성을 민족-국가적 정체성 이상의 것으로 간주하고 "공적인 정치 문화"와 "여타의 문화"를 구분하려는 시도를 "제도적으로 불안정하며 분석적으로 지지될 수 없는" 노력으로 기각하는 벤하비브와 같은 심의 민주주의자deliberative democratic조차도, 민주주의의 기반을 "정치적·도덕적으로 평등하다고 간주되는 개인들 간의 자유롭고 합리적인 성찰"을 유도하기 위한 일단의 규범과 메타규범, 원칙들에서 찾을 수밖에

는 이러한 언어적 실수는, 우리의 공포 — 즉, 권리와 시장 같은 실체적이지도 고귀하지도 않은 것이, 우리의 가치와 삶을 결정하고 있다는 공포 — 를 폭로한다.

즉, 현대 자유민주주의 담론 속에서, 문화는 도덕적·문화적 진보를 의미함과 동시에, 도덕과 지적 자율성의 부재를 의미하는 것이기도 하다. 이로써, 자유주의는 자신의 문화를 주장함과 동시에 주장할 수 없게 된다. 문화는 서구의 위대함의 일부분이지만, 동시에 자유주의적 주체는 성숙을 위해 이 문화를 벗어던지고, "세계시민주의"의 입장에 서야만 한다. 문화를 가진다는 것이 뜻하는 이 대립적 함의 — 도덕적 진보와 도덕적 자율성의 부재 — 로 인해 발생하는 충돌과 모순은, 우연적이라기보다는 징후적이다. 이러한 모순은 자유주의와 근대성 간의 뿌리 깊은 결합, 그리고 자유의 기획과 이성 및 개인주의가 맺고 있는 유착 관계를 폭로한다.

없는 것이다.[34]

자유주의자들에게 집단 정체성이 '위험'을 의미한다면, 자유주의는 집단 정체성 자체를 부정하지는 않은 채 위험에서 벗어날 수 있는 해결책을 의미한다. 지금까지 자유주의는, 개인이 집단 정체성을 사적으로 향유하면서도, 정체성을 향한 공격적인 열망은 완화시키는 방도를 발견했다고 자랑해 왔다. 이러한 해결책에는 종교와 문화를 사사화시키는 동시에 자유주의의 문화적·종교적 차원은 부인하는, 일단의 법적·이데올로기적 실천들이 포함된다. 자유주의 하에서 문화와 종교는 사적인 것이고, 사적으로 향유되어야 하며, 이데올로기적으로 탈정치화된 것이다. 마치 가족이 그렇듯이, 문화와 종교는 정치적 인간homo politicus와 경제적 인간homo oeconomicus의 "배경"으로서만 기능한다. 문화·가족·종교는, 권력과 정치, 주체 생산과 규범과는 무관한, "비정한 세상에 남은 안식처"이다. 그 결과 문화는 주체 구성과 무관한, 아비사이 마갤릿과 모세 할베르탈의 용어를 빌자면, 내가 "권리를 가지고 있는 대상"으로 축소된다.[35]

이렇게 문화를 개인의 단순한 배경이자 권리의 대상으로 간주하는 입장은, 단지 개인의 자율성을 옹호하는 것을 넘어서, 문화의 법과 정치에의

---

34. Benhabib, *The Claims of Culture*, 105, 111. [벤하비브의 정치 전략은 종종 하버마스 등과 함께 심의민주주의의 범주로 묶인다. 벤하비브에 따르면, 정치적 정당성은 자유롭고 평등한 개인들 사이에 합리적이고 공정한 심의 과정으로부터 도출되어야 한다. 이를 위해 그녀는 합리적 심의 과정을 위한 규범적 조건들을 구체화하는데, 웬디 브라운은 이러한 규범적 조건들이 초超문화적인 것으로 제시될 때, 벤하비브의 논리는 문화와 정치를 대립항으로 바라보는 자유주의의 도식을 그대로 답습하는 것이라고 비판하고 있다.]

35. Avishai Margalit and Moshe Halbertal, "Liberalism and the Right to Culture," *Social Research* 61.3 (Fall 1994) : 491-510. 벤하비브는 주체를 구성하는 동시에, 권리의 대상이 되는 문화의 두 측면을 결합시키려 한다. 즉, 주체의 "행위는 문화적 영향 하에서 형성되지만," 동시에 주체는 "자기-해석과 자기-정의(self-definition)를 행한다."(*The Claims of Culture*, 132)

침투를 그 자체로 억압적인 것으로 간주한다. 자유주의 사회에서는 개인이 문화나 종교적 믿음을 소유할 권리를 가지며, 그 반대 — 문화나 종교적 믿음이 개인을 소유하는 것 — 은 성립하지 않는다. 이러한 입장에 따르면, 자유주의와 비자유주의 사회의 차이는, 결국 어떤 본질적인 요소가 개별적인 경우들을 결정짓는가에 달려 있는 셈이다. 자유주의 체제에서는 주권적 주체가 선택권을 가지지만, 근본주의 사회에서는 반대로 문화나 종교가 주체를 지배한다.

이와 동시에, 자유주의 법질서와 자유주의 국가는, 문화와 종교로부터 완전히 자율적인 영역으로 이해된다. 사실 개인의 자율성과 국가의 자율성은, 서로 긴밀하게 연결되어 있다. 자유주의는 문화나 종교적 권위로부터 국가의 자율성을 분절articulation해냄으로써, **여타의 권위와 국가 권력으로부터의** 개인의 자율성을 법적으로 보장한다. 자유주의 정치와 법은, 스스로를 종교와 문화와 분리된, 둘 모두보다 우월한 존재로 재현하는데, 이것이 자유주의 법질서를 문화와 관련이 없거나, 문화적으로 중립적인 존재로 만든다. (비록 법적 결정이 종종 "민족 문화"나 "통상적인 문화 규범"이라는 기준을 언급하더라도 말이다.) 달리 말하자면, 자유주의는 문화를 정치적 권력과 분리된 영역으로 만드는 동시에, 정치를 탈문화적인 영역으로 구성한다. 이러한 이중의 움직임은, 자유주의 법질서를 그 자체로 보편적인 것으로 만들고, 문화를 그 자체로 특수한 것으로 만든다. 그리고 특수한 것이 보편적인 것에 종속되어야 하는 원칙에 따라, 이제 정치에 대한 문화의 종속적 지위가 정당화된다. 이러한 방정식은 자유민주주의의 원칙이 문화적 제국주의의 형태를 띠지 않은 채, **보편화될 수 있는** 가능성을 열어준다. 보편적인 것으로시 자유민주주의의 원칙은, 특정한 문화를 "존중할 수 있기" 때문이다. 자유주의의 이러한 노약과 너불어, 비자유주의 질서는 그 자체로 편협성, 근본주의, 불관용 그리고 개인화가 덜 진척된 인간들이 야기하는 위험함과 동의어가 되어 버린다.

　　자유주의가 구획하는 정치와 문화 간의 구분선은, 자율적 주체와 그 것의 가상적 대립항 — 즉, 근본주의 질서에 종속된, 아직 개인으로 분화되지 않은 존재들 — 간의 구분선을 유지하는 데에도 기여한다. 좀 더 해체론적인 방식으로 말하자면, 자유주의는 문화와 종교에 의해 지배되는 근본주의적 타자를 구성함으로써, 문화가 통치와 결합될 때에만 그것을 하나의 권력 형태로 인지하게 만든다. 자유주의적 담론은 대부분의 비자유주의 통치 체제를 재현할 때 이러한 방식을 활용한다. 문화로부터의 국가와 개인의 자율성은, 자유주의 질서를 그것의 타자와 구분시켜주는 중요한 기준이 된다. 비자유주의 체제는, 문화나 종교가 "지배"하는 곳으로 재현된다. 반면, 자유주의 체제는 법이 지배하고, 문화는 단지 개인이 선택할 수 있는 탈정치화된 영역일 따름이다. 이와 같이, 개인의 자율성은 문화의 지배와 대립되고, 주체의 자율성은 문화에 저항할 때에만 획득되는 것으로 간주된다. 문화는 개인이 가진 자율성의 반의어가 되며, 따라서 자유주의적 국가는 문화로부터 거리를 두어야 할 뿐 아니라, 문화를 무력화시키고 사사화시켜야만 한다.[36]

---

36. "문화적 소속감이 우리에게 정체성 및 귀속의 안정감과 선택의 맥락을 제공해 주기" 때문에 "문화와 민족을 자유주의 정치 이론의 기본적 요소로 포함"시켜야 한다는 윌 킴리카 같은 이조차도, "문화를 자유주의화하는" 기획을 정당한 것으로 간주한다. 그에 따르면, "자유주의자는 [비자유주의 민족을] 자유주의화해야만 하며", "[비자유주의] 문화의 자유주의화를 지원할 필요가 있다."(*Multicultural Citizenship : A Liberal Theory of Minority Rights*[Oxford : Oxford University Press, 1996], 83, 94-95, 105; 추가는 웬디 브라운) 우리가 살펴본 문화와 자유주의 법질서 간의 분리는 이러한 주장을 정당화해 주는 근거로 활용된다. 아엘 타미르(Yael Tamir)의 『자유주의적 민족주의』(*Liberal Nationalism*[Princeton : Princeton University Press, 1993])에 근거해, 킴리카는 자유주의 민족들이 "사회문화"(societal culture)를 가지고 있다고 주장하

국가와 개인이 문화와 종교로부터 자율성을 가진다는 자유주의 관념은, 자유주의 법질서가 관용을 장려할 수 있는 유일한 원리이며, 자유주의 정치체제는 관용적인 시민을 양육할 수 있는 유일한 체제라고 주장한다. 7장에서 좀 더 자세히 살펴보겠지만, 어떤 실천이 개인에 의해 "선택"된 것이라는 전제만 만족시킨다면, 자유주의 하에서는 거의 모든 실천이 관용의 대상이 될 수 있다. 하지만 문화적으로 강제된 실천들은 관용의 대상이 아니며, 문화나 종교에 의해 지배된다고 여겨지는 체제는 말할 것도 없다. 이러한 논리는 자유주의의 각종 실천을 야만적 행위와 무관한 것으로 만들며, 비서구 체제와 그들의 실천에 대한 서구 자유주의 체제의 공격을 효과적으로 정당화한다. 또한 이는 비자유주의 체제에 대한 자유주의의 공격이 내포하고 있는 문화 제국주의적 측면을 부인하는 데 적극 활용된다. 자유주의 체제의 공격이 내건 법의 지배와 권리의 절대성은, (자유주의의 논리에 따르자면) 비문화적인 보편적 성격을 지니고 있기 때문이다.

조지 W. 부시는 2002년 아프가니스탄 전쟁을 시작하면서, 관용과 불관용에 대한 자유주의적 논리를 적절히 사용한 바 있다. "우리는 이 전쟁을 통해 세계를 영원한 평화로 이끌 수 있는 기회를 얻었습니다. …… 우

며, 이 사회문화가 "소속원들에게 공적·사적 영역을 아우르는 사회적, 교육적, 종교적, 유흥적, 경제적 삶 전체에 의미 있는 삶의 방식을 제공해 준다"고 말한다. 킴리카가 열거하는 "사회문화"와 관계된 영역에서, (자유주의 담론에서 권력의 영역으로 간주되는) "정치와 법"의 영역이 빠져 있다는 점은 의미심장하다. 이러한 입장에 따르면, 자유주의화된 문화 그리고 자유주의 사회의 "사회문화"는, 권력이 아닌 의미를 생산하고 순환시킬 뿐이다. 자유주의화는 그 정의상, 칸트와 프로이트에 의해 개념화된 도덕적으로 자율적인 주체와, 사회계약론자들에 의해 개념화된 세속 국가에 권력을 이양하는 과정을 그 내부에 포함하고 있기 때문이다. 이러한 논리를 통해, 킴리카는 다른 자유주의자들에 비해 자유주의 사회 역시 문화적 속성을 지닌다는 것을 잘 알고 있음에도 불구하고, 자유주의의 정치적 가치를 비자유주의 사회에 강요하는 것을 정당화한다. 즉 그는 자유주의적 제국주의를 정당화한다.

리는 우리의 문화를 강요할 생각은 없습니다. 다만 우리는 인간의 존엄성이라는 타협할 수 없는 요구를 공고히 하고자 할 뿐입니다. 법의 지배, 국가 권력의 제한, 여성에 대한 존중, 사적 소유, 언론의 자유, 평등한 정의 그리고 종교적 관용 같은 요구들 말입니다."37 이러한 "타협할 수 없는 요구들"은 문화적인 것이 아니며, 국가나 민족의 경계에 갇힐 수도 없다. 이러한 요구는 미국이 제기하는 것이 아니라, 개인을 전제로 한, 인간의 존엄성이라 불리는 초월적이고 신성한 장소로부터 선언된 것이기 때문이다.38 즉, 이들 가치는 문화로부터 독립적이고 문화에 대해 중립적이며, 따라서 보편적인 정치적 원리로부터 도출된 것으로 간주된다.

개인과 국가의 문화로부터의 자율성을 전제로 하는 이러한 요구들은, 동시에 자유주의가 자신의 정체성을 획득하는 데 필수적인 어두운 타자들을 형상화하고 있다. 예컨대, "법에 의한 지배"는, 폭력에 의한 지배, 종교에 의한 지배 혹은 문화에 의한 지배와 대립된다. "국가 권력의 제한"은 독재 체제 혹은 문화·종교와 융합된 국가 권력과 대비된다. "여성에 대한 존중"은 문화나 종교의 이름으로 행해지는 여성에 대한 경멸과 대비되며, 동시에 흥미롭게도 여성의 평등과도 대비된다. "사적 소유"는 집단 소유, 국가 소유, 공적 소유와 구분되며, "언론의 자유"는 언론에 대한 통제와 검열과 대비된다. "평등한 정의"는 차별적 정의와 구분되며, "종교적 관용"은 근본주의와 대립된다. 이러한 어두운 타자들은 환유적으로 서로 연결

---

37. "President Delivers State of the Union Address," United States Capitol, Office of the Press Secretary, 29 January 2002(http://www.whitehouse.gov/2002/01/200101129=11.html, 2005년 10월 8일 접속).
38. 노동쟁의 담론이나 평화 운동 담론에서 빌려온 듯한, 이 "타협할 수 없는 요구들"이라는 용어는 그 자체로 특정한 효과를 가진다. 이 단어는 미국이 전쟁이 아닌 협상에 임하고 있는 것처럼 조작할 뿐 아니라, 미국을 초강대국이 아닌 호소하는 입장으로 만들어 버린다.

278 관용 : 다문화제국의 새로운 통치전략

되어, 야만주의라는 자유주의의 반대항을 구성한다. 그리고 이러한 타자의 구성이 완성되는 순간, 자유주의는 이러한 어두운 타자와는 무관한 체제가 된다. 이 어두운 속성들은 모두 비자유주의 체제와 문화— 즉, 자유주의는 물론이요 문명조차 존재하지 않는 다른 체제— 의 속성으로 떠넘겨지는 것이다.

이 장은 자유주의 사상에 내재한 유기체적 질서에 대한 불안을 살펴보면서 출발했다. 이어서 우리는 집단 정체성에 대한 프로이트의 이론을 검토함으로써, 개인화의 정도가 문명적 우월성의 기준이 되는 자유주의 이론의 전제들을 살펴보았다. 프로이트의 논의는 자유주의가 유기체적 사회를 원시성과 동일시하고, 이 사회의 주체들을 자기-규제와 본능 억제의 능력을 결여한 이들로 유형화하는 전형적인 방식을 보여준다. 이러한 논리에 따르면, 유기체적 사회는 "문화", "종교", "종족 정체성"의 지배와 등치되는 반면, 자유주의 법질서는 세속 국가와 자율적 개인이 기존에 문화와 종교가 누렸던 권력과 지위를 차지했음을 보여주는 증거가 된다.

자율적 개인과 세속적 국가를 옹호하고 지지하는 자유주의 관용은, 거꾸로 자기-규율적 주체에 의해서만 행해질 수 있는 미덕이자, 세속 국가에 의해서만 채택될 수 있는 정치 원리로 간주된다. 따라서 이러한 개인화를 지지하는 체제와 개인화된 주체만이 관용될 수 있다. 반면에 유기체적 질서에 사로잡혀 있는 이들은 관용의 가치를 알지 못할 뿐 아니라, 이를 행할 수도 없으므로, 관용의 대상이 될 수도 없다. 이같이 관용의 통치성은 주체의 형식적인 법적 자율성과 국가의 형식적인 세속주의를 관용가능한 것의 문턱으로 삼는다. 바꿔 말하면, 이러한 자율성과 세속주의를 위협하는 모든 것은 관용의 대상에서 제외된다.

이미 살펴봤듯이, 관용은 하위-민족적 정체성들의 자유주의 논리에 대한 도전이 본격화되면서, 이러한 도전을 관리하고 조절하기 위해 동원된 전략이다. 이는 바꾸어 말하면, 관용에 대한 호소의 증가는, 자유주의 보편성의 위기를 보여주는 증거라는 뜻이기도 하다. 관용은 헤게모니적인 "사회문화"를 위협하는 "문화적"이고 "인종적"이며 "종교적"인 차이들을 협상하고 조정하기 위한 도구로 등장하는데, 이러한 차이들이 공적 공간에서 표출됨으로써 야기되는 갈등은, 단순한 정책적인 문제 이상의 것이다. 예컨대, 무슬림 여학생의 학교에서의 히잡 착용을 둘러싼 프랑스의 논의나 음핵절제의 허용 여부를 둘러싼 미국 내 갈등은, 그 갈등 자체만으로 자유주의 법질서와 공공적 삶의 비보편적 성격을 폭로한다. 즉, 이 논쟁들은 그 자체로 자유주의가 가진 문화적 차원을 드러내고 있는 것이다.

관용 담론은 이러한 폭로에 다음과 같은 두 가지 방식으로 대응한다. 어떤 차이를 비자유주의적인 위험한 것이자 관용할 수 없는 것으로 낙인찍거나, 차이를 정치적 주장과 연계될 수 없는 단순한 종교적·인종적·문화적 차이로 환원시키거나. 특정한 차이가 비자유주의적이고 정치적인 차이라면, 이 차이는 관용될 수 없다. 역으로 어떤 차이가 관용받기 위해서는, 그 차이는 자유주의의 원리에 따라 사사화되어야 하고, 정치적 의미를 박탈당한 채 개인이 선택한 믿음이나 행위의 의미만을 가져야 한다. 이같이 빠져나갈 수 없는 선택항을 통해, 관용은 오늘날 위기에 처한 자유주의적 세속주의의 대리보충으로 충실히 기능하는 것이다. 하지만 자유주의가 내세우는 초超문화성에 대한 도전이 존재한다는 사실, 그리고 이에 대한 대응으로 관용이 동원되고 있다는 사실 자체는, 동시에 우리에게 자유주의가 가진 문화적 차원을 계속해서 부인하는 것이 아니라 그것을 분명히 밝히고 생산적으로 활용하는 새로운 정치적 가능성이 존재함을 보여주는 것이기도 하다.

탈랄 아사드는 "문화적 소수"라는 용어에 담긴 의미를 분석하면서, 자유주의 법치를 순수한 것으로 제시하려는 시도에 존재하는 균열 지점을 드러낸 바 있다. 아사드에 따르면 자유주의 정치체제 하에서 순수한 정치적 용어로서의 **다수**와 **소수**는, 그저 숫자의 많고 적음의 문제를 나타낼 뿐으로, 이 용어는 그 자체로 "차이를 **해소하는** 입헌적 장치를 전제"하고 있다. (물론 이는 관용이 차이를 다루는 방식과 다르다. 우리가 "문화적 소수에 대한 관용"을 말할 때, 여기서 '문화'는 세대를 통해 전수되는 고정되고 차별화된 사회적 삶의 형태와 이에 대한 귀속의 의미를 담고 있다.) 따라서 아사드가 보기에, "문화적 다수와 소수라는 용어는, 그 자체로 자유주의 이데올로기의 잡종성을 보여준다. 이 용어는 다수 문화의 구성원들은 정치적이라 정의된 장소를 차지하고 있지만, 소수 문화에 속한 이들은 그들이 새로워서든(이민자의 경우) 오래되어서든(원주민의 경우) 이러한 장소를 가지고 있지 않다는 사실을 암시한다."[39] 관용 담론은, 자유주의에 존재하는 문화적인 것과 정치적인 것 사이의 이러한 미끄러짐을 인정하지 않으며, 다만 정치적인 형태로 분출하는 문화적·종교적·인종적 차이의 주장들을 탈脫정치화시키고 관리하려 시도할 뿐이다. 다시 한 번 말하지만, 관용은 자유주의의 보편성이 위협받는 순간에 이를 구원하는 대리보충이다. 하지만 우리의 대안은 자유주의를 거부하거나 내버리는 것이 아니라, 자유주의의 문화적이고 종교적인 차원을 성찰하고, 자유주의가 지금까지 자신의 타자이자 구성적 외부로 삼아왔던 것들과의 조우 속에서 변환될 가능성을 개방하는 데 있다. 이러한 개방은, 도덕적 자율성과

---

39. Asad, *Genealogies of Religion*, 257.

유기체 간의 대립 구도 혹은 세속주의와 근본주의 간의 이분법을 해체하고, 복수의 목소리를 가진 서구 사회와 이슬람 사회의 모습을 드러내는 것에서 시작될 것이다.[40]

이러한 해체적 움직임은, 문화와 정치, 개인성과 유기성을 분리시키려는 자유주의적 시도의 (풍요로운) 실패를 인정하고, 자유주의를 자신 안에 이미-항상 존재하는 혼종성을 의식하고 수용하는 체제로 변환시키는 작업을 포함한다. 이러한 작업은 자유주의의 제국주의적·식민주의적 충동을 제어하는 데 도움이 될 뿐 아니라, 자유주의가 주창하는 다문화적 정의를 구축할 가능성 역시 높여줄 것이다. 그리고 무엇보다도 이러한 작업은 자유주의로 하여금, '우리'와 '그들'이라는 절대적인 이분법, 즉 지금까지 자유민주주의라는 깃발 아래 제국을 정당화하는 데 활용돼 온 가장 중요한 전제 중 하나를 포기하는 길로 이끌 것이다.[41]

---

40. 다양한 지적 전통이 이러한 노력에 도움이 될 수 있을 것이다. 예컨대, 장-뤽 낭시(Jean-Luc Nancy), 엠마누엘 레비나스(Emmanuel Levinas), 미셸 푸코, 루스 이리가레(Luce Irigaray), 자끄 데리다 같은 사상가들은 자율성/유기성 간의 대립 구도에 대한 비판을 전개해 왔다. 특히 푸코, 들뢰즈(Deleuze), 아감벤(Agamben), 버틀러와 같은 포스트-니체주의자들은, "존재"(being) 대신 "생성"(becoming)의 관점에서 주체 구성을 조망함으로써, 자율성/유기성의 이분법을 벗어나려 했다. 한편 에드워드 사이드(Edward Said), 탈랄 아사드, 데이빗 스콧(David Scott), 릴라 아부-루고드, 사바 마무드(Saba Mahmood), 윌리암 코놀리, 아쉬스 낸디(Ashis Nandy), 파르타 채터지(Partha Chaterjee), 라지브 바가바(Rajiv Bhargava), 디페쉬 차크라바티(Dipesh Chakrabarty)와 같은 이들은, 세속주의/근본주의의 대립 구도를 해체하려 노력해 온 이들이다. 또한 수많은 문화연구 및 포스트식민주의 연구들이 후기근대사회에서 두드러지게 나타나는 문화와 정치적 형식 간의 이종교배 현상을 개념화하는데 기여해왔다.
41. 물론 우리는 정당화와 동기를 혼동해서는 안 된다. 오늘날 미국의 제국주의 정책은 인권이나 반反근본주의에 대한 열정이 아닌 권력-정치적 동기에서 기인하는 것으로 보아야 할 것이다.

7

관용 : 문명 담론

지구상엔 다양한 문화들이 있지만, 인류의 이상과 믿음은 오직 하나의 세계 문명 속에서만, 즉 반대자를 관용하고, 문화적 다양성을 존중하며, 보편적 인권과 인민의 권리를 확고히 보장하는 문명 하에서만 평화롭게 발전할 수 있다.

― 코피 아난(Kofi Annan) 유엔 사무총장, 2000년 9월 5일

우리는 문명세계의 역사에서 결정적인 순간에 직면해 있습니다. 지금까지 이 역사의 일부는 다른 이들에 의해 쓰여져 왔지만, 앞으로는 전적으로 우리에 의해 쓰여질 것입니다. …… 우리는 불량 국가들에게 다음과 같이 경고합니다. 21세기에는 문명화된 행동의 경계가 엄격히 지켜질 것이라고.

― 조지 W. 부시 미국 대통령, 2003년 2월 26일

미국과 서구사회는 이슬람 국가 안에 잠재적인 우방을 가지고 있다. 그들은 외부에서가 아니라 내부에서 이슬람의 교리와 정체성을 바꾸기 위해 투쟁하는 이들이다. …… 그들이 벌이는 전쟁은 미래와 과거 간의 전쟁이자 발전과 저발전 간의 전쟁이며, 정신 나간 음모이론과 합리성에 대한 믿음 간의 전쟁이기도 하다. …… 이 내부로부터의 전쟁에서 승리할 수 있는 이들은, 오직 아랍인과 무슬림들 밖에 없다. 하지만 우리는 이러한 진보를 확고히 지원할 수 있을 것이다. 이러한 과제를 과감히 떠맡았던 유일한 서구 지도자는, 네덜란드의 핌 포튜인[1]이었다. …… 그는 무슬림들의 네덜란드 이주에 반대했는데, 이는 그가 무슬림에 반대했기 때문이 아니라, 정교분리에 기반한 계몽과 종교개혁을 거치지 않은 이슬람 사회가 근대성과 민주주의, 관용을 포용할 준비가 되어 있지 않았기 때문이다. 그 자신이 동성애자로서 관용의 필요성을 절감하고 있었던 포튜인은 이슬람 이주민들에게 다음과 같이 물었다. 나는 관용적이기를 원한다. 하지만 당신들도 그러한가? 당신들은 우리에 동화될 수 없는 권위주의 문화를 가지고 있으며, 자유주의와 다문화주의에 기초한 내 나라의 가치들을 위협하고 있지 않은가?

― 토마스 프리드만, 2002년 6월 2일자 『뉴욕 타임즈』(New York Times) 논설

테러에 대한 전쟁은 인권을 위한 전쟁이기도 하다.

― 도널드 럼스펠드 미국 국부장관, 2002년 6월 12일

모든 테러는 문명에 대한 선전포고이다. …… 따라서 오늘날 미국은 인류의 자유를 위해 투쟁하고 있다.

― 조지 W. 부시 미국 대통령, 2004년 5월 18일

현대 서구 사회에서, 자유주의 관용 담론은 "근본주의" 사회와 "자유" 사회, "야만" 사회와 "문명" 사회, 유기체적인 사회와 개인화된 사회를 구분한다. 물론 이러한 대립쌍들이 관용 담론 내에서 완전히 같은 위치를 차지하고 있는 것은 아니며, 동일한 대우를 받는 것도 아니다. 하지만 앞 장에서 살펴봤듯이, 이러한 대립쌍은 서로를 강화시키고 있으며, 궁극적으로 서구와 그것의 타자의 구성에 기여하고 있다. 이 대립쌍들은 일반적으로 서로 긴밀하게 연결돼 있다고 여겨지기 때문에, 사람들은 이 대립쌍 중 하나가 언급될 때마다 환유적으로 다른 대립쌍들을 떠올린다. 즉, 주권적 개인의 생산은 야만성을 억제하는 중요한 방법으로 제시되고, 근본주의

---

1. [옮긴이] 핌 포튜인(Pim Fortuyin)은 이슬람인들의 이주에 격렬히 반대했던 네덜란드의 정치인이다. 커밍아웃한 동성애자였던 그는, 이슬람 문화는 "후진 문화"이고 이슬람교는 "증오의 종교"라고 주장하며, 이들 국가로부터의 이주를 불법화할 것을 주장하였다. 이 때문에 인종주의 극우 정치인으로 묘사되기도 하나, 자신은 이러한 혐의를 부인하고 여타의 극우 정치인들과 거리를 두었다. 포튜인은 2002년 그의 이민 정책에 반대하는 동물권 옹호론자에 의해 암살당했는데, 그의 주장과 죽음은 좌 · 우파 양쪽에서 상당한 논란을 야기한 바 있다.

는 야만성의 온상으로 이해되며, 개인성은 근본주의 하에서는 억제되는 것으로 여겨진다. 이러한 일련의 계열화, 즉 자유주의적 자율성 - 관용 - 정교분리 - 문명이라는 계열과 집단 정체성 - 근본주의 - 야만성이라는 계열의 대립에는, 중대한 계략이 존재한다. 이번 장에서는 이 계략의 작동에 대해 살펴볼 것이다.

문명 담론

정치적 실천으로서 관용은, 언제나 지배자가 베푸는 미덕이다. 소외된 자들의 보호를 목적으로 할 때조차, 관용은 항상 지배의 또 다른 표현이며, 개인적 덕목으로서의 관용 역시 이러한 비대칭적 구조를 가지고 있다. 관용의 실천은 언제나 고귀한 것으로 여겨지기 때문에, 이러한 고귀한 실천의 대상, 즉 관용의 대상은 필연적으로 그보다는 열등한 것으로 여겨질 수밖에 없다. 우리가 괴상하고 기이한 것을 관용할 때, 관용을 선언하는 목소리는 그것의 대상에 부과되는 특질들과는 뚜렷하게 대비된다. "나는 관용적인 사람이다"라는 선언은, 주체에게 품위와 예의 바름, 절제와 아량, 세계시민주의와 보편성 그리고 폭넓은 시야를 안겨주는 동시에, 관용의 대상이 되는 이들을 부적절하고, 무례하며, 근시안적이고 편협한 이들로 구성한다.[2] 관용을 설파하는 자유주의 철학자들은 막상 자신들이 관

---

2. 반면에 "그녀는 관용적인 사람이다"나 "그는 관용적인 사람이다"는 말은 이같은 계열화를 발생시키지 않는다. 이같은 차이는 스스로가 관용적이라는 자기 확신적 관용이 권력의 효과이자 권력이 전달수단, 즉 지배의 표현인 동시에 지배를 확장하고 정당화하는 요소임을 보여주는 것이다.

용의 대상이 될 거라고는 상상조차 하지 못할 것이다. 이들의 상상 속에서, 자신들은 아고라에서 냄새를 참으려 코를 막고 있는 귀족들일 것이다. 그들은 결코 냄새를 풍기는 쪽이 아니다.

역사적으로 그리고 철학적으로, 관용은 자유와 달리 자연적으로 주어진 권리로 간주되지 않았다. 대신에 사람들은 공동체 내부로의 편입을 위해서, 즉 편입을 통해 평화를 보장받기 위해서 관용을 호소해 왔다. 따라서 관용을 호소하는 이들의 근본적 열망 — 즉, 보편적인 중용이나 관용이 더 이상 필요 없을 정도로 문명화된 인간성에 대한 추구 — 은, 관용을 베푸는 자의 우위를 재확인시켜 주는 관용의 규범적 측면과는 구별된다. 하지만 우리가 관용의 수사학을 좀 더 자세히 들여다보면, 관용이 권력의 비대칭성을 함축할 뿐 아니라, 신분과 계급, 문명 간의 차이를 담론적으로 생산해 낸다는 사실을 알 수 있다. 이 장에서는 문명 담론으로서의 관용이 가진 이러한 효과에 대해 자세히 살펴볼 것이다. 문명 담론에 요구되는 이중적 기능 — 즉, "문명"이 무엇인가를 규정하는 동시에 서구의 우월성을 재확인하는 기능 — 은 관용 담론에서도 그대로 발견된다. 관용 담론 역시 특정한 비非서구적 행위 혹은 체제를 불관용적인 것으로 표지標識하는 동시에, 서구 문명의 우월성이 어디서 기인하는지를 설명하는 기능을 담당한다. 문명 담론의 틀 속에서 작동하는 관용은 자유주의 체제가 자신 외부의 행위와 사람, 국가에 취하는 비자유주의적 조치들을 정당화하는 데 활용된다. 관용 담론을 통해 자유주의 체제는 자신의 "문명화된 지위"를 유지하면서, 관용 불가한 것으로 표지된 대상들에 대한 공격을 정당화할 수 있다.

9/11 직후에 부시는 다음과 같이 선언한 바 있다. "문명과 문화, 진보를 증오하는 이들과 타협할 수는 없다. 이들과는 맞서 싸울 수밖에 없다."[3]

문명의 횃불인 관용은, **문명의 울타리 너머에 있으며 문명에 대립하는 이**들에게는 제공되지 않는다. 폭력만이 이러한 위협에 대처하는 유일하고 정당한 방법일 것이다. 2002년 2월 행해진 부시의 연설은, 앞서의 발언과 한 짝을 이룬다. 이 연설에서 그는 미국이 "인민을 야만적인 행위로부터 보호하고 세계에 평화를 가져올, 역사적인 전쟁을 수행할 기회를 잡았다"고 선언했다.[4] 우리는 이 발언들에서 문명과 야만의 대립 구도와 함께, 문명의 관용이 야만에는 적용되지 않는다는 사실을 발견할 수 있다. (역으로 관용이 적용되는 경계의 구획은, 이 경계 외부의 사람들에게 야만이라는 정체성을 부과하는 행위이다.) 이러한 문명과 야만의 명확한 대립 구도는, 제국주의적 군사 조치를 은폐하는 문명과 진보, 평화라는 포장지를 제공한다.

사실 문명이란 상당히 복잡한 계보를 가진 개념이다. 『옥스퍼드 영어사전』에 따르면, 18세기 이후 문명은 "문명화하는 혹은 문명화되는 과정이나 행위"를 뜻하는 동시에, "인간 사회의 발전된 상태"를 지칭하기 위해 사용되었다.[5] 레이몬드 윌리암스는 『핵심어들』*Keywords*에서, "문명은 사회적 삶이 이미 이룩한 상태나 조건을 뜻하는 단어로 자주 사용되지만",

---

3. "President Says Terrorists Tried to Disrupt World Economy," Shanghai, Office of the Press Secretary, 20 October 2001 (http://www.whitehouse.gov/news/releases/2001/10/20011021=5.html, 2005년 10월 9일 접속).

4. "President's Remarks at 'Congress of Tomorrow' Lunch," White Sulphur Springs, WV, Office of the Press Secretary, 1 February 2002 (http://www.whitehouse.gov/news/releases/2002/02/20020201=9.html, 2005년 10월 9일 접속).

5. *Oxford English Dictionary*, compact ed.(1971), s.v. "civilization" 게일 허새터와 안나 칭(Anna Tsing)에 따르면, 『옥스퍼드 영어사전』은 언어적 표준을 설정하고 문화적 실천을 정의해 왔다는 점에서, 그 자체로 문명화 기획의 일부분이다. ("Civilization" in *New Keywords : A Revised vocabulary of Culture and Society*, ed, Tony Bennett, Lawrence Grossberg, and Meaghan Morris [Malden, MA : Blackwell, 2005], 35)

원래는 하나의 과정, 현재에도 여전히 진행 중인 과정을 의미한다고 말한 바 있다.6 문명에 대한 이러한 두 가지 정의 ─ 즉, 정적인 정의와 동적인 정의 ─ 는, 개인과 사회가 점차 민주적이고 합리적인 존재로 발전해 나간 다는, 진보 관념에 기반한 서구의 근대 역사 서술 속에서 손쉽게 결합한 다. 이러한 역사 서술을 통해, 문명은 유럽 근대성의 성과인 동시에 근대 화의 약속된 열매이며, 더 중요하게는 유럽의 근대성을 세계의 "비문명" 지역에 수출한 결과로 간주된다. 19세기 중반부터 20세기까지 이어진 유 럽의 제국주의적 팽창이, 비문명 지역에 도덕과 이성, 법과 사회 질서를 가져다 준 문명화 기획으로 정당화되는 것이다.7

하지만 문명이란 용어가, 모든 주체들을 유럽의 기준에 맞추는 식민 담론의 일부로만 사용된 것은 아니다. 비非유럽 지역의 엘리트들과 반反 식민운동가들이 유럽의 헤게모니에 맞서기 위해 문명의 의미를 재구성해 왔으며, 지난 세기 학술 담론과 대중 담론에서도 문명이라는 개념은 다양 한 형태로 분화되어 왔다. 아놀드 토인비Arnold Toynbee에서 페르낭 브로 델Fernand Braudel을 거쳐 사무엘 헌팅턴까지, 문명을 유럽의 지역적 성격 이나 근대성과 분리시켜, 가치체계·문자체계·법체계·사회조직 등으로 구성된 일종의 "삶의 방식"으로 재정의하려는 시도가 계속되어 온 것이다.

하지만 **문명의 다양한 정의가, 문명에 대한 다원론적 감각**을 보장하지 는 않는다. 이러한 다양성이 서구의 우월성을 부정하기보다는, 은밀히 재 확인하는 데 이용될 수 있음을 보여주는 대표적인 예는, 분리된 문명들 간 의 충돌에 관한 사무엘 헌팅턴의 테제이다. 헌팅턴이 "서구 문명은 보편

---

6. Raymond Williams, *Keywords : A vocabulary of Culture and Society*, rev. ed. (Oxford : Oxford University Press, 1983), 57.
7. Hershatter and Tsing, "Civilization," 36.

적이어서가 아니라, (개인의 자유와 정치적 민주주의, 인권과 문화적 자유를 추구하는) 매우 독특한 체제라는 점에서 가치가 있다"며 표면적으로 문화적 상대주의를 표방한다 하더라도,[8] 이것이 곧 상이한 문명이 가진 가치의 상호 인정을 의미하는 것은 아니다. 우선, 서구 문명의 독특함에 대한 헌팅턴의 주장은, 곧바로 서구 **내부에서** 다문화주의가 인정되지 않는 근거로 활용된다. (헌팅턴의 다음과 같은 주장은 유명하다. "다문화주의적 미국은 불가능하다. 왜냐하면 비非서구적인 미국은 미국이 아니기 때문이다. …… 국내에서의 다문화주의는 미국과 서구를 위협하고 있다.")[9] 헌팅턴의 『문명의 충돌』이 그가 "독특한 문명"이라 부른 서구 문명의 위기에 대해 경고하면서 끝난다는 점 역시 주목할 필요가 있다. 그에 따르면, "전 세계적으로 문명은 여러 측면에서 야만의 위협을 받고 있다. 이는 전례 없는 현상으로, 앞으로 다가올 어둠의 시대는 인간성의 퇴보를 낳을지도 모른다." 헌팅턴이 보기에, 이러한 위험은 이미 현실로 다가오고 있다. 전 세계적으로 법과 질서가 붕괴하고 범죄나 마약 중독이 증가 추세에 있으며, 가족이 약화되고 신뢰와 사회적 연대가 무너진 반면, 인종 간, 종교 간, 문화 간 폭력은 증가하고 있다. 그렇다면 이러한 "전 지구적인 도덕적 퇴보"의 원인은 무엇인가? 다름 아닌 서구 권력의 약화, 즉 문명화된 규범으로서 법치의 원칙을 세우고 "노예제, 고문, 개인에 대한 악습"을 억제하였던 서구 권력의 붕괴 때문이다.[10] 따라서 헌팅턴이 야만에 맞선 모든 문명의 연대를 주장한다 할지라도, 그에게 이 투쟁을 지도할 수 있는 주체는 오직 서구 문명밖에 없다. 문명이 관용할 수 없는 야만에 맞서 싸

---

8. Samuel Huntington, *The Clash of Civilization and the Remaking of World Order* (New York : Simon and Schuster, 1996), 311.

9. 위의 책, 318.

10. 위의 책, 321.

우자는 그의 주장은, 곧바로 서구적 가치를 문명의 중핵으로 재중심화하고, 세계를 통제하려는 서구의 노력을 정당화하는 것으로 연결된다.

이와 같은 헌팅턴의 두 가지 주장 — 즉, 문명 간의 상호 인정이 (서구적 관용의 형태로) 이뤄져야 한다는 주장과 세계에 만연한 야만주의가 서구 문명을 위협하고 있다는 진단 — 이 결합할 때, 문명과 관용을 서구와 동일시하고 불관용적인 것과 관용 불가한 것을 비문명과 동일시하는, 사고의 연쇄고리가 등장하게 된다. 이러한 연상 작용을 중단시키려는 헌팅턴의 진지한 노력에도 불구하고 결국 이러한 연쇄가 발생한다는 사실은, 자유주의 관용 이론에서 문명 담론이 가진 힘을 보여준다. 이 강력한 힘은 헌팅턴의 정치적 현실주의에도 불구하고 전혀 줄어들지 않았던 것이다.

헌팅턴의 예는, 문명의 개념이 아무리 다양해진다 하더라도, 문명의 반대말은 여전히 야만임을 보여준다. 우리는 **야만인**barbarian이 비非그리스인들을 뜻하는 고대 그리스어에서 유래했음을 유념할 필요가 있다. 로마 시대에 이 용어는 제국의 외부에 거주하는 이들을 지칭하기 위해 사용되었으며, 르네상스 시기에는 르네상스의 영향력 바깥에 놓인 이들, 즉 비非이탈리아인들을 뜻하는 용어였다. 이와 같이 야만인은 엄밀히 말해 "언어와 풍습이 다른 외국인들"을 지칭하기 위한 단어이지만, 실제로는 언제나 제국적 혹은 제국주의적 문명과 대립되는 외부를 지칭하기 위해 사용되어 왔다. "문명의 울타리 바깥에 사는 이"라는 『옥스퍼드 영어사전』의 야만인에 대한 두 번째 뜻풀이는, 바로 이러한 용법을 반영한 것이다. 이때 문명의 경계란, 단순히 지리적 경계가 아니라 문명개화의 영향 범위를 의미하는 것이다. 따라서 외국인이라는 야만인의 첫 번째 정의에서, "무례하고, 거칠며, 버릇없는 인간; 문화를 갖지 못한 인간, 특히 문자 문화를 이해하지 못하는 사람"이라는, 『옥스퍼드 영어사전』에 실린 야만인의 세 번째, 네 번째 뜻으로의 발전 과정을 유추하는 것은 그리 어렵지 않다.[11] 앞으로 살펴보겠지만, 수잔 오킨Susan Okin이 비자유주의 문화를 야만적이라고 비난하면서도 정작 자유주의 질서 내부에 존재하는 야만성에 대해서는 눈감을 때, 그녀는 **외국인**에서 **비문명화된 이들로, 또 야만적인 무뢰한**으로의 야만인의 어원학적 미끄러짐을 그대로 답습하고 있다. 그 결과 그녀는 이러한 어원의 미끄러짐이 함축하는 식민주의적 혹은 제국주의적 지배의 문제에 관해 침묵할 수밖에 없는 것이다. 더 나아가 바로 이러한 미끄러짐이야말로, 중동에서의 전쟁이 야만에 대한 투쟁이라는 부시의 주장을 직접적으로 뒷받침한다. 부시에 따르면, "지금 이라크에서는, 문명세계의 적이 문명세계의 의지를 시험하고 있다."[12]

이와 같이 문명의 울타리 밖에 있다는 것이 곧 문명에 의해 관용될 수 없음을 의미한다면, 오늘날 관용과 문명은 서로를 함축할 뿐 아니라, 새롭게 등장하는 초민족적 통치성 속에서 외부가 어디인지를 판별해 주는 경계선을 함께 구성한다. 즉, 문명화되지 못한 이들은 관용될 수 없으며, 야만적인 이들이다. 역으로, 어떤 행위가 관용될 수 없다고 말하는 것은, 그 행위에 비문명적이라는 낙인을 찍는 것과 같은 행위이다. 문명 내부에 있는 요소들은 **관용적**tolerant이며, **관용 가능한**tolerable 것들이다. 반대로 문명

---

11. 문화와 문명을 혼합하는 이러한 정의는, 문명이 "크게 쓰여진 문화"(위의 책. 41)라거나 "사람들의 가장 높은 수준의 문화적 결집체이며 가장 광범위한 수준의 문화적 동질성"(43)이라는 헌팅턴의 정의를 연상시킨다. 한편 야만인과 "문자 문화를 이해하는 사람"을 대립시키는 『옥스퍼드 영어사전』의 뜻풀이는, 노골적으로 문명을 고급 유럽 문화와 동일시하고 있다. 이는 문명에 담긴 일종의 계급적 함의를 보여주며, 우리가 아이들에게 식사 예절을 가르칠 때, 왜 그들을 "문명화시킨다"는 표현을 사용하는지 설명해 준다.

12. "President Addresses the Nation in Prime Time News Conference," The East Room, Office of the Press Secretary, 12 April 2004(http://www.whitehouse.gov/news/releases/2004/04/20040413=20.html, 2005년 10월 9일 접속).

외부의 요소들은 **불관용적**intolerant이며 **관용 불가한**intolerable 것들이다. 바로 이러한 방식을 통해, 관용 담론은 문명에 대한 다양한 정의에도 불구하고 서구 문화를 문명의 기준으로 재중심화하며 동시에 관용은 서구의 우월성을 보여주는 지표이자, 그것의 지배를 정당화하고 은폐하는 수단이 된다. 이 장 서두의 인용문에서 코피 아난 유엔 사무총장이, 세계의 다양한 문화들을 "세계 문명"이라는 자유주의적 관용구 하에 포괄하려는 이유가 바로 여기 있다. 이러한 자유주의와의 결합만이, 다양한 문화들이 문명으로서의 지위를 유지할 수 있는 유일한 방법이기 때문이다.

관용 교육

헌팅턴에 따르면, 서구는 스스로를 재평가함으로써 그 자신을 구원하고, 문명화된 관용의 실천을 세계에 확산시킴으로써 전 세계를 구원할 것이다. 하지만 두 번째 임무는, 다른 이들에게 관용과 반反근본주의의 가치를 가르치고 계몽시켜야만 가능한 일이다. 이는 관용을 교육의 목표로 삼을 것을 요구하는데, 근래에 〈남부 빈민법 센터〉가 벌이고 있는 "관용 교육"teaching tolerance 프로젝트는, 그 이름에서부터 이러한 임무를 전면에 내걸고 있다.[13] 이와 동일한 인식은 "관용은 교육되어야 한다. 관용 교육

---

13. 관용 교육 웹사이트(http://www.teachingtolerance.org/)와 〈남부 빈민법 센터〉(Southern Poverty Law Center) 웹사이트(http://www.splcenter.org)를 보라. 〈남부 빈민법 센터〉는 처음부터 단체의 공동 창립자인 모리스 디스(Morris Dees)의 기회주의에 휘둘려 왔으며, 그 결과 최근 갖가지 논쟁에 휘말려 있다. 가장 부유한 민권운동 단체 중 하나인 〈남부 빈민법 센터〉는 놀라운 양의 기금을 모금하고 있지만 이를 거의 사용하지 않고 있으며, 그 결과 〈미국 자선 기구〉가 발표하는 최악의 시민단체 중 하나로 꼽혀 왔다. 이 단체에 대한 기사를 쓴 켄 실버스타인(Ken Silverstein)에 따

은 개인이 누군가를 관용할 수 있는 능력을 신장시키기 위해 꼭 이루어져야 할 시급한 과제"라는 〈국제 관용 네트워크〉 International Tolerance Network 의 피터 프리츠의 주장에서도 발견된다.[14] 더 나아가, 현대의 관용 철학자 제이 뉴먼은 종교적 관용에 관한 자신의 책의 서문에서 다음과 같이 말한다. "불관용은 모든 증오 가운데서, 가장 끈질기고 가장 은밀한 것이다. 그것은 문명의 가장 큰 적이며, 야만의 도구이다." 그렇다면 불관용에 대한 해결책은 무엇일까? 다름 아닌 교육, 뉴먼이 "문명화 과정"이라고 부르는 교육이다.[15] 사실 뉴먼의 논의 속에는 '무지하고 편협한 자'와 '교양을 갖춘 세계시민주의자' 간의 이분법이 너무 뿌리 깊게 박혀 있어서, 뉴먼은 **어떤 종류의 교육**이 필요한지 구체화할 필요성조차 느끼지 않는다. 아마도 그가 보기엔, 모든 지식과 사유는 그 자체로 편협함을 극복하고 성찰적 개인을 양성하는 데 기여할 것이다.[16]

르면, 〈남부 빈민법 센터〉는 권력 남용의 피해자들을 위한 활동보다는 기금 모금 활동에 더 많은 돈을 쓰고 있다. 그들은 부유한 백인 자유주의자들 사이에서 인기가 덜한 사형제 폐지 같은 쟁점에서 서서히 손을 떼는 대신, 감소 추세에 있는 KKK단의 활동들을 선정적으로 활용함으로써 백인 중산층으로부터 돈을 긁어모으고 있다. 실버스타인이 쓴 기사에 따르면, "1986년에 이 센터의 모든 변호사들이 모리스 디스에 대한 항의의 표시로 일괄 사퇴했다. 모리스 디스는 노숙자 문제나 소수 인종 우대 정책같이 부유한 자선가들이 진저리치는 문제보다는, KKK와의 투쟁에 집중하기를 원했던 것이다."("The Church of Morris Dees," Harpers, November 2000, 56.) 몇 년 후 사임한 또 다른 변호사는 이 센터가 "흑인들의 고통과 백인들의 죄책감"을 가지고 돈놀이를 하고 있다고 말한 바 있다.(위의 책) 이러한 장사 속에 이들이 발간하는 기금-모금 팜플렛에 등장하는 이야기들 속에서 노골적으로 발견된다. 하지만 주류 언론은 이 단체와 관련된 일련의 비판을 무시하고 있으며, 〈남부 빈민법 센터〉와 〈관용 교육〉 프로젝트는 수많은 정치인과 교육자, 유명 인사들로부터 여전히 확고한 지지를 받고 있다.

14. K. Peter Fritzsche, "Human Rights and Human Rights Education," International Network : Education for Democracy, Human Rights and Tolerance, Podium no.3(2/2000), http://www.tolerance-net/org/news/podium/podium031.html, 2005년 10월 8일 집속.

15 Jay Newman, *Foundations of Religious Tolerance* (Toronto : University of Toronto Press, 1982), 3.

관용이 교육되어야 한다는 이들은, 불관용을 차이에 대한 "선천적"이고 "원시적"인 반응으로 간주한다. 이는 우리가 앞서 6장에서 살펴본, 관용과 개인화를 등치시키는 입장과 일맥상통하는 것이다. "관용 교육"의 레토릭은 적개심과 불관용을, 제대로 교육받지 못한 유치한 이들, 무엇보다도 근대적 계몽을 통해 개인화되지 못한 이들의 편협함과 연결시킨다. 여기서 "편견"과 "무지"는 결합하게 되고, 동유럽이나 아프리카 등지에서 벌어지는 종족 갈등을 묘사할 때 사용되는 "야만적인 피의 복수"나 "뿌리 깊은 구원舊怨" 같은 저널리스틱한 표현도 가능해진다. (우리는 5장에서 〈관용박물관〉의 영상들이 사용하는 이러한 수사에 대해 살펴본 바 있다.) 또한 이제 이슬람인들의 폭력을 전근대적 감성의 발현으로 이해하는 또 다른 저널리스틱한 접근이 가능해진다. 우리는 이러한 서사 속에서, 서구인들은 원주민들보다 계몽되었기 때문에 좀 더 합리적이고 평화적이며, 바로 이러한 점 때문에 관용의 실천이 가능하다는, 전형적이고 친숙한 오리엔탈리즘을 발견할 수 있다. 배리 힌데스가 지적하듯이, 차이를 시간화하는 이러한 서사에는, 개인·자유·지식에 대한 서구식 관념과 결합된 진보주의가 짙게 깔려 있다.[17]

---

16. 대중적인 관용 담론에는 인간의 본성을 둘러싼 이견이 존재한다. 한편에는 불관용은 타고나는 것이기에 관용은 문명의 성취라는 입장이 있는가 하면, 다른 한편에는 "사람은 증오를 안고 태어나지는 않는다. 우리는 증오를 배운다. 따라서 우리는 증오의 교육에서 벗어나야 할 것"이라는 입장이 존재한다.(Caryl Stern, senior associate national director of the Anti-Defmation League; "'We Are Family' Doesn't Unite All," *Chicago Tribune*, 11 March 2005, 2에서 인용) 후자의 입장은 편견이 생득적이라는 입장에 반대하는 것이지만, 여전히 하나의 생득설에 기반해 있다. 왜냐하면 여기서 "증오를 배우는 것"은 특정한 종족 안에서 이루어지며, 종족을 재생산하는 과정에서 거의 무의식적으로 전수되는 것으로 간주되기 때문이다. 반면에 "증오의 교육에서 벗어나는" 것은 좀 더 세계시민주의적인 환경에서 가능한 것으로 간주되며, 합리적이고 이성적인 과정으로 간주된다.

17. 2005년 5월 Barry Hindess와의 대화에서 도움을 받았다. 또한 Christine Helliwell

원주민·광신도·근본주의자는 관용의 사회가 극복해야 할 대상이다. 관용적인 사람들이 보기에, 이들은 여전히 전근대적이거나 혹은 근대성에 의해 완전히 제거되지 않은 요소에 종속된 존재들이다. 토마스 프리드먼이 『뉴욕 타임즈』에서 반복적으로 주장하는 것이 바로 이러한 도식이다.[18] 이 도식에서 우리는 서구의 우월성에 대한 확신이, 서구 문명 그 자체에서라기보다는, 근대성과 자유주의를 서구와 동일시하는, 좀 더 정확히 말하자면 자유주의를 서구의 존재 목적과 동일시하는 인식에서 비롯된 것임을 알 수 있다.

원주민·광신도·근본주의자가 상호 간에 가지고 있는 차이에도 불구하고 이들을 함께 뭉뚱그리는 것은, 이들이 공통적으로 편협하고, 동질적이며, 미계몽된 사회, 즉 태생적으로 차이와 이견, 외부인에 대한 증오를 생산해 내는 세계에 살고 있다는 가정을 전제로 한다. "관용 교육"은 개인에게서 이러한 절대적 정체성과 편협한 애착을 박탈하는 과정을 포함하며, 이 과정은— 헤게모니에 굴복한 결과가 아니라— 좀 더 포용적이고 세계시민주의적인 세계관을 수용한 결과로 간주된다. 이러한 "관용 교육"이 타인과의 평등이나 연대를 목표로 하지 않는다는 점을 언급할 필요가 있겠다. 오히려 관용 교육의 핵심은 개인의 공동체와 정체성에 대한 애착을

---

and Barry Hindess, "The Temporalizing of Difference," *Ethnicities* 5.3(2005) : 414-18을 참고하라. 관용과 다문화주의와 관련된 많은 자유주의 담론들은, 심지어 자유주의자와 보수주의자 사이의 차이를 묘사할 때도 이러한 차이의 시간화 수법을 사용하곤 한다. 예컨대, 자유주의자들은 스스로를 좀 더 계몽되고, 진취적이며, 미래지향적인 사람으로 묘사하는 한편, 보수주의적 태도는 전통적이고 반동적이며, 회귀적이라고 비판한다.

18. 「뉴욕 타임즈」(*New York Times*)에 토마스 프리드만이 쓴 일련의 논설들을 보라. "The Core of Muslim Rage" 6 March 2002, A21; "War of Ideas," 2 June 4, 2002, sec.4, 19; "Noah and 9/11," 11 September 2002, A33; "An Islamic Reformation," 4 December 2002, A31.

약화시킴으로써 타인을 참고 견디는 법을 가르치는 데 있다. 따라서 관용 교육을 통해 자유주의적 다원론자가 된 사람들은, 마이클 이그나티에프의 표현을 빌자면, "살고 살게 내버려 두는"live and let live 혹은 "우리 자신을 조금 덜 사랑함으로써 타인을 좀 더 사랑하는" 이들로 거듭나게 된다.[19] 본질적 차이 간의 태생적 증오를 극복할 수 있는 관용의 힘은, 민족적 혹은 공동체적 정체성의 약화와 사회계약을 전제로 한, 교육과 억제를 통해서만 가능하다. 이러한 도식을 통해, 관용은 서구의 우월성을 확증하는 한편, 태생적 증오라는 이름하에 식민주의와 냉전의 해체가 구소비에트 사회와 제3세계에 미친 영향들을 탈정치화한다. 과거 서구의 식민주의와 냉전이 남긴 효과로 고통 받는 이들이, 오히려 서구의 문명화 기획을 간절히 필요로 하는 대상이 되어 버리는 것이다.

차이에 대한 증오를 자연적인 것이자 원시적인 것으로 파악하는 입장의 근저에는, 6장에서 살펴보았듯이, 합리적 개인이 "유기체적 사회"의 구성원보다 그 자체로 좀 더 문명인이며, 따라서 관용적이라는 인식이 깔려 있다. 토마스 프리드만이 이러한 입장을 대변하는 가장 유명하고 동시에 가장 뻔뻔한 이라면, 마이클 이그나티에프는 좀 더 섬세한 입장을 대표한다. 이그나티에프가 보기에, 인종주의와 민족주의는 "집단 정체성"에 사로잡힌 결과로, 이를 치유하기 위해서는 개인의 삶에 대한 추구, 특히 성공을 향한 개인적 경로를 활성화할 필요가 있다.[20] 따라서 이그나티에프는 "개인주의 문화야말로 집단 정체성과 그것이 수반하는 인종주의에 대한 유일한 해결책"이며, "관용 교육은 사람들이 스스로와 타인을 한 명의

---

19. Michael Ignatieff, "Nationalism and Toleration," in *The Politics of Toleration in Modern Life*, ed. Susan Mendus(Durham, NC : Duke University Press, 1999), 85.
20. 위의 책, 101, 102.

'개인'으로 바라보게 만드는 것"을 목표로 한다고 주장한다. 더 나아가 그는 개인주의가, 우리로 하여금 집단의 호명에 종속된 "추상성"에서 벗어나 "고유성 속에서 드러나는 실질적이고 진정한 개인의 진리"에 좀 더 다가가게해 줄 것이라고 덧붙인다.[21] 다시 말해, 자신과 타인을 개인으로 바라보는 관점이, 인간이란 무엇인가라는 물음에 대한 답에 좀 더 가까이 다가갈 수 있게 도와준다는 것이다. 여기서 이그나티에프는 개인을 명확히 헤겔적 아 프리오리a priori, 즉 역사적으로 성취된 것인 동시에 존재론적인 진리로 만들고 있다. 개인이 하나의 개인으로서 발전하고 존중될수록, 집단 정체성은 개인주의에 의해 부식되고, 관용적 세계를 위한 가능성이 열리게 된다. 이러한 방정식은 자유주의의 우월성을 재확인할 뿐 아니라, 관용을 완전히 개인화된 (따라서 인간 존재의 핵심적 진리에 도달한) 사회의 상징으로 만든다. 바로 이러한 도식에서, 우리는 앞서 6장에서 살펴본 자유주의의 자기-재현, 즉 문화를 넘어서는 초超문화적이자 반反문화적인 것으로서의 자유주의라는 담론을 또 한 번 발견할 수 있다.

관용을 베풀기 / 관용을 철회하기

일반적으로 관용은 그것을 필요로 하지 않는 이들이 관용을 필요로 하는 이들에게 베푸는 것이다. 즉, 관용은 규범을 따르는 이들보다는 규범에 어긋나는 이들에게 적용되는 미덕으로, 규범적 질서 내부에서 이 질서를 뒷받침한다. 예컨대 이성애자는 동성애자를 관용하고, 기독교인은 무

---

21. 위의 책, 102.

슬림이나 유대교인을 관용하며, 지배 인종은 소수 인종을 관용하기 마련이다. 하지만 관용의 이러한 비대칭성은 대체로 간과되어, 표지된 혹은 소수화된 집단에 대한 헤게모니 집단의 관용처럼 그 비대칭성이 뚜렷한 경우에도, 관용에 내재한 권력의 문제는 좀처럼 담론화되지 않는다. 대신에 관용의 장면은 보편적인 것이 특수한 것을 관용하는 문제로 형상화되는데, 이 장면에서 보편의 지위를 차지한 것은 언제나 특수한 것보다 우월한 것으로 간주된다. (역으로 이 우월성 자체는 관용에 내재한 비대칭성에서 기인하는 것이다. 즉, 특수한 것은 결코 보편적인 것을 관용할 수 없다.) 헤게모니적인 것을 보편적인 것으로 만들고, 종속적이고 소수적인 것을 특수한 것으로 형상화하는 과정 속에서, 관용에 내재한 권력의 문제는 어느새 사라진다. 사실 이러한 구도는 우리에게 꽤 익숙한 것이다. 예컨대, 동성애자는 이성애자와는 달리 자신들의 섹슈얼리티에 영향을 받는 대상으로 담론화되며, 이에 따라 그들이 보편적인 것의 자리를 차지할 능력 역시 의심받게 된다. 마찬가지로 유대인이나 가톨릭 신도, 몰몬교도나 무슬림 역시, 여타의 다른 미국인들에 비해 자신들의 종교적/종족적 정체성에 함몰될 것처럼 묘사되기 마련이다. (따라서 존 에프 케네디가 가톨릭 신도라는 사실이나 부통령 후보 조셉 리버만이 유대교 신자라는 사실이 그토록 중요한 문제가 되는 것이다. 반면에 지미 카터나 로날드 레이건 그리고 부시 부자는 모두 자신이 독실한 기독교 신자임을 밝혔지만, 이는 전혀 문제가 되지 않았다.) 이같이 어떤 정체성에 매몰된다는 것은, 특정한 정체성에 내재적 특징 때문이라기보다는, 그 자체로 규범적 질서의 산물이라 할 수 있다. 그럼에도 헤게모니적이기에 표지되지 않는 정체성은 스스로를 보편적이고 중립적인 것으로 내세우면서, 관용을 베푸는 이들의 위치를 이러한 보편성과 중립성의 위치와 연결시키고, 관용의 대상이 되는 이들은 특수성과 편파성의 위치와 연결시킨다.

이성애자가 동성애자를 관용할 때 혹은 기독교인이 무슬림을 관용할 때, 전자의 집단은 관용을 **필요로 하지 않을** 뿐 아니라, 관용을 베푸는 그들의 위치는 관용을 필요로 하는 후자의 집단에 대한 우월성을 확보해 준다. 관용을 베푸는 이들과 관용받는 이들은 근본적으로 분리되어, 덕virtue의 좌표 위에 위계적 지위를 할당받게 되는 것이다. 관용을 베푸는 이들은 관용을 필요로 하지 않는다. 반면에 관용받는 이들은 종종 관용의 능력을 결여한 이들로 간주된다. 관용 담론의 이러한 이분법적 구조는, 권력뿐 아니라 지배와 종속의 문제까지 정당화한다. 즉, 관용의 대상은 **차이**의 자리를 차지하면서, 동질성sameness과 보편성의 자리를 차지한 것들과의 관계에서 열등한 지위를 가지게 된다. 이로써 관용의 대상은 보편적인 것의 외부에 자리 잡게 되고, 관용을 필요로 하는, 따라서 저급한 형태의 삶으로 구성되는 것이다.[22] 사실 이러한 자리 배분은 담론적 술수의 결과이다. 관용 담론은, 이분법적 범주들 — 즉, 보편적인 것과 특수한 것, 관용하는 이와 관용받는 이, 서구와 동양, 다원론자와 근본주의자, 문명화된 이들과 야만인, 동일자와 타자 — 이 개방성과 완고함 혹은 상대주의와 교조주의 같은 내재적 속성에서 기인하는 것이 아니라, 권력을 통해 생산되는 문제임을 은폐한다. 더 나아가 이러한 담론적 술수는 관용을 베푸는 집단인 전자에게서 모든 불관용의 요소들을 제거하며, 관용의 대상이 되는 후자 집단이 가진 차이는 극대화시켜 거의 관용 불가한 지점까지 몰고 간다.

비자유주의 문화에 대한 관용을 내세우는 자유주의 담론은, 비자유주

---

22. 5장에서 살펴본 〈관용박물관〉은, 이러한 규범적 구조로부터의 일탈처럼 보인다. 왜냐하면 여기서는 관용을 가장 필요로 하는 유대인들이 가장 강력한 관용의 지지자로 재현되고 있기 때문이다. 하지만 관용에 대한 지지가 관용을 제공하는 사회적 지위를 얻는 것과 동일한 것은 아니며, 여기서 문제가 되는 것은 바로 이러한 사회적 지위이다.

의는 자유주의를 관용하지 못하지만, 자유주의는 비자유주의를 관용할 수 있다는 비대칭성을 통해 그 도덕적 우월성을 확보한다. 자유주의는 종교에 지배되지 않으면서 종교를 관용할 수 있고, 근본주의에 종속되지 않으면서 근본주의를 관용할 수 있는 우월한 체제이다. 반대로, 근본주의는 자유주의를 관용할 수도, 포용할 수도 없다. 다시 말해, 자유주의의 우월성은 그것의 개방성, 즉 차이의 위협을 중화시키고 그것에 특정한 자리를 배분하는 능력에서 찾을 수 있다. 이런 점에서 관용은 크기의 문제이기도 하다. 관용 담론은 확장과 포섭의 가치에 기반해 있으며, 반대로 확장될 수 없는 것은 열등한 지위를 차지한다. 관용 담론 속에서 권력의 포용력은 하나의 미덕으로 칭송되는 것이다.[23]

정치적으로 보자면, 관용의 포용력은 그 자체로 권력의 표현이자 그 권력이 그만큼 안전하다는 것을 의미한다. 집단이든 개인이든, 강하고 안전한 자들은 관용적일 수 있다. 하지만 주변적이고 안전에서 배제된 자들은 그럴 수 없다. 스스로의 헤게모니를 확신하는 정치체 혹은 문화는, 자신의 경계를 완화하고 타자성을 두려움 없이 포용할 수 있다. 따라서 오토만 제국은 관용적일 수 있었으며, 서구 자유주의 역시 그러할 수 있었다. 차이가 있다면, 서구 자유주의 사회는 관용이 여러 위험과 마주치면서 급격히 변화했음에도 불구하고, 여전히 관용을 하나의 연속적인 원리로 물화하고 있다는 것이다. 사실 관용에 대한 자유주의의 태도는, 부동산 가격

---

23. 2장에서 살펴보았듯이, 사실 이러한 포용력은 관용이 가진 대부분의 용법에 전제된 것이다. 기본적으로 관용(내성)은, 숙주가 죽지 않고 외부의 오류나 오염 혹은 독성 등을 흡수할 수 있는 정도를 의미한다. 예컨대, 대학교 신입생의 술에 대한 내성(tolerance), 통계학적 추론에 있어서 오류의 허용한계(tolerance), 종족주의에 대한 자유주의 사회의 관용 범위 등은 모두 이러한 기본적 의미에 기반해 있다. 하지만 자유주의 관용 담론에서, 이러한 포용력은 단순히 능력을 보여주는 척도가 아니라 하나의 미덕으로 격상된다.

을 위협하는 소수 인종의 존재에서부터 동성애자 선생이 아이들에게 미치는 영향에 이르기까지, 다양한 위협과 불안에 의해 항상 변화한다. 이런 점에서 관용은 권력의 지표이기도 하지만, 또한 이 권력의 취약성의 표현이자, 다양한 목적에 따라 이 취약성을 조절하는 통치의 도구이기도 하다.

관용은 또한, 기독교 및 자본주의 문화와 자유주의 사상이 맺고 있는 긴밀한 관계를 은폐하는 데 중요한 역할을 하고 있다. 관용의 가치는 실제로 기독교 및 자본주의 문화를 보호하고 장려하지만, 이 둘과의 유착 관계는 부인한다.[24] 일상적인 예를 하나 들어보자. 캘리포니아 주립 대학의 학과 일정은, 대부분의 주립 대학이 그렇듯이, 유대교, 이슬람교, 동양 종교의 휴일은 고려하지 않는다. 언젠가 한 교수가 가을 학기의 개강일이 유대교 명절인 욤 키퍼Yom Kippur와 겹쳐서, 유대인 학생들은 수강 정원이 넘쳐 당일 직접 수업에 참석해야만 수강신청이 가능한 수업을 신청할 수 없다고 대학 당국에 이야기한 적이 있다. 그러자 학적계에서는 학과 일정표는 어떠한 종교적 기념일도 고려하지 않는다며, 대신에 교수들은 종교적 이유로 수업에 불참하는 학생들에게 보충 시험을 제공하는 등의 방법으로 관용을 행해야 한다고 답했다. 애초에 말을 꺼냈던 그 교수는 크리스마

---

24. 믿음의 사사화와 개인의 자율성을 전제로 하는 자유주의 관용은, 엄밀히 말해, 종교개혁 시기에 형성된 하나의 정치 합리성이다. 하지만 대부분의 역사에서, 대부분의 사람들의, 대부분의 믿음 구조는, 이러한 전제에 잘 들어맞지 않는다. 예를 들어, 종교개혁 시기 관용의 원리는 고대 그리스인이나 중세 기독교인, 근대 무슬림, 유대교인, 힌두교인 혹은 가톨릭 신자들의 믿음 구조와 잘 들어맞지 않을 뿐더러, 사회주의자나 민족주의자 혹은 공동체주의자의 에토스와도 충돌한다. 사실 종교개혁 시기 관용은, 특정한 사회 구성이 직면한 문제들을 해결하기 위한 처방전으로 등장한 것이다. 즉, 어떻게 국가와 교회의 권위를 계속 유지하는 동시에, 신에 대한 개인의 신앙을 강조하는 프로테스탄트의 예배권을 승인할 것인가, 이교도를 불에 태워 죽이는 대신에 이들을 순응시키는 것은 어떻게 가능할 것인가, 피로 얼룩진 종교적 박탈의 역사를 어떻게 멈출 것인가와 같은 문제 말이다.

스나 부활절 혹은 주일㉠에는 수업이 열리지 않는 것이 다른 종교에 대한 일종의 차별이 될 수 있음을 상기시켰지만, 대학 당국으로부터 돌아온 대답은, 크리스마스는 우연히 겨울 휴가기간과, 부활절과 주일은 우연히 일요일과 겹친다는 것이었다.

자유주의 관용 담론은 기독교 및 부르주아 문화와 자신이 맺고 있는 동맹 관계를 숨길 뿐 아니라, 비자유주의 문화에 대한 문화적 쇼비니즘을 은폐하는 기능을 한다. 예컨대, 서구의 자유주의자들은 무슬림 여성들의 (대체로 강제적이라고 여겨지는) 베일 착용에 대해, 여성들의 선택권 차원에서 문제 제기한다. 하지만 몇몇 이슬람 사회에서의 강제적인 베일 착용과 미국 십대 소녀들의 반강제적인 노출 간의 대비는, "저쪽"에는 절대적인 선택의 부재와 강압만이 존재하며, "이쪽"에는 (반라의 노출로 그 의미가 배가된) 절대적인 선택의 자유가 존재한다는 가정을 무심코 드러내고 있다. 물론 이러한 지적은 두 사회 간의 의상과 관련된 규범의 차이를 무시하려는 것이 아니며, 이러한 규범에 도전했을 때 그들이 받을 수 있는 불이익의 정도차를 간과하는 것도 아니다. 다만 우리가 이러한 차이를 위계화된 대립 구도로 전환시킬 때, 거기서 발생하는 의미와 효과를 지적하려는 것일 뿐이다. 성공한 미국 여성이 베일을 쓰는 데 있어 자유롭지 못하고, 남장을 하는 데 자유롭지 못하며, 즉 때와 장소에 상관없이 원하는 대로 옷을 입을 경우 심각한 경제적·사회적 타격을 받는다면, 자유로운 여기와 강압적인 저기라는 위계화된 대립 구도는 어떠한 논리 하에서 가능할 수 있는가? 즉, 시장과 세속적 규범에 의한 의상(및 여성성)에 대한 규제를, 국가나 종교법에 의한 규제보다 더 "자유로운" 것으로 만들어주는 요소는 무엇인가? 혹시 이러한 주장은, 우리가 여전히 권력을 법과 주권 차원의 문제로 이해하고 있기 때문에, 즉 푸코가 말한 대로, 우리가 아직 "정치 이론에 있어서 왕의 머리를 자르지 못했기 때문에" 가능한 것은 아닐까?[25] 이러한 분석적 실패에 대한 좀 더 정치적인 설명은, 포스트식민주의 여성주의자들의 저작들에서 발견할 수 있다. 찬드라 모한티에 따르면, 서구는 "세속적이고 해방된, 자신의 삶에 대한 통제권을 가진 서구 여성"이라는 판타지를 통해 자신의 우월성을 확인하는데, 이렇게 재현되는 정체성은 억압받는 제3세계 여성이라는 반대항을 통해 유추된 것이다.[26] 만약 우리도 여성의 옷에 대한 강제적인 규범을 가지고 있다는 사실을 인지하게 되면, 이러한 우월한 정체성의 구성은 방해받게 될 것이다. 따라서 우리는 우리 자신을 자유롭게 재현하기 위해, 근본주의를 **필요로 한다**. 우리는 강제와 억압을 외부로 투사하고, 이곳이 아닌 다른 곳에서 그것을 생산해 내야만 하는 것이다.[27]

이러한 투사의 가장 중요한 메커니즘 중 하나는 "불관용 사회"의 물화 reification와 전체화이다. 이러한 물화 속에서, 이들 사회는 불관용의 원칙

---

25. [옮긴이] 푸코의 다음과 같은 언급을 참고하라. "우리에게 필요한 것은, 주권의 문제를 중심으로 삼지 않는 정치철학입니다. …… 권력은 여전히 군주제(monarchy)에 기반해 재현됩니다. 정치철학에서는 아직 왕의 머리가 잘리지 않았습니다. 우리는 왕의 머리를 자를 필요가 있습니다." Michel Foucault, "Truth and Power," *Power/Knowledge : Selected Interviews and Other Writings*, 1972-1977, 121.

26. Chandra Talpade Mohanty, "Under Western Eyes : Feminist Scholarship and Colonial Discourses," *Feminist Review*, no.30 (Autumn 1988) : 74. [이 논문은 문현아 옮김, 『경계 없는 페미니즘』, 여성문화이론연구소, 2005, 1장에 수록되어 있다.]

27. 최근 들어 많은 포스트식민주의 여성주의자들이, 서구에서 사용하는 근본주의 개념의 이러한 효과에 대해 지적하고 있다. 다음의 글들을 참고하라. Lila Abu-Lughod, interview by Nermeen Shaikh, AsiaSource, 20 March 2002(www.asiasource.org/news/special_reports/lila.cfm, 2005년 10월 8일 접속); Saba Mahmood, *Politics of Piety : The Islamic Revival and the Feminist Subject* (Princeton : Princeton University Press, 2005); Charles Hirschkind and Saba Mahmood, "Feminism, the Taliban, and Politics of Counter insurgency," *Anthropological Quarterly* 75.2 (Spring 2002) : 339-54.

으로 구성된, 불관용에 완전히 함몰된 사회로 재현된다. 반대로 관용을 행하는 사회는, 이 사회 내에서 관용의 범위를 둘러싼 문제가 격렬하게 논의될 때조차, 근본적으로 관용적인 사회로 상상된다.[28] 이렇듯 세계를 관용의 세계와 불관용의 세계, 근본주의자와 다원주의자, 편협한 이들과 국제주의자로 분할함으로써, 관용의 철학자들은 다음과 같은 질문을 되풀이해서 던질 수 있게 된다. "관용의 세계는 불관용의 세계를 관용해야 하는가, 아닌가?" 두말 할 나위 없이, 이러한 질문은 앞서의 조야한 대립쌍이 실제로 존재하며, 근본적으로 구별되는 전체를 이루고 있다는 가정에 기반해 있다. 다시 말하지만, 이는 공개적으로 관용을 천명하는 사회와 그렇지 않은 사회 간에 아무런 차이가 없다는 것이 아니다. 다만 이러한 문명 담론은 차이들을 대립쌍으로 바꾸어 놓으며, 각각에 왜곡된 "본질적" 특성을 부여한다는 사실을 지적하려는 것뿐이다. 이제 한편에는 "근본주의적이며, 불관용적이고, 자유롭지 않은 이들"이 존재하고, 다른 한편에는 "다원주의적이고 관용적인 이들"이 존재한다. 이런 식으로, 자유주의는 문명과 동의어가 된다.

하지만 관용에 대한 자유주의적 옹호자만 이러한 마니교적 이분법을 채택하는 것은 아니다. 현재의 문화적 관용 정책을 역겨운 상대주의로 파악하는 자유주의 사회의 반反상대주의자들 역시, 좌·우파를 막론하고 세계를 관용적인 사회(서구)와 근본주의적이고 억압적인 사회(비非서구)로 구분한다. 우리는 "관용의 종결 : 문화적 차이와의 대결"이라는 제목을 단 『대딜러스』 특별판과, 수잔 오킨의 『다문화주의는 여성에게 해로운가?』

---

28. 따라서 부시와 그를 지지하는 신보수주의자, 기독교 근본주의자들은, 관용의 몇몇 측면이 도덕적 타락의 증거라고 비판하면서도, 또한 공화당이 문화적 좌파들에 의해 "불관용" 정당이라고 비판받는 와중에서도, 미국이 관용을 대표한다고 당당히 주장할 수 있는 것이다.

에서 이러한 사고를 발견할 수 있다.[29] 이들은 인간적인 것과 수용 가능한 것의 기준을 설정하고, 관용의 범위를 이러한 기준을 만족시키는 문화와 문화적 행위에 한정해야 한다고 주장한다. 이들에 따르면, 서구 사회가 음핵절제나 과부 순장제 혹은 일부다처제 등을 법적으로 금지하지 않는 것은, 극단적인 상대주의(혹은 이들이 은밀히 가정하듯이, "포스트모더니즘")의 결과이며, 이는 자율성과 자유라는 자유주의적 가치에 대한 평가절하이다. 이들은 관용이 가진 가치로서의 지위를 부정하지는 않지만, 관용을 야만인들과 우리 간의 구분선을 긋는 행위로 바꿔놓는다.

이러한 주장은 궁극적으로 반박 불가능한 것처럼 보일지 모르지만, 문제는 이들이 야만과 강압의 예로 들고 있는 사례들이, 모두 비非서구 사회 — 즉, 여전히 문화와 종교가 지배하고 그 결과 개인의 자율성이 보장되지 않는 곳 — 의 사례라는 데에 있다. 반대로 서구의 어떤 실천도 **야만적인** 행위로 표지되지 않는다. 애완동물로 물신화된 개체 이외의 동물들에 대한 대량 도축, 막대한 환경오염, 홀로 맞는 죽음, 물질만능주의, 익명의 타자에게 난자나 정자 혹은 유아를 판매하는 행위, 낙태, 핵무기, 성매매, 빈곤, 극심한 빈부격차, 정크 푸드 그리고 제국주의 전쟁에 이르기까지, 다른 문화적 관점에서 봤을 때, 폭력적이거나 비인간적인 것 혹은 퇴행적인 것으로 간주될 수 있는 서구 문화의 행위들은 전혀 언급되지 않는다. 대신 오킨을 비롯한 이들이 관용해선 안 된다고 주장하는 대상은, 일련의 비非서구 세계의 행위들로, 오킨에 따르면 이러한 행위들은 문화·종교·전통

---

29. "The End of Tolerance : Engaging Cultural Difference," special issue of *Daedalus* 129.4 (Fall 2000); Susan Okin, *Is Multiculturalism Bad for Women?*, ed. Joshua Cohen, Matthew Howard, and Martha Nussbaum (Princeton : Princeton University Press, 1999). 앞으로 등장하는 괄호 안의 쪽수는, 오킨의 책의 쪽수를 의미한다.

의 강압에 의해 행해진다. 이것의 결과는, 특정한 행위들을 우리의 실천과 대비되는 야만적인 것이자 강압에 의해 이루어지는 행위로 규정하고, 이러한 행위가 존재한다는 이유로 비非서구 전체를 불관용이란 이름으로 덧칠해 버리는 것이다. 사실 서구 문명의 퇴보를 가져오는 요소들까지 관용하는 것을 걱정하는 이들(사무엘 헌팅턴이나 신보수주의자들, 우익 기독교인)과 문명의 울타리 바깥에 놓인 비非서구적 행위에 대한 관용을 걱정하는 이들(수잔 오킨, 자유주의자, 인권 활동가)은, 양자 모두 관용 가능한 것을 구별해 내기 위해 문명 담론에 의지한다는 점에서 서로 수렴한다. 보수주의자와 자유주의자 모두, 관용 가능한 것을 결정하고 관용에 의해 보장되는 문명의 규범을 보존하기 위해, 식민주의로 얼룩진 담론을 거리낌 없이 활용하고 있는 것이다.

문명과 비문명을 구분하고 경계 짓기 위해 사용되는 이같은 관용 담론은, 상대편을 관용의 대상으로 만듦으로써 그것을 종속적인 위치에 자리매김하는 더 포용적인 성격의 관용 담론만큼이나 효과적이다. 후자가 관용의 대상을 비천하거나 병리적인 것으로 파악한다면, 전자는 대상을 야만적인 것으로 표지한다. 이 두 계열은 함께 작동하면서, 서구를 문명과 동일시하고, 자유주의를 합리성과 관용을 보장하는 유일한 체제로 격상시킨다. 동시에 이들은 오직 특정한 주체에게만 합리적이고 자유로운 주체라는 딱지를 붙이고, 특정한 실천을 규범의 지위로 끌어올린다. 이 과정을 이해하기 위해서는, 『다문화주의는 여성에게 해로운가?』에서 전개되는 수잔 오킨의 주장을 좀 더 자세히 살펴볼 필요가 있다.[30]

---

30. 『다문화주의는 여성에게 해로운가?』에 대한 서평에서 앤 노턴(Anne Norton)은, 오킨의 주장이 오리엔탈리즘에 기반해 있으며, 자유주의 여성주의에 대한 기존의 비판 및 오킨이 "관용 불가한 것"이라고 주장한 일부다처제나 음핵절제를 둘러싼 다양한 논쟁들을 무시하고 있다고 날카롭게 지적하였다.(*Political Theory* 29.5 [October 2001]

오킨의 기본적인 주장은 다문화주의가, "여성이 남성처럼 자신의 자유로운 선택에 따른 삶을 살 수 있는 기회"(10)를 요구하는 여성주의와 긴장 관계에 있다는 것이다. (그녀에게, 다문화주의는 다양한 문화에 대한 무조건적인 존중, 그리고 특수한 실천에 대한 집단의 권리를 사법적으로 보장해 주는 것을 의미한다.) 좀 더 간단히 말하자면, 오킨의 주장은 문화에 대한 존중이 젠더 평등의 추구와 충돌한다는 것이고, 더 나아가 문화 자체가 여성주의와 긴장 관계에 있다는 것이다. 하지만 인간이 사는 곳 어디에나 문화와 성적 차이가 존재한다면, 문화와 젠더 평등을 적대적 관계로 파악할 어떤 논리적 근거도 없어 보인다. 특히 오킨이 높게 평가하는 젠더 평등 자체가 특정한 문화 속에서 등장했다는 사실을 염두에 둔다면 더욱 그렇다.[31] 그렇다면 어떻게 오킨과 같은 주장이 가능할까? 오킨이 사용하는 문화 개념은, 특정한 사람들의 삶을 조직하는 관습과 생각, 실천과 자기-이해를 뜻하는 개념이 아니다. 그녀에게 문화란, 자유주의적이지 않은, 계몽주의적이지 않은, 합리성이나 법치에 따르지 않는, 그리고 무엇보다 세속적이지 않은 삶의 방식을 일컫는 개념이다. 그녀의 설명에 따르

: 736-49) 그러나 오킨의 저작에 대한 대부분의 반응은, 비교적 긍정적이다.

31. 다문화주의와 여성주의에 대한 오킨의 주장을 분석할 때, 우리는 다음과 같은 선택의 순간에 직면하게 된다. 즉, 우리는 문화에 대한 그녀의 빈곤한 개념을 해체하면서 그녀의 주장 전체를 기각하거나, 아니면 그녀의 주장의 나머지 부분을 살펴보기 위해 일단 문화에 대한 그녀의 허술한 설명을 수용하여야 한다. 대체로 오킨은 문화의 의미를 둘러싼 지난 몇 십 년간의 논의들(특히 인류학과 문화 연구에서 제기한 논의들)에 무지한 것 같다. 또한 그녀 자신이 문화가 무엇인지 분명히 밝히지 않고 있다. (『다문화주의는 여성에 해로운가?』 10쪽에 "삶의 양식"이라는 짧은 언급만이 있을 뿐이다.) 확실히 그녀가 문화를 정교하게 이론화해 그것을 정치적인 것이나 경제적인 것과 분리되지 않는 것으로 개념화한다면, 그녀의 주장은 근거를 잃고 말 것이다. 그녀는 자신이 사용하고 있는 문화 개념의 식민주의적 색채(문화는 항상 전-자유주의적이며, 자유주의는 문화와 무관하다는 주장)를 인지하기나, 그녀 자신의 문화 개념이 탈정치화라는 자유주의 전략과 식민 담론의 산물이라는 점을 깨달을 필요가 있다.

면, 문화는 그 자체로 전근대적이거나 적어도 아직 완전히 근대화되지 못한 것이다. 오킨에게 **비자유주의 사회는, 곧 문화다.** 반면에 자유주의 사회는…… 국가와 시민사회 그리고 개인들이다. 문화는 개인의 자율성과 자유에 기반하지 않은 집단성이다. 따라서 문화는 비자유주의적이고, 반대로 자유주의는 비문화적Kulturlos이다.

물론 오킨이 이러한 문화에 대한 관점을 공공연히 주장하는 것은 아니다. 그녀는 서구 민주주의 국가에 존재하는 몇 가지 성차별적 실천들을 안타까워하면서, "자유주의 문화"라는 용어를 사용하기도 한다. 이는 바꿔 말하면, 개인의 권리에 기반한 서구 사회에서 여전히 성차별적인 실천이 지속되는 이유를 설명할 필요가 있을 때에만, 비로소 서구의 문화라는 개념이 모습을 드러낸다고 말할 수 있다. 따라서 이와 같은 용법은, 그녀의 분석에서 "문화"가 가진 경멸적 지위를 다시 한 번 확증해 줄 뿐이다. 즉, 문화는 자유주의의 원리들이 완전히 실현될 때 사라지게 될 요소로 여겨지는 것이다. 게다가 자유주의에도 문화가 존재함을 인정하는 오킨의 태도는, 그녀의 주장에서 문화가 끊임없이 종교로 미끄러진다는 점을 염두에 둔다면, 음흉해 보이기까지 한다. 그녀는 "문화와 종교"라는 짝을 반복적으로 사용할 뿐 아니라, 문화에 내재한 여성 통제의 욕망을 언급하면서 시작한 문단을, 유대교와 이슬람교 그리고 기독교의 예를 들면서 끝마치기도 한다.(13-14) 게다가 여기에 이어지는 문단은, 교조적 일신교와 "제3세계 문화"가 공유하고 있는 가부장적 경향에 대해 다루고 있다. 오킨에게 있어서 문화와 종교를 결합시켜주는 것은, 그들이 공통적으로 여성 억압과 성차별 이데올로기를 다음 세대에 전수하는 핵심적 공간으로서 가정에서의 삶을 통제하는 데 주력한다는 점이다. "무엇보다 가정은 상당수의 문화가 실천되고 보존되며 다음 세대에 전수되는 공간인 것이다."(13) 이와 같이 문화와 종교는 양자 모두 가정에서의 삶을 가부장적으로 조직하며, 가정을 통해 다음 세대로 전수된다. 그렇다면 이러한 도식에서, 자유주의의 자리는 어디에 있을까? 오킨은 바로 이 지점에서, 공적 영역과 사적 영역을 이데올로기적 혹은 정치-경제적으로 분리시키려는 자유주의의 시도, 즉 젠더화된 가족 가치와 젠더-중립적인 시민적·공적 질서 간에 확실한 장벽을 세우려는 시도를 그대로 수용한다. (지난 30년 동안 다른 여성주의자들은, 이러한 공사의 구분이 여성의 경제적 종속을 구조적으로 생산하고, 여성의 종속을 탈정치화한다며 비판해 왔다.) 오킨은 암묵적으로 다음과 같이 주장한다. 자유주의 사회에서 사적 영역이 젠더 불평등에 기반해 있고, 이 영역에서 여전히 성차별적 문화가 잔존하여 재생산되고 있다 하더라도, 이러한 폐해는 결국에는 추상적 개인의 자율성에 기반한 공적 공간에 의해 교정될 것이다. 자유민주주의 사회에서 보장하는 세속주의와 개인의 자율성은 성차별 문화를 일소하는 데 기여할 수 있고, 바로 이러한 일이야말로 오킨이 전 세계에서 일어나길 바라마지 않는 일이다.

오킨에 따르면, "대부분의 문화는 남성에 의한 여성의 통제를 그 기본적인 목적으로 한다."(13) 하지만 "서구 자유주의 문화"는 조금 다르다. "사실상 모든 문화는 가부장적인 과거를 가지고 있지만, 그 중 특정한 문화들— 전부는 아니지만 대부분의 경우 서구 자유주의 문화들— 은 이러한 과거와 결별해 왔다."(16) 여전히 "많은 성차별이 존속되고 있지만", 서구 문화와 여타의 다른 문화들을 구분해 주는 것은, "서구 문화에서 여성은 남성과 동등한 자유와 기회를 법적으로 보장받는다는 데 있다."(16-17) 말하자면, 성차별이 계속해서 재생산되는 것은, 자유주의에 내재한 원리나 법 때문이 아니라, 자유주의가 미처 제거하지 못한 문화적 잔재들 때문이라는 것이다. 서구 자유주의 질서 속에 남아 있는 문화가 구체적으로 어떤 것이고, 그 문화 속에 존재하는 성차별적 요소들은 어떤 것인지에 상관없이, 법적-정치적 원리로서의 자유주의는 젠더 평등적이거나 혹은 그렇게 될 가능성을 가지고 있는 것으로 간주된다. 물론 이러한 주장은 존 스튜어트 밀의 재탕에 불과하다. 밀이 내세우는 자유주의에 기반한 (사실 부르주아 계급에 기반한) 진보 담론 속에서, 남성 지배는 평등의 원칙이나 이성보다 관습과 종교가 지배했던 구체제의 야만적인 관습일 뿐이다. 따라서 자유주의 체제하에서 여전히 여성의 종속과 여성 혐오가 존재한다면, 이러한 잔재물은 자유주의가 아닌 다른 어떤 것의 결과물일 뿐으로, 자율성·자유·평등을 법적 원리로 채택한 자유주의는 이러한 폐해들을 치유하는 기능을 할 것이다.

하지만 자유주의 자체가 남성 지배의 재생산에 기반한다면 어떨까? 남성 지배가 (개인의 자율성에서 기인하며 이해관계에 치중하는) 자유와 (동질성으로 정의되며 공적 공간에 한정된) 평등이라는, 자유주의의 핵심적 가치에 이미 내재한 것이라면 어떨까?[32] 많은 여성주의자들은 자유주

---

32. 다음의 저작들을 보라. Carole Pateman, *The Sexual Contract*(Stanford : Stanford University Press, 1998) [유영근 외 옮김, 『남과 여, 은폐된 성적 계약』, 이후, 2001]; M. G. Clarke and Lynda Lange, eds., *The Sexism of Social and Political Theory : Women and Reproduction from Plato to Nietzsche*(Toronto : Toronto University Press, 1979); Kathy Ferguson, *The Feminist Case against Bureaucracy*(Philadelphia : Temple University Press, 1985); Wendy Brown, "Liberalism's Family Values," in *State of Injury : Power and Freedom in Late Modernity*(Princeton : Princeton University Press, 1995); Joan Scott, *Only Paradoxes to Offer : French Feminists and the Rights of Man* (Cambridge, MA : Harvard University Press, 1996) [공임순 외 옮김, 『페미니즘 위대한 역설』, 앨피, 2006]; Catharine MacKinnon, *Toward a Feminist Theory of the State* (Cambridge : Harvard University Press, 1991); Nancy Hirschmann and Christine di Stefano, eds., *Revisioning the Political : Feminist Reconstructions of Traditional Concepts in Western Political Theory*(Boulder, CO : Westview

의적 범주와 관계 및 과정이, 성별화된 분업과 불가분의 관계를 가진다고 주장해 왔다. 이들에 따르면 자유주의에 내재한 광범위한 공/사 구분은, 가족과 관련된 모든 것들 — 즉, 욕구·의존·불평등·신체·관계성 등 — 을 여성적인 것과 동일시하고, 이러한 원리로 구성된 사적 공간을, 권리·자율성·형식적 평등·합리성·개인성으로 표상되는 남성적 공적 공간의 대립항이자 그것의 전제로서 구성해 왔다. 이러한 비판에 따르면, 남성적 사회 규범은 자유주의 체제의 일부분으로, 사회적 공간의 분할을 구조화하고 이에 적합한 주체의 생산을 관장한다. 즉, 이러한 규범들은 남성적인 공적 존재 — 자유롭고 자율적이며 평등한 존재 — 를 생산하고 이를 특권화하는 동시에, 가정 내 존재로서 여성적 타자 — 구속되어 있으며 의존적이고 차이를 가진 존재 — 를 생산해 왔다.[33]

오킨의 오류는 이러한 여성주의적 비판을 무시하는 데 그치지 않는다.[34] 문화의 가부장적 폐해에 대한 최고의 치유책이 자유주의임을 주장하기 위해, 오킨은 젠더화된 문화에 비젠더화된 자유주의 원리를 대비시키는데, 이 과정에서 그녀는 앞서 6장에서 살펴본 이데올로기 — 즉, 자유

Press, 1996); Nancy Hirschmann, *Rethinking Obligation : A Feminist Method for Political Theory*(Ithaca : Cornell University Press, 1992) and *The Subject of Liberty : Toward a Feminist Theory of Freedom*(Princeton : Princeton University Press, 2002).

33. Wendy Brown, "Liberalism's Family Values"와 Catharine MacKinnon의 글, "Difference and Dominance : On Sex Discrimination," in *Feminism Unmodified : Discourses on Life and Law*(Cambridge, MA : Harvard University Press, 1988)을 보라.

34. 오킨 나름의 여성주의적 입장에 따른 자유주의 비판은, Susan Okin, *Justice, Gender, and the Family*(New York : Basic Books, 1989)에서 발견할 수 있다. 여기서 오킨은 마이클 왈쩌의 용어를 빌려와, 가족을 "정의의 영역"으로 만들어야 한다고 주장한다. "정의의 영역" 개념에 대해서는 Michael Walzer, *Spheres of Justice : A Defense of Pluralism and Equality*(New York : Basic Books, 1983) [정원섭 옮김, 『정의와 다원적 평등 : 정의의 영역들』, 철학과 현실사, 1999] 참고.

주의 하에서 국가와 개인은 문화로부터 자율성을 가지며, 이 자율성이 자유주의 국가와 개인을 유일하게 자유로운 국가와 개인으로 만들어 준다는 이데올로기 — 를 그대로 반복한다. 오킨에 따르면, 문화는 역사적으로 성차별적 기능을 수행하는 데 그치지 않고, 더 나아가 국가와 개인의 자율성을 침해하고 법의 보편성을 침해한다. 오킨에게 있어, 개인의 자율성은 문화의 영향력이 미치지 못할 때에만 나타나는 것이다. (아마도 **다문화**주의가 여성에게 해로운 이유가 여기 있을 것이다. 즉 다문화주의는 자율성의 적들을 **다양화**한다.) 자율성이 있어야만 선택이 있고, 선택이 있어야만 자유, 특히 여성의 자유가 존재할 수 있다. 이런 논리로 오킨은 문화와 가부장제 — 이 둘은 단순한 "성차별적 태도나 행위"와 대비된다 — 를, 항상 자유주의 바깥에 존재하는 것으로 만들어 버린다. 문화와 종교는 여성의 자율성을 공식적으로 제한함으로써 불평등을 영속화시킨다. 반면에 자유주의와 자본주의에 존재하는 선택의 제한 — 예컨대 비숙련 미혼모가 직업을 선택할 때 겪을 수밖에 없는 제한들 — 은 문화적인 것이 아니며, 그다지 중요한 것도 아니다. 왜냐하면 선택의 실현 가능성과는 상관없이, 선택이라는 형식의 존재 자체는 의문의 여지없이 선이기 때문이다. 따라서 오킨은 다음과 같이 결론짓는다.

> 한 가부장적 소수 문화가 상대적으로 덜 가부장적인 주류 문화 속에 존재하는 경우를 생각해 보자. 자유와 자기-존중의 가치에 비춰보자면, 가부장적 소수 문화의 보존이 이 문화에 속한 여성의 이해관계가 될 수 없음은 분명해 보인다. 오히려 이러한 문화가 붕괴하여 좀 덜 가부장적인 주류 문화에 통합되거나, 최소한 주류 문화의 수준 정도라도 여성의 평등을 강화하도록 자극받는 것이, 이 문화에 속한 여성들에게 **훨씬 더 좋**을 수 있다.(23)

이 단락에서 우리는 몇 개의 놀라운 주장을 발견할 수 있다. 우선 오킨은 여성의 자기-존중과 자유가 그들이 속한 문화와 (양가적인 관계를 넘어) 대립적인 관계를 가진다고 주장하면서, 오늘날 여성의 실천에 관해 논할 때 항상 문제가 되는 허위의식false consciousness 주장을 그대로 반복하고 있다. 이러한 입장에 따르면, 다른 문화에 맞서 자신들의 (가부장적이라 여겨지는) 문화적·종교적 실천을 옹호하는 여성들은, 스스로의 애착 관계에 대해 명확히 사고할 수 없는, 즉 스스로 생각할 능력이 없는 허위의식에 빠져있는 주체들이다. 결국 이러한 주장이 다다르는 결론은, 수잔 오킨 같은 자유주의자만이 스스로 생각하는 능력을 가지고 있다는 것이다. 둘째, 오킨은 여성의 종속이 그 문화의 소멸을 원하는 충분조건이 될 수 있다고 가정하고 있다. 이것은 그 자체로도 놀라운 주장이지만, 오킨이 속한 서구 문화에도 동일한 원칙이 적용된다면 더 놀라운 결론이 나올 것 같다. 셋째, 오킨은 소수 문화의 가치를 자유·평등·여성의 자기-존중과 같은 추상적 기준에 의거해 평가하는 것이 아니라, 주류 문화가 결정한 가치를 구축한 **정도**에 맞춰 평가한다. 이 문화는 더 성차별적이고 저 문화는 덜 성차별적이라는 식으로 성차별을 양화量化할 수 있다는 이같은 입장은, 남성 지배의 **다양한 형태**를 인지하지 못하며, 결국 자신의 주장에 함축된 노골적 형태의 계몽적 진보주의와 자유주의적 제국주의를 인지하는 데에도 실패한다.

그렇다면 이러한 그림 속에서 관용은 어디에 위치하는가? 오킨의 입장에서 보자면, 자유주의 법질서는 소수 문화에 존재하는 명백한 여성 혐오적이고 성차별적 실천늘(예컨대, 아동 매매혼이나 일부다처제, 음핵절제)을 용인해서는 **안 되며**, 강간이나 아내-살인, 영아 살해 같은 범죄에 내한 어떤 문화적 옹호도 허용해서는 안 된다.(18) 오킨은 그녀가 "성차별적"일 뿐 아니라 "야만적" 행위라고 부르는 지점에, 명확히 관용의 선을 긋는다. 관용은 문명화된 실천들만을 대상으로 한다. 따라서 야만적 행위는 관용의 울타리 바깥에 놓인다.

하지만 다음과 같은 사실을 고려해 보자. 미국의 여성들은 젊음을 유지하기 위해 성형수술과 보형물 삽입 등에 매년 90억 달러의 돈을 쓴다. 또한 수만 명의 미국 여성이 그들의 팽팽한 이마선을 위해, 인체에 치명적인 물질을 희석시켜 만든 보톡스 주사를 정기적으로 맞고 있다. (〈미국 의약 협회〉에 따르면, 이 물질은 탄저균보다도 더 치명적인 것으로, "단 1그램으로도 백만 명의 사람을 마비와 호흡곤란 등에 빠뜨려, 죽음에 이르게 할 수 있다."35) 아름다운 백인 여성상에 맞춰, 얼마나 많은 여성들이 자신의 코를 자르고, 높이고, 성형하였는가? 얼마나 많은 여성이 자신의 가슴을 확대하고, 축소하였는가? 얼마나 많은 여성이 제모를 위해 고통을 감수하는가? 하이힐이 잘 어울리도록 발 모양을 수술하거나 음순의 좌우 대칭을 맞추는, 오늘날 미국의 부유한 여성들 사이에서 유행하고 있는 수술은 또 어떠한가? 여고생들 사이에서 상한가를 치고 있는 성형 수술의 인기는 또 어떤가?36 이 모든 것들이 오킨이 비난 하는 다른 "문화적" 행위들보다 덜 문화적인 것일까? 이러한 행위들은 "자발적인 것"이기 때문에, 오킨의 비판 대상이 아닌 것일까? 이같은 자유주의적 프레임은 별로 필요치도 않은 수술을 선택할 자유를 억압적 권력으로부터의 자유라고 착각하고 있는 것이 아닐까? 마치 자유주의가 종종 선거와 정치적 자유를 동

---

35. Susan Dominus, "The Seductress of Vanity," *New York Times Magazine*, 5 May 2002, 50.
36. Karen Springen, "Kids under the Knife," *Newsweek*, 1 November 2004, 59.

의어로 착각하는 것처럼 말이다. 자신보다 더 젊은 모델로 대체될 위기에 놓인 전리품 아내 [trophy wife, 사회적으로 성공한 중장년층 남성이 얻은 젊은 아내를 일컬음]나, 야심찬 할리우드 여배우 혹은 남부 캘리포니아의 중산층 중년 여성들이 선택한 (젊은 여성에 대한 관습적 이상을 그대로 재현하는) 성형 수술이, 과연 자발적인 것일까?

더 나가 보자. 오킨이 미국에서 간성間性, intersex인 아이가 태어났을 때 일상적으로 행해지는 성 "교정" 수술보다 음핵절제에 더 분노하는 배경은 무엇일까? 성 교정 수술을 받는 아이들은, 이 수술에 관해서 어떠한 결정권도 가지지 못한 채, (종종 실패하는) 그 결과물과 함께 남은 인생을 살아가도록 저주받지 않는가?37 간성에 대한 서구 사회의 불안, 특히 페니스 삽입이 가능한 여성을 만들어야 한다는 불안이, 과연 아프리카와 중동 일부 지역의 여성의 성적 쾌락에 대한 불안보다 덜 문화적인 것일까? 왜 오킨은 미국의 10대 소녀들 사이에 만연한 섭식 장애나 미국 여성들의 항우울증 치료에는 경악하지 않는 걸까? 왜 오킨은 이들이 처한 삶의 조건이 야만적이고 관용할 수 없는 것이라고 못박지 않는가? 말하자면 왜 오킨은 서구 사회에 만연한, 젠더와 섹슈얼리티에 대한 시장과 문화적 규범

---

37. 간성에 대한 설명과 그들에 대한 처우의 역사는, 〈북미 간성인 연합〉(Intersex Society of North America) 홈페이지(http://www.isna.org)를 참고하라. 간성으로 태어난 아이들은, 이들이 복잡한 생리학적 성 스펙트럼의 어디에 위치하는가와는 상관없이, 일반적으로 여성이 되는 "교정" 수술을 받게 된다. 그 이유는, 의사들의 표현을 빌자면, "구멍을 뚫는 게 막대기를 만드는 것보다 쉽기 때문"이다. 이 수술의 목적은 신체의 건강을 위한 것도, 장래의 성적 즐거움을 위한 것도 아니다. 이 수술은 클리토리스의 축소, 질의 확장 혹은 생성, 잠복고환의 제거 등의 과정을 거친다. 수술 후 받는 치료는 종종 몇 년이 걸리기도 하는데, 이는 질에 삽입하는 물체의 크기를 점점 늘리면서 질강을 확장하는 치료를 받아야 하기 때문이다. 이 치료의 목적은 나중에 성인이 되었을 때 빌기린 페니스를 삽입할 수 있을 정도로 충분히 큰 질을 만들기 위한 것이니. 이 치료과정은 매우 고통스러워서, 종종 아이들에 대한 강제력이 동반되기 때문에, 이 과정은 사실상 의학적으로 합법화된 강간이라고 볼 수 있다.

에 기반한 통제 — 아름다움의 기준과 성적 행위, 육체와 정신 등을 모두 포괄하는 통제 — 보다, 여성에 대한 남성의 **법적** 통제에 특별히 더 공포를 느끼는 걸까?

개인의 권리와 자유가 강압에 대한 해결책으로 제시되고, 자유주의가 문화에 대한 처방전으로 선언되는 순간, 여성의 억압과 종속은, 종교적 혹은 문화적인 법이 공공연히 지배하는 곳 — 즉, 서구의 세속주의를 인정하지 않는 곳 — 에만 존재하는 현상이 되어 버린다. 하지만 앞서의 예들에서 보듯이, 자유주의는 자유를 선택의 문제로 치환하고 정치적인 것the political을 정책과 법으로 환원시킴으로써, 종속적 주체를 생산하는 법만큼이나 강제적이고 효과적인 사회적 권력망을 탈정치화된 세계 속에 촘촘히 펼쳐 놓는다. 마르쿠제와 푸코의 저작들이 보여주듯이, 선택이라는 환상은 자유주의적 자본주의 국가에서 지배의 중요한 도구로 활용될 수 있다. 주권적 주체라는 환상이 실제 주체를 생산하는 권력에 대한 문제 제기를 가로막을 때, 선택이라는 환상은 권력을 은폐할 뿐 아니라 더 나아가 그 권력을 매혹적으로 포장하는 데 기여한다.38 게다가 오킨은 자유주의에 내재한 일련의 문화적 규범들을 보지 못하기 때문에, 자유주의에 내재하는 뿌리 깊은 남성 지배 역시 파악하지 못하고 있다. 예컨대, 자유주의의 문화적 규범 하에서 자율성은 (전형적인 여성의 특성으로 이야기되는)

---

38. Herbert Marcuse, *One Dimensional Man : Studies in the Ideology of Advanced Industrial Society* (Boston : Beacon, 1964) [박병진 옮김, 『일차원적 인간 : 선진 산업 사회의 이데올로기 연구』, 한마음, 2003]; Michel Foucault, *History of Sexuality, vol.1, An Introduction*, trans. Robert Hurley (New York : Random House, 1978) [이규현 옮김, 『성의 역사 - 제1권 앎의 의지』, 나남, 2004]. 행위성의 차원과 자본주의의 매력에 관한 약간은 다른 관점으로는, Jane Bennett, *The Enchantment of Modern Life : Attachments, Crossings, and Ethics* (Princeton : Princeton University Press, 2001)을 보라.

의존적 타자에 대한 유대나 책임감에 비해 우월한 것으로 평가되고, 자유는 (종종 여성들은 할 수 없다고 여겨지는) 자신이 원하는 바를 행하는 것으로 규정되며, 평등은 (여성들은 항상 다르다고 간주되지만) 동질성을 전제로 논의된다. 자유주의 하에서의 남성 지배는 오킨의 주장처럼 "자유주의 문화"나 가족의 영역에만 한정된 것이 아니다. 그것은 자유주의 법질서와 정치적 원리에 이미 내재해 있다.

요약하자면, 주체의 자율성이란 환상은, 젠더화된 규범이나 문화로부터 법이 가지는 자율성이라는 환상과 결합하여, 서구의 여성에게 자유롭고 선택의 능력을 갖춘 주체의 위치를 할당한다. 이는 동시에 서구의 여성들을 정반대의 쌍, 즉 문화적 야만성에 종속된 그들의 자매들과 대비시키는 것이기도 하다. 이러한 관점에 따르면, 자유주의적 제국주의는 단순히 정당한 행위를 넘어, 일종의 도덕적 명령이다. "문화"는 자유주의에 의해 축출되어야만 하며, 그 결과 여성은 자신의 주름 방지 크림을 선택하는 자유를 누리게 될 것이다.

"문화"를 여성의 적으로 정식화하는 오킨의 주장이 가진 마지막 아이러니는, 그녀가 전 지구적 자본주의가 제 3세계 여성들에게 부과하는 현실적 조건들—그동안 서구의 비평가들이 문화적 제국주의나 정치적·군사적 제국주의를 비판하면서 언급해 온 조건들—을 간과하고 있다는 점이다. 제 3세계 여성에 대한 전 지구적 자본주의의 영향은, 자유 무역 지구에서 이루어지는 노동의 초과 착취에서부터 공동체와 가족의 폭력적 해체에 이르기까지 광범위하다. 만약 오킨이 제 3세계 여성들의 자기-결정 가능성을 옹호하고자 했다면, 이러한 문제들에 대해 설명하고 비판하는 것보다 중요한 일이 어디 있겠는가? 하지만 그녀는 자본주의보다 문화의 문제에 강박적으로 사로잡혀서 빈곤·착취·소외 등의 문제를 간과하고 있으며,

결과적으로 제국주의의 탄압과 착취가 아닌, 토속 문화를 야만적인 문화로 규정하고 진보적 개선의 대상으로 삼는, 당혹스러운 식민주의적 제스처를 반복하고 있을 뿐이다. 이 장의 마지막 부분에서 좀 더 자세히 살펴보겠지만, 이러한 제스처는 문명 담론과 결합한 관용 담론의 전형적인 특징을 반영하고 있다.

"문화"를 문제 삼는 서구 여성주의의 식민주의적 제스처는 여기에 그치지 않는다. 앞에서 살펴봤듯이, "집단의 권리"에 대해 어떤 입장을 취하던지 간에 자유주의자들은 공히 관용이 세속 국가에 의해 보장되는 개인의 자율성을 전제로 한다고 주장하는데, 이는 역으로 개인의 자율성이 정치적·법적 핵심 원리로 자리 잡지 않은 곳에서는 관용의 실천이 존재할 수 없음을 의미한다. 이러한 입장은 자유주의의 우월성을 신성화할 뿐 아니라, 법 이외 여타의 사회 권력에 무관심한 자유주의의 한계를 반복하는 것으로, 그 귀결점은 자유주의적 주체가 가진 완전한 자율성에 대한 찬사일 뿐이다. 동시에 이러한 견해는 관용이 법적으로 보장된 자율성 — 즉, 권리 — 에 기반한다고 보기 때문에, 비자유주의적 정치체제에서의 관용의 가능성을 원천적으로 배제한다. 하지만 상이한 믿음과 행위에 대한 관용이, 자율성 이외의 다른 가치들, 예컨대 개인의 자유로 환원되지 않는 다양성과 차이 혹은 문화적 보존 등의 가치와 연결될 수 있다면(혹은 연결되어 있다면) 어떨까?[39] 혹은 절대적 지위를 차지하고 있는 개인적 자

---

39. 관용에 대한 자유주의적 정식화에 맞서, 포스트식민 상황에서의 식민주의 담론의 굴곡을 추적하고 있는 작업으로는 인류학자 David Scott, *Refashioning Futures : Criticism after Postcoloniality*(Princeton : Princeton University Press, 1999)와 Mahmood, *Politics of Piety*를 보라. 이들은 자유주의의 틀에서 벗어나 포스트식민적 상황 속에서 관용을 사유하고 있는 훌륭한 시도들이다. 즉, 이들은 정치적인 차원과 학문적 차원에서 자유주의적 제국주의를 거부하고 있는 주목할 만한 사례이다.

유를 (완전히 거부하는 것이 아니라) 문명의 상징에서 탈중심화시켜, 이를 단지 인간 존재의 풍부함과 가능성을 만족시키는 하나의 방식으로만 이해한다면 어떨까? 혹은 자율성이 법뿐만 아니라 다른 요소들에 의해서도 발전해 온, 상대적이고 모호하며 양가적이고 국지적인 가치라는 점을 인식한다면 어떨까?[40] 아마도 이러한 인식은 비자유주의적 관용에 대해 사유할 수 있는 지평을 열어줄 뿐 아니라, 자유주의의 자기-확신과 의심스러운 궤변에서 벗어나, 자유주의의 실천에 대한 비판적인 이해로 나아가는 출발점이 될 것이다.

관용과 자본 그리고 자유주의적 제국주의

오킨의 저작을 길게 검토한 것은, 현대 문명 담론 속에서 관용이 어떻게 자유주의 담론 및 포스트식민 담론과 결합하는지를 살펴보기 위해서였다. 오킨은 이런 방식으로 관용을 사용하는 가장 직설적인 사상가이지만, 보다 정교한 여타의 자유주의 이론가들에게서도 그녀와 유사한 입장을 손쉽게 발견할 수 있다. 예컨대, 관용이 개인화의 산물이며 개인주의에 기반한 사회가 이룩한 하나의 성취라는, 마이클 이그나티에프의 주장을 살펴보자. 이그나티에프는 개인주의를, 집단 정체성의 추상성에 대비되는 인류의 근원적 진실의 위치로까지 끌어올린다. 개인을 선험적인 위치

---

40. 초자유주의(hyperliberal) 사회에서조차, 모든 자율적 행위들이 동등하게 평가되는 것은 아니다. 예컨대, 사회복지 서비스를 거부하는 빈민들이나, 하는 일 없이 거리를 어슬렁대는 10대들에 대한 평가를 생각해 보라. 또한 모든 집단과 실천이 자율성과 권리의 원칙에 기반한 것도 아니다. 가족이나 사회적 유대는 자율성 외에도 관계성과 필요에 기반해 있다.

에 놓는 이그나티에프는, 암묵적으로 집단 정체성은 이데올로기적이고 위험하며, 아직 자유주의에 의해 정복되지 않은 집단 정체성의 형태들은 전근대적인 것 혹은 비인간적인 것이라고 주장하는 셈이다. 6장에서 살펴본 프로이트 주장처럼, 이러한 입장은 자유민주주의를 인간의 진실을 대변하는 유일한 체제라 주장하며, 집단 정체성에 매몰된 이들— 혹은 프란시스 후쿠야마의 용어를 빌리자면, "역사에 매몰된 이들"— 은 일탈적이고 비합리적이며 위험한 대상으로 간주한다.

그러나 관용에 대한 이그나티에프의 주장을 좀 더 자세히 살펴보면, 그가 관용을 개인주의의 산물을 넘어, 경제적 번영의 산물로 파악하고 있음을 알 수 있다. 즉, 그에게 있어 관용의 토대는, 개인 그 자체라기보다는 개인의 성공이다. 예컨대, "자신의 집과 자동차 그리고 가족을 자랑스러워하는 독일남성은, 내세울 건 자신의 하얀 피부색밖에 없는 이들보다 이주민 시설에 방화할 확률이 적을 것이다." 또한 "시장경제가 붕괴해, 유럽에만 2천만 명이 넘는 청년 실업층에 대한 지원이 불가능해진다면, 개인들이 자신의 정체성 방어를 위해 증오 행위를 일삼는 조건이 형성될 것이다."[41] 이제 관용은 자유주의적 자율성의 도덕적 업적이라기보다는, **부르주아** 자본가의 덕목이자 권력과 성공의 산물······ 심지어 지배의 산물이 된다.

이렇듯 관용과 경제적 풍요의 관련성을 강조하면서, 이그나티에프는 현재의 세계화가 좀 더 관용적인 세계의 탄생을 가져올 것임을 추호도 의심치 않는다. 다만 그는 경제적 곤경에 처한 이들이 자신의 우월성을 유지하기 위한 최후의 수단으로, 인종적 혹은 종족적 민족주의로 경도되지 않

---

41. Ignatieff, "Nationalism and Toleration," 102.

을까 염려할 뿐이다.[42] 하지만 버나드 윌리엄스나 조셉 라즈 같은 도덕 철학자들은, 이러한 걱정조차 쓸데없는 것으로 치부한다. 이들에 따르면, 시장경제는 그 자체로 광적인 열정과 근본주의를 경감시키는 경향이 있으며, "종교나 특정한 가치에 기반을 둔 배타적 주장에 대한 회의를 확산시킨다." 즉, 시장경제는 지역 공동체들의 종교적·문화적·민족적 형식을 침식해 나간다는 것이다.[43] 신자유주의 세계화가 관용의 토대를 마련하는 구체적인 방법에 있어서는, 라즈와 윌리엄스의 견해가 엇갈린다. 우선 라즈에 따르면, 전 지구적 자본주의 사회에서, 동질적인 시장경제는 사회의 다문화적 파편화를 억제한다. 시장경제는 세계화로 인한 다문화적 환경 속에서 문화의 영향력을 약화시키는 경향이 있는데, **왜냐하면** 시장경제는 필연적으로 자유민주주의를 수반하며, 이를 통해 차이에 대한 주장을 완화시키고, 공통의 (초문화적인) 정치적·경제적 삶을 창출해 내기 때문이다. 반면 윌리엄스는, 세계화된 시장경제가 관용을 증진시키기 위해서 꼭 자유민주주의를 경유할 필요는 없다고 주장한다. 윌리엄스에 따르면, 시장경제는 그 자체로 근본주의자의 움켜진 주먹을 펴게 만드는 효과를 낳는다. 시장경제는 어떤 도덕 원리보다 효용을 더 우선시하기 때문에, 그 자체로 도덕 원리에 입각한 불관용을 줄여 나간다는 것이다. 윌리엄스의 표현을 빌자면, "[국제화된 소비사회와 함께 등장하는— 인용자] 회의주의가 불관용의 폐해에 도전하면서, 관용의 실천을 위한 토대가 생겨난다. 이러한 토대는 자율성에 기반한 자유주의와 동맹을 맺고 있지만, 완전한 다원

---

42. 위의 책, 94-95.
43. Bernard Williams, "Toleration : An Impossible Virtue?" in *Toleration : An Elusive Virtue*, ed. David Heyd (Princeton : Princeton University Press, 1996), 26. 또한 Joseph Raz, *Ethics in the Public Domain* (Oxford : Clarendon Press, 1984), 171-72을 보라.

주의의 성취 같은 야심찬 꿈을 가지고 있지는 않다. 오히려 이러한 토대
는, 쥬디스 슈클라Judith Shklar가 '공포(로부터)의 자유주의'라 이름붙인, 몽
테스키외와 콩스탕으로부터 유래하는 전통에 좀 더 가깝다."[44] 사실 윌리
엄스의 입장은, 홉스·몽테스퀴에·콩스탕의 보수적 자유주의 전통이 구
체화해 온 공포의 정치뿐 아니라, 자본주의가 자유주의 법질서의 도움 없
이도 계산적 주체와 사회 질서를 생산해 낼 수 있다는 노골적인 신자유주
의 정치 합리성에 기반해 있다. 물론 자본주의 역사에 밝은 사람들에겐,
자본이 전통적인 비시장적 질서를 일소한다는 것이 그리 새로운 주장은
아닐 것이다. 오히려 놀라운 것은, 윌리엄스나 라즈 같은 정치적 자유주의
자들이 이러한 현상에 지지를 보내고, 서구의 자유주의적 제국주의와 신
자유주의 세계화에 의한 지역 문화의 파괴를 열렬히 옹호하고 있다는 사
실이다.

관용이 비자유주의 세계에 이식될 수 있다는 주장에, 좀 더 조심스런
입장을 취하는 자유주의자들도 있다. 윌 킴리카는 자유민주주의 사회의
다문화주의를 연구한 논문의 결론부에서, 개인의 자율성을 기본 원리로
삼지 않는 소수 문화는 절대 관용해서는 안 되며, 소수 문화가 주류 문화
의 관용을 얻기 위해서는 개인의 자율성을 핵심 원리로 수용해야 한다고
주장한다. 즉, 킴리카가 보기에, 어떤 문화가 자유주의 하에서 관용받기

---

44. Williams, "Toleration," 26. [자유주의 정치철학자 주디스 슈클라(1928~1992)는 자
  유주의 전통을 크게 '공포(로부터)의 자유주의'(the Liberalism of Fear)와 '권리의 자
  유주의'(the Liberalism of Rights)로 구분한다. '권리의 자유주의'가 천부인권 등의 형
  이상학적 개념에 기반해 최고선을 실현하기 위한 실정적 기획을 의미한다면, 슈클라는
  이러한 총체적 기획에 회의적 태도를 보이면서, 최고의 악덕인 인간에 대한 폭력과 잔
  혹함을 최소화하는 기획으로서 '공포(로부터)의 자유주의'를 주장한다. 슈클라는 이러
  한 악덕의 최소화를 위해, 관용과 다양성의 용인을 핵심적인 전제 조건으로 꼽았다는
  점에서, 왈쩌 등의 자유주의적 관용론자들의 논의 기반을 마련해 주었다는 평을 듣고
  있다.]

위해서는, 그 문화 자체가 관용적인 문화로 변화해야만 한다. 비록 이러한 변화가 그 문화의 중요한 원칙을 포기하는 것일지라도 말이다.[45] 이처럼 킴리카는 관용적인 주류 문화가 자신이 소유한 권력을 적극 활용할 것을 주장하는데, 이는 마치 칸트 식의 자유주의를 명백히 비非칸트적인 방식으로 활용하는 것과 같다. 즉, 킴리카에게서 관용은 그 자체로 목적이라기보다 타자들을 변화시키기 위한 수단이고, 개인의 자율성은 어떤 본질적인 가치라기보다는 흥정의 대상일 뿐이다. 물론 문화의 변화를 요구하는 행위는, 그 자체로 관용의 원칙과도 충돌하는 것이다. 따라서 킴리카는 자신의 입장이 가진 비자유주의적 측면을 무심코 드러내며, 관용 자체가 문화적 혹은 정치적으로 중립적인 가치가 아니라는 사실을 보여준다. 여기서 우리는 자유주의적 관용이 시민사회의 평화를 획득하기 위한 단순한 수단 이상의 것임을 알 수 있다. 즉, 관용은 그것이 통치하는 주체와 문화의 광범위한 정치적 변환을 요하는 헤게모니의 실천인 것이다.

물론 오킨과 이그나티에프, 헌팅턴과 라즈, 윌리암스와 킴리카 사이에는, 분석과 처방에 있어 상당한 차이가 존재한다. 하지만 그럼에도 이들 모두는, 포스트식민적·자유주의적·신자유주의적 논리를 동원해, 관용을 하나의 문명 담론으로 만든다는 공통점을 가지고 있다. 이 문명 담론은 개인의 자율성을 거의 인류의 존재론적 차원의 문제로 끌어올리고, 문화와 종교에 의한 지배와 개인의 자율성을 극적으로 대비시킴으로써, 서구와 자유주의의 우월성을 재확인한다. 시장경제와 자유민주주의가 수반하는 수많은 문화적 규범들이, 이 담론 내부에서 가시화될 수 없음은 물론이다.

관용이 시민들 간의 폭력적인 갈등보다 바람직하다는 점에는, 반론의

---

45. Will Kymlicka, "Two Models of Pluralism and Tolerance," in Heyd, ed., *Toleration.*

여지가 없다. 그러나 이러한 자명한 사실의 숨은 진리는, 오늘날 관용 담론이 신자유주의 정치경제학과 자유주의 통치성의 폭력적 제국주의를 정당화하고 있다는 것이다.[46] 오늘날 관용은 관용하는 자들의 우월하고 선진적인 지위를 재확인하며, 특정한 행위나 문화에 대한 관용의 철회는 그 대상을 문명의 울타리 바깥으로 내몬다. 하지만 관용의 제공과 철회의 경제가 가진 효과는 여기에 그치지 않는다. 이러한 경제는 더 나아가 자유민주주의와 서구 사회에 존재하는 수많은 **문화적 규범들**을 부인하고 은폐하는 역할도 수행하고 있다. 우리가 앞서의 사상가들을 통해 분명히 알 수 있는 사실은, 관용 담론은 마치 문명과 야만을 구분하고, 야만으로부터 문명을 보호해야 하며, 이를 위해 자유주의의 장점을 확장해 나가자는 주장만을 반복하는 척 하면서, 실제로는 특정한 문화적 가치들을 전파하는— 서구의 가치를 옹호하고, 여타의 가치들은 타자화하는— 역할을 수행한다는 것이다. 문명 담론으로서 관용이, 정치와 법의 문화적 중립성과 법치 그리고 개인의 자율성·합리성에 기반하는 한, 관용은 자신과 문화와의 관련성을 부인하면서 원주민에게 문화의 지위를 할당하려는 자유주의의 기획에 핵심적인 역할을 담당할 수밖에 없다. 이런 점에서, 관용은 자신이 문화적 중립성을 가지고 있다는 자유주의의 자아도취— 즉, 자유주의 체제가 문화제국주의라는 비판으로부터 자유롭다는 자아도취— 를 뒷받침하는 매우 중요한 역할을 한다. 타인들이 목숨을 걸고 반대하는 자유주의적 가치들을 고집하면서도, "우리는 타인에게 우리의 문화를 강요할 생각이 없다"는 조지 W. 부시의 선언에서, 우리는 이러한 자아도취의 극단을 발견

---

46. Wendy Brown, "Neoliberalism and the End of Democracy," in *Edgework : Essays on Knowledge and Politics* (Princeton : Princeton University Press, 2005)를 보라.

할 수 있다.(이에 대해서는 6장을 보라.)

　사실 **관용**과 **관용의 철회** 모두, 관용의 문명 담론으로서의 기능에 핵심적인 역할을 하고 있다. "외부"의 실천에 대한 **관용**은, 관용하는 측의 규범적 지위와 관용되는 측의 주변적 지위를 공고히 한다. (아마도 이 양자의 지위는, 문명과 야만 양극단 사이 어디엔가 위치할 것이다.) 관용을 가능하게 해 주는 권력의 질서에 대해서는 침묵한 채, 관용은 관용하는 쪽의 문명화된 지위, 즉 그들의 세계시민주의와 포용력, 자제력, 반ᅑ근본주의적 성격을 재확인할 뿐이다. **관용의 철회**가 타자를 야만인으로 표지하면서 동시에 이러한 표지 행위에 내재한 문화적 규범을 은폐할 수 있는 것은, 이러한 기반 하에서만 가능하다. 관용적인 문명이 어떤 한계와 마주칠 때, 이 마주침은 정치적 혹은 문화적 차이와의 만남으로 간주되지 않는다. 이제 이러한 마주침은 문명 자체의 한계와의 조우로 담론화된다. 이로써 그 타자에 대한 관용의 철회와 적대시가 정당화되는 것이다 — 이 타자는 내적으로 억압적이고 외적으로 위험하다, 혹은 6장에서 살펴보았듯이, 내적으로 억압적이기 **때문에** 외적으로 위험하다. 이제 관용적 문명이 타자를 대할 때 자신들의 문명적 원칙 — 정치적 자기-결정이나 국가 주권 혹은 법적 정당성이나 이성적 사고 같은 원칙 — 을 잠시 유보하는 것이 가능해진다. 그리고 이러한 정당화된 문명적 원칙들의 유보를 통해, 결국 위험한 타자를 대상으로 한 선제방어 전쟁preemptive war까지 가능해진다.

　더 나아가 문명 담론 속에서 순환하는 관용은, 테러리즘을 근본주의나 반미주의와 등치시키는 경향이 있는데, 부시 정권이 구사하는 마니교적 수사들 — 예컨대, "당신이 문명 세계의 편입니까, 아니면 테러리스트의 편입니까"와 같은 표현 — 은, 바로 이러한 치환의 결과 탄생한 것이다. 이러한 개념의 미끄러짐을 통해, 오사마 빈 라덴과 사담 후세인을 붕넝의 석으로 뭉뚱그리는 것이 가능해지며, 테러와의 전쟁이 어느 순간 아프가니스탄과 이라크에서의 정권 교체를 위한 전쟁으로 자연스레 변화할 수 있다. 동일한 방식으로, 이라크의 **위험성**을 통해 정당화되었던 이라크 전쟁은, 어느 순간부터 (서구에 의한) 해방을 **열망**하는 이라크 민중의 이름으로 정당화된다. 자유주의의 관용구로서 관용은, 단지 문명화되고 자유로운 이들의 **상징**으로만 기능하는 것이 아니다. 내적으로 억압적이면서 외적으로 위험한, 즉 불관용적이며 따라서 관용 불가한 우리 시대의 야만적 대립항에 맞설 수 있는 문명 진영의 **권리** 자체를, 관용이 생산해 내는 것이다.

오늘날 관용은 그것의 최초의 의미 — 즉, 교회 권력의 위기에 대한 대응책이자 민족-국가의 지배를 공고화하기 위한 수단, 혹은 종교 집단들 간의 조화로운 삶을 위한 방책 — 와 이미 희미한 유사성만 가지고 있다. 물론 오늘날 관용이 서구 제국과 결탁하고 있다는 사실이, 원하지 않는 것과 함께 살아가려는 노력의 상징인 관용 자체를 폐기 처분해야 한다거나 포기해야 한다는 것을 의미하지는 않는다. 중요한 것은 오늘날 관용이 작동하는 방식에 대해 좀 더 정확히 이해하고, 관용이 유통시키고 있는 존재론, 정동, 에토스와 같은 반反정치적 언어에 맞서, 권력과 사회적 힘, 정의와 같은 언어들을 되살리는 것이다. 우리는 관용이 자유주의적 제국주의의 도구로서 작동하는 방식, 그리고 관용이 야만이라는 인종화된 수사나 서구의 위기 담론과 결합하는 방식, 더 나아가 관용이 (자신이 억제한다고 주장하는) 폭력을 정당화하고 선동하는 방식에 대해 정확히 이해해야만 한다. 우리는 관용이 규범적 주체·종교·문화·체제와 일탈적 주체·종교·문화·체제를 분절해 내는 방식, 그리고 관용이 정체성을 생산하고 관리하는 방식을 포괄적으로 이해해야만 한다. 우리는 관용이 종속과 주변화의 생산에 참여하는 방식을 추적해야 하며, 평등주의나 보편주의 같은 자유주의 담론의 대리보충으로서 그것의 기능에 주목해야 한다. 우리는 "차이"를 존재론적인 것이자 필연적으로 증오를 수반하는 것으로 만듦으로써, 이러한 갈등을 구성하는 권력과 역사에 대한 분석을 차단하는 관용의 탈정치화 기능을 이해해야만 한다. 우리는 문명 담론으로서의 관용 담론이, 근대 초기 서구에서의 종교 갈등을 조정한 자신의 명성을 활용해, 오늘날 비非서구 사회에 대한 폭력을 어떻게 은폐하는지 이해해야만 한다. 요약하자면, 우리는 관용을 민족적 수준과 초민족적 수준에서 동시에 작동하는 통치성의 한 양식으로 이해할 필요가 있다.

다시 말하지만, 이러한 비판적 접근은 관용에 대한 완전한 거부가 아니며, 관용이 필연적으로 기만적인 가치라거나, 관용을 다른 종류의 실천이나 용어로 대체하자는 것도 아니다. 오늘날 관용의 작동에 대해 정확히 이해하자는 것은, 그 동안 반反정치적인 관용 담론이 배제해 왔던 정의와 권력 같은 용어에 기반해, 새로운 대항담론들counterdiscourses을 형성해 나가자는 제안이다. 이를 통해 우리는 지금까지 관용 담론이 억압해 온, 불평등과 배제, 종속 그리고 식민적 혹은 포스트식민적 폭력들에 대해 더 많이 발언할 수 있을 것이다. 이를 통해, 우리는 종족적 혹은 종교적 갈등을 존재론화하는 대신, 권력의 문법을 통해 이들 갈등을 형상화할 수 있을 것이다. 이를 통해, 우리는 자유주의를 조직하는 문화적·종교적 규범들과 자유주의에 내재한 종교적·성적·젠더적 규범들을 폭로해 낼 수 있을 것이다. 결국 우리의 입장을 "관용 반대"나 "불관용 지지"의 틀로 가두는 것은 어리석은 일이다. 대신에 우리는 대안적인 정치적 발언과 실천을 통해, 관용의 현대적 배치가 가지는 탈정치적이고, 규제적이며, 세속주의적인 효과들과 싸워 나가야 할 것이다. 이러한 작업이야말로, 고통과 폭력을 줄이고 정의를 추구하려는 우리의 노력에 온당하게 기여할 수 있으리라.

관용을 넘어 정치로

1.

오늘날 관용이 중요한 윤리적 덕목의 위상을 넘어, 각종 사회문제를 해결할 수 있는 "만병통치약"처럼 이야기되고 있다는 사실에는 별다른 이견이 없을 것 같다. 문명 간의 충돌이라는 세계사적 문제에서부터 취향의 존중과 관련된 일상의 문제에 이르기까지, 오늘날 다층적인 사회문제들의 원인은 손쉽게 "관용적 태도 혹은 감수성의 부족" 탓으로 환원된다. 더 나아가 현재 세계 각지에서 벌어지고 있는 종족 분쟁이나 계급 갈등의 원인을 특정 국가 혹은 정권의 불관용적 태도에서 찾는 진단에서는, 그 평면성과 순진함(?)에 어떤 아찔함마저 느껴지기도 한다. 언제부터 그리고 왜 우리 시대의 문제들은 지배와 착취 혹은 불평등과 부정의의 문제가 아닌 "불관용의 문제"로 여겨지게 된 것일까? 언제부터 우리는 사회문제의 해결을 위해 사회적 평등이나 사회구조적 변화가 아닌 개인이나 권력의 관용을 호소하는 것에 익숙해진 것일까? 웬디 브라운의 이 책은, 이러한 간단치 않은 질문에 대한 주목할 만한 답변 중 하나라 할 수 있다.

지금까지『상처의 상태』,『탈역사적 정치』등의 저서를 통해 후기 자유주의적 통치와 정체성 정치가 가진 각각의 한계점들에 대해 탐구해 온 웬디 브라운은, 이 책에서 최근 관용 담론의 부흥에 담긴 정치적 함의들을 파고든다. (자신의 작업에 대한 브라운 본인의 소개는, 한국어판 서문을 참고하길 바란다.) 브라운은 관용이란 무엇인가 혹은 관용이 적용될 수 있는 범위는 어디까지인가와 같은 기존의 질문을 반복하는 대신, 관용이 20세기 후반 정치적 입장차를 뛰어넘어 모두로부터 칭송받는 공통의 가치이자 선善으로 부상하게 된 배경과 이러한 관용의 부흥이 생산하는 (탈脫)정치적 효과에 주목한다. 푸코의 방법을 따라 다양한 담론적 맥락 속에서 관용이 수행하는 역할을 추적해 그녀가 내리는 결론은, 오늘날 관용은 탈정치화 담론이자 평등의 대리보충, 통치성이자 문명 담론의 일부로서, 시민-주체를 규율하고 정치를 개인화-탈역사화하는 동시에, 국제적 차원에서 자유주의적 제국주의를 정당화하는 효과를 생산해 내고 있다는 것이다. 브라운이 반복해 지적하듯이, 이러한 관용의 통치적 속성은 평등과 연대의 가치에 기반한 우리 시대의 중요한 정치적 도전들을 방해하고 있다. 정치적 적대와 모순을 자리옮김하고 상상 속에서 해소토록 하는 것이 이데올로기의 고유한 기능이라면, 관용이야말로 우리 시대의 이데올로기라 불리기에 부족함이 없을 것이다.[1]

2.

---

1. 국내에서 심도 깊게 논의된 적은 없지만, 국내외의 다양한 저자들이 관용의 이러한 이데올로기적 측면과 탈정치적 효과를 지적해 왔다. 한글로 손쉽게 접할 수 있는 텍스트로는, 슬라보예 지젝,『까다로운 주체』, 이성민 옮김, 도서출판b, 2005, 4장; 서동진, 「차이의 몽매에서 어떻게 벗어날 것인가」,『디자인 멜랑콜리아』, 디자인플럭스, 2009; 조정환, 「'똘레랑스'의 윤리정치학 비판」,『지구제국』, 갈무리, 2002 등을 참고하라.

마치 게릴라전을 수행하듯이, 오늘날 지배 담론 속에서 작동하는 관용의 다양한 기능을 들춰내고 비판하는 브라운의 논의를 이 자리에서 다시 한 번 요약하는 것은, 불필요할 뿐 아니라 불가능한 일일 것이다. 다만 여기서는 짧게나마 지난 세기 후반 관용의 부흥이, 차이 및 정체성의 본질화와 보편적-정치적 공간의 폐쇄에 기반한 후기 자유주의적 통치의 일반적 특성과 긴밀한 관련이 있음을 다시 한 번 환기시키고자 한다. 이는 탈정치화와 자유주의 간의 상호 관계가 웬디 브라운의 오랜 관심사였을 뿐 아니라, 이 책의 관용 비판이 최근 활발히 논의되고 있는 정치 혹은 '정치적인 것'과 보편성에 대한 정치철학적 사유들과 연동할 수 있는 가능성을 보여주는 지점이기 때문이다.

웬디 브라운이 반복해서 강조하듯이, 오늘날 관용 담론이 생산하는 핵심적 효과는 사회적·역사적으로 구성된 차이를 자연화하고 본질화하는 것에서 찾을 수 있다. 지난 세기 후반, 관용의 대상이 신념의 자유와 관련된 문제에서 정체성과 문화의 문제로 변화한 것은, 이러한 차이의 물화 및 존재론화를 보여주는 징후라 할 수 있을 것이다. 브라운은 이러한 관용 담론의 변화가, 특정한 규범과의 내밀한 연결고리가 폭로되면서 위기에 처한 자유주의적 보편의 정당성을 관용이 보충하는 과정에서 촉발된 것으로 본다. 예컨대 오늘날 자유주의에서 이야기하는 "인간" 개념이 사실상 백인-부르주아-기독교인-남성이라는 규범들에 기반한다는 정치적 공정성political correctness의 목소리는 대중적 상식이 되었다. 이제 관용 담론은 이러한 위기에 맞서, 자유주의적 보편의 정당성을 새로운 후後보편적 상황 속에서 재정초하는 어렵고도 아이러니한 역할을 수행하기 위해 호출된다.

브라운에 따르면, 이러한 과정은 일단 문제가 되는 성세싱과 차이 지체를 "관용"의 이름하에 본질화·자연화함으로써 특정한 규범들의 지배를 뒷받침하는 역사적·정치적 배경들을 삭제하고, 이렇게 본질화된 차이와 정체성에 "특수한 것" 혹은 "관용받는 것"의 자리를 배정함으로써 기존의 지배적 규범들의 지위를 중립화·재보편화하는 이중의 과정을 통해 이루어진다.

이 때 차이를 본질화하는 첫 번째 작업은, 차이의 역사적·정치적 생산에 대해 문제 제기해 왔던 급진적 "정치화된 정체성"politicized identity들의 기획을 거꾸로 뒤집는 과정이라고도 말할 수 있다. 예컨대 자유주의적 관용 담론은 동성애가 개인의 자연적인 성적 취향이기에 관용해야 한다고 주장하면서, 은밀히 이성애라는 지배적 규범의 구성 역시 자연화하는 효과를 낳는다. 이러한 접근 속에서, 문제는 "본질적인" 이성애 정체성을 가진 이가 역시나 본질적이고 자연적인 동성애 정체성을 관용할 것인가/배제할 것인가로 환원되고, 이에 따라 차이가 가질 수 있는 횡단적이고 전복적인 힘, 즉 정체성/동일성의 구성 자체를 문제시할 수 있는 힘은 중화된다. 웬디 브라운이 지적하듯이, 이러한 환원 속에서 삭제되는 것은, "왜 섹슈얼리티가 그토록 문제가 되는가? 섹슈얼리티가 정체성을 변별하는 요소로 이해되는 이유는 무엇이며, 그 효과는 무엇인가?"라는 근본적이고 역사적이며 정치적인 질문들이다. (우리는 바로 이러한 물음에 대해 그 누구보다 진지하게 사유했던 사람이 『성의 역사』에서의 푸코였음을 잘 알고 있다.)

더 나아가, 관용 담론은 이렇게 무력화된 차이들에 "특수한 것" 혹은 "관용받아야 하는 것"의 위치를 배정함으로써, 기존의 지배적 규범들에 자연스레 "중립적인" 위치를 할당한다. 예컨대, 호주의 다문화주의적 지배를 연구한 엘리자베스 포비넬리는 호주 정부가 다문화주의를 국가의 공식 이념으로 선언한 이후, 원주민들이 처하게 된 아이러니한 상황에 대해 다음과 같이 말한다.

> 프란츠 파농과 서발턴 연구자들은 식민 지배가 어떤 식으로 원주민들을 식민 지배자와 동일시하도록 강요하는지를 연구했다. 하지만 이제 호주의 다문화주의적 지배는 이와는 반대로 서발턴과 소수 주체들에게 그들의 진정한 자기-정체성이라는 불가능한 대상과 동일시할 것을 부추기고 있었다. …… 단지 '너 자신이 되어라.' 원주민들은 이제 국가의 호의와 보상 입법에 대한 답례로 손상된 자신들의 토착적 전통과 정체성을 연기해야 했다.[2]

이러한 통치전략의 변화에서 우리가 발견할 수 있는 문제는, 원주민들이 '진정한' 자기 자신이 되는 것은 불가능하다는 것 ('원주민들'의 정체성은 그 자체로 다양하고 혼종적이며, 이들의 토착 문화는 이미 이전의 동화정책에 의해 손상되었다) 이상이다. 여기서 좀 더 핵심적인 문제는, 이 같은 원주민들의 "토착적 차이"를 규정하는 시선이 이미 차이를 식별해내는 백인의 시선을 전제하고 있으며, 이 시선의 편파성이 "너의 차이를 관용하겠다"는 선언 아래 중립화된다는 것이다.[3]

---

2. Elizabeth A. Povinelli, *The Cunning of Recognition : Indigenous Alterities and the Making of Australian Multiculturalism* (Duke University Press, 2002), 6.
3. 우리는 이와 동일한 문제를 2006년 〈외국인 노동자 문화 축제〉에서 사회비판적인 노래 대신 네팔 노래를 부를 것을 요청받았던 이주노동자 밴드 〈스탑 크랙다운〉(Stop Crackdown)과 관련한 유명한 에피소드에서 발견할 수 있다. 현재 강제추방당한 활동가 미누가 속해있던 이 밴드는 행사 주최 측의 이러한 제안을 거부했는데, 다시 한 번 이 에피소드의 핵심은 이들에게 "네팔인"이라는 정체성을 표지하고 부과하는 "한국인"의 지배적/비대칭적 시선이 다문화라는 화합의 언어 속에서 은폐된다는 것이다. 이 에피소드에 대해서는, 김현미, 「온정주의 이주노동자 정책의 형성과 변화」, 『담론 201』 10(2), 2007, 55~57쪽 참고.

웬디 브라운이 한국어판 서문에서 언급한 오바마 미국 대통령의 당선을 둘러싼 담론들은, 이러한 관용의 이중적 운동을 전형적으로 보여주는 또 다른 예일 것이다. 브라운의 말처럼, 오바마가 복음주의 목사와 동성애자 신부에게 동시에 선서한 것이 "관용의 표현"이라 칭송될 때 소수적 정체성뿐 아니라 억압적 규범 역시 수평적 차이로 환원된다.[4] 또한 오바마의 승리가 "관용의 승리"이자 "미국의 승리"로 표현될 때 그는 "흑인"이라는 특수한 정체성으로 표지되는 동시에, 이러한 "흑인"이라는 정체성을 표지해 내고 관용할 수 있는 "백인"의 지배적 위치 자체는 "미국의 승리"라는 선언 하에 은밀히 삭제되고 중립화된다.

웬디 브라운이 반복해 주장하는 것처럼, 이러한 관용의 이중적 운동에 따른 차이의 본질화는 급속한 탈정치화를 수반한다. 그리고 이러한 탈정치화는 관용의 논리가 역사와 정치를 통해 설명되어야 할 문제를 개인의 태도와 감수성의 문제로 치환한다는 것 이상을 의미한다. 오히려 더 눈여겨보아야 할 것은, 관용 담론이 부추기고 역으로 관용 담론의 확산을 뒷받침하는 이러한 교묘한 자연화와 자리 할당의 메커니즘이, 특정한 차이가 공적 논의를 통해 정치적이고 보편적인 문제로 상승할 수 있는 통로를 폐쇄한다는 데 있다. 이제 차이는 새로운 가능성을 생산할 잠재력을 박탈당하고, 단순히 "관용받아야 할 특수한 것"으로만 남게 된다. 특정한 정체성 내부에서의 단절과 정체성의 변형, 그리고 보편성으로의 도약이 고유한 정치의 기반이라는 오늘날 정치철학자들의 논의에 동의한다면,[5] 우리

---

4. 따라서 우리는 "동성애/특정 인종/여성을 혐오하는 것 역시 하나의 의견이자 입장으로 관용해 달라"는 요구를 관용 논리를 이용한 단순한 궤변으로 이해해서는 안 된다. 오히려 이러한 주장은 탈정치화된 관용 논리의 핵심을 보여주는 것이다.
5. 대표적으로 다음과 같은 랑시에르의 말을 참고하라. "정치적 주체화는 언제나 세 가지 의미에서 '타자의 담론'을 함축한다. 첫째, 정치적 주체화는 타자가 고정해 놓은 정체성

는 본질화된 정체성을 부여하고 기존의 지배적 규범을 중립화하는 관용의 논리 속에서 보편적 공간의 폐쇄와 이에 따른 정치의 죽음이라는 후기 자유주의의 (탈脫)정치적 조건을 발견할 수 있다. 따라서 관용 담론이 평등과 정의의 기획을 방해하고 자리바꿈한다는 브라운의 주장은, 단순한 관용 비판을 넘어 새로운 정치적 담론과 공간의 부활에 대한 긴급한 요청으로 읽혀야 할 것이다.

3.

하지만 관용의 이러한 폐해에 대한 브라운의 분석은, 아마도 다음과 같은 즉각적인 반론에 부딪힐지도 모르겠다. 현재 우리 사회의 각종 문제가 관용의 과잉 때문이 아닌 관용의 부족 때문에 발생하는 것은 사실이지 않은가? 한 때 다문화주의를 전면에 내걸었던 호주는 최근 이민 통제의 강화를 선언했으며, 몇 년 전 발생한 프랑스 방리유 소요 사태는 그들이 자랑하던 똘레랑스의 극적인 쇠퇴를 반영하는 것 아닌가? 또한 테러와의 전쟁은 관용의 이름보다는 안전이라는 명분하에 행해지고 있지 않은가? 우리는 관용을 비판하기보다는 관용의 가치로 이러한 강화된 배제와 안전의 정치에 문제 제기해야 하지 않겠는가? 이러한 반론은 일면 타당하며, 혹 좀 더 섬세한 눈을 가진 사상가라면 표상 및 담론적 차원에서의 관용의 증대와 실제 현실에서의 배제의 강화를 현대 사회의 독특한 정치적·사회적 조건으로 꼽을지도 모르겠다.[6]

을 거부하기, 이 정체성을 변조하기, 어떤 자기와 단절하기이다. 둘째, 그것은 타자에게 전달하는 증명이자, 어떤 방레로 정의되는 공동체를 구성하는 증명이다. 셋째, 그것은 언제나 불가능한 동일시, 즉 우리가 동시에 동일시할 수 없는 어떤 타자 — '대지의 저 주인은 사들 혹은 그 외 의이 동일시하기다." 자크 랑시에르, 『정치적인 것의 가장자리에서』, 양창렬 옮김, 길, 2008, 223~224쪽.

그러나 다시 한 번, 웬디 브라운이 주장하는 바는 오늘날 대립적인 가치로 표상하는 "관용 대 안전"이라는 구도 자체가, 실은 공적이고 정치적인 차원에서 차이의 문제를 다루는 것을 회피하는 후기 자유주의의 탈정치성의 결과라는 것이다. 웬디 브라운이 1장의 제사題詞에서 인용하듯이, 오늘날 우리의 적은 "그들의 이야기를 들어보지 못한 자"이다. 타자의 차이가 역사와 정치, 권력과 갈등을 통해 설명되지 못하고 자연화되고 본질화될 때, 이 차이와의 조우를 통해 새로운 것을 생산할 수 없는 우리 앞에 놓인 선택지는 이들을 어떻게든 견디거나(관용), 이들을 안전의 이름으로 배제하거나 둘 중의 하나뿐이다.

　　실제로 웬디 브라운이 이 책에서 반복해 보여주듯이, 오늘날 관용과 안전은 대립하기보다는 타자성 관리의 두 핵심 축으로 서로 맞물려 작동하고 있다. 우리는 "낯선 요소가 주인/숙주를 파괴하지 않는 한에서 공존 가능한 한계"라는 관용의 사전적 정의에 걸맞게 우리의 안전을 보장받는 한에서 관용하며, 이는 역으로 관용 담론 자체가 안전을 위협하는 적들과 그렇지 않은 대상을 식별하고, 이 관용 가능한 범위에서 벗어난 대상들에 대한 선제공격을 사전에 정당화하는 기능을 수행한다는 것을 의미한다. 혹은 좀 더 간단히 이렇게 말할 수도 있겠다. 오늘날 안전한 이들과 그렇지 않은 이들을 구분하는 기준은 "관용"이며("문명인은 관용하며, 야만인은 불관용적이다"), 역으로 관용 가능한 이들과 그렇지 않은 이들을 구분하는 기준은 "안전"이다.("오늘날 관용의 문을 여는 구호는, 보안과 감시, 통제와 규제이다.") 따라서 다시 한 번 우리에게 요구되는 것은, 오늘날 서

---

6. 이에 대해서는, 東浩紀(아즈마 히로키), 「情報自由論」, 『情報環境論集』, 講談社, 2007, 1장과 지그문트 바우만의 일련의 논의들을 참고하라. 지그문트 바우만, 『자유』, 문성원 옮김, 이후, 2002; 정일준 옮김, 『쓰레기가 되는 삶들』, 새물결, 2008.

로 대립적인 가치로 표상하는 관용과 안전 중 하나를 옹호하거나, 불관용의 제국에 관용을 호소하는 것이 아니라,7 차이의 문제를 역사 및 권력과 결부시켜 다룰 수 있는 정치적 담론과 공간의 부활, 다시 말해 정치의 부활을 위한 노력일 것이다.

4.

그렇다면 웬디 브라운의 논의가 오늘날 한국 사회에 던지는 함의는 무엇일까? 브라운 본인도 밝히고 있듯이 이 책의 논의는 상당 부분 미국 혹은 북대서양 국가들을 직접적인 배경으로 하고 있기에, 아마도 이를 곧바로 한국 사회에 적용하기에는 많은 무리가 따를 것이다. 하지만 그럼에도 우리는 이 책의 논의를 통해 지금의 한국 사회를 다른 각도에서 바라볼 수 있는 몇 가지 함의들은 발견할 수 있다. 그 중 핵심적인 것을 꼽자면, 아마도 관용과 자유주의적 통치 간의 관계에 관한 물음, 그리고 이 둘의 결합을 통해 진행되는 지속적 탈정치화에 대한 물음일 것이다.

예컨대 우리는 웬디 브라운의 논의를 빌어, 90년대 중반 한국 사회에 혜성같이 등장해 대중화되었던 "똘레랑스" 담론이 어쩌면 당시 막 자리 잡고 있었던 새로운 자유주의적 통치를 보충하는 역할을 한 것은 아니었을까라는 질문을 던져볼 수 있을 것이다. 80년대를 특징짓던 "전쟁 담론"

---

7. 이러한 불관용적 제국에 대한 관용의 호소는, 아마도 제 1세계 진보주의자들의 표준적 제스처일 것이다. 대표적인 작업으로는 에이미 추아(Amy Chua), 『제국의 미래』, 이순희 옮김, 비아북, 2008 참고. 오늘날 대체로 관용은 진보주의자의 가치로 안전은 보수주의자의 가치로 표상하지만, 표면적인 대립과는 달리 이 둘은 특정한 차이가 공적 영역에서 직접적으로 정치화되지 않도록 상호 협력하고 있다. 공공장소에서의 히잡 착용의 문제처럼, 특정한 차이가 공석 영역에서 가시화되었을 때, 좌우파 양쪽 모두에서 제기되었던 이스테릭한 반응에 대해서는 Joan W. Scott, *The Politics of the Veil*, Princeton University Press, 2007을 참고하라.

의 빈 공간을 메우며 진보주의자들의 언어로 자리 잡았던 "똘레랑스"는, 어쩌면 사회의 보편적 적대를 부인하는 동시에 이러한 적대를 전면에 내세우는 급진적 담론들을 통제할 필요가 있었던 자유주의적 통치와 일종의 공모관계를 맺고 있었던 것은 아닐까? 당시의 관용에 대한 호소가 억압받아 왔던 이념과 사상의 자유와 관련된 것이었다는 점을 고려한다면, 이러한 평가는 너무 박한 것일지도 모르겠다.8

하지만 우리는 오늘날 자유주의와 결합된 관용 담론이 낳고 있는 탈정치화 효과를 그 어느 때보다도 생생히 목격하고 있다. 90년대 중반 이후 권위주의/획일성 대₩ 관용/다양성의 대립구도는 사실상 한국 사회의 거의 모든 문제를 진단하고 해결할 수 있는 만능열쇠로 자리 잡았으며, 이는 각종 사회문제의 해결책 역시 다양성을 수용할 수 있는 개인의 관용적 태도와 감수성의 문제로 환원시키는 결과를 낳았다. 오늘날 이러한 예는 우리의 주변에서 손쉽게 찾아볼 수 있다. 이주 노동자와 관련된 각종 문제는 우리 시민들의 부족한 관용적 감수성 때문이다, 한국 내 인종차별과 동성애자에 대한 편견을 극복하기 위해서는 관용적 태도의 교육이 요구된다, 심지어는 정부와 자본가 계급의 노동자에 대한 탄압은 그들의 관용이 부족해서이다 등등.9

---

8. 그러나 웬디 브라운이 지적하듯이, 개인의 신념에서 본질화된 정체성 혹은 이해관계로의 미끄러짐과 그로 인해 발생하는 탈정치화는, 단순한 일탈이라기보다는 자유주의와 결합한 관용 담론의 필연적 결과라 할 수 있다. 공적 공간을 차이 자체가 생산되고 정치화되는 장이 아니라 공적 공간 외부에서 형성된 사적인 신념과 차이가 경합하는 장으로 표상할 때, 이제 탈정치화의 완성은 개인의 "신념"을 "이해관계"로 바꾸어놓는 것만으로 충분하다. 흥미롭게도 웬디 브라운이 셸던 월린을 인용하여 말하듯이, 자유주의 하에서 "이해관계를 추구할 자유는 예배의 자유와 별반 다르지 않은 것이었다."(2장 13번 각주 참고)

9. 아마도 이러한 탈정치화가 오늘날 국내 좌파 담론의 무력함을 근본적으로 조건 짓는 요인일 것이다. 최근 이명박 정권에 대한 저항을 둘러싸고 좌파 진영에서 제기된 두

웬디 브라운의 이 책은 이러한 관용의 탈정치화 기획과 이를 뒷받침하는 자유주의적 통치에 문제 제기할 수 있는 귀중한 자원을 제공해 준다. 그리고 이는 적과 나의 이분법적 구분에서 벗어나려는 시도가 곧바로 차이에 대한 무분별한 찬양과 자유주의에의 무조건적 투항으로 귀결되어선 안 된다는 것, 우리에게 필요한 것은 오히려 그 사이에서 새로운 정치적 기획을 추구하는 것이라는 사실이 점점 분명해지고 있는 오늘날의 상황에서 더더욱 필요한 문제제기일 것이다. 그리고 사실 이것으로 이 책은 자신의 역할을 다했다고 말할 수 있다. 웬디 브라운의 말대로 정치적 사유에 "무엇을 할 것인가"에 대한 답을 강요하는 것이 오히려 사유의 풍부한 가능성을 제약하는 것이라면, 이제 나머지는 구체적인 맥락에서 구체적인 실천을 전개할 우리들의 몫으로 남을 것이기 때문이다.

이 책의 원제는 *Regulating Aversion : Tolerance in the Age of Identity and Empire* 로 우리말로 『혐오 관리』 정도로 옮길 수 있겠으나, 제목만으로는 오늘날 범람하고 있는 "내면 관리" 서적 중 하나로 오인될 가능성이 있어 부득이 제목을 수정하였다. 물론 흥미롭게도 이러한 오인 가능성은, 그 자체로 오늘날 통치와 권력의 테크닉들이 어느 수준까지 촘촘히 짜여지고 있는지를 보여주는 것일 게다.

번역은 다른 이의 말을 빌어 자신의 생각을 전하려는 수줍은 자들의 작업이라는데, 그마저 세상에 내놓기 수줍어 너무 오랜 시간을 끌었다. 개인사정으로 한없이 늘어난 교정 기간 동안 역자를 믿고 기다려준 갈무리

가지 담론, 즉 "민주세력 재결집"과 "우리 안의 이명박" 담론은 그 표면적인 대립 구도에도 불구하고, 전자는 변화된 정치적 · 역사적 조건에 대한 분석을 방기하고 텅 빈 형식적 기치에 기댄다는 점에서, 후자는 권력과 사회의 문제를 개인의 욕망 차원으로 협소화시킨다는 점에서, 한국의 탈정치화된 담론 지형을 그대로 반영하고 있다.

출판사 분들과 담당 편집자인 김정연 씨께 깊은 감사를 드린다. 특히 이 책의 초기 담당 편집자로서, 병역거부로 재판을 받는 와중에도 이 책에 지속적인 관심과 애정을 보여준 우공님께는 감사가 아닌 연대와 지지의 뜻을 표해야겠다. 나는 우공님의 투쟁이 개인의 양심의 자유를 "관용"받는데 그치지 않고, 권력과 억압에 대한 다양한 비판의 목소리들과 접속되고 확장되기를 바란다. 이 책에서 "새로운 정의 기획의 추구"라는 말로 웬디 브라운이 제안하고자 했던 바도 아마 이와 크게 다르지 않을 것이다.

2010년 2월
옮긴이

:: 찾아보기